FRANCOPHONIES
D'AMÉRIQUE

FRANCOPHONIES
D'AMÉRIQUE

1999   Numéro 9

Les Presses de l'Université d'Ottawa

FRANCOPHONIES
D'AMÉRIQUE

1999   Numéro 9

Directeur:

JULES TESSIER
Université d'Ottawa

Conseil d'administration:

GRATIEN ALLAIRE
Université Laurentienne, Sudbury

ROBERT CHOQUETTE
Université d'Ottawa

PAUL DUBÉ
Université de l'Alberta, Edmonton

JAMES DE FINNEY
Université de Moncton

PIERRE-YVES MOCQUAIS
Université de Regina

Comité de lecture:

GEORGES BÉLANGER
Université Laurentienne, Sudbury

RAOUL BOUDREAU
Université de Moncton

ÉLOÏSE BRIÈRE
Université de l'État de New York à Albany

GILLES CADRIN
Faculté Saint-Jean, Université de l'Alberta

PIERRE PAUL KARCH
Collège universitaire Glendon, Université York

PIERRE-YVES MOCQUAIS
Université de Regina

Secrétariat de rédaction:

*Centre de recherche en civilisation
canadienne-française
Université d'Ottawa*
France Beauregard
Sophie Archambault

Publications récentes et thèses soutenues:

Lorraine Albert

Francophonies d'Amérique est indexée
dans:

Klapp, *Bibliographie d'histoire littéraire
française* (Stuttgart, Allemagne)

*International Bibliography of Periodical
Literature (IBZ)* et *International
Bibliography of Book Reviews (IBR)*
(Osnabrück, Allemagne)

MLA International Bibliography (New York,
États-Unis)

Cette revue est publiée grâce à la contribution financière
des universités suivantes:

UNIVERSITÉ D'OTTAWA
UNIVERSITÉ LAURENTIENNE DE SUDBURY
UNIVERSITÉ DE MONCTON
UNIVERSITÉ DE L'ALBERTA – FACULTÉ SAINT-JEAN
UNIVERSITÉ DE REGINA

Pour tout renseignement concernant l'abonnement, veuillez consulter la page 265 en fin d'ouvrage.

ISBN 2-7603-0498-1

TABLE DES MATIÈRES

Canada

PUBLICATIONS RÉCENTES ET THÈSES SOUTENUES

FRANCOPHONIES
D'AMÉRIQUE

LES RELATIONS ENTRE LE QUÉBEC
ET LA FRANCOPHONIE NORD-AMÉRICAINE

Raoul Boudreau
Université de Moncton

Comme nos lecteurs et lectrices l'ont déjà constaté, les francophonies nord-américaines sont devenues un sujet de recherche et de réflexion qui suscite un intérêt croissant, dont on n'aurait même pas rêvé il y a seulement quelques années. Pour peu que l'on creuse le sujet, on rencontrera inévitablement la question du Québec, étant donné son poids politique, démographique et territorial, de même que son rôle historique dans l'essaimage et la constitution de la francophonie nord-américaine. Les relations entre le Québec et les communautés francophones de l'Amérique du Nord remontent aussi loin que leur existence même et celles-ci ont considéré jusqu'à très récemment le Québec, non seulement comme le point d'ancrage de cette francophonie dispersée, mais comme un recours et un rempart. Il n'y a donc rien d'étonnant à ce que ces relations à la fois anciennes et vitales (touchant aussi à tous les secteurs névralgiques de l'activité humaine, que ce soit la religion, la culture, la politique ou l'économie, comme on le verra dans ce numéro) soient aussi très affectives et chargées d'émotion.

Les dernières décennies, qui ont vu la montée du souverainisme québécois et la riposte du gouvernement fédéral canadien, ont profondément bouleversé les rapports de force et les solidarités traditionnelles dans la francophonie canadienne. Les francophones des États-Unis ne sont certes pas indifférents à ce débat. La redéfinition du projet collectif québécois a secoué les convergences historiques entre le Québec et les autres francophones d'Amérique du Nord ; elle a mis à jour des différences fondamentales de structures, de moyens, de ressources, et donc d'aspirations et d'intérêts. Le débat a mis face à face des alliés traditionnels et il a entraîné de divers porte-parole québécois quelques condamnations à terme de plus ou moins tous les francophones «hors Québec». Le verdict est d'autant plus amèrement reçu qu'on attendait à sa place aide et solidarité. Le Québec tente aujourd'hui de redéfinir une communauté d'intérêts avec les autres francophones du Canada, mais il doit parfois prendre des détours qui apparaissent difficiles à justifier.

Du côté des francophones du Canada, l'ambivalence n'est pas moins grande. Ils rencontrent parfois le Québec comme un concurrent dans les demandes qu'ils adressent au gouvernement fédéral, mais ils dépendent de ses institutions pour la reconnaissance symbolique — ô combien importante — de leurs productions culturelles et ils sont souvent frustrés de ne pas l'obtenir. De manière moins symbolique mais tout aussi capitale, ils comptent aussi sur les six ou sept millions de Québécois comme un marché indispensable pour l'écoulement de leurs produits culturels.

Si l'acuité des tensions actuelles mérite analyse, elle ne doit cependant pas nous détourner de l'histoire qui peut nous permettre de distinguer entre des tendances fortes et des mouvements épisodiques. C'est pourquoi le présent numéro s'intéresse à la fois au présent et au passé.

Dans sa très jeune histoire, *Francophonies d'Amérique* consacre aujourd'hui une première livraison à la question des relations entre le Québec et la francophonie nord-américaine. Ce numéro a l'intérêt de présenter des points de vue très variés sur la question et de montrer ainsi son étendue. L'histoire, la science politique, la sociologie, la littérature et le droit servent ici de cadres à une réflexion précise et rigoureuse. Mais le sujet présente une telle ampleur qu'il faut d'ores et déjà prévoir y revenir périodiquement.

Dans le cadre des rapports entre l'Acadie et le Québec, **Chedly Belkhodja** examine les rôles respectifs du Québec et du Nouveau-Brunswick au sein de la Francophonie internationale. À partir de positions initiales discordantes — puisque le Québec y a souvent tenté de s'affranchir de la tutelle du gouvernement fédéral et de parler de sa propre voix en tant que foyer principal de la langue française en Amérique du Nord, tandis que le Nouveau-Brunswick ne revendique pas le statut d'État-nation et s'aligne sur la position du fédéral —, les deux gouvernements en sont venus à une tolérance réciproque dans le but de mieux tirer profit des opportunités offertes par ce forum international. Dans une note de recherche, **Gérard Beaulieu** présente les grandes lignes d'un projet de recherche interuniversitaire qu'il codirige avec Fernand Harvey et qui porte sur les relations culturelles Québec-Acadie pour la période allant de 1880 à 1960 mais surtout de 1960 à nos jours. Quatre thèmes sont privilégiés, soit la langue, l'éducation, les médias et les arts et lettres, et ils sont examinés à partir de textes de documents officiels, d'archives privées et de la presse quotidienne. **Gaétan Migneault** adopte pour sa part une perspective pancanadienne et même internationale. Puisque le cadre juridique canadien s'avère parfois insuffisant pour la défense des droits des minorités francophones, il considère le droit international comme une solution de remplacement et s'interroge à la fois sur les raisons qui ont détourné les minorités francophones du recours à la Charte internationale des droits de l'homme des Nations Unies et sur les conditions qui rendraient ce recours efficace. Le «Portrait d'auteur» de ce numéro s'arrête sur Jacques Savoie, écrivain acadien établi à Montréal, qui fut jadis au centre d'une controverse sur la légitimité du discours acadien de ces écrivains «en exil». L'interview réalisée à Montréal par **Jean Levasseur** montre que Jacques Savoie considère cette querelle comme une chose du passé et qu'il s'intéresse davantage à l'œuvre qu'il est en train de produire.

Tout comme la francophonie canadienne, celle des États-Unis subit aussi des transformations. **Jacques Henry** montre que le triangle des relations Louisiane-Québec-Acadie est en train de redéfinir ses lignes de force. Un survol historique met l'accent sur le caractère multilatéral de la contribution québécoise à l'établissement de la francophonie louisianaise, mais les actions récentes développées dans les domaines de l'éducation, du tourisme et des médias suggèrent un affaiblissement de l'axe Louisiane-Québec et un resserrement de l'axe Louisiane-Acadie à la faveur d'une redéfinition de l'identité ethnique des Cadiens. Trois autres articles portent sur la francophonie états-unienne et ils ont tous rapport aux mouvements migratoires de populations francophones et surtout québécoises de part et d'autre de la frontière américaine. **Claire Quintal** brosse un tableau des relations très étroites entre les Franco-Américains du Nord-Est des États-Unis et les Canadiens francais, liés par un «cordon ombilical culturel» entre 1870 et la Seconde Guerre mondiale. Construite autour de l'idéologie de la survivance, cette symbiose religieuse et intellectuelle entre les deux groupes a commencé à s'effriter avec la volonté d'ouverture qui a suivi la Seconde Guerre mondiale et qui a accentué les différences entre la culture américaine et canadienne-française. **Martin Pâquet** montre comment, entre 1849 et 1968, cette idéologie de la survivance du fait français et catholique en terre d'Amérique incite les responsables du Canada-Uni et du Québec à faire du rapatrié des États-Unis une catégorie privilégiée d'immigrants. Mais ce critère d'appartenance ethnique à la souche originelle n'est que le premier dans une économie de la préférence, un «dispositif normatif de sélection sanitaire établissant une véritable prophylaxie du rapatriement». L'article de **Martine Rodrigue** examine un autre aspect, tout aussi intéressant, du retour des Franco-Américains au Québec. À partir de l'analyse du recensement canadien de 1901 pour le quartier Saint-Jacques à Montréal, elle peut établir qu'il existait bel et bien un mouvement de retour de familles franco-américaines et étayer plusieurs hypothèses sur les motivations du retour et les migrations de ces familles dans l'espace nord-américain.

De l'Ouest canadien, **Estelle Dansereau** propose une analyse comparative de l'inscription du récepteur dans les récits d'Antonine Maillet et de Gabrielle Roy, ces deux écrivaines qui ont fait carrière au Québec tout en tirant leur inspiration de leur région d'origine. Alors que Gabrielle Roy fait une place très discrète au lecteur dans son œuvre et écrit pour quelqu'un qui ne connaît pas l'univers dont elle parle, Antonine Maillet fait le contraire et exige de son lecteur une connaissance de l'Acadie et un engagement dialogique avec le narrateur. Nul doute que ces positions respectives conditionnent la réception québécoise de leurs œuvres. Dans un tout autre ordre d'idée, **Claude Denis** présente la position de la francophonie albertaine face à la question nationale telle qu'elle s'exprime dans le journal *Le Franco* de 1984 à 1997. La position de la francophonie albertaine est calée sur le caractère bilingue du Canada et elle pose la question de la capacité de la francophonie minoritaire canadienne à se faire entendre alors qu'elle est prise entre l'arbre et l'écorce du rapport Québec/Canada. Le bilan est essentiellement négatif et les termes qui reviennent le plus souvent par rapport au débat constitutionnel sont ceux de «coups de salaud», «abandon», «trahison» et «oubli». Plutôt qu'un article de recherche, **Josée Bergeron** nous propose, pour sa part, une réflexion où l'engagement personnel est très important. Montréal, Ottawa et Edmonton constituent les étapes capricieuses du parcours identitaire où se fondent les rencontres personnelles et les expériences intellectuelles dont l'auteur nous fait ici la narration rationalisée. Les itinérants de la francophonie canadienne se reconnaîtront sûrement dans cette réflexion qui montre que les identités sont changeantes, tributaires autant de soi que de l'autre et imprégnées d'une multiplicité de relations sociales qui changent selon les espaces.

La rubrique Ontario-Canada regroupe trois articles. Le premier, de **Robert Choquette**, fait le point sur le rôle central de l'Église québécoise dans la fondation de toutes les Églises de langue française du Canada. De 1604 à nos jours, l'auteur relate les grandes étapes du rayonnement de cette Église dite aujourd'hui québécoise à travers toute la francophonie canadienne où les clercs, le plus souvent des francophones du Québec, ont été à l'origine de la fondation de toutes les institutions religieuses et civiles. En conclusion, le texte évoque l'idéologie et les raisons qui entourent la défense et la promotion de la langue française dont ces Églises ont été les instigatrices. De la religion, nous passons à la politique, car c'est l'angle privilégié par **Christine Rabier** dans son examen des relations entre le Québec et l'Ontario français entre 1960 et 1982. Cette époque est caractérisée par certains gains franco-ontariens que l'auteur met en rapport avec la position du Québec à l'égard du gouvernement fédéral. Lorsque le Québec est en situation de force par rapport au fédéral, l'Ontario français fait des gains directs, et même lorsque le Québec est en position de faiblesse, l'Ontario français enregistre des gains, indirects cette fois, qu'il doit faire préciser par les tribunaux. Finalement, **Marcel Martel** se penche sur les politiques gouvernementales fédérale et québécoise envers les communautés francophones du Canada de 1960 à 1980. En opposition à une vision simpliste des choses qui campe chacun des protagonistes sur sa position et qui voit les communautés francophones du Canada comme absolument dépendantes du gouvernement fédéral qui les subventionne, il entrevoit des rapports complexes, qui se modifient selon la conjoncture et à l'intérieur desquels les communautés francophones du Canada peuvent se ménager un espace d'autonomie et de revendication.

Voilà donc un numéro qui devrait non seulement éclairer les enjeux de l'actualité, mais permettre aussi de prendre du recul en remontant parfois jusqu'aux débuts de l'implantation française en Amérique. Il a le mérite de montrer la diversité des liens tissés entre le Québec et les communautés francophones d'Amérique du Nord qui sont ici appréhendés par le biais de l'histoire, de la science politique, de la sociologie, du droit et même de la littérature. Si cette dernière occupe moins de place que dans les précédents numéros, elle se rattrape en s'accaparant la plus grande part des recensions, qui encore une fois proposent un échantillon significatif des publications de plus en plus nombreuses en francophonie nord-américaine.

La préparation d'une publication comme celle-ci est incontestablement le résultat de la collaboration de plusieurs personnes que je voudrais remercier. Ma gratitude s'adresse d'abord aux auteurs et auteures qui ont fourni la matière première de ce numéro. Je remercie également pour leur aide indispensable les divers correspondants de la revue, à partir de l'Ouest canadien jusqu'à la Louisiane. Pour la réalisation de ce travail, j'ai pu compter sur les services de secrétaires de rédaction d'une efficacité parfaite : mes remerciements très sincères à France Beauregard et à Sophie Archambault. Enfin, je n'aurais jamais accepté la responsabilité de coordonner ce numéro sans être assuré de pouvoir compter sur la compétence et l'expertise de notre directeur Jules Tessier. Qu'il soit ici remercié pour son assistance bienveillante et ses conseils toujours judicieux.

ENTRE LA DISCORDE ET L'INDIFFÉRENCE :
LE QUÉBEC, LE NOUVEAU-BRUNSWICK
ET LA FRANCOPHONIE INTERNATIONALE

Chedly Belkhodja
Département de science politique
Université de Moncton

De nombreux travaux ont fait part des notes discordantes entre le gouvernement fédéral et le Québec en ce qui concerne la place acquise par cette province au sein de la Francophonie internationale[1]. En revanche, on connaît peu de choses quant à la teneur des relations entre le Québec et le Nouveau-Brunswick, les deux gouvernements canadiens participants, membres de l'Agence de la Francophonie. Depuis 1970, le Québec a obtenu le statut particulier de gouvernement participant au sein de l'Agence de la Francophonie, statut octroyé au Nouveau-Brunswick en 1977. La participation d'acteurs non souverains au sein de cette organisation internationale constitue un caractère original mais aussi une source de tension pour un État fédéral comme le Canada.

Dans la présente étude, nous nous proposons de cerner les rapports entre le Québec et la province du Nouveau-Brunswick dans le contexte de leur engagement au sein de la Francophonie institutionnelle[2]. Par des routes différentes, ces deux provinces francophones ont su définir un champ d'action internationale. Depuis les années 60, le Québec a été fort présent dans le processus de consolidation de la Francophonie naissante. Dans la gestion de ce dossier, le pouvoir provincial a toujours privilégié une approche spécifique qui tienne compte de sa personnalité unique en tant que foyer principal de la langue française en Amérique du Nord et de la légitimité d'une action sans la médiation du gouvernement fédéral. Pour sa part, le Nouveau-Brunswick a adopté une attitude plus réservée, voisine de la position du Canada, en tant qu'acteur de la francophonie canadienne.

Dans le contexte politique canadien, la méfiance entre le Québec et les provinces minoritaires francophones l'a souvent emporté, ce qui a provoqué des conjonctures difficiles. Il est juste d'affirmer que le Québec s'est parfois senti agacé par la présence du Nouveau-Brunswick dans les instances de la Francophonie. Faut-il pour autant, à l'instar de certains décideurs québécois, considérer cette province comme étant assujettie à la position du gouvernement fédéral qui cherche à banaliser la présence du Québec sur la scène internationale francophone ? Dans cette recherche, nous tentons de mieux saisir le rapport Québec/Nouveau-Brunswick tout en souhaitant nous dégager de cette lecture trop « nationale » et trop « politisée » des rapports entre les provinces canadiennes et le monde de la Francophonie. En tenant compte des bouleversements mondiaux qui ont affecté les relations internationales, ne pourrait-on pas plutôt poser l'hypothèse de l'indifférence entre deux acteurs qui cherchent à se déplacer de façon autonome dans le nouvel espace de possibilités de toutes sortes qu'est la Francophonie ? Dans ce contexte, le Nouveau-Brunswick semble avoir une longueur d'avance par rapport au Québec, dans le sens où il n'a pas de projet d'affirmation nationale.

Cette analyse reste exploratoire, car le matériel étudié provient de sources principalement secondaires. Néanmoins, quelques entrevues avec des personnes clés de la scène politique de la Francophonie nous ont permis de préciser certaines questions quant aux rapports entre les deux provinces. Dans un premier temps, il s'agit de présenter et de définir la place des provinces canadiennes comme acteurs sous-nationaux sur la scène internationale. Ensuite, il est important de brosser le parcours historique des deux provinces de façon à voir les grandes différences entre le Québec et le Nouveau-Brunswick. Enfin, pour répondre à notre hypothèse de travail concernant l'indifférence dans les relations entre le Québec et le Nouveau-Brunswick à l'égard de la Francophonie, il sera nécessaire de présenter les principales périodes de tensions qui ont existé depuis la fin des années 60.

La place des provinces canadiennes sur la scène internationale

Même si cela a été peu remarqué, plusieurs provinces canadiennes ont développé des relations extérieures. Il est intéressant de noter que les analyses de politique provinciale tendent à négliger cette dimension, puisqu'elles se limitent au rôle strictement national des provinces. Deux aspects portent à croire que la place des provinces canadiennes dans l'espace international est sujette à croître rapidement dans les années à venir. D'une part, le cadre particulier du fédéralisme canadien a toujours laissé un espace à conquérir aux unités fédérées. D'autre part, les bouleversements d'envergure comme la mondialisation ont pour effet d'internationaliser le rôle des provinces en tant qu'acteurs sur la scène internationale.

Le fédéralisme

En matière de relations extérieures, l'État fédéral est dans une situation différente de l'État unitaire. Les unités fédérées telles les provinces, les États ou les cantons sont amenées à développer des rapports avec l'environnement externe. Cette pratique peut parfois provoquer des tensions nationales concernant l'équilibre entre le pouvoir central, gardien du principe sacro-saint du monopole de la souveraineté nationale, et les unités fédérées[3]. Sur le plan juridique, la Constitution canadienne (AANB de 1867 et Loi constitutionnelle de 1982) n'évoque pas le rôle des provinces, puisqu'elle considère que le fédéral assure la représentation de la souveraineté nationale. Selon Kim Richard Nossal : « *As a consequence, the Constitution Acts, 1867-1982, remain as silent today as the original act was in 1867*[4].» En fait, l'absence de règle écrite permet une pratique de coopération entre les deux paliers de pouvoir. On évoque alors le pragmatisme canadien qui doit refléter les traits particuliers d'un nouvel État en processus de construction nationale. C'est dans cette optique que s'instaure un partage de compétences entre le fédéral et les provinces, entre ce que les spécialistes de politique étrangère ont défini comme les domaines de *High-Hard* et de *Low-Soft Politics*[5]. Le gouvernement fédéral est l'unique porte-parole de la fédération canadienne ; il détient le monopole du pouvoir de décision en politique étrangère et exerce le commandement des forces armées du pays. De leur côté, les provinces développent des relations moins symboliques, plutôt de faible intensité mais tout aussi importantes, dans plusieurs champs concomitants. Elles défendent particulièrement leurs intérêts dans deux secteurs, soit les secteurs économique et environnemental[6]. Dans un contexte économique plus décentralisé, les provinces s'engagent volontairement aux côtés du fédéral dans la recherche de nouvelles opportunités économiques. On pense par exemple aux voyages d'affaires d'Équipe Canada en Asie du Sud-est, en Chine et au Mexique.

La mondialisation

Depuis les années 70, le monde des États s'est vu confronté à des logiques mondiales, notamment la crise du pétrole de 1973. Cette interdépendance croissante a annoncé une modification importante des relations internationales où l'acteur étatique est devenu plus conscient d'un processus de changement à l'échelle mondiale. Comme l'explique James Rosenau, le paysage international de l'après-guerre froide (1989-1991) ne se limite plus à la seule dimension étatique et il doit dorénavant coexister avec un univers multicentrique, c'est-à-dire un monde où gravite une panoplie d'acteurs : les forces transnationales, les firmes multinationales, les villes, les régions[7].

De nos jours, réagir devant la mondialisation est devenu un passe-temps courant. Le débat intellectuel autour de cet enjeu est très présent dans nos sociétés. Or, il réduit souvent la question à une opposition de visions : celle des partisans optimistes de l'ouverture des frontières et des marchés, d'une part, et celle des prédicateurs apocalyptiques affolés par les conséquences d'une érosion de l'espace territorial, d'autre part[8].

Il est difficile de dégager une définition de la mondialisation, car celle-ci n'est qu'une dynamique en cours. De nos jours, définir la mondialisation, c'est en fait tenir compte d'un profond bouleversement à plusieurs niveaux dans les habitudes du cadre national. Premièrement, au niveau économique, on remarque un processus d'accélération des échanges qui modifie la nature de l'économie capitaliste classique: d'une économie structurée autour des échanges commerciaux entre pays, celle-ci devient une économie mondialisée, caractérisée par l'importance des flux financiers[9]. Deuxièmement, au niveau technologique, la mondialisation facilite la mise en place d'un univers sans frontières qui se passe de la notion de temps[10]. Enfin, au niveau politique, plusieurs observateurs soulignent que l'État-nation, cadre historique dorénavant confronté à l'émergence de nouvelles formes de solidarités transnationales et d'acteurs de toutes sortes, est dépassé[11].

Dans notre cas, les provinces canadiennes ont-elles la capacité de s'ajuster à ce nouveau contexte international? Selon Louis Bélanger, «les conditions d'exercice d'une province peuvent être affectées par les transformations actuelles de la scène internationale[12]». Une chose est certaine, le rapprochement entre le local, le national et le mondial bouleverse le cadre classique de l'activité économique des provinces. Dans le «village global», les provinces sont en mesure de participer activement, car l'impératif territorial perd de son importance au profit des relations transnationales. Comme d'autres provinces, le Québec et le Nouveau-Brunswick investissent beaucoup dans de nouvelles activités qui tendent à déborder le cadre statique de l'État. Depuis le début des années 90, le Nouveau-Brunswick, par exemple, a misé davantage sur les secteurs des nouvelles technologies et du tourisme. Comme nous le verrons, le Québec se lance également dans «l'univers des réseaux» mais il se distingue par le fait qu'il maintient intact le projet de reconnaissance de la souveraineté nationale. Cette logique territoriale de la diplomatie québécoise ne colle plus tellement à la réalité de la mondialisation, qui incite les États à se défaire de leurs réflexes nationaux.

De façon générale, en ce qui concerne le domaine des relations internationales, les provinces canadiennes ne cherchent pas à prendre le dessus sur le gouvernement central, car elles préfèrent plutôt développer des liens économiques avec l'étranger, principalement les États américains frontaliers[13]. Dans un sens, la Francophonie va à l'encontre de ce principe, en raison de la volonté politique d'une province déterminée de se propulser sur la scène internationale par le biais de ce nouveau forum.

Les provinces canadiennes et la Francophonie internationale

La Francophonie institutionnelle est une grande famille en expansion, constituée de 52 membres et environ 400 millions d'individus ayant en commun le français comme langue de partage. Cette organisation émerge à la fin des années 60, lorsque que plusieurs États africains décident de consolider leurs aspirations postcoloniales au sein d'une organisation internationale[14]. Au départ, la France préfère se tenir à l'écart, en raison du passé colonial et d'un désaccord quant à la dimension multilatérale souhaitée par les pays du Sud. Contrairement au Commonwealth qui rassemble les anciens dominions britanniques, la Francophonie apparaît, dès sa naissance, comme un espace à construire. Plusieurs aspects de cette organisation sont novateurs: d'une part, la nouvelle organisation se réunit autour du principe unificateur de la langue française; d'autre part, elle va permettre à des acteurs non souverains sur le plan du droit international de participer aux travaux de l'organisme. En 1970 (Niamey II), le Québec obtient le statut de gouvernement participant, statut qui sera accordé au Nouveau-Brunswick en 1977. D'autres provinces comme l'Ontario et le Manitoba ont également eu la possibilité de jouer un rôle dans l'organisation sans pour autant aspirer à un statut comparable. Le parcours des deux provinces «canadiennes» participantes doit être brièvement présenté, car il met en présence des trajectoires particulières.

Le Québec: la quête d'un État souverain

Depuis la Révolution tranquille des années 60, il existe une constante dans la politique québécoise qui consiste à valoriser le projet de la construction nationale. Dès lors, la scène internationale devient un espace privilégié pour définir une personnalité distincte de celle du Canada. Micheal Keating distingue trois fondements dans l'institutionnalisation d'un espace extérieur pour l'État québécois[15]. Premièrement, plus que toute autre province au pays, le Québec a le désir de s'affirmer souverain à l'extérieur de ses frontières. Un important dispositif diplomatique sous-tend le projet international du Québec, dont notamment une représentation à l'extérieur des frontières et de nombreuses ententes signées avec des États souverains. En 1988, afin de s'ajuster au nouvel ordre international, le gouvernement québécois crée le ministère des Affaires internationales. Deuxièmement, dans le cadre de la politique du libre-échange et de la mondialisation des marchés, le Québec accorde une dimension de plus en plus importante aux échanges et aux investissements économiques à l'étranger, principalement avec les États-Unis qui absorbent plus de 80 % des exportations du Québec. Enfin, la promotion de la spécificité culturelle québécoise à l'étranger fait partie d'un projet à la fois économique et identitaire de défense de l'univers francophone considéré comme étant sous la menace du marché américain.

Dans le cadre de son engagement dans la Francophonie, le Québec développe rapidement une position d'autonomie, estimant que la province représente la spécificité francophone en Amérique du Nord. Depuis l'allocution du ministre de l'Éducation Paul Gérin-Lajoie, en 1965, jusqu'aux divers énoncés de principe du ministère des Affaires internationales, la Francophonie apparaît pour le peuple québécois tel un espace vital essentiel à l'intérieur duquel la province doit prendre des initiatives:

> L'appartenance du Québec à la francophonie relève d'une nécessité vitale. Notre situation géographique nord-américaine risque constamment de mettre en péril notre spécificité culturelle qui a survécu et s'est développée depuis plus de quatre cents ans[16].

D'après Louis Bélanger, la Francophonie constitue une voix d'accès vers l'universel: «En raison de sa valeur symbolique, la participation du Québec à la Francophonie est indissociable de l'évolution des modes d'articulation de l'identité québécoise. Elle permet d'inscrire l'affirmation identitaire québécoise dans une perspective plutôt universaliste que particulariste[17].» Dans la façon de mener le dossier, la province prend les devants et décide d'agir seule en interprétant la Constitution canadienne qui lui permet de lier des ententes internationales dans certains domaines de compétence, notamment l'éducation et la culture. En 1968, la province reçoit une invitation officielle et directe pour participer à une conférence, au Gabon, réunissant des ministres francophones de l'éducation. Dans le contexte international de l'époque, le Québec s'inscrit dans la mouvance de la décolonisation, ce qui lui permet de nouer des liens fraternels avec les anciennes colonies françaises d'Afrique et avec la France. Par conséquent, la quête d'un statut souverain apparaît légitime, car elle s'inscrit dans un discours nationaliste émancipé et légitime. À ce chapitre, comme nous le verrons plus loin, il est intéressant de constater que la lecture changera radicalement après la fin de la guerre froide.

La Francophonie multilatérale devient rapidement un enjeu de discorde entre le gouvernement fédéral et le Québec. Ce qui gène Ottawa, c'est que le Québec agit de façon quasi-souveraine dans ses relations extérieures. La logique territoriale du gouvernement québécois modifie sensiblement les pratiques du passé caractérisées par des relations entre les francophones au sein de diverses associations issues d'un réseau traditionnel. Devant la montée d'un mouvement nationaliste québécois revendicateur, Ottawa décide de réagir afin de réduire la visibilité québécoise au sein du monde francophone. Dans la politique fédérale, deux critères sont nettement valorisés. Première-ment, en s'inscrivant dans la lignée du rapport de la Commission Lauren-deau-Dunton et de la Loi sur les langues officielles de 1969, le Canada en tant que pays bilingue cherche à donner une voix à l'autre réalité francophone, soit celle des minorités francophones établies dans plusieurs provinces. Les grands rassemblements de la Francophonie sont donc des lieux propices où dévoiler l'expérience canadienne. Deuxièmement, afin de se dégager du giron américain, le gouvernement libéral fédéral cherche à accroître les rapports multilatéraux en politique étrangère. À l'instar du Commonwealth, de l'OTAN et de l'ONU, la Francophonie est donc l'un des forums internatio-naux où le Canada doit jouer un rôle de taille[18].

La réaction du Québec sera vive. On accuse le fédéral de faire de la Fran-cophonie un enjeu national et, par conséquent, de réduire, voire de banaliser la visibilité québécoise. Dans cette perspective, le gouvernement québécois voit d'un mauvais œil la participation «orchestrée» des provinces, comme celle du Nouveau-Brunswick.

Le Nouveau-Brunswick: un pragmatisme à saveur fédéraliste

Le Nouveau-Brunswick présente une autre réalité francophone constituée dans un milieu minoritaire. Avant les années 60, les gouvernements qui se succèdent ne considèrent pas véritablement le fait francophone. Il existe néanmoins, en retrait du politique, un réseau associatif francophone plein de vitalité, qui repose sur des institutions traditionnelles telle la Société Nationale de l'Acadie (SNA) fondée en 1881. À l'extérieur des frontières, le peuple acadien est reconnu et représenté par des associations comme le Conseil de la vie française en Amérique et l'Ordre de Jacques Cartier[19]. En 1960, l'arrivée au pouvoir d'un premier ministre acadien ne bouleverse pas le paysage politique mais annonce la reconnaissance politique de la communauté acadienne au niveau provincial et un désir d'institutionnaliser des liens déjà existants entre cette communauté et le monde francophone, particulièrement la France. Plusieurs étapes marquent l'évolution des rapports entre le Nouveau-Brunswick et le monde de la Francophonie. Il ne s'agit pas ici de faire l'étude descriptive du parcours mais plutôt de retenir trois aspects, à nos yeux, déterminants[20].

D'abord, en ce qui concerne les relations avec le monde francophone, le contexte néo-brunswickois présente une situation assez différente de celle du Québec, caractérisée par une dualité ou un dédoublement de la «personnalité internationale». Au Québec, même si le gouvernement Lesage (1960-1966) éprouve quelques difficultés à réduire la visibilité des acteurs traditionnels, le processus de construction nationale se fait sous la seule autorité de l'État et non du monde des associations. Comme nous l'avons mentionné, pendant longtemps, la communauté acadienne se trouve à être représentée par un réseau associatif structuré et non par le gouvernement provincial. C'est au nom du peuple acadien que les premiers rapprochements s'établissent avec l'étranger, par l'intermédiaire d'un réseau, notamment le Conseil de la vie française en Amérique qui sert de courroie de transmission. Durant les années 60, le gouvernement Robichaud cherche à réduire la portée symbolique du rôle de la SNA à l'étranger, portée par les relations bilatérales étroites que cette association entretient avec la France[21]. À plusieurs reprises, le premier ministre doit croiser le fer avec cette association, considérant que la SNA abuse de son pouvoir de porte-parole de l'Acadie[22]. Cette situation évolue rapidement avec la volonté de Fredericton de normaliser les relations franco-acadiennes et de s'activer au niveau de la Francophonie internationale.

Deuxièmement, le gouvernement provincial adopte un pragmatisme politique dicté par des impératifs à la fois externe et interne. En janvier 1969, alors qu'il est en vacances en Tanzanie, Louis Robichaud accepte de présider la délégation canadienne à la conférence des ministres de l'éducation francophones au Congo-Kinshasa[23]. Fédéraliste convaincu, Louis Robichaud répond à l'appel du premier ministre Trudeau: «Si je pouvais rendre des services aux grands principes de la francophonie à l'intérieur du Canada, j'allais servir même si je servais d'outil... mais j'étais celui qui maniait l'outil[24].» Les actions pragmatiques et ponctuelles de Robichaud reposent sur trois principes: assurer sa compétence dans les domaines relevant de l'autorité gouvernementale, accepter le principe de banaliser le rôle international du Québec et développer les structures gouvernementales de sa province. Le facteur Québec est omniprésent et, selon Roger Ouellette et Philippe Doucet, Robichaud «espérait que les relations culturelles internationales du Nouveau-Brunswick amenuiseraient quelque peu l'éclat des relations France-Québec[25]». Comme le rappelle le sous-ministre de l'Éducation, Armand Saint-Onge, présent à ces réunions, Robichaud considère que sa province a toutes les raisons légitimes de siéger à ces conférences internationales qui traitent de l'éducation. D'une part, le Nouveau-Brunswick est la seule province canadienne bilingue à avoir reconnu les deux langues officielles au pays. D'autre part, le premier ministre Robichaud croit en ces moments de rassemblement entre les peuples, qui visent à réduire les inégalités et les injustices[26]. En revanche, ce qui énerve le Nouveau-Brunswick et les autres provinces minoritaires, c'est le manque d'orientations données par le fédéral aux provinces, qui trouvent la situation parfois frustrante: «Nous sommes fatiguées d'être traitées comme des marionnettes. Nous sommes fatiguées d'aller à ces conférences pour l'unique raison que le Québec y est. Nous n'y allons pas seulement en tant que fédéraliste mais parce qu'il y a du travail intéressant à accomplir[27].»

Au cours des années 70, Richard Hatfield se retranche également derrière Ottawa qui invite fortement le Nouveau-Brunswick à se faire reconnaître en tant que gouvernement participant au sein de l'Agence de la Francophonie[28]. La demande néo-brunswickoise se fait sans grand tapage médiatique, ce qui laisse supposer une stratégie politique timide destinée à ne pas éveiller la susceptibilité de la majorité anglophone ni celle des organismes acadiens. Depuis l'époque Robichaud, Fredericton a en effet souvent utilisé l'argument de la réaction anglophone au progrès de la cause acadienne. Ce qui se dégage de nos entretiens, c'est plutôt une sorte d'indifférence de la population anglophone, peu informée du projet.

Enfin, à partir de 1987, Fredericton établit une stratégie plus précise quant à son action internationale. La province commence à voir l'intérêt que présente l'élargissement de son champ de compétences au sein de la Francophonie, qui passe dans un premier temps par l'amélioration de l'appareil francophone au sein de la fonction publique. Premier geste de taille, le nouveau gouvernement dirigé par le libéral Frank McKenna crée le ministère des Affaires intergouvernementales et le charge de gérer le dossier de la Francophonie, auparavant rattaché au bureau du premier ministre[29]. La lecture des rapports annuels permet de définir une ligne de conduite plus claire par rapport à la Francophonie. En se référant à l'article 3.3 de la Charte de l'ACCT, la province intervient de plein droit dans les secteurs considérés comme prioritaires, notamment l'éducation, la formation technique et professionnelle et les nouvelles technologies. Cet aspect se précise nettement à partir de 1995, lorsque le gouvernement provincial élabore une stratégie précise à l'égard de sa participation au sommet de Cotonou en 1995:

> La tenue en décembre 1995, à Cotonou au Bénin, du Sommet des Chefs d'État et de gouvernements [*sic*] ayant le français en partage aura été l'un des événements majeurs de l'année dans les relations internationales du

Nouveau-Brunswick. La province y a participé activement en fonction de trois priorités: les inforoutes, l'enseignement professionnel et technique ainsi que l'économie[30].

Ce qui ressort cependant est la valorisation de la dimension économique au détriment du lien identitaire. Dans le discours du Trône de 1988, le premier ministre McKenna reconnaît «l'importance de développer des liens économiques avec les pays du sommet de la Francophonie[31]».

Depuis le début des années 90, l'espace de la Francophonie constitue alors un lieu privilégié pour conclure des affaires. Le gouvernement y voit des circonstances favorables qui lui permettront de s'inscrire dans l'univers de la mondialisation et des réseaux transnationaux. Bernard Thériault, ministre des Affaires intergouvernementales et autochtones, affirme:

> Notre participation à la Francophonie, qui s'inscrit dans le prolongement de la politique étrangère du Canada sur la scène internationale, représente une occasion unique pour le Nouveau-Brunswick de se faire connaître, tant sur le plan économique que culturel et social, en démontrant notre savoir-faire et notre dynamisme[32].

En novembre 1997, au sommet de Hanoi, Raymond Frenette, premier ministre par intérim, va dans le même sens: «L'idée même de pouvoir accueillir le sommet de la Francophonie en terre d'Acadie constitue une reconnaissance à l'égard de son dynamisme et de sa vitalité. Au-delà des mots, l'Acadie d'aujourd'hui vit au signe de l'ouverture, du partage et des échanges[33].»

En adoptant une approche pragmatique, limitée au secteur de l'éducation, le Nouveau-Brunswick a su se démarquer en développant une action internationale dans des secteurs de pointe tels que les nouvelles technologies. Selon nous, cela a pour effet bénéfique de mieux définir un champ d'action précis, taillé à la mesure des moyens d'une province qui aspire à jouer un rôle au sein de la Francophonie.

Des tensions à l'indifférence

Entre les provinces canadiennes, il existe généralement un fédéralisme de collaboration qui repose sur des intérêts communs. Depuis les années 60, les provinces se rencontrent régulièrement dans le cadre des réunions des premiers ministres provinciaux et nombre d'entre elles ont signé des ententes de coopération, dont le Nouveau-Brunswick et le Québec, en 1969. Les relations entre le Québec et le Nouveau-Brunswick concernant leur engagement au sein de la Francophonie ont néanmoins connu des moments de friction, le plus souvent provoqués par la politique du gouvernement fédéral. Dans cette dernière section, nous nous proposons de faire un tour d'horizon des quelques conflits survenus entre les deux provinces et, ensuite, d'envisager l'incidence de facteurs mondiaux dans l'évolution des rapports entre les deux acteurs provinciaux.

Dès son arrivée au pouvoir en 1968, le premier ministre Trudeau souhaite voir les provinces francophones minoritaires jouer un rôle aux côtés du gouvernement fédéral. En 1969, le fait que le gouvernement Robichaud préside la délégation canadienne apparaît comme un compromis acceptable pour le Québec, qui obtient la vice-présidence mais qui ne se sent pas pour autant tenu de suivre les consignes d'Ottawa. Les histoires de querelles de drapeaux et de rendez-vous manqués, qui se produisent lors de ces rencontres, peuvent paraître insignifiantes. Il faut cependant y voir un signe de la détérioration des liens entre les deux paliers de pouvoir. Rapidement, Québec voit le rôle des autres provinces comme un moyen de marginaliser la place prépondérante qu'il occupe au sein de l'Agence de coopération culturelle et technique (ACCT) et tend par conséquent à déconsidérer le Nouveau-Brunswick. Selon Armand Saint-Onge :

> Le Québec nous a toujours vus, dès ces premières conférences et tout au long de ces conférences auxquelles j'ai assisté, comme des encadreurs, des agents du fédéral. Cela ne nous a pas empêchés de nous parler amicalement, mais disons, dans la pensée officielle du Québec, nous étions des gens qui encadraient, des espions du fédéral. Ils ne se gênaient pas pour nous le dire : « vous êtes ici comme des petits accompagnateurs »[34].

En 1977, au lendemain de la victoire du Parti québécois aux élections provinciales de 1976, un durcissement des rapports entre le Québec et le gouvernement fédéral place le Nouveau-Brunswick dans une situation difficile. Le Nouveau-Brunswick obtient le même statut de gouvernement participant à la Francophonie, ce qui provoque une réaction du Québec qui y voit principalement une manigance politique de Trudeau. Il est intéressant de noter la façon dont le Québec va reconnaître l'adhésion de la province acadienne tout en marginalisant la place du gouvernement Hatfield. Dans le contexte de la Francophonie, il apparaît évident que le Québec ne cherche pas à légitimer le gouvernement « anglophone » de Fredericton, car il veut garder un rôle unique au sein de l'organisation. Le Québec prétend être le seul gouvernement francophone et il rappelle aussi que son cheminement au sein de la Francophonie s'est fait par une « haute lutte », dans un contexte d'hostilité de la part des autorités fédérales[35]. On constate tout de même dans la presse québécoise et dans le discours officiel le désir de reconnaître le parcours du peuple acadien, qui va jusqu'à garantir sa protection. Le ministre québécois des affaires intergouvernementales, Claude Morin, accueille favorablement le « gouvernement participant de l'Acadie » : « Il paraissait en effet important d'établir une distinction entre le Nouveau-Brunswick et l'Acadie, tout en montrant qu'à la vérité l'arrivée des Acadiens dans l'ACCT était directement reliée à l'action extérieure du Québec[36]. » En fait, l'accent mis sur la notion de peuple et communauté acadiens permet au Québec de diluer la notion de souveraineté étatique attachée au statut de gouvernement participant. Au Nouveau-Brunswick, la Société des Acadiens et Acadiennes du Nouveau-Brunswick (SAANB) et, encore plus vigoureusement, le Parti nationaliste acadien (PA) tiennent un discours proche de la thèse québécoise, selon lequel ils considèrent la place du Québec au sein de la Francophonie plus légitime que celle du gouvernement de Fredericton. On accuse surtout le gouvernement Hatfield de ne pas tenir compte des revendications de la communauté acadienne et le gouvernement fédéral de se servir de la communauté acadienne dans son opposition au nationalisme québécois[37].

L'attitude québécoise envers le Nouveau-Brunswick peut paraître ambivalente, dans le sens où Québec utilise deux discours politiques : d'une part, il vise à agir en tant qu'État souverain lorsqu'il s'agit des rapports avec l'étranger, mais, d'autre part, devant les minorités francophones nationales, il exploite certains mythes traditionnels, par exemple, la nation canadienne-française protectrice des minorités francophones dans l'ensemble du pays. Dans le cadre de la Francophonie, le Québec considère qu'il a une légitimité plus grande que le gouvernement fédéral et il tente alors de rassembler les minorités francophones du pays.

Ce qui ressort assez clairement de ces épisodes, c'est que les rapports entre les deux provinces évoluent en fonction du contexte politique national et de la conjoncture partisane en place. Pendant le règne des libéraux à Ottawa et des péquistes à Québec, la tension est forte. Elle diminue considérablement entre Brian Mulroney et Robert Bourassa. Au cours des années 80, les relations Ottawa-Québec-Fredericton connaissent en effet une période d'accalmie qui facilite l'accommodement. En 1985, lors de la tenue du premier Sommet de la Francophonie qui réunit les chefs d'État des pays francophones, le gouvernement Mulroney opte pour une stratégie de conciliation, appliquant la même règle au Québec et au Nouveau-Brunswick. Les deux provinces agissent en tant que participants actifs dans les secteurs leur revenant, soit la coopération culturelle et le développement international. Depuis le retour du Parti québécois au pouvoir, en 1994, la diplomatie québécoise se rapproche « de la doctrine traditionnelle telle que développée au cours des années 1960 à 1980[38] ». Par conséquent, il est logique de remarquer une détérioration des rapports entre Ottawa et Québec.

Le contexte externe offre un tout autre aperçu de l'état des relations entre les deux provinces. En considérant l'évolution de la scène internationale, trois éléments peuvent influencer l'action des provinces canadiennes. Ce qui nous paraît intéressant est le fait que ces mutations sont en train de modifier sensiblement la lecture auparavant favorable à l'endroit de la diplomatie québécoise.

Le premier élément, plus spécifique à l'évolution de la Francophonie, est la volonté de politiser l'organisation pour en faire un forum international plus crédible. Au dernier sommet, à Hanoi, l'Agence a cautionné un vaste processus de politisation souhaité par le premier secrétaire élu, le diplomate égyptien Boutros-Boutros Ghali. À l'image du Commonwealth, la Francophonie doit, par exemple, se pencher sur des enjeux précis tels les processus de transition démocratique et la protection des droits de la personne. Une conséquence potentielle importante de ce nouveau virage est la marginalisation des acteurs non étatiques au profit d'un retour des États. C'est d'ailleurs la grande crainte du Québec, car les questions strictement politiques mettent au devant de la scène les États nationaux et non les provinces. Tout récemment, le problème s'est posé lors de la visite officielle au Canada du secrétaire général de la Francophonie, Boutros-Boutros Ghali. Au grand mécontentement du gouvernement Bouchard, qui considère avoir la légitimité d'accueillir au nom de l'État québécois tout dignitaire de la Francophonie, Ottawa a jugé nécessaire d'encadrer la visite du secrétaire général de l'Agence de la Francophonie, reçu à un titre analogue à celui de chef d'État. Pour sa part, le Nouveau-Brunswick ne se sent pas véritablement concerné par ce débat et il préfère développer l'optique du marché dans son action internationale.

Deuxièmement, depuis la fin de la guerre froide, la Francophonie suit de près l'évolution de la scène internationale, ce que plusieurs observateurs ont qualifié dans un premier temps de réveil démocratique à l'échelle planétaire, réveil qui se manifeste par une démocratisation en Amérique latine, en ex-URSS et en Afrique du Sud. Cette interprétation rationnelle d'un processus d'émancipation a laissé rapidement place à un réveil plus douloureux, caractérisé par la résurgence des expressions ethnique, religieuse et nationaliste. Devant cette ethnicisation du monde, de nombreux membres de la Francophonie, auparavant favorables aux revendications nationalistes du Québec, sont nettement plus réservés quant à la place accordée à l'État provincial. La modification des lunettes conceptuelles en relations internationales peut donc nuire au Québec, surtout dans un contexte international en proie à un amalgame rapide autour de la fragmentation ethnique. Comme le souligne Louis Bélanger, le Québec doit rappeler la spécificité de son nationalisme : « C'est la désagrégation d'une certaine structure cognitive présente au sein du fonctionnement des relations internationales et qui pourrait "sécuriser" un comportement atypique comme celui du Québec qui soulève le plus grand défi[39]. »

Enfin, la mondialisation définit un nouveau contexte politique plus favorable aux unités non centrales. Le Nouveau-Brunswick représente ce que Michael Keating appelle des collectivités sous-nationales « qui n'ont pas de base territoriale déterminée et dont les structures institutionnelles ne correspondent pas à une structuration étatique[40] ». Il faudrait aller plus loin et distinguer entre des unités qui projettent une volonté d'affirmation nationale et des acteurs peu portés par cet enjeu.

Conclusion

Dans cette recherche, nous avons cherché à mieux cerner les rapports entre le Nouveau-Brunswick et le Québec dans le contexte de leur participation à la Francophonie. Ce qui se dégage de notre étude, c'est cette vision fondamentalement opposée entre Ottawa et Québec lorsque le Québec cherche à obtenir une légitimité sur la scène internationale. Dès le début des années 70, Ottawa a réagi à la situation nouvelle d'une province plus nationaliste qui cherche à profiter de sa visibilité dans l'espace francophone afin de consolider le projet politique de la souveraineté. Encore aujourd'hui, l'affirmation d'une personnalité internationale québécoise déplaît au fédéral. Dans un sens, le Québec est prisonnier de la logique nationaliste qui caractérise plutôt l'attitude d'un État-nation et non celle d'une province. Pour sa part, le Nouveau-Brunswick a opté pour une approche pragmatique, au départ peu structurée, mais qui au fil des ans s'est consolidée et s'est définie surtout autour de considérations économiques. Depuis les années 90, la province s'inscrit dans la mondialisation, développant ainsi une expertise concrète auprès des États membres de la Francophonie.

NOTES

1. Voir les travaux de Paul Painchaud (dir.), *Le Canada et le Québec sur la scène internationale*, Québec, Centre québécois de relations internationales/PUQ, 1977 ; Louis Balthazar, Louis Bélanger, Gordon Mace et collab., *Trente ans de politique extérieure du Québec, 1960-1990*, Québec, Centre québécois de relations internationales/Éditions du Septentrion, 1993.

2. Dans cette recherche, nous nous limitons à la Francophonie institutionnelle réunissant des États et des gouvernements participant aux diverses instances de l'organisation, soit les Sommets des chefs d'État et de gouvernement, l'Agence de la coopération technique et culturelle (ACCT), la Conférence des ministres de l'Éducation (CONFEMEN), et la Conférence des ministres de la Jeunesse et des Sports (CONFEJES).

3. William H. Riker, *Federalism : Origin, Operation, Significance*, Boston, Little Brown, 1964.

4. Kim Richard Nossal, « Anything But Provincial : The Provinces and Foreign Affairs », dans Christopher Dunn, *Provinces : Canadian Provincial Politics*, Peterborough, Broadview Press, 1996, p. 505.

5. Voir Ivo D. Duchacek, « Perforated Sovereignties : Towards a Typology of New Actors in International Relations », dans H.J. Michelmann et Panayotis Soldatos, *Federalism and International Relations : The Role of Subnational Units*, Oxford, Clarendon Press, 1990, p. 1-33.

6. Kim Richard Nossal, *loc. cit.*, p. 507-510.

7. James Rosenau, *Turbulence in World Politics : A Theory of Change and Continuity*, Princeton, Princeton University Press, 1990.

8. De nombreux ouvrages ont abordé la question de façon polémique. Certains considèrent que la mondialisation est un processus favorable à l'accroissement logique des échanges économiques et à l'émergence d'une société internationale cosmopolite. D'autres y voient les malheurs d'une croissance effrénée, de la perte du sentiment national, voire de la disparition des États-nations. Pour un aperçu de ce débat intellectuel, voir les analyses suivantes : Guy Sorman, *Le monde est ma tribu*, 1997 ; Serge Latouche, *La mégamachine*, 1995 ; Ignacio Ramonet, *Géopolitique du chaos*, 1997 ; Paul Virilio, *Cybermonde : la politique du pire*, 1997.

9. Susan Strange, *The Retreat of the State : The Diffusion of Power in the World Economy*, Cambridge, Cambridge University Press, 1996.

10. Zaki Laïdi, « Espace et vitesse à l'heure de la mondialisation », *Politique étrangère*, printemps 1996, p. 179-190.

11. Bertrand Badie et Marie-Claire Smouts, *Le retournement du monde : sociologie de la scène internationale*, Paris, Presses de la Fondation nationale des sciences politiques, 1992.

12. Louis Bélanger, « L'espace international de l'État québécois dans l'après-guerre froide : vers une compression ? », dans Alain Gagnon et Alain Noël, *L'espace québécois*, Montréal, Québec/Amérique, 1995, p. 71.

13. Ivo Duchacek, *loc. cit.*

14. François-Pierre Le Souarnec, *La Francophonie*, Montréal, Boréal, 1997.

15. Micheal Keating, *Nations Against the State. The New Politics of Nationalism in Quebec, Catalonia and Scotland*, New York, St. Martin's Press, 1996, p. 103.

16. Ministère des Affaires internationales du Québec, *Le Québec dans la francophonie : les priorités*, <http://www.mri.gouv.qc.ca/dans_le_monde/francophonie/francophonie_quebec_fr.html>.

17. Louis Bélanger, « Les enjeux actuels de la participation du Québec à la Francophonie multilatérale : de la paradiplomatie à la

protodiplomatie», *Politique et so-ciétés*, vol. 16, n° 1, 1997, p. 39-59.

18. Janice Gross Stein, «Living with Uncertainty: Canada and the Architecture of the New World Order», *International Journal*, XLVIII, été 1992, p. 614-629.

19. Marcel Martel, *Le deuil d'un pays imaginé: rêves, luttes et déroute de Canada français*, Ottawa, Presses de l'Université d'Ottawa/ CRCCF, 1997.

20. Pour une analyse historique de l'engagement du Nouveau-Brunswick au sein de la Francophonie, consulter: Michel Saint-Louis et Roger Ouellette, «L'Acadie et le Nouveau-Brunswick sur la scène internationale: de l'improvisation à la planification», *Égalité*, 1989, p. 53-71.

21. On se rappelle la fameuse visite de quatre représentants acadiens à Paris, officiellement invités par le général de Gaulle à l'Élysée.

22. Dans un entretien, Robert Pichette, chef de cabinet du premier ministre Robichaud, rappelle le cas d'un don important de livres par la France à l'Acadie. Dans l'esprit du programme de Chances égales pour tous, le gouvernement Robichaud entend gérer ce don plutôt que de le laisser entre les mains de la SNA. Entretien avec Robert Pichette, le 9 septembre 1998. Voir également l'ouvrage de Robert Pichette, *L'Acadie par bonheur retrouvée*, Moncton, Éditions d'Acadie, 1996.

23. Consulter la thèse de doctorat de Thomas Allen Levy, *Some Aspects of the Role of the Canadian Provinces in External Affairs: A Study in Canadian Federalism*, thèse de doctorat (science politique), Durham, Duke University, 1974.

24. Entretien avec Louis-J. Robichaud, le 29 août 1998.

25. Philippe Doucet et Roger Ouellette, «L'évolution de la structure des agences gouvernementales au Nouveau-Brunswick: 1960-1990», *Administration publique du Canada*, vol. 36, n° 1, printemps 1993, p. 28.

26. Entretien avec Armand Saint-Onge, le 25 août 1998.

27. Notre traduction, Thomas Allen Levy, *op.cit.*, p. 443.

28. «N.B. Gets Ottawa's Blessing To Seek Government Status», *Telegraph Journal*, 15 décembre 1977.

29. Philippe Doucet et Roger Ouellette, «L'évolution de la structure des agences gouvernementales au Nouveau-Brunswick: 1960-1990», *Administration publique du Canada*, vol. 36, n° 1, printemps 1993, p. 24-37.

30. Ministère des Affaires intergouvernementales et autochtones, *Rapport annuel*, Fredericton, 1996. Document disponible à l'adresse internet < http://inter.gov.nb.ca/ iga/rapan96/partie39596.htm>.

31. Cité dans Michel Saint-Louis et Roger Ouellette, *loc. cit.*, p. 65.

32. Ministère des Affaires intergouvernementales et autochtones,

Communiqué: Participation du N.-B. au Sommet de Hanoi, Fredericton, le 6 novembre 1997. Document disponible à l'adresse internet <http://inter.gov.nb.ca/cnb/ newsf/iga/7f1795ig.htm>.

33. Raymond Frenette, discours prononcé à Hanoi lors du septième Sommet de la Francophonie, le 16 novembre 1997, <http://www. sommet97.org/communique/ frenette.htm>.

34. Entretien avec Armand Saint-Onge, le 25 août 1998.

35. Lise Bissonnette, «L'Acadie deviendrait gouvernement participant», *Le Devoir*, 7 décembre 1977.

36. Claude Morin, *L'art de l'impossible. La diplomatie québécoise depuis 1960*, Montréal, Boréal, 1987, p. 246.

37. Robert Poirier, «La SANB demande la non-reconnaissance du gouvernement du Nouveau-Brunswick», *L'Évangéline*, le 13 décembre 1977; «Le Parti acadien est indigné par les événements d'Abidjan», *L'Évangéline*, 17 décembre 1977.

38. Louis Bélanger, *loc. cit.*, 1995, p. 96.

39. *Ibid.*, p. 76.

40. Cité dans Serge Latouche, «Le Canada et le Québec à l'heure de la globalisation et de l'incertitude», dans Alain G. Gagnon et Alain Noël, *op. cit.*, p. 62.

POUR UNE HISTOIRE DES RELATIONS CULTURELLES QUÉBEC-ACADIE
NOTE DE RECHERCHE

Gérard Beaulieu
Département d'histoire et de géographie
Université de Moncton

Le Québec et l'Acadie, deux territoires et deux collectivités, ont évolué de façon différente mais ont toujours entretenu des relations depuis l'époque lointaine de la Nouvelle-France. La Confédération de 1867 les a unis avec les autres groupes francophones dans l'entité désignée jusqu'aux années 60 sous l'appellation de Canada français. Bien que leurs relations n'aient pas été très étroites, la communauté de langue et de religion avait créé entre ces collectivités un sentiment de solidarité qui amenait les leaders acadiens à se tourner vers le Québec pour y rechercher un appui au besoin. De leur côté, les Québécois se faisaient un devoir de répondre généreusement aux demandes d'assistance de leurs compatriotes acadiens. Cependant, au début des années 60, un nationalisme québécois et non plus canadien-français émergea au Québec, en même temps que la Révolution tranquille. L'Acadie connut à la même époque, avec l'avènement du gouvernement de Louis J. Robichaud et de ses réformes, un renouveau de fierté et d'affirmation de son identité. Ces changements ne pouvaient pas ne pas avoir de conséquences sur les relations entre les deux communautés.

Participant à un projet en marche depuis trois ans, un groupe d'une douzaine de chercheurs universitaires du Québec, du Nouveau-Brunswick et de la Nouvelle-Écosse analysent ces changements et travaillent actuellement à la préparation d'un collectif sur l'histoire des relations culturelles Québec-Acadie[1].

Les sources et l'optique de la recherche

Si les documents officiels fournissent les renseignements sur les ententes formelles entre les gouvernements, les archives privées de personnalités qui y ont joué un rôle important sont susceptibles d'apporter un éclairage nouveau sur ces relations. Par ailleurs, aucune source ne peut mieux que la presse quotidienne faire état de l'information qui a atteint le public. Organes d'information et lieux de débat, les quotidiens sont des reflets plus ou moins fidèles, qui peuvent à l'occasion minimiser, grossir ou même déformer les réalités de leur milieu ; ils sont néanmoins des témoins bien placés pour faire part des idées qui y ont cours. Les chercheurs ont donc utilisé largement les journaux : nouvelles, éditoriaux et lettres d'opinion des lecteurs, pour dégager les impressions que Québécois et Acadiens avaient de l'autre communauté.

L'essentiel de la recherche porte sur la période de 1960 à nos jours, mais on a cru bon de présenter l'état des relations et les perceptions des deux communautés pendant la période de 1880 à 1960 : que représentait l'Acadie pour les Québécois, et comment les Acadiens du Nouveau-Brunswick et ceux de la Nouvelle-Écosse percevaient-ils le Québec ? Le congrès organisé par la Société Saint-Jean-Baptiste de Québec en 1880 auquel ont participé une centaine d'Acadiens est le point de départ d'un renouveau dans les relations entre les deux collectivités. Disposant déjà d'un collège et d'un journal, les Acadiens vont bénéficier, avec la création de la Société nationale l'Assomption, d'une institution vouée spécifiquement à l'avancement collectif des Acadiens. Par la suite, avec la naissance de nouveaux organismes d'éducation et de développement économique comme le mouvement coopératif, les rapports, qui jusque-là avaient été surtout le fait d'individus, deviendront plus institutionnels. Cette période est aussi marquée par la maturation des sociétés acadienne et québécoise. Elle prépare les changements qui surviendront à partir des années 1960.

Les orientations de la recherche

La partie de l'étude portant sur la période de 1960 à nos jours privilégie quatre volets des relations Québec-Acadie, soit la langue, l'éducation, les médias ainsi que les arts et les lettres. Elle débute par une présentation du cadre institutionnel puisque, pendant cette période, le gouvernement du Québec a négocié et signé des ententes avec les gouvernements des provinces Maritimes portant précisément sur la langue, les communications et la culture. De plus, le Québec a ouvert un bureau à Moncton, en 1980, pour desservir l'ensemble des trois provinces. À part un rôle économique et symbolique, le gouvernement québécois a-t-il assigné d'autres objectifs à ce bureau ? Il est à noter cependant que le Québec n'a pas conclu d'ententes directes avec les communautés acadiennes comme la France l'a fait, par exemple, dans les années 60. Pour sa part, le bureau de l'Acadie établi à Québec, pâle pendant de celui du Québec à Moncton, n'a eu qu'une existence éphémère. L'analyse des discours des hommes politiques et des interviews avec des responsables gouvernementaux pourront fournir des explications.

L'apparition du mouvement indépendantiste dans les années 60 et le rejet par les nationalistes québécois de la notion de Canada français en faveur de l'affirmation de la spécificité du Québec ont parfois été perçus chez les minorités francophones comme un manque de solidarité, voire comme un abandon. Cette nouvelle attitude québécoise a suscité des réactions qui ont été étudiées à partir d'éditoriaux portant sur le Québec, ou de textes tenant lieu d'éditoriaux, dans les trois quotidiens acadiens successifs du Nouveau-Brunswick, soit *L'Évangéline, Le Matin* et *L'Acadie nouvelle*. De cet ensemble de quelques centaines de textes, on a retenu ceux qui portent spécifiquement sur ce qu'il est convenu d'appeler la question québécoise, c'est-à-dire les affirmations nationalistes du Québec, le mouvement indépendantiste et les conséquences de la séparation du Québec pour les autres minorités francophones et pour le pays. Ces textes, dont la fréquence augmente en période de crise ou de référendum, révèlent des prises de position qui évoluent au cours de la période. Ils expriment, selon les circonstances, des oppositions, de la compréhension et même à l'occasion des connivences qui témoignent que, dans certains secteurs, les revendications nationalistes du Québec coïncidaient avec celles de la collectivité acadienne.

L'utilisation, par des créateurs du Québec, du joual comme mode d'expression, au cours des années 60, a donné lieu à un débat animé entre les partisans d'une langue populaire et ceux qui estiment que l'on doit s'en tenir, dans la langue écrite, au français standard. Avec quelques années de décalage, l'Acadie a aussi connu un débat semblable à propos du chiac. Une étude de cette question en Acadie permettra de comparer les deux situations.

L'éducation est peut-être le domaine où les relations entre l'Acadie et le Québec ont été les plus abondantes au cours de la période 1880-1960 : instituteurs en provenance du Québec, utilisation de manuels québécois pour diverses matières, prêtres québécois enseignant dans les collèges classiques, etc. Une recherche fera le point sur ce qu'il en est depuis les années 60 et traitera entre autres des rapports entre les associations d'enseignants du secteur public, des programmes d'étude, de l'envoi de spécialistes, des méthodes pédagogiques et des manuels.

Les échanges culturels doivent être examinés dans la double perspective des offres de produits culturels et de l'accueil qu'ils reçoivent dans chacune des communautés. Les années 1960-1970 ont vu se développer en Acadie une activité culturelle qui a permis à cette dernière de commencer à exporter ses productions et ses créations. Le théâtre, la musique et la chanson ont certes donné lieu à des échanges, dans certains cas importants, entre le Québec et la communauté acadienne de la Nouvelle-Écosse et celle du Nouveau-Brunswick. D'autre part, ces communautés ont bénéficié de la venue de nombreux artistes québécois. Une étude tentera d'évaluer l'importance des activités culturelles venant de l'autre communauté et l'accueil dont ces échanges ont fait l'objet au Québec et en Acadie. Des interviews d'artistes qui y ont participé aideront à faire le point sur la question. Enfin, une partie de la recherche porte spécifiquement sur la réception de la littérature acadienne au Québec.

En somme, ce collectif portant sur les relations culturelles Québec-Acadie apportera, croyons-nous, un éclairage nouveau sur quelques domaines privilégiés des rapports entre les deux collectivités. Puisse-t-il contribuer, entre autres, à la mise en place, par les gouvernements et les institutions, de politiques de collaboration plus efficaces. La culture est un bon point de départ pour une meilleure connaissance réciproque et elle est un élément essentiel de la coopération entre Québécois et Acadiens pour le bénéfice des deux groupes et de toute la francophonie nord-américaine.

NOTE

1. L'ouvrage est codirigé par Fernand Harvey, de l'INRS — Culture et société, et Gérard Beaulieu, du Département d'histoire et de géographie de l'Université de Moncton. Le groupe englobe, en plus de ceux de l'INRS et de l'Université de Moncton, des chercheurs de l'Université Bishop's (Lennoxville) et de l'Université Sainte-Anne, de Pointe-à-l'Église en Nouvelle-Écosse. Le projet est financé depuis trois ans dans le cadre du Programme d'aide aux partenariats entre le Québec et les communautés francophones et acadiennes du Canada du gouvernement du Québec.

LE DROIT INTERNATIONAL
ET LE DILEMME DES FRANCOPHONIES
MINORITAIRES ET MAJORITAIRE AU CANADA

Gaétan Migneault
Université de Moncton

Le Canada n'a pas fait figure de chef de file lorsqu'il s'est décidé à enchâsser des droits et des libertés dans la Constitution. La Charte canadienne des droits et libertés[1] n'est pas totalement originale non plus. Elle est seulement la façon typiquement canadienne de voir l'importance des protections individuelles, et ce, dans un pays qui tire son droit du système de common law et qui a obtenu son indépendance autrement que par voie de révolution. En fait, la Charte est venue corriger une lacune et ainsi faire en sorte que la souveraineté parlementaire s'exerce conformément aux droits fondamentaux.

La Constitution n'est toutefois pas la seule source de protection pour les droits et libertés individuels des Canadiens. Le droit international en est un bon exemple, entre autres le *Pacte international relatif aux droits civils et politiques*[2], qui est en vigueur depuis le 19 août 1976. Malgré son âge, cette source demeure virtuellement inexploitée par les minorités francophones du pays. Ces dernières préfèrent se limiter au droit interne canadien pour fonder leurs revendications. Pourtant, en signant le *Protocole facultatif au Pacte international relatif aux droits civils et politiques*[3], le Canada acceptait de se soumettre aux décisions du Comité des droits de l'homme des Nations Unies. Quoique la sanction du Comité soit problématique[4], elle s'est quand même avérée fructueuse à quelques occasions. Il suffit de penser à la cause de l'affichage en français au Québec qui a été montée par les Anglo-Québécois. Ce fut une belle victoire! Surtout que le droit canadien leur avait laissé à la bouche le goût amer de la défaite. La communication du Comité contient une seule déception: ces anglophones ne forment pas une minorité aux yeux du droit international[5], du moins tant que le Québec sera membre de la fédération canadienne.

À ce titre, le droit international a le désavantage d'être un outil plus politique que juridique. Il n'y a donc pas vraiment de recours pour forcer un État à s'acquitter de ses obligations. Pour que le droit international ait un effet maximal, il faut que ceux qui y ont recours jouent bien le jeu de la politique et qu'ils jouissent d'une bonne couverture médiatique. Autrement, la cause risque de passer inaperçue. Il fut un temps où ce jeu politique aurait bien pu se jouer au niveau national, principalement lorsque les minorités francophones profitaient de l'appui du Québec. Toutefois, les choses ont changé et cet appui s'est dissipé pour épouser les intérêts très nationalistes des aspirations québécoises. Ce n'est plus la langue et la culture qui font l'objet du débat mais plutôt le territoire. Le discours s'est transporté du français pour les francophones au français pour les Québécois[6]. Les effets de ce changement se retrouvent dans des causes comme celles du droit constitutionnel à l'instruction dans la langue de la minorité, où le Québec s'est rangé du côté des provinces anglophones au lieu d'appuyer les autres francophones du pays[7], forçant ceux-ci, par surcroît, à chercher ailleurs pour trouver des oreilles attentives à leurs revendications. Parmi ces alliés se trouve, de toute évidence, le commissaire aux langues officielles du Canada, mais aussi, semble-t-il, le droit international auquel le Canada souscrit. Quoique nous ne cherchions pas à présenter ici le rôle que joue le commissaire dans la promotion des droits linguistiques, il serait quand même malheureux de le passer sous silence, puisque celui-ci est devenu, ces derniers temps, le principal appui politique des minorités linguistiques, tant auprès du gouvernement fédéral qu'auprès des gouvernements provinciaux.

Nous nous arrêterons plutôt aux protections internationales les plus efficaces applicables aux minorités linguistiques canadiennes. Nous nous intéresserons pincipalement aux travaux des Nations Unies concernant l'article 27 du Pacte. Lorsqu'on examine les décisions qui découlent de ce ressort, une constatation saute rapidement aux yeux: les minorités francophones n'ont pas encore appris à jouer le jeu. Dans cette optique, nous chercherons à comprendre et à expliquer pourquoi. Chose certaine, ce n'est pas parce que le besoin ne s'est jamais fait sentir! Finalement, nous discuterons de la principale thèse avancée pour expliquer les divergences entre les aspirations des francophones au Québec et celles des autres Franco-Canadiens.

L'article 27 du Pacte

À bien des égards, les documents internationaux sont plus généreux que la Charte canadienne. Il suffit de prendre le premier article du Pacte, qui confère aux peuples le droit « de disposer d'eux-mêmes », ou encore un exemple qui touche de plus près l'objet de la présente étude, l'article 27, qui stipule que « [d]ans les États où il existe des minorités ethniques, religieuses ou linguistiques, les personnes appartenant à ces minorités ne peuvent être privées du droit d'avoir, en commun avec les autres membres de leur groupe, leur propre vie culturelle, de professer et de pratiquer leur propre religion, ou d'employer leur propre langue. » Cette disposition vise à assurer la survie et le développement des trois minorités concernées: 1) ethniques, 2) religieuses, et 3) linguistiques. Pour les fins du présent article, nous ne tiendrons compte que de la dimension linguistique.

La protection de l'article 27 est accordée à chaque membre du groupe. Bien que la garantie prenne la forme d'un droit individuel, elle possède une connotation très collective. Il est difficile de s'imaginer comment un francophone peut revendiquer ce droit s'il est seul. Voilà qui soulève une difficulté de taille. À partir de quel moment un groupe a-t-il droit à cette protection? Ou, en d'autres mots, qu'est-ce une minorité? Il n'existe toujours pas de définition juridique de ce terme[8]. Est-ce une question de nombre uniquement? Si oui, de quelle ampleur doit-il être? Suffit-il d'être deux pour constituer une minorité? À l'inverse, est-ce qu'un groupe qui forme 49 % d'une population peut être considéré comme une minorité? En ce sens, l'usage d'un tel terme dans une protection juridique devrait supposer l'existence d'un certain élément de vulnérabilité par rapport à la majorité. Sinon, pourquoi la protection serait-elle nécessaire? En plus de rester silencieux sur toutes ces interrogations, le texte semble avoir une portée très limitée: il ne vise que les rapports entre les individus. Il est bien dit «en commun avec les autres membres de leur groupe». Sauf si un gouvernement devait interdire de façon expresse l'usage d'une langue dans une communauté, la disposition demeure, à toutes fins pratiques, inutilisable. Elle aurait tellement plus de valeur si elle visait les rapports de l'individu avec l'État plutôt que les rapports entre les personnes seulement.

De prime abord, l'article 27 du Pacte n'est pas d'un grand secours pour les minorités francophones du pays. Pour invoquer cette garantie, il semble qu'il faille un acte étatique qui limite le droit de la minorité. Tant qu'un gouvernement ne fait rien pour y porter atteinte, ces individus restent sans recours. C'est ce que certains auteurs appellent l'obligation de tolérance[9]. On peut établir déjà une distinction entre les minorités francophones du Canada et les anglophones du Québec. Alors que dans ce dernier cas, la province a pris l'habitude d'adopter des mesures très précises pour assimiler les minorités linguistiques (y compris les anglophones) à la majorité, dans l'autre cas, les minorités francophones sont traitées comme si elles n'existaient pas[10]. La rhétorique du commissaire aux langues officielles est tout à fait pertinente à ce sujet: «les gestes en faveur des francophones dans [les provinces anglophones] brillent surtout par leur absence[11]». Il n'est pas le seul à s'en être rendu compte puisque la Cour suprême écrivait aussi: «Il n'est pas certain que la loi albertaine existante soit un obstacle à la matérialisation des droits des appelants. Le véritable obstacle réside dans l'inaction des autorités publiques[12].» Voilà une affirmation qui peut facilement être étendue aux autres provinces anglophones du Canada[13]. Donc, selon la formulation de la garantie, il semble qu'il faille une action endommageante, par opposition à une absence d'action ou une inaction, pour qu'une minorité puisse réclamer réparation. C'est un facteur qui peut expliquer pourquoi les Anglo-Québécois ont tenté leur chance avec l'article 27 alors qu'aucune minorité francophone n'a encore osé le faire. Ainsi, la première source de réticence pour les communautés francophones minoritaires résiderait dans le texte même de la disposition.

Sur ce plan, le Comité des droits de l'homme des Nations Unies se fait quand même bon joueur puisqu'il a affirmé que l'article 27 conférait un droit aux minorités et non seulement une liberté[14]. Il en dit : « les États devront également parfois prendre des mesures positives pour protéger l'identité des minorités et les droits des membres des minorités de préserver leur culture et leur langue et de pratiquer leur religion[15] ». C'est aussi une position que maintiennent certains auteurs (Alfredson et Zayas, p. 2; Blades, p. 523). Il serait quand même intéressant de voir comment un comité, qui n'a aucun pouvoir de sanction, pourrait imposer de telles obligations à un pays. Surtout que les minorités visées par la disposition ne se limitent pas aux minorités officielles d'une nation et que les fonds publics se font de plus en plus rares. Toutefois, du fait que le Comité s'est aventuré à exprimer cette opinion, il y aurait lieu de la mettre à l'épreuve afin de voir jusqu'à quel point il était sérieux. Aucun groupe minoritaire n'a encore osé déposer une telle demande malgré qu'elle soit concevable (Alfredson et Zayas, p. 8). Les possibilités offertes par cette garantie n'ont donc pas été pleinement exploitées (Blades, p. 522). Peut-être est-ce à cause des problèmes de preuve que soulève ce type d'allégation. Nous y reviendrons.

En plus de l'opinion du Comité, un autre élément peut jouer en faveur des minorités francophones. Le 18 décembre 1992, l'Assemblé générale des Nations Unies adoptait la *Déclaration des droits des personnes appartenant à des minorités nationales ou ethniques, religieuses et linguistiques*[16]. Ce document peut certainement aider à interpréter l'article 27 (Blades, p. 526) qui, il faut le mentionner, a servi en quelque sorte de tremplin à la Déclaration. Celle-ci semble démontrer une ouverture des Nations Unies envers les minorités, ce qui pourrait avoir une certaine influence sur les opinions du Comité. Parmi les articles de ce document qu'il peut être intéressant de prendre en considération, mentionnons le paragraphe 2(3) qui garantit que :

> 3. Les personnes appartenant à des minorités ont le droit de prendre une part effective, au niveau national et, le cas échéant, au niveau régional, aux décisions qui concernent la minorité à laquelle elles appartiennent ou les régions dans lesquelles elles vivent, selon des modalités qui ne soient pas incompatibles avec la législation nationale.

L'expression « et, le cas échéant, au niveau régional » semble viser spécifiquement les États fédéraux comme le Canada, où le pouvoir de prendre des décisions est divisé entre deux paliers gouvernementaux. Les provinces devraient donc elles aussi prendre des mesures pour protéger leur minorité, dans la mesure où celle-ci est la même que la minorité nationale.

L'article 4 est une autre disposition intéressante pour les minorités francophones canadiennes, en particulier les paragraphes 2 et 3. Il y a lieu de citer l'article dans sa totalité.

Article 4

> 1. Les États prennent, le cas échéant, des mesures pour que les personnes appartenant à des minorités puissent exercer intégralement et effectivement

tous les droits de l'homme et toutes les libertés fondamentales, sans aucune discrimination et dans des conditions de pleine égalité devant le droit.

2. Les États prennent des mesures pour créer des conditions propres à permettre aux personnes appartenant à des minorités d'exprimer leurs propres particularités et de développer leur culture, leur langue, leurs traditions et leurs coutumes, sauf dans le cas de pratiques spécifiques qui constituent une infraction à la législation nationale et sont contraires aux normes internationales.

3. Les États devraient prendre des mesures appropriées pour que, dans la mesure du possible, les personnes appartenant à des minorités aient la possibilité d'apprendre leur langue maternelle ou de recevoir une instruction dans leur langue maternelle.

4. Les États devraient, le cas échéant, prendre des mesures dans le domaine de l'éducation afin d'encourager la connaissance de l'histoire, des traditions, de la langue et de la culture des minorités qui vivent sur leurs territoires. Les personnes appartenant à des minorités devraient avoir la possibilité d'apprendre à connaître la société dans son ensemble.

5. Les États devraient envisager des mesures appropriées pour que les personnes appartenant à des minorités puissent participer pleinement au progrès et au développement économiques de leur pays.

Les autres dispositions constituent des garanties qui ne soulèvent pas vraiment de problèmes au Canada.

Selon la Déclaration, les membres d'une minorité linguistique devraient posséder les outils nécessaires afin de participer aux décisions susceptibles de porter atteinte à la caractéristique qui les unit, c'est-à-dire leur langue. Ils devraient aussi posséder les outils nécessaires à la transmission et à la sauvegarde de cette caractéristique. Entre autres, il est intéressant de remarquer la similitude entre le paragraphe 4(3) de cette Déclaration et l'article 23 de la Charte canadienne. Ces deux dispositions confèrent pratiquement la même protection aux minorités francophones du Canada, sauf qu'au lieu de parler de «nombre suffisant» la Déclaration utilise les termes «dans la mesure du possible». Sans entrer dans les détails, ces conditions signifient qu'il n'est pas suffisant qu'une minorité existe pour qu'elle bénéficie de la protection; d'autres facteurs doivent être pris en considération. Toutefois, au Canada le paragraphe 4(3) de la Déclaration est sans intérêt puisqu'à la suite des interprétations de la Cour suprême, le champ a été relativement bien couvert par le droit constitutionnel interne, en ce qui concerne les minorités de langue officielle évidemment! Cette discussion appuie néanmoins l'idée selon laquelle l'article 27 impose des obligations positives aux pays signataires et aux deux paliers de gouvernements, le cas échéant.

Une deuxième difficulté par rapport à la dimension linguistique de l'article 27 du Pacte est soulevée par le Comité dans la communication Ballantyne, à laquelle nous avons fait référence à la note 5. Quoique le raisonnement dans cette cause ne soit pas directement applicable aux minorités francophones du Canada, une restriction à l'usage d'une langue pourra être considérée comme une violation de la liberté d'expression aux termes du paragraphe 19(2) du Pacte plutôt qu'une violation de l'article 27. Peut-être, comme l'affirme le juge Beetz dans *Société des Acadiens*[17], car les droits dits fondamentaux sont plus sûrs que les droits linguistiques, puisque ces derniers reposent sur des compromis politiques. Il demeure que cette approche n'aide pas la cause des minorités. Voilà un second élément qui peut expliquer pourquoi les revendications en la matière ne sont pas nombreuses.

Cette difficulté peut être contournée assez facilement. Il suffirait de faire comme les demandeurs du Québec dans la cause Ballantyne et de plaider la liberté d'expression concurremment au droit de la minorité. Par contre, lorsque la source de la violation découle de l'inaction des gouvernements, l'argument devient très rapidement ténu et ses chances de succès sont minimes, d'où la deuxième solution. Il faudrait présenter des arguments très clairs pour établir la distinction entre la liberté d'expression et le droit de la minorité. Alors qu'il peut être très difficile de démontrer que le droit d'une minorité est violé par l'inaction, il est plutôt facile de prouver l'absence d'action. Si, pour qu'il y ait infraction à la liberté, il est nécessaire qu'il y ait une action de la part d'un gouvernement, on écarterait forcément la liberté d'expression en démontrant l'inaction. Cela aurait pour effet de forcer le Comité à se pencher spécifiquement sur l'article 27 plutôt que sur l'article 19.

Les exigences du Protocole facultatif

C'est le Protocole facultatif, lui aussi entré en vigueur le 19 août 1976, qui permet aux habitants des pays signataires de présenter au Comité des communications pour examen et qui établit les conditions à respecter. En vertu de l'article 5, une plainte ne sera considérée que si « *a)* la même question n'est pas déjà en cours d'examen devant une autre instance internationale » et « *b)* le particulier a épuisé tous les recours internes disponibles ». Les communications et la preuve doivent être présentées à l'écrit et les séances se tiennent à huis clos. C'est seulement après qu'une décision est rendue que le résultat est transmis aux parties intéressées. Il peut ne pas être nécessaire de se rendre devant la Cour suprême pour épuiser les recours internes. Dans la cause Ballantyne, par exemple, le Comité a accepté de considérer la plainte malgré que les demandeurs ne se soient pas présentés devant les tribunaux pour chercher à obtenir un remède à leurs maux. Par contre, il faut ajouter que les plaignants s'étaient déjà rendus à la Cour suprême du Canada et que c'est en réponse à la décision du tribunal[18], favorisant les appelants, que la province a modifié sa loi pour la soustraire validement à l'application de la Charte.

De cette procédure, il est possible de dégager un troisième facteur qui permet d'expliquer en partie pourquoi les minorités francophones canadiennes n'utilisent pas le Pacte. La source de cette réticence se rapporte aux exigences à remplir pour obtenir la qualité pour agir. L'article premier du Protocole facultatif dit bien que seuls les « particuliers [...] qui prétendent être victimes d'une violation [...] des droits énoncés dans le Pacte» peuvent déposer une requête au Comité des droits de l'homme. À ce sujet, le Comité note :

> **4.1** *The Committee requires that the author of a communication must himself claim, in a substantiated manner, that he is or has been a victim of a violation by the State party concerned of any of the rights set forth in the Covenant. It is not the task of the Human Rights Committee, acting under the Optional Protocole, to review in abstracto national legislation or practice as to their compliance with obligations imposed by the Covenant.*
>
> **4.2** *The author of the present communication has not put forward any facts to indicate that he has himself been a victim of discrimination in violation of the provisions of the Covenant. An allegation to the effect that past or present promotion policies are generally to the detriment of English-speaking members of the Canadians Armed forces is not sufficient in this respect[19].*

Ce qui revient plus ou moins à ce qui a été dit précédemment. Demander au Comité d'agir là où l'inaction du gouvernement est à l'origine de la violation revient à lui demander d'évaluer la requête *in abstracto*. C'est pourquoi il est difficile de voir comment, en l'absence de toute action qui enfreint les droits énoncés dans le Pacte, une requête par un membre du groupe minoritaire serait accueillie plutôt que rejetée. Pour avoir gain de cause, il faudrait littéralement remettre au Comité une tonne d'études sociologiques démontrant que l'absence d'action du gouvernement a mené à la situation précaire dans laquelle se retrouvent les minorités. C'est un fardeau de preuve pratiquement impossible de présenter. Toutefois, en réponse à cet argument, Blades écrit que «*there is no reason why the practical difficulties created by a positive obligation should be so great as to destroy article 27's "guiding value"*» (p. 528).

Un quatrième élément qui peut décourager les membres d'une minorité de déposer des plaintes au Comité relève du fait qu'une requête doit être signée par au moins une personne. Il n'est pas interdit d'intenter une action collective[20] ; toutefois, une organisation ne peut pas présenter une communication en son nom, peu importe son degré de détermination. Le stigmate perpétuel des causes linguistiques qui désigne l'instigateur comme un «faiseur de troubles[21]» demeure ; or ce n'est pas une étiquette que beaucoup de gens acceptent de porter facilement, encore moins dans un milieu fortement minoritaire. Le fait de déplacer le débat au niveau international n'efface pas le stigmate. On pourrait éviter cette situation si le Protocole facultatif permettait à des associations de déposer des plaintes. Précison que cet élément dissuasif n'est pas particulier au droit international.

Finalement, un dernier facteur qui n'est attribuable ni au Pacte ni au Protocole facultatif freine le recours au droit international par les minoritées : le contexte juridique canadien. C'est que le droit international ne fait pas partie du droit interne, sauf s'il est entériné par une loi. Comme le recours est souvent mal connu des juristes, il n'est pas conseillé aux plaignants. On peut aussi penser que les minorités ne s'adressent pas au Comité parce que les décisions du Comité des droits de l'homme ne créent aucune obligation en droit et que le recours est considéré comme une perte de temps. Peu importe, le résultat est le même: l'outil reste inutilisé. Pourtant, dans les systèmes démocratiques, la sanction politique peut être autant sinon plus efficace que la sanction juridique. Donc, il peut arriver que le jeu en vaille la chandelle et cette procédure devrait faire partie de l'arsenal de l'avocat, comme une deuxième nature. Évidemment, si le recours est ignoré des juristes, il peut difficilement être suggéré aux plaignants.

Ainsi, il ne faut pas être surpris si, de toutes les communications que le Comité a rendues concernant le Canada, aucune n'a été déposée par un groupe minoritaire francophone. En fait, de ces dix-neuf communications, seulement trois visaient l'article 27 du Pacte. De ces trois, deux avaient été faites par des Autochtones et leurs auteurs ont eu gain de cause devant le Comité, ce qui semble encourageant. Le troisième cas concernait les Anglo-Québécois qui se sont fait dire qu'ils ne formaient pas une minorité au pays. Ils ont quand même eu raison, mais sur une autre question de droit. Quant aux communications restantes, elles ont été rejetées pour la plupart. La dynamique créé par le Comité semble donc favorable aux minorités et c'est un avantage dont elles devraient chercher à se prévaloir à tout prix.

Malgré tous les obstacles qui semblent décourager l'utilisation du droit international, une lumière au bout du tunnel demeure. Autant le texte de l'article 27 donne des raisons d'être pessimiste, autant les propos du Comité suscitent l'optimisme. Si vraiment le Pacte impose des obligations positives en ce qui concerne le droit des minorités, alors il y a lieu d'exploiter ce recours à son maximum. Au niveau fédéral, l'article 27 jouerait un rôle minimal puisque l'article 20 de la Charte en est plus ou moins l'équivalent. Toutefois, au niveau provincial, il ne faudrait surtout pas mépriser cette protection, puisque rares sont les gouvernements qui possèdent des obligations aussi onéreuses que celui du Canada.

Conclusion

En dépit de tout ce qui précède à propos des difficultés d'application des protections internationales aux minorités dans le contexte du Canada anglais, deux situations rêvées, qui auraient permis de mettre l'opinion du Comité à l'épreuve, sont survenues assez récemment. En 1988, dans l'affaire *Mercure*[22], la Cour suprême a conclu que la Saskatchewan et l'Alberta étaient toutes deux liées par l'article 110 de l'*Acte des Territoires du Nord-Ouest*, même si cette disposition ne bénéficiait pas d'un statut constitutionnel. Cette mesure imposait entre autres aux assemblées législatives l'obligation d'adopter leurs lois dans les deux langues officielles. La Saskatchewan a décidé d'abolir cette obligation de bilinguisme et l'Alberta a fait de même moins de trois mois plus tard[23]. Comme c'est l'une des rares fois où le droit d'une minorité francophone a été violé par une action volontaire, ces circonstances présentaient donc tous les avantages désirés.

Sur cette note un peu malheureuse, il y a lieu de spécifier que le droit, en soi, n'est qu'un outil et à ce titre, il est impuissant si la collectivité n'a pas la volonté de survivre. En fait, la notion de volonté semble implicite dans la définition d'une minorité. Des deux définitions proposées, l'une dit: «dont les membres [...] manifestent même de façon implicite un sentiment de solidarité, à l'effet de préserver leur culture, leurs traditions, leur religion ou leur langue[24]» et la deuxième renchérit: «un groupe de citoyens [...] solidaires les uns des autres, animés, fût-ce implicitement, d'une volonté collective de survie[25]». Une minorité ne serait pas uniquement une question de nombre! Le droit n'est donc pas indispensable à l'épanouissement d'une minorité; sauf qu'en cette fin de siècle, il a tellement pris d'importance que le moyen se confond avec la fin. Bon gré mal gré, les minorités apprendront à s'en servir; plus les outils sont diversifiés, plus le succès est assuré.

L'une des critiques les plus vives formulées à l'égard des protections internationales visant les minorités repose sur le fait que la sanction est plus politique que juridique. Comme elles se méfient habituellement des politiciens et qu'elles sont conscientes de toutes les luttes de pouvoir et des pressions qu'il faut exercer pour se faire entendre dans cette arène, les minorités préfèrent se tourner vers un élément plus certain. Spécialement lorsque leur poids démographique ne leur permet pas de se choisir une place de premier rang pour se faire écouter. C'est un fardeau que doivent porter les minorités francophones du Canada. L'obstacle n'est pas de débattre de la légitimité des revendications mais de réussir à attirer suffisamment l'attention pour que la question soit prise en considération. Il est difficile de ne pas être d'accord avec le juge Beetz lorsqu'il écrit, dans *Société des Acadiens*, que «le processus législatif [...] se prête particulièrement bien à l'avancement des droits fondés sur un compromis politique» (p. 579). Sauf que pour se faire entendre devant cette tribune, il faut déjà avoir les reins pas mal solides. À quelques exceptions près, c'est malheureusement une caractéristique que les minorités francophones ne possèdent pas.

Il ne faudrait surtout pas croire que nous cherchons ici à discréditer l'appareil politique. Au contraire, toute l'importance de ce système prend sa source dans les propos du juge Vickers de la Colombie-Britannique. Discutant de l'article 23 de la Charte, celui-ci écrit:

> *Provincial legislation provides a measure of security beyond a regulatory scheme. Amending a statute is far more onerous than amending a set of regulations. As well, the presentation of legislation is more likely to ensure a better public understanding of this significant Canadian solution for the protection of language and culture, afforded to both French and English speaking Canadians. With debate in the Legislative Assembly comes the opportunity to advance a better understanding of our national heritage and the unique place it holds in the family of nations.* (p. 105)

Nous ne cherchons en fait qu'à présenter une autre voie que les minorités francophones peuvent emprunter pour faire valoir leurs préoccupations. En d'autres mots, le droit international est une façon bien détournée pour amener la question devant les assemblées législatives.

Un autre moyen détourné qui semblait exister, à une époque, est le dialogue entre les représentants élus de chacune des provinces à majorité anglophone avec ceux du Québec, un peu comme le commissaire aux langues officielles fait depuis quelques années. Malheureusement c'est une illusion qu'on ne peut plus entretenir aujourd'hui, en raison des cas très concrets qui sont survenus et qui permettent de dire avec la plus grande certitude que les joueurs importants du Québec ont finalement fait leur nid avec leurs collègues du Canada anglais (Foucher, 1993, p. 213). Certains diront qu'il faut y voir le résultat du fédéralisme symétrique canadien (par opposition à un fédéralisme asymétrique) et si ce n'était de cela, le Québec pourrait retourner du côté des minorités francophones (Foucher, 1993, p. 213 ; Woehrling, p. 80). Voilà un argument futile, puisque la preuve reste à faire que le Québec est déjà intervenu en faveur des autres Franco-Canadiens, même lorsque les aspirations québécoises coïncidaient avec celles de ces derniers. Le plus bel exemple de ceci se trouve dans la Constitution même de 1867. Alors que l'Ontario se chargeait des anglophones du Québec, personne n'a semblé se soucier des francophones du reste du pays. Bien au contraire, pendant que le Québec restait indifférent au sort des francophones, les autres gouvernements se sont servis de la façon dont celui-ci traitait sa minorité comme prétexte pour faire subir un traitement similaire à leur minorité respective. Mais la commande n'était pas très difficile à remplir, puisque ces communautés bénéficiaient rarement de garanties généreuses.

Pour justifier la transformation dans le discours politique, les théoriciens s'arrêtent sur la contradiction qui peut sembler exister entre l'idéologie fédéraliste et l'idéologie des droits. Pour eux, le fait que les francophones sont majoritaires au Québec les place en confrontation directe avec les francophones minoritaires des autres provinces, puisque leurs sources de revendications ne sont pas les mêmes. Le professeur Foucher (1993, p. 203) exprime comme suit le dilemme :

> Une brève comparaison entre les traits saillants de la théorie fédéraliste et de la théorie des droits illustre la tension entre ces deux modes d'appréhension de la structure de l'État. Leur objet diffère: le fédéralisme repose sur une théorie de la souveraineté, les droits reposent sur une théorie morale. Le fédéralisme vise à donner du pouvoir à une minorité territorialement concentrée afin de lui permettre d'exercer une partie de la souveraineté étatique. Une fédération multi-ethnique attribue généralement aux États-membres les compétences les plus susceptibles d'assurer le maintien de la langue et de la culture minoritaire [source omise]. Par contre, la théorie des droits vise à donner à une communauté identifiée par un trait culturel la maîtrise limitée et partielle de certains secteurs sociaux afin de promouvoir ses intérêts, parce que l'État juge que ces intérêts méritent la protection du droit [...].

Avec le plus grand égard, il faut dire que le fédéralisme ne repose pas sur la théorie de la souveraineté. Il est seulement un moyen d'exercer la souveraineté[26], tout comme la dictature et l'État unitaire. C'est plutôt le respect des diversités régionales qui fonde le fédéralisme (Hogg, 1992, p. 107 ; Brun et Tremblay, 1990, p. 384), que ce soit pour une raison linguistique, culturelle ou encore économique. Autrement, un État unitaire serait doublement plus efficace. Ainsi, l'idéologie fédéraliste se fonde-t-elle sur une théorie morale tout autant que l'idéologie des droits. Alors que la première dit qu'il serait injuste de placer tous les œufs dans le même panier, la deuxième enseigne que les «droits découlent de la dignité inhérente à la personne humaine» (*Pacte*, p. 24 ; Hogg, 1992, p. 765) : deux principes qui sont aussi moraux l'un que l'autre et qui ne s'excluent pas mutuellement.

En toute déférence, il est difficile de voir comment la contradiction entre l'idéologie fédéraliste et celle des droits est tellement évidente, si elle existe. Pour la justifier, certaines auteurs insistent sur la distinction entre le principe de la souveraineté parlementaire et les limites que lui impose une constitution écrite (car il faut dire que si les droits n'étaient pas inscrits dans la constitution, ils ne soulèveraient pas tant de problèmes). À première vue, la tension peut paraître fondée. Toutefois, en étudiant la question dans toutes ses complexités, on se rend compte qu'elle est plus apparente que réelle. En fait, il est même possible de concilier les deux positions au point qu'une idéologie devient garante de l'autre.

La souveraineté parlementaire vise à donner carte blanche à l'organisme démocratiquement élu pour lui permettre d'adopter des lois sans avoir à s'en justifier devant les tribunaux mais plutôt devant l'électorat. D'ores et déjà, le fédéralisme est une réserve à la souveraineté (Hogg, 1992, p. 302 ; Brun et Tremblay, 1990, p. 563) tout comme les droits, puisque tous les deux sont consacrés dans la Constitution (Hogg, 1992, p. 302 ; Brun et Tremblay, 1990, p. 385). Donc, même en l'absence de charte des droits, une province ne peut pas adopter à volonté n'importe quelles lois. Ainsi la compétence est-elle sujette autant que le droit aux interprétations judiciaires pour en délimiter la portée (Hogg, 1992, p. 116 et 118).

La tension devient encore moins évidente si l'on fouille davantage la question. D'abord, il y a lieu de rappeler que le fédéralisme se fonde sur le respect des diversités régionales dans l'État. Malgré que l'idéologie des droits soit universelle de nature, elle ne cherche pas à rendre tous les êtres humains identiques. Au contraire, le but des droits dits fondamentaux est de permettre aux gens de cultiver et d'exprimer leurs différences et non de les enfermer dans le même moule. Les deux théories permettent donc à l'individu de s'identifier ; sauf que le fédéralisme vise spécifiquement l'identification par un groupe. Le concept des droits permet aussi à l'individu de s'identifier à un groupe, s'il le désire. Que visent les libertés de réunion pacifique et d'association si ce n'est la participation à un groupe ? En toute logique, la personne raisonnable ne s'unira qu'aux gens avec lesquels elle peut s'identifier d'une manière ou d'une autre. À ce titre, le fédéralisme n'est-il pas l'exemple le plus pur d'un droit collectif ? La théorie des droits se situe seulement à un niveau supérieur de généralité puisque l'association à un groupe n'est qu'un aspect de ses protections. Si, effectivement, les droits fondamentaux peuvent s'accommoder des droits collectifs (Foucher, 1993, p. 202) on peut en dire autant du fédéralisme.

En approfondissant la question encore plus, la tension tombe complètement pour vraiment laisser la place à la complémentarité. En fait, les deux idéologies deviennent tellement liées que l'une ne passe plus sans l'autre. La souveraineté parlementaire, dont le fédéralisme, n'est pas sans limite : il y a une présomption que les chefs politiques agiront de façon responsable et modérée[27]. Elle n'exclut pas le droit ; au contraire, elle suppose que l'opinion publique et une tradition de respect pour les droits fondamentaux — «*may be more effective tools for protecting freedom than are judges and courts*» (Monahan, 1997, p. 16). C'est seulement lorsque les chefs politiques se refusent à considérer la dignité humaine à sa pleine valeur qu'il devient nécessaire de fixer des exigences minimales. La chose est d'autant plus importante lorsque la minorité n'est pas suffisamment forte pour influencer l'opinion publique. Par conséquent, la théorie des droits vient seulement assurer que les valeurs essentielles au bon exercice des pouvoirs seront respectées (Monahan, 1997, p. 6). Ceci est doublement vrai dans un système démocratique. Le droit de vote n'est-il pas essentiel à la démocratie[28] ? Certains auteurs vont même jusqu'à prétendre que «c'est l'un des droits les plus fondamentaux qui soient» (Beaudoin, 1996, p. 336). La Cour suprême des États-Unis va plus loin et affirme qu'il est le plus fondamental des droits[29]. Que dire de la liberté d'expression[30] ? De plus, le système politique de représentation effective semblerait vouloir accommoder les différences plutôt que les noyer dans la majorité[31]. En dernière analyse, il est intéressant de remarquer comment le fédéralisme s'est développé avec l'avènement de la démocratie. Prétendre qu'il est en contradiction avec la théorie des droits fait violence à toutes ses prémisses. Comment alléguer qu'il y a tension entre les deux quand l'un est la condition *sine qua non* de l'autre ? Il n'y a donc pas incompatibilité entre la souverainté parlementaire et les droits[32].

Il est vrai que l'exercice des pouvoirs découlant du fédéralisme se fera vraisemblablement par l'intermédiaire du système politique, surtout dans une démocratie. (Comme nous l'avons déjà mentionné, celle-ci suppose nécessairement l'existence de droits fondamentaux.) L'exercice d'un droit peut aussi se faire dans un système politique. Par exemple, le droit à l'article 23 de la Charte est de nature politique[33]. Si le Québec réclame plus de pouvoirs pour gérer sa destinée, les minorités font de même lorsqu'elles demandent plus de droits. Dans le fond, ces deux groupes demandent la même chose : plus de garanties constitutionnelles. La seule différence est que le Québec réclame une modification au partage des compétences alors que les minorités francophones demandent des garanties sous forme de droits. Les minorités ne sont pas en train de dire qu'il faut tout donner au gouvernement fédéral. Elles réclament ces droits pour elles-mêmes ! Au pis aller, si elles ont le choix de conférer des pouvoirs à un gouvernement sympathique à leur cause ou à un autre qui y est totalement indifférent, elles préféreront évidemment le premier choix. Si les minorités s'opposent à la décentralisation des compétences, ce n'est pas qu'elles sont contre l'idée, c'est qu'elles ne font pas confiance aux gouvernements auxquels elles seraient attribuées. N'est-ce pas la même raison qui pousse les Franco-Québécois à demander une décentralisation des pouvoirs? Les minorités et les Franco-Québécois ne font que demander des garanties qu'ils pourront faire valoir, s'il fallait qu'un ordre de gouvernement les transgresse.

Il faut toutefois admettre que la politique canadienne est complexe, mais cette complexité ne découle pas d'une distinction imaginée entre deux idéologies. Encore bien moins dans un système démocratique où l'une est un prérequis pour l'autre. Si le «mal canadien» se fonde effectivement sur la contradiction soi-disant évidente entre la théorie des droits et celle du fédéralisme, comment expliquer l'opposition du Québec à ce qu'un droit de veto soit étendu à toutes les provinces? Pourtant, ce ne sont pas les francophonies minoritaires qui revendiquent ce droit. De plus, force est de croire qu'il n'aurait aucun effet sur la situation des Anglo-Québécois s'il était accordé aux autres provinces. Ou encore, comment expliquer que le Nouveau-Brunswick était assis du côté de la minorité anglophone du Québec dans la cause *Quebec Association of Protestant School Boards* (p. 75)? En fait, l'asymétrie est déjà consacrée dans le droit constitutionnel canadien, particulièrement en ce qui concerne les droits linguistiques. Cela n'a pas empêché le Québec d'accorder sa bénédiction à l'Alberta et à la Saskatchewan quand est venu le temps d'abroger la minime protection que leur accordait l'*Acte des Territoires du Nord-Ouest*. Pourtant, la position des francophones dans ces deux provinces ne pouvait en rien se comparer à celle des anglophones au Québec. Ainsi, l'asymétrie constitutionnelle ne permettrait pas de concilier les aspirations des francophonies minoritaires et majoritaire du Canada. Il faudra donc chercher ailleurs que dans le droit pour résoudre le dilemme.

La balle étant lancée, il est temps de passer à autre chose. Il est aussi temps de chercher une oreille attentive ailleurs qu'au Québec. Le Comité des droits de l'homme des Nations Unies mérite certainement une considération particulière. Dans la mesure où l'article 23 de la Charte (la disposition la plus progressive jamais adoptée au Canada) est qualifié de soins palliatifs (Magnet, 1995, p. 225) et que «les gestes en faveur des francophones [...] brillent surtout par leur absence», il faut faire quelque chose pour réveiller les gouvernements provinciaux. Autrement, ils continueront à dormir et les minorités francophones à mourir! Il ne faudrait absolument pas baisser les bras et croire la partie finie. C'est un pessimisme qu'il ne faudrait pas associer aux communautés qui se battent constamment d'arrache-pied pour garantir un meilleur avenir aux générations futures.

NOTES

1. Partie I de la *Loi constitutionnelle de 1982*, constituant l'Annexe B de la *Loi de 1982 sur le Canada*, L.R.C. 1985 (Appendice II), n° 44 [ci-après Charte].

2. Dans le but de simplifier sa présentation, la référence se fait au document suivant: Nations Unies, *La Charte internationale des droits de l'homme*, Ottawa, Ministre des Approvisionnements et Services Canada, 1983, 24 [ci-après Pacte].

3. La référence au *Protocole facultatif* est à la p. 44 du même document qu'à la note 2 [ci-après Protocole facultatif].

4. H. Brun et G. Tremblay, *Droit constitutionnel*, 2e édition, Cowansville, Yvon Blais, 1990, p. 780.

5. *Ballantyne, Davidson, McIntyre* c. *Canada* (1993), 14 *Human Rights Law Journal*, 17, p. 176 [ci-après cité au H.R.L.J. sous le nom Ballantyne]. Pour une discussion détaillée de cette cause, voir R. Howse, « "Qu'une langue, quelle qu'elle soit, n'en réprime pas une autre". The Human Rights Committee Decision on The Quebec Sign Law and The Protection of Minorities Language Rights in International Law», dans S. Léger (dir.), *Les droits linguistiques au Canada : collusions ou collisions?*, Ottawa, Centre canadien des droits linguistiques, 1995.

6. Nous faisons ici allusion aux deux principales théories avancées pour les droits linguistiques: l'une étant la personnalité, c'est-à-dire que le droit est rattaché à la personne. La deuxième étant la territorialité, c'est-à-dire que le droit est rattaché au territoire. Pour une discussion très sommaire de ces concepts, voir J.E. Magnet, *Official Languages of Canada : Perspectives From Law, Policy And The Future*, Cowansville, Yvon Blais, 1995, p. 233 et suivantes.

7. P. Foucher, « Fédéralisme et droits des minorités: tension ou complémentarité? », dans J. Lafontant (dir.), *L'État et les minorités*, Winnipeg, Éditions du Blé, 1993, p. 201-213; et J. Woehrling, «La Constitution canadienne et les droits linguistiques: convergences et divergences entre les intérêts des Québécois francophones, de la minorité anglo-québécoise et des minorités francophones du Canada», dans S. Léger (dir.), *Les droits linguistiques au Canada : collusions ou collisions?*, Ottawa, Centre canadien des droits linguistiques, 1995, p. 53-81.

8. G. Alfredsson et A. de Zayas, «Minority Rights: Protection by the United Nations» (1993), 14 H.R.L.J. 1, p. 3; et I. Schulte-Tenckhoff et T. Ansbach, « Les minorités en droit international», dans A. Fenet (dir.), *Le droit et les minorités*, Bruxelles, Établissements Émile Bruyant, 1995, p. 15-17.

9. A.B. Blades, «Article 27 of the International Covenant on Civil and Political Rights: A Case Study of Implementation in New Zealand», dans S. Léger (dir.), *Les droits linguistiques au Canada : collusions ou collisions?*, Ottawa, Centre canadien des droits linguistiques, 1995, p. 521-523. L'expression utilisée est «duty of tolerance».

10. *Québec (P.G.)* c. *Quebec Protestant School Boards*, [1984] 2 Recueils de la Cour suprême 66, p. 81-82 [ci-après cité R.C.S.].

11. Commissaire aux langues officielles, *Rapport annuel 1981*, Ottawa, Ministère des Approvisionnements et Services, 1982, p. 29. Voir aussi M. Bastarache, «Les droits linguistiques dans le domaine scolaire: guide d'interprétation de l'article 23 de la *Charte canadienne des droits et libertés*», *Égalité*, n° 19, 1986, p. 147-163.

12. *Mahé* c. *Alberta*, [1990] 1 R.C.S., p. 342-392.

13. Voir, à titre d'exemple, la cause *Association des parents francophones de la Colombie-Britannique* c. *Colombie-Britannique* (1996), 27 British Columbia Law Reports (3d), p. 83, où les parents sont littéralement en train de se battre contre la province pour pouvoir obtenir une loi qui consacrerait leur droit constitutionnel en vertu de l'article 23 de la *Charte*. Une cause semblable peut pratiquement être énoncée pour chacune des provinces anglophones du Canada.

14. Une école de pensée maintient que le mot «droit» impose des obligations (positives) au concédant alors que le mot «liberté» lui impose seulement l'obligation (négative) de ne rien faire pour brimer la protection. Par exemple, alors que le droit de vote impose l'obligation au concédant de tenir des élections, la liberté d'expression garantit que rien ne peut être fait pour empêcher les gens de s'exprimer. C'est habituellement cela qui est visé quand il est dit qu'une liberté crée une sphère d'autonomie autour de l'individu dans laquelle l'État ne peut pas intervenir.

15. Comité des droits de l'homme des Nations Unies, «General Recommendation n° 23» (1994), 15 H.R.L.J. 234, p. 235. La version française a été prise sur le site Web à l'adresse <http://www.umn.edu/humanrts/gencomm/french/f-HRC-comment23.htm>.

16. A.G. res. 47/135, annexe, 47 U.N. GAOR Supp. (N° 49) à 210, U.N. Doc. A/47/49 (1993). Il est possible de trouver la version anglaise à la référence (1993), 14 H.R. L.J. 54. La version française a été tirée du site Web à l'adresse <http://www.umn.edu/humanrts/instree/french/d5drmf.htm> [ci-après Déclaration].

17. *Société des Acadiens du Nouveau-Brunswick* c. *Association of Parents for Fairness in Education*, [1986] 1 R.C.S., p. 549-578.

18. Voir *Ford* c. *(P.G.) Québec*, [1988] 2 R.C.S. 712.

19. *J.H.* c. *Canada* (1985), 6 H.R.L.J. 240, p. 241-242.

20. *Chief Ominayak and the Lubicon Lake Band* c. *Canada* (1990), 11 H.R.L.J. 305, p. 311.

21. À ce sujet, le professeur P. Foucher («Les droits scolaires des Acadiens et la Charte» (1984) 33 *Revue de droit de l'Université du Nouveau-Brunswick*, p. 97) écrivait, en parlant des sujets délicats que sont la langue et l'éducation: «Lorsque l'on combine ces deux facteurs [...] on se retrouve en

présence d'un problème qui porte en lui-même tous les germes d'un affrontement explosif [...].» De plus, un expert témoignait, dans la cause *Marchand* c. *Simcoe County Board of Education* (1984, 10 *Canadian Rights Reporter* 169, p. 177-178) concernant les émotions des anglophones envers les revendications des francophones en utilisant des expressions comme «animosity» et «anti-English».

22. *R.* c. *Mercure*, [1988] 1 R.C.S. 234.

23. B. Pelletier, «Les réticences des provinces face à la reconnaissance de droits constitutionnels relatifs à l'usage des langues officielles» (1991) 51 *Revue du Barreau*, p. 247-252.

24. Cité dans Schulte-Tenckhoff et Ansbach, *supra* note 9, p. 17.

25. Cité dans Schulte-Tenckhoff et Ansbach, *ibid.*

26. P. Hogg, *Constitutional Law of Canada*, 3ᵉ édition, Scarborough, Carswell, 1992, p. 99.

27. P.J. Monahan, *Constitutional Law*, Concord, Irwin Law, 1997, p. 16.

28. Sir Winston Churchill, cité dans G.-A. Beaudoin, «Les droits démocratiques», dans G.-A. Beaudoin et E.P. Mendes (dir.), *Charte canadienne des droits et libertés*, 3ᵉ édition, Montréal, Wilson & Lafleur, 1996, p. 331-333. Voir aussi l'opinion du juge Cory dans le *Renvoi sur les circonscriptions élec-* *torales (Sask.)*, [1991] 2 R.C.S., p. 158-165.

29. Voir, entre autres: *Wesburry* c. *Sandey* (1964), 376 U.S. 1 et *Reynolds* c. *Sims* (1964), 377 U.S. 533.

30. Voir *Irwin Toy Ltd.* c. *Québec (P.G.)*, [1989] 1 R.C.S. 927, p. 1008.

31. *Renvoi sur les circonscriptions électorales (Sask.)*, *supra* note 28.

32. B. Dickson, «The *Canadian Charter of Rights and Freedoms*: Context and Evolution», dans G.-A. Beaudoin et E.P. Mendes (dir.), *Charte canadienne des droits et libertés*, 3ᵉ édition, Montréal, Wilson & Lafleur Ltée, p. 3-18.

33. P. Foucher, «L'article 23 de la *Charte*: un compromis audacieux», *Revue juridique Thémis*, nᵒ 23, 1989, p. 220-225.

PORTRAIT D'AUTEUR
JACQUES SAVOIE: DE MONCTON À MONTRÉAL

Jean Levasseur
Département d'études françaises et québécoises
Université Bishop's (Lennoxville, Québec)

Acadien de naissance, Montréalais d'adoption, citoyen du monde par choix, Jacques Savoie est un artiste accompli. Musicien fondateur, avec Isabelle Roy, Johnny Comeau et Claude Fournier, du groupe folklorique Beausoleil-Broussard, il arpente la francophonie durant les années 70 avant de lentement se faire un nom en littérature et au cinéma. Il écrit (1979), puis produit pour l'Office national du film (1982), un savoureux roman expérimental, *Raconte-moi Massabielle*, qui reprend à une échelle acadienne le mythe de David contre Goliath, le concept du pur contre le vil. Il quitte alors sa terre d'origine pour découvrir Montréal, où il mène avec succès deux carrières parallèles: celles de romancier et de scénariste. En 1984 nous arrive l'exceptionnel roman *Les portes tournantes*, qui sera quatre ans plus tard porté au grand écran par le talentueux Francis Mankiewicz (Sélection officielle du Festival de Cannes 1988). Tous les grands thèmes de sa littérature s'y retrouvent: l'omniprésence et l'omnipuissance des médias, la déchirure du couple, les difficiles relations entre l'homme et la femme, et le mal de l'enfant ainsi isolé, et trop souvent oublié. Viendront ensuite coup sur coup *Le récif du prince* et *Une histoire de cœur* (1988), à la suite desquels sa carrière s'orientera résolument vers le cinéma et la télévision.

Les projets se multiplient: *Passage nuageux* (téléfilm, 1984), *Céleste* (dramatique radio, 1985), *Bonjour Monsieur Gauguin* (1989), *Une histoire de cœur* (jamais réalisé, 1989), un roman collectif avec Louis Caron, etc. Au cours de la dernière moitié des années 80, Jacques Savoie devient ainsi l'un des écrivains-scénaristes les plus recherchés de la francophonie canadienne. Avec sa compagnie de production Le Fado, il élabore un projet de film sur l'un des plus grands musiciens que l'Acadie ait produit: Arthur Leblanc. Entièrement tourné en Acadie, avec une main-d'œuvre et des acteurs majoritairement acadiens, le résultat final (*Le violon d'Arthur*, 1991) lui vaudra des réactions positives, mais ce film sera à l'origine d'un profond conflit entre la communauté artistique monctonnienne et lui, celle-ci ne lui ayant jamais pardonné son «exil».

Définitivement de retour à Montréal, il se lance alors dans l'écriture de la mini-série *Bombardier* (1992) qui lui vaudra un fort envié prix Gémeaux: «Jacques Savoie aurait pu faire un monument bien figé, écrira Louise

Cousineau de *La Presse*. Au lieu de ça, son Bombardier est devenu un être vivant, attachant malgré des défauts évidents [...] La maison Téléfiction peut être fière de sa production[1] ». Suivront ensuite, parmi ses réalisations les plus importantes, *Les orphelins de Duplessis* (1997) et *Les bâtisseurs d'eau* (1997). Il vient de terminer l'écriture des huit épisodes de *Ces enfants d'ailleurs*, inspiré du roman du même nom d'Arlette Cousture, mini-série qui a pris l'affiche à l'automne 1998 sur les ondes de TVA, chaîne de télévision privée de Montréal.

Jacques Savoie n'a pas pour autant délaissé le roman. Après sept années de silence, il a inauguré en 1995 la collection pour adultes de la maison d'édition La Courte échelle avec le premier roman de sa trilogie sur les difficiles rapports amoureux, *Le cirque bleu*. Ont suivi *Les ruelles de Caresso* (1997) et, en octobre 1998, le lecteur a eu droit au *Train de glace*, roman qui vient clore cette étrange histoire entre Hugo, ex-clown de cirque, et Marthe, femme au passé blessé. Depuis 1995, il écrit également, toujours pour La Courte échelle, des romans destinés à la jeunesse.

Jacques Savoie travaille actuellement à l'adaptation pour le cinéma de *Sioux Song*, petit roman impressionniste de Michel Bergeron, avocat constitutionnel et ex-claviériste du groupe Paparazzi, qui raconte l'histoire d'un musicien décédé dans de nébuleuses circonstances.

Nous l'avons rencontré dans un restaurant du Vieux-Montréal, en mai 1998. Il nous a parlé avec passion de la question identitaire, de l'Acadie, et du troisième et dernier roman de sa trilogie amoureuse, *Train de glace*.

FA – *Votre travail de scénariste vous a permis de travailler sur divers aspects de l'histoire populaire canadienne. Si* Le violon d'Arthur *vous a ramené à votre Acadie natale,* Bombardier *et* Les orphelins de Duplessis *vous ont plutôt poussé au cœur du récent passé québécois. Comment avez-vous réussi à vous imprégner d'une histoire qui, somme toute, vous était en bonne partie étrangère ?*

JS – Écrire un texte, une histoire, c'est très intuitif ; il faut que cela me dise quelque chose, que je puisse l'assimiler à des faits, à des événements que je connais. Dans le cas des *Orphelins de Duplessis* par exemple, je me suis référé à mon propre passé. Très jeune, mes parents m'ont envoyé dans un collège dirigé par des salésiens parce que j'étais très agité ! Les salésiens avaient alors des écoles de réforme au Québec, mais l'école que j'ai fréquentée à partir de la sixième année au Nouveau-Brunswick était une école privée. La discipline était incroyable ; je n'y suis allé que deux ans, mais l'expérience m'a bouleversé et j'ai traîné cela longtemps. Pour *Les orphelins de Duplessis*, on m'avait donc envoyé un impressionnant dossier composé de plusieurs livres et de nombreux documents ; Bruno Roy avait également été engagé comme conseiller et avait déjà conduit de nombreuses entrevues. On m'a demandé de donner vie à tout ça. Quand j'ai lu tous ces documents, je me suis tout de suite dit : « Ah, mes deux années au collège Don Bosco, que je n'ai jamais évacuées, elles sont là ! C'est la vie de dortoir, c'est le comportement des curés, que je connais, leur langage, qui m'est aussi familier, etc. » J'ai intégré tout cela, en reprenant évidemment tous les éléments historiques qui étaient essentiels.

FA – *Lors de notre rencontre en 1990[2], vous nous mentionniez, entre autres projets, un film pour la télévision intitulé* Le Fado *qui mettrait en scène un conflit entre des pêcheurs acadiens et portugais. Il était également question d'un téléroman acadien « jeune ». Qu'est-il advenu de ces productions ?*

JS – Ouf, c'est là une période très dure de ma vie. Avec Paul Marcel Albert, des Productions du Fado, nous avons d'abord produit *Le violon d'Arthur*. Je croyais beaucoup en ce projet. J'avais une espèce de grand idéal ; je voulais me servir de mes connaissances et des relations que j'avais à Montréal pour monter une compagnie et permettre au cinéma de se développer en Acadie. Nous avions alors trois projets sur lesquels nous travaillions de front : *Le violon d'Arthur*, bien sûr, mais il y avait aussi *Le Fado*, un long métrage qui établissait un lien par la mer entre les Portugais et les Acadiens, et le téléroman dont vous venez de parler, qui constituait le pain et le beurre de notre projet, par l'argent et les emplois qu'il pouvait créer dans la communauté.

FA – *Mais ces deux derniers projets ne se sont jamais réalisés ?*

JS – Paradoxalement, *Le violon d'Arthur*, le premier projet à être complété, a peut-être obtenu trop de succès. Nous avons reçu de l'argent de la province du Nouveau-Brunswick, ce que les autres cinéastes acadiens n'avaient jamais eu. Nous avons aussi établi des ententes avec la compagnie d'assurances L'Assomption, qui s'est servie du film pour faire de la publicité pendant deux ans. Ce départ très rapide des Production du Fado a créé un débat au sein de la communauté artistique acadienne et a finalement provoqué la chute du Fado.

FA – *Il me semble cependant que vous n'êtes que très rarement intervenu dans ce débat, même si vous en étiez d'une certaine façon au centre ?*

JS – C'est vrai, je n'ai jamais écrit une lettre, je n'ai jamais vraiment répondu. On m'a interviewé à l'occasion et chaque fois, je répondais : « Ah, vous savez, il y a des guerres de chapelles. Si vous lisez Baudelaire au XIXe siècle, vous réaliserez qu'il ne s'entendait pas avec Marchais, c'est normal ! ». La réalité, c'est que j'ai tenté de faire quelque chose de bonne foi. Ce n'était pas le bon moment ou la bonne manière, peu importe, cela n'a pas été reçu ; alors j'ai tenté de me retirer avec élégance. Toutefois, je pense qu'il y a en ce moment en Acadie un groupe d'intellectuels qui souhaite que ce débat évolue. Ce nouveau groupe, dont font partie bon nombre d'intellectuels de l'Université de Moncton, cherche plutôt le rayonnement sur le monde et non la réduction de l'identité acadienne.

FA – *Justement, croyez-vous possible d'établir un parallèle crédible entre la situation identitaire actuelle du Québec et celle de l'Acadie ?*

JS – Il y a souvent des ressemblances, mais là où à mon avis il y a une différence majeure, c'est que l'Acadie vit en dehors de l'urbanité. Il n'y a pas de grandes villes en Acadie, avec tout l'impact qu'un grand centre urbain peut avoir sur les comportements. Je ne dis pas que l'un est mieux que l'autre. Je dis que ce sont deux mondes, et que certaines réalités de l'un ne pourraient survivre dans celles de l'autre. C'est étonnant de découvrir que j'ai fait un choix et que, parce qu'il n'est pas le même que celui qu'ont fait ceux qui sont restés, j'ai fait une erreur. Surtout après avoir vécu l'aventure de Beausoleil-Broussard, ce groupe qui pendant un moment a été comme un ambassadeur de l'Acadie. À l'époque, nous étions basés en Acadie, oui, mais on n'était jamais là, on jouait partout dans la francophonie. Un peu comme Céline Dion, qui est rarement au Québec. On était en Acadie à Noël et pendant les vacances! Mais à ce moment-là, personne ne remettait notre identité en question. Mais voilà maintenant que cela est devenu une tare. Être Acadien, en être fier, vouloir participer à l'essor de la culture acadienne, mais ne pas habiter au bon endroit et hop, votre identité vole en éclats!

FA – *Puisque nous en sommes au début de votre carrière d'écrivain-scénariste à Montréal, je remarque que vous avez régulièrement changé de maison d'édition au cours de votre carrière. Après votre roman expérimental publié aux Éditions d'Acadie, vous avez fait paraître trois titres chez Boréal. En 1990, vous nous indiquiez que votre dernier roman (*Le cirque bleu*) était presque terminé. Vous en étiez, nous disiez-vous, aux pages 215-220, et vous nous annonciez une parution pour 1991. Il ne fut publié pourtant que quatre ans plus tard, et ce, dans une autre maison, La Courte échelle. De plus, il ne comportait que 155 pages. Serait-il indiscret de vous demander de nous raconter ce qui s'est passé?*

JS – C'était l'époque du *Violon d'Arthur*, que nous n'avions pas encore tourné. C'est l'année où j'ai développé les deux projets dont nous avons parlé, projets qui ne se sont jamais réalisés. Puis il y a eu l'incendie des bâtiments de notre maison de production, et j'ai fini par fermer la compagnie. J'ai aussi travaillé sur beaucoup de films — téléfilms qui n'ont finalement pas été tournés: une série de huit heures sur le cardinal Léger, par exemple, et bien d'autres choses encore. C'est fou le nombre de projets sur lesquels j'ai travaillé ces deux années-là. L'argent que j'ai perdu au Nouveau-Brunswick m'avait mis un peu dans l'embarras, financièrement, et j'essayais de trouver un projet qui fonctionne vraiment. Donc, je travaillais sur ce roman, *Le cirque bleu*. J'en avais six ou sept versions, peut-être huit, et souvent très différentes les unes des autres. Vous savez, il y a des moments où l'on se cherche. Je les amenais au Boréal et on me répondait: «Oui, mais vous avez fait déjà tellement mieux»; et c'est dur de se faire dire cela. Alors je leur demandais des précisions: «Qu'est-ce qui était mieux, qu'est-ce qui n'était pas bon?» Mais les réponses étaient très floues, vagues.

FA – *C'est alors que vous avez quitté cette maison?*

JS – Oui. Personne n'écrit jamais ton livre, c'est clair, je le comprends. Je me suis dit à un moment donné qu'il fallait que je me regroupe. Je me suis mis en retrait et j'ai regardé toutes les versions que j'avais. Je leur ai demandé de faire une rupture de contrat, et ils ont accepté, sans heurts ni chicanes. J'ai recommencé alors une autre version, beaucoup plus modeste. Et je suis revenu à un type de roman que j'aime faire, un roman poétique. J'avais par contre toujours l'idée de la trilogie, avec trois genres littéraires différents. Et à ce moment-là, La Courte échelle me courtisait. Je connaissais déjà Bertrand Gauthier [son directeur], parce qu'il avait été le premier producteur pour Beausoleil-Broussard. Il préparait sa nouvelle collection et voulait deux noms et deux genres différents [Chrystine Brouillet, *Le collectionneur*, roman policier, et *Le cirque bleu*]. Leur méthode est très différente ; ils vous offrent vingt lecteurs pour les premiers manuscrits, c'est incroyable. J'ai eu le choc de ma vie. On peut consulter les vingt rapports de lecture, si l'on veut, mais l'éditrice en chef prépare un résumé des grands points, avec tout ce qui se recoupe. Et on reprend tout avec elle page par page. Ce fut une révélation. J'ai adoré travailler de cette façon-là.

FA   – *En quoi le dernier roman de votre trilogie,* Un train de glace, *viendra-t-il compléter* Le cirque bleu *et* Les ruelles de Caresso *?*

JS   – Ce troisième roman est le plus beau des trois ! Le rapport amoureux est maintenant installé entre Hugo et Marthe, et ils font ce que font plusieurs couples : ils perdent leur identité. C'est le syndrome du je/nous, le «je» qui devient «nous». Pendant deux romans, j'ai construit un rapport amoureux dans ses moindres détails, avec des prolepses et des paralepses, la perspective de l'un, la perspective de l'autre, etc. Mais dans cette histoire, une fois que le rapport amoureux est bien installé, il reste encore une chose à régler, un conflit que j'ai préparé par des phrases et des réflexions placées ici et là dans les deux premiers romans : la situation du père naturel de Marthe. Il faut maintenant régler cela, c'est la fin de la trilogie.

FA   – *Vous nous disiez plus tôt que chaque roman représentait un genre différent ?*

JS   – Oui, le premier était clairement, à mon avis, un roman poétique, avec une emphase sur l'intériorité. La personnalité de Marthe et de Hugo a été bien établie. Le deuxième est un roman psychologique. Attirée par une curiosité un peu maladive, Marthe va vers Lazlo, après avoir, croit-elle, réglé son problème incestueux avec son père. Mais elle recommence alors une relation de domination jusqu'à la scène dans la rue du parc, où elle se confie et reconnaît ne pas s'être débarrassée de Victor Daguerre. C'est à ce moment qu'Hugo, l'homme rose, sort de sa coquille et décide de se battre. Il prend sur lui de régler le cas de Lazlo ; c'est là le début, la première graine du syndrome du je/nous. C'est le problème de Marthe, mais Hugo décide de s'en mêler. Finalement, le troisième, qui s'intitule *Un train de glace*, est presque terminé ; il ne reste plus que des retouches. C'est un roman à clés, un roman d'enquête, construit en retours en arrière. Les personnages sont les mêmes, et sont toujours en évolution, mais le ton dans lequel je raconte l'histoire est complètement différent. Il s'appelle *Un train de glace* parce que le roman se passe en hiver et se déroule en bonne partie dans un train, celui qui ramène Marthe et Hugo des îles de la Madeleine via le Nouveau-Brunswick. Durant son voyage, Marthe a finalement rencontré son père naturel pour la première fois, sur l'île d'Entrée. Ils sont partis presque en fuite, sur une espèce de menace.

FA – *Et cette menace, issue en partie du «je/nous», s'étend-elle ici sur une question identitaire plus vaste, géographique?*

JS – Oui, effectivement, la question nationaliste est présente, mais de façon symbolique, diffuse. L'île d'Entrée est juste en marge des îles de la Madeleine, et il n'y a que des anglophones. Une île d'anglophones, dans une région francophone, près du Québec qui est français, dans l'Amérique qui est anglaise. Et il y a dans cette petite île un nationalisme très très clair. C'est une île un peu reculée, de cinquante et un habitants seulement, qui n'a pas l'électricité, où la consanguinité existe depuis deux siècles. Le père de Marthe, François Bérubé, est allé s'installer là-bas après un drame vécu à Montréal, d'où il a finalement été chassé. Grâce à l'argent que lui procurait son magasin général et grâce à son «entrepreneurship» quelquefois particulier, il est devenu le seigneur de l'île, le propriétaire de tout. Il a deux fils, qui représentent les deux idéologies présentes sur l'île : le *statu quo* et l'ouverture sur le monde. La découverte et l'arrivée de Marthe, une troisième héritière, une traîtresse de Montréal, une étrangère aussi ouverte sur le monde, viendra exacerber les tensions et briser l'égalité. Marthe parle à son père du Cirque bleu [bibliothèque], de l'idée d'amener des livres sur l'île, ce à quoi s'opposent alors farouchement les habitants, qui veulent brûler ces livres.

FA – *Pourrait-on y lire là une métaphore quelque peu ironique sur le nationalisme québécois?*

JS – C'est une ironie contre le manque d'ouverture du nationalisme, lorsqu'il est poussé à sa limite. Qu'importe qu'il soit acadien ou québécois, le nationalisme exacerbé se fait rapidement réducteur. Dans mon roman, je montre son côté ridicule, petit. Le nationalisme n'est pas mauvais en soi ; il peut toutefois le devenir lorsque ceux qui le pratiquent deviennent trop refermés sur eux-mêmes. Vous savez, le syndrome de «l'argent des banques et des ethnies! »

BIBLIOGRAPHIE

Raconte-moi Massabielle, Moncton, Éditions d'Acadie, 1979.

Les portes tournantes : roman, Montréal, Éditions du Boréal Express, 1984.

Le récif du prince, Montréal, Éditions du Boréal, 1986.

Une histoire de cœur, Montréal, Éditions du Boréal, 1988.

Le cirque bleu, Montréal, La Courte échelle, 1995.

Toute la beauté du monde, ill. de Geneviève Côté, Montréal, La Courte échelle, 1995.

Une ville imaginaire, ill. de Geneviève Côté, Montréal, La Courte échelle, 1996.

Les fleurs du capitaine, ill. de Geneviève Côté, Montréal, La Courte échelle, 1996.

Les ruelles de Caresso, Montréal, La Courte échelle, 1997.

Les cachotteries de ma sœur, ill. de Geneviève Côté, Montréal, La Courte échelle, 1997.

Un chapeau qui tournait autour de la terre, d'après une idée originale de Daniela Zekina ; ill. de Daniela Zekina, Montréal, La Courte échelle, 1997.

Le plus beau des voyages, ill. de Geneviève Côté, Montréal, La Courte échelle, 1997.

La plus populaire du monde, ill. de Geneviève Côté, Montréal, La Courte échelle, 1998.

Un train de glace, Montréal, La Courte échelle, 1998.

NOTES

1. Louise Cousineau, « Roy Dupuis et la grand-maman malade », *La Presse*, 29 février 1992.

2. Jean Levasseur, « Jacques Savoie : quelques notes et une chanson », *Revue francophone de Louisiane*, vol. VI, n° 2, 1992, p. 87-101.

LES GRANDS DÉRANGEMENTS: LA DÉPORTATION DES ACADIENS EN LITTÉRATURES ACADIENNE, QUÉBÉCOISE ET FRANÇAISE[1]

de ROBERT VIAU
(Beauport, MNH, «Paradigme», 1997, 381 p.)

Judith Perron
Université de Moncton

La déportation des Acadiens par les Britanniques, survenue en 1755, a inspiré de nombreux auteurs, qu'ils soient francophones ou anglophones. Tantôt pour témoigner de leur indignation, tantôt pour trouver une justification raisonnable à l'événement, des auteurs d'origines diverses ont écrit romans, textes poétiques, récits de voyage et monographies sur le sujet. Dans son ouvrage, Robert Viau s'intéresse aux œuvres romanesques, courts récits et pièces de théâtre ayant pour objet principal ou pour prétexte ce qu'on appelle aussi le Grand Dérangement.

Comme l'auteur l'indique dans son introduction, la déportation des Acadiens est rapidement devenue un thème littéraire, mais que personne jusqu'à maintenant n'a étudié en profondeur. «Notre travail, précise-t-il, se veut un essai de synthèse dans lequel nous insisterons sur l'interprétation des événements historiques par les écrivains, sur l'évolution du thème [...] et sur l'importance du processus d'écriture dans la construction d'une mémoire collective.» (p. 9) En fait, cet ouvrage se présente comme une sorte de «dictionnaire des œuvres», offrant pour chaque texte étudié un résumé et une brève analyse fondée sur des questions d'ordre historique surtout. Il propose cinq chapitres et une vue chronologique des œuvres, soit à partir de 1841 et de ce qu'il nomme les «précurseurs américains» — l'Acadie ayant d'abord été racontée par l'étranger — jusqu'aux parutions toutes récentes de 1997. Puis, une annexe agit en tant que rappel de «l'Histoire de l'Acadie du Grand Dérangement» avec à l'appui un «Tableau chronologique des œuvres littéraires». Une imposante bibliographie, le souci du détail tel que la recherche de l'erreur historique dans les œuvres, la mise au jour de documents et d'œuvres de fiction oubliés ou inconnus font de ce livre un ouvrage de référence précieux pour quiconque s'intéresse aux études acadiennes ou à l'exploitation littéraire de thèmes comme l'exil, l'errance, la guerre de Sept ans, etc. Robert Viau réussit notamment à bien mettre en évidence l'importance du discours rituel et du culte du passé dans l'exploitation du thème de la déportation des Acadiens à travers l'histoire.

Toutefois, malgré les nombreuses qualités de cet ouvrage et l'exhaustivité de la recherche menée, on ne peut s'empêcher d'être un peu troublé, voire agacé par le ton parfois très émotif de l'ensemble. Comme l'auteur l'indique, dans l'introduction toujours : « Relire ces œuvres [...] c'est, d'une part s'unir en pensée à tous ceux qui ont frémi d'indignation en parcourant ces pages et, d'autre part, prolonger le passé pour éclairer le présent. » (p. 10) Robert Viau se donne une espèce de mission : faire connaître des œuvres et des auteurs, mais surtout faire connaître l'immense intérêt qu'a suscité l'histoire acadienne, et ce, dans le but de la légitimer. Aussi se dégage-t-il de cet ouvrage une sorte de morale sous-jacente qui rappelle celle d'anciens discours défraîchis depuis un bon moment déjà : « Les Acadiens, dit-il, forment à la fois un petit peuple dont l'existence depuis 1755 a toujours été précaire et menacée, et un grand peuple parce que son histoire fut exemplaire. L'Acadien, poursuit-il, ne peut survivre que s'il connaît l'histoire de ses ancêtres et prend les moyens pour rester fidèle à sa race. » (p. 310) L'auteur, en se rangeant du côté des Lionel Groulx et Placide Gaudet, et du discours de leur époque respective, espère donc apporter un effet dissuasif à toute tentation menant vers l'anglicisation car, précise-t-il, « déserter la mémoire serait se mettre du côté des vainqueurs, se fondre avec ceux-ci, confirmer leur suprématie ». (p. 311)

NOTE

1. Robert Viau a obtenu le prix France-Acadie 1998, section sciences humaines, pour l'ouvrage *Les Grands Dérangements*.

PAS PIRE : ROMAN[1]

de FRANCE DAIGLE
(Moncton, Éditions d'Acadie, 1998, 170 p.)

Jean-François Chassay
Université du Québec à Montréal

Les risques de l'ambition

Le dernier roman de France Daigle, *Pas pire*[2], placé sous le signe de l'escargot, provoque à la fois sympathie et agacement. Sympathie devant la volonté de proposer une œuvre originale, sortant des sentiers battus ; agacement devant la naïveté du propos à maints égards. Le plus beau passage à mon avis de cet ouvrage, qui se présente comme une véritable poétique, exprime également ses faiblesses :

> Ce livre, qui se voulait simple et organique comme une poignée de terre, hésite maintenant entre la poignée de terre et la poignée de diamants. Entre le temps qui fait qu'on s'enracine, et le temps qui fait qu'on se pétrifie. Qu'on s'incruste. Qu'on entre dans les couches de la matière. Jusqu'à s'immobiliser définitivement. Minéralement. De l'émotion lente, cultivée, à l'émotion violente, fossile. Hésitation entre le règne généalogique et le règne géologique. (p. 112)

Voilà le pari de *Pas pire* — titre au demeurant assez plat, il faut bien le dire —, tendu entre des désirs contraires : la continuité et l'éclatement, l'enracinement et le déplacement, deux manières d'exprimer le réel, deux mondes. Le roman se résume en quelques lignes : une femme agoraphobe tente de vivre, non sans difficultés, avec cette peur maladive des espaces libres et des lieux publics, peur qu'elle ne peut bien sûr maîtriser. Elle en parle et tente, par la dérision, de relativiser son état. Cette femme est par ailleurs romancière et désire écrire un livre qui lui permettrait d'aborder la question, de biais en quelque sorte :

> Le projet consistait donc à écrire un livre portant très largement et très librement sur le thème de l'espace : espace physique, espace mental, et les façons que nous avons de nous y mouvoir. De nous émouvoir. Car l'espace n'est pas une notion strictement physique. Il n'est pas qu'une étendue, mesurable ou non, se situant entre un quelconque chaos des origines et le monde organisé que nous connaissons. [...] Le portrait d'ensemble mettra donc du temps à émerger. D'où la symbolique de l'escargot, qui avance lentement, en portant sa maison sur son dos, symbole du mouvement dans la permanence, symbole aussi du pèlerin en direction d'un centre intérieur. (p. 45)

Elle finit par se retrouver sur le plateau de *Bouillon de culture* où elle a été invitée par Bernard Pivot, qui l'interroge sur un roman se révélant être celui que le lecteur est en train de lire. Auréolée de cette gloire qui ne change rien à sa simplicité naturelle, elle retourne au Nouveau-Brunswick.

Ce résumé s'avère réducteur et ne rend pas justice à un ouvrage qui, par ailleurs, joue sur plusieurs registres. Métafiction comme on le voit, *Pas pire* se présente comme un jeu de miroirs, une mise en abyme, un roman éclaté et volontairement hétérogène qui lance le lecteur sur plusieurs pistes en les laissant toutes ouvertes, misant sur la fragmentation et refusant de conclure.

On le constate aisément, ce roman utilise nombre de codes de la modernité. On pourrait dire aussi nombre de poncifs de la modernité. Tout dépend évidemment de l'usage qu'on en fait. Or l'ambition de France Daigle, qui s'exprime dans la forme éclatée et dans la structure complexe de son roman, résiste mal à la simplicité du contenu. Cette histoire aurait mérité un cadre plus simple pour se déployer. Les personnages du roman parlent dans une langue acadienne qui sonne de manière terriblement folklorique et ils sont écrasés par une structure narrative qui ne leur laisse pas le loisir de s'exprimer réellement. Si cette langue, par laquelle ils existent, apparaît aussi folklorique, c'est parce qu'elle repose sur le trivial et l'anecdotique, ne possède aucune force dramatique et cherche à être simplement comique. Le ridicule et le simplisme de leurs agissements prend le pas sur l'émotion.

Il n'y a rien de nouveau à affirmer que la question du réalisme n'est pas une question simple. C'est aussi vrai pour la reproduction du langage que pour la représentation d'un environnement physique précis. Vouloir reproduire le langage «réel», par des effets d'oralité, nécessite un travail complexe — Céline, de ce point de vue, reste toujours un modèle indépassable. Ce travail sur le langage n'a pas été effectué ici, et la structure sophistiquée et ambitieuse du roman ne s'articule jamais vraiment au contenu. Cela donne la désagréable impression qu'elle ne sert qu'à masquer l'absence d'une substance romanesque solide et tourne à vide. Rapidement esquissés, les personnages ne prennent jamais vraiment vie, à l'intérieur d'un cadre narratif qui les présente pourtant d'un point de vue psychologique assez naturaliste appelant pour être crédible un développement plus substantiel.

L'anecdotique ne se manifeste pas seulement dans la façon dont les personnages sont représentés, mais également dans la narration. Un exemple parmi cent: à la page 20, la narratrice prend environ 25 lignes pour raconter comment sa mère, lorsqu'elle était jeune, fabriquait sa propre rootbeer. Il va de soi que des scènes constituées de souvenirs intimes, liées ou non à des phénomènes régionaux, peuvent conduire à créer un climat, une atmosphère particulière qui peu à peu donne un sens (dans sa double définition de direction et de signification) au texte qu'on lit. C'est souvent grâce à ces espèces de micro-récits, par petites touches, par strates successives qui s'accumulent, qu'un texte prend vie. Le problème avec *Pas pire* tient au fait que ces scènes sont beaucoup trop courtes et beaucoup trop morcelées à l'intérieur d'un roman lui-même assez bref pour pouvoir dépasser l'histoire anecdotique dans son acception la plus péjorative.

Entrecoupé de longues digressions (qu'on espère ironiques) sur l'astrologie qui viennent servir de leitmotivs (inutiles), le roman est ainsi à la recherche de ses propres repères, mêlant les souvenirs de la narratrice à l'histoire de l'Acadie et à des scènes d'érudition plutôt scolaires.

Malgré ces réserves importantes, il faut souligner l'ambition de ce roman. Des «ratages» existent qui ne sont pas vraiment des «échecs», et si j'ai pu regretter certaines facilités constatées dans *Pas pire* de France Daigle, il faut sans doute préférer une tentative de sortir des sentiers battus comme celle-ci au ronronnement tranquille d'une prose romanesque qui refuse de se renouveler.

NOTES

1. France Daigle a reçu le prix France-Acadie 1998, section littéraire, pour son roman *Pas pire*.

2. Les références au roman seront dorénavant indiquées directement dans le texte, le folio suivant la citation.

CATASTROPHE(S): UN CONTE VIRTUEL
de RINO MORIN ROSSIGNOL
(Moncton, Éditions d'Acadie, 1998, 161 p.)

Pierre-Louis Vaillancourt
Université d'Ottawa

L'écriture est une exploration d'ordre multiple, psychologique, sociale, intellectuelle, langagière ou autre. Il est en général assez aisé, en lisant un ouvrage de fiction de la production courante, de savoir à quelle enseigne il perche. Les voies de l'introspection et de la projection configurent les espaces multiples de la présence traumatisée ou idéalisée de l'auteur. Le jeu des figures, la musique des sons et la moirure du tissu textuel annoncent les envolées lyriques de l'esprit poétique. Les promenades de l'alcôve au palais ou de la cour à la ville promettent les révélations juteuses qu'autorisent des regards furtifs mais perçants.

Nos goûts nous guident et nous restreignent. Les conversations, les quatrièmes de couverture, les recensions journalistiques nous font souvent choisir de retomber dans nos ornières favorites, l'amour du mot, les délices analytiques, le potinage politique, les frissons de l'aventure, ou ceux du sexe. Nos humeurs variables ou nos intérêts éclectiques peuvent nous balader d'un genre à l'autre mais avec une sourde attente d'une démarche bien étiquetée, d'une œuvre au registre repérable. Les changements de tons sont perçus comme des fausses notes, les mélanges de perspectives comme des mixtures sans saveur, les sauts génériques comme des transfusions de sang contaminé.

L'on oublie que les chefs-d'œuvres se nourrissent de cette bigarrure, agitent un éventail de plumes arrachées à tous les oiseaux, des communs aux exotiques, négligent de fondre leurs ingrédients en pâte onctueuse et bombardent sans ménagement leurs lecteurs au tire-pois, à la chevrotine, à la mitraille. Si ça passe, si ça nous emporte et nous soulève, c'est qu'un compresseur gonfle la machine, un soufflet attise le feu, une trombe nous soulève et nous rejette au sol, décoiffés, défrisés, effrayés, trempés, en somme dévastés, mais ravis. Gare cependant à celui qui prétend nous agiter dans tous les sens mais qui nous laisse la fâcheuse impression d'avoir été agité comme un épouvantail. Il ne ranime que nos tendances pantouflardes, nous renvoie à nos lectures de chevet, faites pour faciliter le sommeil.

Dans ces conditions, qui sont des habitudes de réception, c'est un étrange pari qu'ose Rino Morin Rossignol, qui nous entraîne dans les méandres inextricables de son bois qui n'a rien de celui du rossignolet, nous narguant de plus avec un titre que le lecteur peut reprendre comme exclamation de dépit, avec le singulier, ou comme commentaire sur le résultat, avec le pluriel. Et juger que le feu d'artifice qui illustre la couverture aurait dû représenter du maïs en fusion. Mais l'auteur serait trop ravi de nous voir accrochés à cette perche qu'il nous tend avec trop d'ostentation. Car s'il ne contrôle pas tous les procédés qu'il met en œuvre, il maîtrise ses intentions, y compris dans le sous-titre qui nous annonce, en vieux français, «les incroyables effets sur la destinée du genre humain» (rien de moins!) des aventures d'un «gars piteux». Piteux au sens de Pichrocole après sa défaite devant Gargantua, sauf qu'ici, l'état piteux précède au lieu de suivre, d'où le côté compte à rebours de ce *roman* qui s'affiche en même temps comme un *conte virtuel*.

Cette superposition générique est de bon aloi. L'ouvrage ne campe dans aucun territoire défini. Et s'il brasse hardiment les procédés les plus divers, il ne prétend remplir d'autre mission que celle de plaire, et de divertir. Le lecteur traditionaliste regrettera les ruptures, l'absence de continuité dans tous les plans de la fiction, que ce soit ceux des personnages, de la narration, du message, du point de vue. Le lecteur postmoderne habitué à ces dysfonctionnements déplorera l'orientation peu progressiste (selon le sens qu'il confère à cet adjectif) de ce beau brassage. Le lecteur-lecteur remarquera que des moyens fins produisent parfois des résultats gros. Mais tous devraient trouver un peu leur compte, au détour, à la volée, à l'arraché parfois, à la surprise souvent.

L'auteur enfile avec une désinvolture remarquée des perles de diverses couleurs aux formats variables, passant du conte terroriste burlesque à la politique-fiction, de sorte que c'est moins le héros initial, «le gars piteux» qui est promené d'un univers à l'autre que le lecteur, chargé d'enfiler les chaussures du personnage picaresque, soit des bottes lorsqu'il est entraîné dans les mouvements de foule du pont Jacques-Cartier, ou des souliers vernis pour les bureaux du premier ministre, des escarpins fins pour visiter la reine à Buckingham, des mules pour polir le parquet du Vatican. Même Dieu ne peut rester en paix dans cette farandole qui prend pour point de départ une décision unilatérale d'indépendance du Québec. Volonté qui provoque un branle-bas général dans lequel est rapidement évacuée cette intention dont la résolution, on le devine, risque de faire couler encore bien plus d'encre qu'elle ne fera crouler d'institutions. L'amertume n'ayant pas de meilleur dérivatif que le rire, le mari cocu et le peuple tabassé pourront toujours en visiter le musée.

Ou prendre à leur tour une plume trempée dans un mélange de vitriol et de poil à gratter. Telle est bien la tâche dévolue au «gars piteux», qui, après avoir été abandonné pendant une douzaine de chapitres, doit surmonter l'anamnèse de ces épisodes où il ne comptait plus, en absorbant un philtre qui lui donnera le courant électrique cervical nécessaire pour le faire s'asseoir à sa table d'écriture remémorielle. Cette transe semblerait être également l'état mental de l'auteur quand il lance ses foudres et déclenche ses électrochocs si toutes ces décharges n'étaient pas soigneusement enrobées de connotations ludiques parfaitement maîtrisées.

Tel est bien le vernis qui colle ensemble tous ces éclats dispersés, une forme d'humour à registre constant, où le rocambolesque des situations est fondu dans une perspective qui redonne au vocable une emprise pérenne et régalienne. Vocable plutôt que mot car tout élément langagier, sonore, étranger, populaire, démodé, savant, lubrique, branché, eschatologique ou paysan, trouve grâce et fonction dans un ouvrage justement dédicacé « à toi qui lis ces mots » et auquel on ne demande que d'en absorber, à grandes lampées ou à la cuiller à café. Les exclamations franchouillardes d'un prétentieux sociétaire de la Comédie-française trouvent même l'occasion de faire leur chemin : « — C'est horri-ï-ible, horri-ï-ible ! crie-t-il, abusant sans fausse honte du tréma dans sa glotte d'apparat, c'est i-ï-inacceptable ! Un crime de lèse-tragédie classi-ï-ique ! » (p. 88).

Gant de fer qui lui permet de tout marteler joyeusement, la passion langagière de l'auteur est également son talon d'Achille. Le choix des personnages, des situations et des événements est tout entier subordonné à cette allégresse, ou férocité, lexicale. L'affaiblissement des composantes traditionnelles crée une distorsion dans l'équilibre des parties, qui oblige à faire bref pour éviter la lassitude d'un procédé répétitif. Il convient de regretter que l'élan initial des chapitres d'ouverture, qui promettait un modèle remarquable de *triviallitteratur*, mordante et populaire, ait été délaissé pour de la politique-fiction. Car dans cette première veine, il serait temps de trouver un succédané à *La Guerre, yes sir !* de Roch Carrier, trop empoissé de mépris. Pierre-Paul Karsh avait donné un savoureux exemple dans *Baptême*, trop court malheureusement, de ce que cette forme pouvait produire. Certes il est difficile de ne pas s'essouffler dans cette direction mais l'effort en vaudrait la peine. Et l'union des talents serait bienvenue pour alimenter une littérature à laquelle il manque encore d'être illustrée par ce genre si accordé à ce qui s'efface doucement dans notre culture, et qui l'a longtemps caractérisée.

CONTES, LÉGENDES ET CHANSONS
DE L'ÎLE-DU-PRINCE-ÉDOUARD
de GEORGES ARSENAULT
(Moncton, Éditions d'Acadie, 1998, 190 p., carte, mus., photos)

Donald Deschênes
Centre franco-ontarien de folklore
(Sudbury)

Georges Arsenault compte parmi les chercheurs acadiens les plus prolifiques. Ses ouvrages nous ouvrent à une connaissance plus approfondie du patrimoine et de l'histoire de cette portion insulaire de l'Acadie qu'est l'Île-du-Prince-Édouard. Tout comme le R.P. Anselme Chiasson et Charlotte Cormier, il est de ces folkloristes qui perçoivent et étudient leur communauté de l'intérieur, qui essaient, par leurs enquêtes, de découvrir leurs propres racines. Comme ses prédécesseurs, Georges Arsenault essaie d'exhumer la mémoire de son «peuple» dans ses moindres retranchements et de la ranimer; de l'animer même. Comme eux, il cherche à mettre au grand jour et à fixer sur papier une mémoire cachée, enterrée au plus profond de chacun, impalpable et fugace par définition, mais combien ancrée et amarrée au pays. Par cette quête, Georges Arsenault semble s'être investi d'une mission. À l'aide de sa plume, il devient, au fil des ans, greffier de cette mémoire ancestrale qui, par rapport aux développements technologiques, n'a plus l'espace nécessaire pour se perpétuer et exercer sa fonction. Ce n'est peut-être qu'à ce prix que peut être assurée une certaine forme de pérennité des savoirs et savoir-faire traditionnels en cette fin de XXᵉ siècle. Plusieurs faits de folklore, tout particulièrement les chansons locales, du fait qu'elles relatent des événements relatifs à un groupe précis, se seraient perdus n'eût été son intérêt particulier et son application à les conserver en archives.

En 1993, Georges Arsenault a consacré un premier ouvrage à une porteuse de tradition, Léah Maddix[1]: une conteuse, une chanteuse et une auteure de chansons remarquable. Il récidive en offrant à ses lecteurs le résultat de plus de vingt ans de cueillette ethnographique et folklorique à l'Île-du-Prince-Édouard, principalement dans la région Évangéline. En 190 pages, le folkloriste insulaire amène le lecteur à faire connaissance avec quelques-uns de ses meilleurs informateurs, dix-sept conteurs et conteuses, chanteurs et chanteuses tout aussi remarquables. De façon concise, et soutenue par de nombreuses photos, il fait brièvement le récit de leur vie heureuse, des rôles qu'ils ont joués dans leur communauté, leur laissant la parole pour qu'ils puissent exprimer leur perception de la vie. Quelques exemples bien choisis de contes et de chansons, avec texte et mélodie, prouvent la richesse de leur savoir traditionnel et laissent entrevoir leur grand talent. Pour Georges Arsenault, le porteur de tradition est toujours intimement lié à la parcelle de connaissance qu'il transmet, qu'il communique au folkloriste. Pour lui, l'expérience de l'individu estampille le conte, le récit légendaire ou la chanson, les marque comme au fer rouge. Au long de la transmission, chaque individu, chaque famille, chaque groupe modèle et cisèle à sa manière l'objet folklorique.

La première partie de l'ouvrage est consacrée aux contes et aux anecdotes de six conteurs. Les récits, assez brefs, sont bien situés dans le paysage folklorique mondial. On y retrouve un conte d'animaux, *La Marlèche*, deux contes merveilleux, *Pierre et Jules* et *La Chatte blanche*, un conte romanesque, *Les Devines*, deux facéties, une anecdote et ce petit conte-attrape, un modèle de concision: *Une fois de même, il y avait un homme et une femme, puis ils avoint seulement un enfant. Il s'appelait Ti-Jack. S'ils avaient eu plus d'enfants, mon histoire aurait été plus longue* (p. 57).

Quoique brève, la sélection de contes est excellente. Cependant, quelques problèmes de transcription des récits viennent en assombrir la lecture. Par exemple, les emprunts à l'anglais auraient dû tous être mis en italique et référer au glossaire à la fin; ce qui n'est pas toujours le cas? comme dans l'exemple suivant: «*By geez*! son frère a dit à sa femme: – Quoi ce qu'a arrivé? Mon frère Pierre qu'était si pauvre! Ils starvioint!» Pourquoi l'un, «By geez», est en italique et l'autre, «starvioint», ne l'est pas? De même, des mots comme «asteure» auraient également dû figurer au glossaire avec une courte explication comme quoi il s'agit de la compression de l'expression «à cette heure» et signifie «maintenant». Sans pour autant perturber la lecture, il s'agit d'un travail de révision de l'auteur et d'édition pas tout à fait achevé.

La deuxième partie de l'ouvrage présente seize récits légendaires de six informateurs. Malgré un choix plutôt restreint, l'auteur propose un éventail représentatif de faits légendaires propres à l'Île: guérisons miraculeuses, maisons hantées, revenants et, bien entendu, quêtes de trésors cachés. Se rapportant à ces personnages marquants de la communauté, ces récits sont plus brefs et plus localisés.

Arsenault consacre la troisième partie de son livre aux chansons de tradition française qu'il a recueillies dans la famille Chiasson: treize chansons de cinq excellents chanteurs. Encore une fois, le lecteur en a suffisamment sous les yeux pour découvrir la très grande richesse du répertoire de cette famille, mais trop peu pour s'en satisfaire. Dans la quatrième et dernière partie, Georges Arsenault nous présente un choix d'une dizaine de chansons de composition locale, dont deux complaintes et les autres du genre satirique. Connaissant l'intérêt et l'affection de l'auteur pour ces compositions, il fallait s'attendre à en avoir quelques-unes avec maints détails sur les prétextes qui ont mené à leur composition et leur place dans la tradition orale de l'Île. Pour le bénéfice de l'auteur et des lecteurs, le timbre musical de la dernière chanson, «Les Calumet», est «Le Fils du Roi de Gloire», un cantique pour la fête des Rois[2].

Enfin, j'ai soumis cet ouvrage à quelques personnes intéressées par la littérature orale. Ils ont déploré un fait : pour un lecteur étranger à l'Île, la biographie, par moments fort détaillée, des chanteurs et chanteuses et des conteurs et conteuses occupe trop de place par rapport aux récits et aux chansons qui y sont présentés. À preuve, l'auteur consacre trois pages de présentation à une conteuse prolifique, Délia Perry, qui avait grandement impressionné le folkloriste Luc Lacourcière en 1957 par la richesse et la variété de son répertoire de contes. Arsenault ne lui accorde qu'un conte, également de trois pages, excellent soit, mais le lecteur reste encore une fois sur son appétit.

En conclusion, *Contes, légendes et chansons de l'Île-du-Prince-Édouard* est un ouvrage tout à fait honnête et fort bienvenu sur le folklore de l'Île et sur ses porteurs de tradition. Georges Arsenault porte au loin, dans l'espace et dans le temps, la parole de son peuple et lui fournit, de surcroît, un objet de fierté. Fait sans prétention, de lecture facile et rapide, ce livre devrait connaître une belle carrière et divertir de très nombreux lecteurs d'ici et d'ailleurs.

NOTES

1. *Par un dimanche au soir : Léah Maddix, chanteuse et conteuse acadienne*, Moncton, Éditions d'Acadie, 1993, 188 p.

2. Louis Bouhier, p.s.s., *300 cantiques*, Montréal, Librairie Beauchemin Ltée, 1952, p. 22.

RÉALIGNEMENT FRANCOPHONE: LES RELATIONS LOUISIANE-QUÉBEC-ACADIE

Jacques Henry[1]
Département de sociologie et d'anthropologie
Université du Sud-Ouest de la Louisiane (Lafayette)

Les relations entre le Québec et la Louisiane doivent être examinées dans le contexte de la francophonie nord-américaine, car elles s'inscrivent dans un réseau multilatéral tissé par l'histoire, par des conjonctures politiques changeantes et par de profondes transformations sociales. C'est à la lumière des événements récents et d'une perspective louisianaise que nous présentons l'évolution des relations Québec-Louisiane. Un bref survol historique met l'accent sur le caractère multilatéral de la contribution canadienne-française à l'établissement de la francophonie louisianaise. Nous évoquons ensuite la participation québécoise au renouveau francophone louisianais de la période 1960-1990, déjà amplement documentée[2]. Enfin, nous faisons état de l'activité des années 1990 dans les domaines de l'éducation et du tourisme, activité qui laisse entrevoir un affaiblissement de l'axe Louisiane-Québec et un réalignement vers l'Acadie sous-tendu par une redéfinition de l'identité ethnique des Cadiens.

Une histoire multilatérale

Il n'y a pas lieu ici de présenter en détail les circonstances historiques de l'établissement de la francophonie louisianaise, car elles ont été bien décrites à maintes reprises[3]. Il convient cependant de noter leur caractère déjà multilatéral. En effet, si des gentilhommes venus du Québec prirent possession du vaste territoire traversé par le Mississippi au nom du roi de France en 1699, il revint aux quelque 5 000 exilés acadiens arrivés entre 1765 et 1785 d'en assurer la viabilité; tirant profit de l'infrastructure mise en place par les administrations coloniales française et espagnole, leur établissement a garanti l'implantation large et durable du français dans la région.

La combinaison des contributions québécoises et acadiennes a pu être source de confusion pour les Cadiens. Ainsi, Dudley Leblanc, politicien, homme d'affaires et personnage cadien, s'entoura d'Évangélines symboliques lors des pèlerinages aux sources qui, pendant les années 30, le menèrent entre autres... au Québec. Quant au député Raymond Lalonde, qui se fit le promoteur d'un projet de loi visant à faire reconnaître les Cadiens comme groupe minoritaire par la législature louisianaise en 1988, il reconnut que son origine québécoise le priverait des bénéfices attendus si l'ascendance acadienne était le seul critère retenu.

L'avancée québécoise

L'établissement de relations officielles entre le Québec et la Louisiane reste un des points marquants de l'action que certains Louisianais lancèrent à la fin des années 1960 pour assurer la continuation de la culture francophone. L'intérêt porté à la Louisiane par les autorités québécoises remonte à une visite discrète du premier ministre Jean Lesage en 1963 et sa manifestation s'est poursuivie les années suivantes par une série de contacts entre villes et universités de part et d'autre. Le rapprochement a été favorisé par l'émergence de la vocation internationale du Québec et les remous qu'a causés la politique gaulliste de la francophonie. Un accord de coopération culturelle est signé en 1969, quelques mois après la fondation d'un organisme d'État louisianais chargé de promouvoir la culture franco-louisianaise, le Conseil pour le développement du français en Louisiane (CODOFIL). Le Bureau du Québec ouvre ses portes en 1971 à Lafayette. Le premier délégué, Léo Leblanc, Acadien de naissance, bien en mal d'expliquer son vaste mandat, revendique néanmoins la primauté québécoise en matière de francophonie nord-américaine. La gestion et l'encadrement des enseignants envoyés dès 1972, l'accueil d'artistes tels Robert Charlebois et Willie Lamothe, l'organisation de programmes d'échange d'élèves et d'étudiants, et, surtout, le support logistique apporté au jeune mouvement louisianais constitueront les principales activités de l'antenne québécoise. La présence québécoise est surtout importante au niveau symbolique. Elle contribue tout d'abord à la légitimité locale du mouvement en lui fournissant une caution internationale ; bien que la France entretienne un consulat à La Nouvelle-Orléans depuis le XIXe siècle et le Canada depuis 1952, l'attention du Québec se dirige principalement vers les francophones et leurs efforts. Cet intérêt s'étend aux artistes et aux intellectuels québécois qui se succédèrent en Louisiane ; à coup de films, d'articles de presse, de rapports de recherche et de contrats d'édition, ils donnent aux Cadiens une voix et une tête *urbi et orbi*. Enfin, contrairement à leurs confrères français — et, dans une moindre mesure, belges — des « brigades internationales » dépêchées en Louisiane, les jeunes enseignants québécois (environ une vingtaine par an) partagent avec les Cadiens l'expérience minoritaire ; comme les Cadiens, ils sont nord-américains, menacés par l'hégémonie culturelle anglophone, et leur bilinguisme est familier aux oreilles louisianaises. Fréquentant musiciens et militants cadiens, s'insurgeant contre l'inertie des bureaucrates louisianais et l'hexagonisme des Français, ils diffusent un message d'indépendance linguistique et d'ouverture culturelle ; s'il est bien accepté au bord du Saint-Laurent, ce message est cependant éminemment suspect dans un Sud conservateur. Les divers responsables québécois auront toujours à cœur de préciser que «nous sommes seulement des visiteurs» dont la «présence dépend essentiellement de ce que les Louisianais vont mettre en chantier[4]».

Le mandat d'animation culturelle atteint son apogée au milieu des années 80. La conjoncture y est propice : la prospérité économique est propulsée par le *boom* pétrolier et la médiatisation du phénomène cadien s'intensifie ; de plus, le consulat canadien de la Nouvelle-Orléans ferme ses portes, laissant le champ libre au Québec. À la tête d'une délégation dont les vernissages et réceptions dominent le calendrier mondain de Lafayette, le délégué Jean Goyer déclare en 1984 : «La politique du Québec a été d'accroître graduellement la force et le rayonnement de la délégation. On a conservé les priorités francophones mais en y ajoutant tout un domaine d'intervention lié au mandat des délégations diplomatiques... Le Québec tient à développer partout en Louisiane les intérêts mutuels dans quelque champ d'intervention que ce soit[5].»

Cependant, il devient clair que le projet ambitieux et les grandes espérances de la présence québécoise ne sont pas à la mesure des idées et des moyens de leurs hôtes. Les Louisianais notent avec satisfaction la croissance du tourisme, mais les Québécois constatent que ni les échanges commerciaux ni la coopération dans les secteurs du bois, du pétrole ou des communications ne se concrétisent ; l'enseignement du français se généralise dans les écoles primaires (45 000 élèves en 1984-1985), mais dix ans d'existence n'ont pas produit de résultats conséquents. Le programme dépend encore largement des instituteurs étrangers (43 % du corps enseignant), les moyens matériels et pédagogiques restent rudimentaires et sa finalité même fait l'objet d'un débat animé entre les tenants du français standard (le CODOFIL et ses alliés internationaux) et ceux de la variante cadienne (les parents cadiens et les jeunes militants de tous bords). Mais, surtout, c'est la faillite de la culture francophone à s'établir comme solution de rechange viable face à l'*American way of life* qui remet en cause la raison d'être de la présence québécoise. Le nombre et la proportion de francophones continuent de baisser, et peu de jeunes parlent le français, subi plus qu'appris à l'école, rare dans la vie quotidienne et largement absent de la vie publique. Certes, l'héritage est célébré, la fierté est affirmée et le français cadien fait de sympathiques apparitions de circonstance. Au Québec, on parle de «louisianisation», ce processus tant combattu de folklorisation de la langue et de la culture françaises.

L'orientation nouvelle mise en place par le gouvernement libéral de Robert Bourassa entraîne, à la fin des années 80, un redéploiement de la présence québécoise assorti de coupures budgétaires. La politique de coopération culturelle tous azimuts au nom de la francophonie est remplacée par une approche ponctuelle, surtout orientée vers les échanges économiques. Le bureau du Québec à Lafayette consacre ses moyens amoindris aux contacts avec des responsables économiques, chefs d'entreprise et élus locaux à la recherche de marchés. Une évolution similaire touche la coopération culturelle; après le fraternel soutien prêté au mouvement de renouveau francophone qui s'essouffle, les responsables québécois favorisent des actions précises et limitées. Ainsi, ils jouent un rôle pilote dans le lancement, en 1987, du Festival international de Louisiane inspiré du Festival d'été de Québec, dans la diffusion de la chaîne internationale francophone TV5, en 1991, et dans la mise en place de programmes d'immersion en français dans quelques écoles primaires.

Le réalignement ne réussit pas cependant à porter fruit. Les projets de coopération économique tardent à se concrétiser; l'animation culturelle et l'assistance à l'enseignement du français ne sont plus que des objectifs marginaux. Les déclarations rassurantes des responsables qui se succèdent ne peuvent dissimuler ce qui semble inéluctable: réduite à deux employés perdus dans un bureau trop grand, la représentation du Québec à Lafayette ferme ses portes en avril 1992, ce qui met fin à plus de vingt ans de présence officielle en Louisiane.

Quoique symbolique, la mesure ne signifie pas cependant la coupure des relations entre l'État et la province francophones: une poignée de professeurs québécois enseignent toujours en Louisiane sous la responsabilité de la Délégation du Québec à Atlanta; Québec apporte son soutien à la présence louisianaise dans les instances internationales francophones, notamment les Sommets de la Francophonie et le Consortium TV5. D'autre part, les relations économiques se poursuivent. Il est difficile de mesurer précisément le volume des échanges économiques entre le Québec et la Louisiane, car les statistiques publiées par différentes instances américaines et canadiennes ne précisent pas la provenance et la destination des produits ou des visiteurs qui entrent en Louisiane ou qui en sortent. L'analyse des données disponibles sur le commerce extérieur et le tourisme porte à croire cependant que les relations économiques entre le Canada francophone et la Louisiane sont substantielles et croissantes.

En 1997, les exportations de la Louisiane vers le Canada se chiffraient à 663 millions de dollars américains et représentaient 15,16 % des exportations louisianaises; après le Japon, le Canada était ainsi le deuxième client en importance de la Louisiane[6]. Par rapport à 1993 (372 millions de dollars, soit 11,56 %), les exportations sont en nette augmentation. La reprise de la croissance économique aux États-Unis et la signature en 1992 du traité de libre-échange entre le Canada, les États-Unis et le Mexique (ALENA) expliquent en partie cette tendance. D'après leur contenu, il est clair que les relations commerciales entre le Canada et la Louisiane répondent davantage à des contingences économiques qu'à une affinité culturelle. Les produits chimiques représentent près de la moitié des exportations vers le Canada (305,3 millions de dollars); viennent ensuite l'équipement industriel et informatique (57,7 millions), les produits alimentaires (36,1 millions), les métaux (35,5 millions) et les produits de papier (24,6 millions). Selon Tanya Rasa, du Delta US Export Assistance Center de la Nouvelle-Orléans, l'Ontario, le Québec et l'Alberta sont les principales destinations des exportations louisianaises ; la taille des économies ontarienne et québécoise et l'exploitation du pétrole en Alberta expliquent cette situation.

Les statistiques sur le tourisme manquent également de précision, mais elles laissent entrevoir la même tendance. Selon les registres maintenus par les centres d'accueil louisianais, le Canada est le premier pays d'origine des visiteurs enregistrés en 1996, devant la France, l'Allemagne et la Grande-Bretagne[7]. Ces chiffres coïncident avec les données de 1997 de la commission de tourisme de Lafayette, capitale officieuse de la Louisiane francophone, sauf dans le cas de la Belgique qui se situe en quatrième position. Selon cet organisme, la majorité des visiteurs canadiens sont francophones, ce qui justifie la présence d'agents de renseignement bilingues à plein temps. Malgré l'absence d'une représentation gouvernementale, « les gens du Québec sont toujours intéressés par la Louisiane » déclare une responsable qui cite la réponse inattendue — plus de 800 appels téléphoniques — à une « petite publicité » passée dans un magazine québécois. Il est clair cependant que l'intensité qui caractérisait les relations québéco-louisianaises n'existe plus guère. Larry Collins, directeur du commerce extérieur au Louisiana Department of Economic Development, note qu'aucun de ses homologues québécois ne s'est arrêté en Louisiane depuis quelques années ; inversement, le Forum international des affaires organisé à Longueuil, en banlieue de Montréal, en 1997, n'attira que huit participants louisianais dont trois organismes de développement économique.

Le réalignement vers l'Acadie

L'axe des relations canado-louisianaises semble maintenant passer par l'Acadie. S'il est difficile de chiffrer le réalignement, il est clair qu'un intérêt croissant et une grande curiosité caractérisent les relations entre les Acadiens du Sud et ceux du Nord. M. Collins note que « depuis trois ou quatre ans, la Nouvelle-Écosse a fait d'énormes efforts pour réaliser des affaires en Louisiane ». Les missions d'exploration répétées ont abouti à des résultats concrets ; il cite l'importation de pommes de la Nouvelle-Écosse et l'exportation de technologie maritime et de fruits de mer. Au point de vue touristique, l'Acadie est maintenant une destination familière à de nombreux Louisianais francophiles. Plusieurs centaines se sont déplacés pour participer au Congrès mondial acadien organisé au Nouveau-Brunswick en 1994. Pour beaucoup de Cadiens, le voyage a été l'occasion d'émouvantes retrouvailles symboliques avec leurs « cousins » ; la tenue du Congrès mondial acadien de 1999 en Louisiane favorise le maintien de relations étroites et la présence accrue de l'Acadie dans les médias louisianais. Stations de télévision et journaux diffusent des reportages spéciaux, des conseils de voyage et des calendriers de manifestations sur le thème du retour en Acadie[8].

Le renforcement de l'axe acadien fait suite à la formalisation croissante des relations entre la Louisiane et les provinces Maritimes canadiennes. La signature en 1992 d'un accord culturel entre la Louisiane, d'une part, et le Nouveau-Brunswick, la Nouvelle-Écosse et l'Île-du-Prince-Édouard, d'autre part, a amené enfin l'Acadie sur le même pied que ses consœurs francophones, la France, la Belgique et le Québec, avec qui la Louisiane entretient des relations officielles depuis deux décennies. L'institutionnalisation des relations était un objectif que poursuivaient assidûment les parties en présence afin de développer les liens existants. Ainsi, un conseiller acadien en affaires culturelles était-il détaché depuis de nombreuses années auprès du CODOFIL, mais il était largement dépourvu de moyens; l'accord a élevé ce poste au niveau de délégué officiel et a assuré la stabilité de son financement; il a également facilité le recrutement et la gestion d'enseignantes et d'enseignants acadiens dans le cadre des programmes d'enseignement du français.

L'installation à Lafayette d'un représentant officiel de l'Acadie au moment même où les représentations francophones fermaient leurs portes symbolise le mouvement d'alliance. Outre le Québec, la France avait retiré son attaché culturel de Lafayette en 1990, la communauté francophone de Belgique étant la seule à maintenir un bureau à Baton Rouge[9]. En effet, la dimension acadienne avait été largement absente des actions et de la rhétorique initiales du mouvement de renouveau francophone pourtant mené au nom de la culture acadienne. Aucune mention du passé, de la langue ou de la culture acadiennes n'est faite dans les textes de loi adoptés en 1968 qui créèrent le CODOFIL et le programme d'enseignement du français; les Louisianais recherchèrent activement l'assistance politique et matérielle de la France et du Québec, mais ils ne firent aucun effort pour obtenir la coopération, même symbolique, des instances acadiennes associatives ou gouvernementales. L'unique initiative notable fut un échange de visites en 1970 destiné à sceller le jumelage de Pont Breaux, en Louisiane, et de Shédiac, au Nouveau-Brunswick, et de leurs festivals respectifs de l'écrevisse et du homard. Malgré la prise en compte d'un héritage culturel commun et des discussions sur l'établissement possible d'un programme d'échange universitaire, aucune action concrète ne suivit[10]. À ses débuts, la renaissance louisianaise était plus francophone qu'acadienne; elle est maintenant plus acadienne que francophone. Qu'est-ce qui occasionna ce renversement de tendance?

La construction d'une identité cadienne

Il semble que deux phénomènes propres à l'identité cadienne contemporaine ont joué un rôle: la documentation de l'histoire des Cadiens et une conception plus culturelle que strictement linguistique de l'identité ethnique.

Jusqu'aux années 80, l'histoire des Cadiens est peu documentée. On explique le manque d'intérêt qu'elle suscitait pour les chercheurs par plusieurs raisons: les conditions objectives de l'expérience acadienne en Louisiane (isolement, manque de documents écrits), les orientations théoriques des historiens de la francophonie marquées par l'ethnocentrisme et l'accent sur l'histoire politique, et la fascination qu'exerçait le mythe d'Évangéline[11]. Pour les historiens français et canadiens, les Cadiens apparaissaient comme de distants cousins dont la survivance obstinée tenait plus de l'anecdote que du maintien d'une identité viable ; pour les historiens louisianais, les Cadiens étaient les derniers colons francophones arrivés en Louisiane après les découvreurs canadiens et les immigrés français et espagnols ; deshérités, isolés sur leurs petites fermes et vacheries, ils présentaient moins d'intérêt que les Créoles dont la culture vibrante a façonné tant la réalité que l'image de la Louisiane[12]. Les travaux qu'ont publiés les chercheurs louisianais, en particulier au sein du Centre d'études louisianaises de l'Université du Sud-Ouest de la Louisiane à Lafayette, ont offert une nouvelle perspective sur l'histoire de la présence acadienne en Louisiane[13]. Ils se sont attachés en premier lieu à démonter le mythe d'Évangéline[14]. La saga de l'héroïne acadienne créée de toutes pièces par Henry Longfellow en 1847 avait été acceptée en Louisiane et ailleurs comme un compte rendu, certes dramatique mais crédible, de l'épopée tragique des exilés acadiens ; la brutalité de la déportation de 1755, le long vagabondage vers la terre promise louisianaise, la recherche obstinée du fiancé perdu puis l'ultime découverte d'un Gabriel mourant par une Évangéline sanctifiée constituaient un puissant mythe de création. Son acceptation par les Cadiens a contribué à fusionner fiction et réalité : Évangéline a prêté son nom à une paroisse, à un village, à une marque de pain et à d'innombrables autres produits et services ; on lui a érigé une statue près de l'église de Saint-Martinville, à l'image de l'actrice Dolores del Rio qui lui prêta ses traits dans un film de 1929 ; sur la rive du bayou Teche, le chêne à l'ombre duquel elle attendit en vain l'arrivée de son fiancé est devenu un lieu de pèlerinage incontournable.

La mise en valeur des archives coloniales et des documents administratifs du XIXe siècle a permis de documenter la transformation des exilés acadiens en Cadiens contemporains. Il est ainsi maintenant établi que les Acadiens ne constituaient pas un groupe monolithique attaché à la préservation d'un héritage culturel et religieux ; au contraire, ils se sont adaptés aux circonstances géographiques, historiques et sociales pour assurer leur maintien dans un environnement inconnu et initialement hostile. Les fortunes différentes des planteurs, des « petits habitants » et des pêcheurs ont entraîné la stratification de la communauté acadienne et, après la guerre de Sécession, sa division en deux groupes : une bourgeoisie acadienne et une classe de métayers et d'ouvriers agricoles, les Cadiens, que l'on appelle en anglais *Cajuns*. Enfin, il apparaît également que la culture cadienne résulte certes d'un apport initial acadien — l'ethnonyme et la généalogie en témoignent —, mais à cet apport se sont ajoutés, par l'emprunt, le mariage ou la force, les contributions des groupes créoles, noirs, espagnols, autochtones et américains que côtoyaient les descendants des exilés acadiens.

L'intérêt pour l'histoire des Cadiens a également pris d'autres formes. La recherche des origines familiales a suscité, selon l'historien Carl Brasseaux, une «véritable explosion de publications généalogiques depuis les années 70[15]». Le phénomène n'est pas uniquement louisianais, la recherche des «racines» étant une activité poursuivie par de nombreux Américains. Il a cependant bénéficié en Louisiane de l'organisation et de la publication des archives relatives à l'immigration acadienne, ce qui a permis aux Cadiens intéressés de localiser de lointains cousins en France et au Canada, et de les visiter[16]. D'autre part, la curiosité historique a entraîné la création de sites culturo-touristiques tels le Village Acadien et Vermilionville à Lafayette, les reconstitutions de villages cadiens des XVIIIᵉ et XIXᵉ siècles, et les parcs nationaux Jean Lafitte, consacrés à la documentation interactive du mode de vie des Cadiens des plaines et du littoral.

Malgré le contenu empreint d'émotion du passé acadien et ses manifestations commerciales, sa découverte et sa reconstruction ne constituent pas un phénomène éphémère et superficiel. Il est sous-tendu par la redéfinition de l'identité ethnique des Cadiens. Les actions initiales du mouvement de renouveau des années 70 visaient principalement à rétablir la situation de la langue française ; le programme d'enseignement monopolisa en fait la quasi-totalité des ressources politiques, financières et humaines afin de réaliser la promesse de faire de la Louisiane un État bilingue. Après plus de vingt ans d'efforts, la constatation s'impose que les résultats pédagogiques sont maigres : le nombre de francophones est passé de 572 264 en 1970, à 263 490 en 1980 puis à 261 678 en 1990. Parallèlement, il est intéressant de noter que le nombre de Louisianais se réclamant de la francophonie est en hausse. En 1980, 934 237 revendiquaient une ascendance francophone comparativement à 1 069 558 en 1990, avec parmi eux, plus de 40 % d'origine acadienne. Les signes de cette réappropriation de l'acadienneté sont nombreux.

Différentes enquêtes confirment la baisse d'importance du critère linguistique dans la définition de l'identité cadienne et le glissement vers une définition historico-culturelle. La géographe Cécyle Trépanier note que les réponses à sa question «Qu'est-ce qu'un Cadien ?» étaient surtout généalogiques (79 %) en 1981-1982 alors qu'elles étaient plutôt linguistiques (56 %) en 1978[17]. Plus récemment, l'analyse des 929 entrevues menées par la linguiste Sylvie Dubois et son équipe montre aussi la prédominance du critère ancestral : pour 80 % des Cadiens, l'origine acadienne est une condition nécessaire, suivie par la langue parlée par les parents et grands-parents (67 %), et une vague capacité linguistique en français (56 %). Cette prédominance laisse entendre qu'il s'agit probablement d'un mécanisme d'adaptation : confrontés au déclin du français, les Cadiens, et surtout les jeunes, se tournent vers des bases non linguistiques pour définir leur identité[18]. Ces travaux, comme notre propre recherche, montrent que la langue française sous sa forme standard ou acadienne demeure un important marqueur ethnique ; cependant, après avoir été longtemps définis par les autres comme «ceux qui parlent français», les Cadiens ont depuis une vingtaine d'années pris en charge leur propre définition et ses composantes[19].

Nulle part est-ce plus visible que dans l'utilisation de l'ethnonyme «Cadien» ou «Cajun» et dans la multiplication d'organisations associatives vouées à la mise en valeur de la dimension acadienne louisianaise. La fierté d'être cadien est maintenant universellement exprimée, ce qui met fin à des décennies de stigmatisation; l'utilisation d'étiquettes ethniques par les commerces, les festivals, les produits est en hausse. L'enthousiasme est tel que dans beaucoup de cas (*Cajun Computers, Cajun Police Supply*), la connection ethnique est sans fondement. La popularité de l'État comme destination de voyage est en partie fondée sur l'association entre «joie de vivre» et une culture cadienne réduite à sa cuisine, à sa musique et à sa danse. Les organisations culturelles récemment créées mettent elles aussi l'accent sur la défense et la promotion de la culture au-delà de la langue: la Cajun French Music Association fondée en 1984 assure en français et en anglais la promotion de la musique et de la danse cadiennes; le «Rendez-vous des Cajuns» connaît un succès populaire inégalé depuis plus de dix ans avec sa combinaison, largement retransmise, de musique, de recettes et d'humour; pour sa part, Action Cadienne (1994) tente de rassembler les jeunes militants autour d'une vision moderne de la différence louisianaise.

Conclusion

Le réalignement des relations entre le Canada et la Louisiane francophones peut sembler paradoxal; «dans un sens, on s'y est pris à l'envers», remarquait un participant de longue date au mouvement francophone concernant l'apparition tardive de la dimension acadienne. Les choix initiaux des militants cadiens ont été fortement conditionnés par une longue histoire et les besoins urgents de moyens et de reconnaissance; selon la métaphore familiale souvent utilisée, le «grand frère québécois» était alors plus apte à aider la «petite sœur louisianaise» que les cousins acadiens[20]. Le rapprochement devait pourtant s'opérer, rendu nécessaire, d'une part, par l'évolution de la politique québécoise en matière de coopération culturelle et favorisé, d'autre part, par la valorisation de la dimension acadienne par les Louisianais. La formalisation récente des relations acado-louisianaises, ainsi que l'établissement limité mais symbolique de la coopération culturelle et des échanges économiques fournissent des bases solides à la poursuite et au développement des liens entre Acadiens du Sud et du Nord.

NOTES

1. L'auteur tient à remercier Larry Collins, directeur, State International Trade Division, Louisiana Department of Economic Development, Baton Rouge; Tanya Rasa, project director, Delta US Export Assistance Center, la Nouvelle-Orléans; Kelly Strange, Lafayette Convention and Visitors

Commission, Lafayette; Philippe Gustin, directeur, Centre international, Lafayette; Jean-Robert Frigault, délégué, Congrès mondial acadien, Lafayette; David Chéramie, directeur, CODOFIL, Lafayette; et Mathé Allain, Département de langues modernes, Université du Sud-Ouest de la Louisiane, Lafayette.

2. On pourra voir à ce sujet Gerald Gold, *The Role of France, Quebec and Belgium in the Revival of French in Louisiana Schools*, Québec, Centre international de recherche sur le bilinguisme, monographie B-91, 1980, 44 p.; Gerald Gold, «A Return to Roots? Quebec in Louisiana», dans Alfred Hero et Marcel Daneau (dir.), *Problems and Opportunities in US-Quebec Relations*, Boulder, Westview Press, 1984, 320 p.; Gerald Gold, «The Mission of Quebec in Louisiana», dans Gerald Gold (dir.), *Minorities and Mother Country Imagery*, St. John's (Newfoundland), Memorial University, 1985, 274 p.; Alfred Hero, *Louisiana and Quebec: Bilateral Relations and Comparative Sociopolitical Evolution, 1673-1993*, Lanham (Maryland), University Press of America, 1995, 381 p.

3. À ce sujet, voir: Marcel Giraud, *Histoire de la Louisiane française*, Paris, Presses universitaires de France, 1953-1974, 4 vol.; Taylor Joe Gray, *Louisiana, A Bicentennial History*, New York, WW Norton, 1976, 194 p.; Glenn Conrad (dir.), *The Cajuns: Essays on their History and Culture*, Lafayette, Center for Louisiana Studies, 1978, 262 p.; Bennett Wall (dir.), *Louisiana, A History*, Arlington Height, Forum Press, 1984.

4. Jacques Henry, «La nouvelle donne diplomatique», *Parlements et francophonie*, Paris, 1er trimestre 1985, n° 56, p. 59-62.

5. *Ibid.*

6. Les données présentées ici sont celles de la *Exporter Location Series* publiées par le US Department of Commerce; elles mesurent le volume des exportations réalisées par des exportateurs basés en Louisiane; elles ne correspondent pas nécessairement au lieu de production des produits exportés. Bien qu'elles tendent à sous-estimer le volume du commerce, ces données sont cependant plus précises que les données de la *State of Origin Series*; celles-ci mesurent la valeur des exportations du lieu d'acheminement et incluent ainsi des produits qui ne font que transiter en Louisiane à cause de sa position stratégique sur le golfe du Mexique et de son infrastructure portuaire, en particulier la Nouvelle-Orléans à l'embouchure du Mississippi.

7. State of Louisiana, «State of the State 1996: Tourism, Art and Recreation», <http://www.state.la.us>.

8. «Allons à l'Acadie», *La Gazette de Louisiane*, Lafayette, mars 1992, p. 3; Todd Mouton, «Going Back to Acadie», *The Times of Acadiana*, Lafayette, 13 juillet 1994, p. 13-18; «Tracing Roots», *Morning Advocate*, Baton Rouge, 22 mai 1995.

9. Il convient ici de noter que le mandat de délégué acadien eut la vie courte, puisqu'il prit fin avec le départ de Jean Robert Frigault en 1996. En 1998, M. Frigault était cependant de retour en Louisiane à titre de délégué du Congrès mondial acadien prévu pour 1999.

10. Voir *Acadiana Profile*, Lafayette, mai-juin 1971, vol. 3, n° 1.

11. Carl Brasseaux, *A Selected Bibliography of Acadian History, Culture and Genealogy, 1955-1985*, Thibodaux, Nicholls State University, 1985.

12. Outre les ouvrages mentionnés à la note 3, on pourra consulter François-Xavier Martin, *The History of Louisiana*, New Orleans, Pelican, 1963 [1882]; Alcée Fortier, *A History of Louisiana*, New York, Manzi, Joyant & Co., 1904, 4 vol.; Émile Lauvrière, *Histoire de la Louisiane française*, Baton Rouge, Louisiana State University Press, 1940, 445 p.; Antoine Bernard, *Histoire de la Louisiane de ses origines à nos jours*, Montréal, Conseil de la vie française en Amérique, 1953, 446 p.; Bona Arsenault, *Histoire et généalogie des Acadiens*, 1966; Liliane Crété, *La vie quotidienne en Louisiane, 1815-1830*, Paris, Hachette, 1979, 445 p.; Réginald Hamel, *La Louisiane créole littéraire, politique et sociale*, Montréal, Leméac, 1984, 2 vol.

13. James Dormon, *The People Called Cajuns: An Introduction to an Ethnohistory*, Lafayette, The Center for Louisiana Studies, 1983, 98 p.; Carl Brasseaux, *The Founding of New Acadia: The Beginnings of Acadian Life in Louisiana, 1765-1803*, Baton Rouge, Louisiana State University Press, 1987, 229 p.; Carl Brasseaux, *Acadian to Cajun: Transformation of a People 1803-1877*, Jackson, University Press of Mississippi, 1992, 252 p.

14. Glenn Conrad, «The Acadians: Myths and Reality», dans Glenn Conrad (dir.), *The Cajuns: Essays on their History and Culture*, Lafayette, Center for Louisiana Studies, 1978, p. 1-20; Carl Brasseaux, *In Search of Evangeline: Birth and Evolution of the Evangeline Myth*, Thibodaux, Blue Heron Press, 1989.

15. Carl Brasseaux, *A Selected Bibliography of Acadian History, Culture and Genealogy, 1955-1985*, Thibodaux, Nicholls State University, 1985, p. 7.

16. Donald Hebert, *South Louisiana Records and Southwest Louisiana Records*, Cecilia/Eunice, 1976-présent; Timothy Hebert, *Acadian-Cajun Genealogy Step by Step*, Lafayette, Center for Louisiana Studies, 1993.

17. Cécyle Trépanier, «The Cajunization of French Louisiana: Forging a Regional Identity», *The Geographical Journal*, juillet 1991, vol. 157, n° 2, p. 161-171.

18. Sylvie Dubois et Megan Melançon, «Cajun is Dead: Long Live Cajun. Shifting from a Linguistic to a Cultural Community», *Journal of Sociolinguistics*, 1996, vol. 1, n° 1, p. 63-93.

19. Jacques Henry, «From Acadien to Cajun to Cadien: Ethnohistory of an Ethnic Label», *Journal of American Ethnic History*, sous presse; Carl Bankston III et Jacques Henry, «The Silence of the Gators: Cajun Ethnicity and Intergenerational Transmission of Louisiana French», *Journal of Multicultural and Multilingual Development*, sous presse.

20. Earlene Broussard, «Et la Louisiane?», conférence au Forum francophone de concertation 1997, Montréal, 15 mars 1997.

LA SURVIVANCE PAR SYMBIOSE

Claire Quintal
Institut français
Collège de l'Assomption (Worcester, Mass.)

En 1978, le gouvernement du Québec, sous l'égide de son premier ministre René Lévesque, lança une invitation aux francophones dispersés sur tout le continent à venir «parler» aux Québécois[1]. C'était renouer avec une tradition vieille d'un siècle. Lorsque la Société Saint-Jean-Baptiste fêta son quarantième anniversaire de fondation à Montréal, en 1874, plusieurs milliers de Franco-Américains avaient répondu à l'appel de participer aux célébrations ainsi qu'au défilé. Ils y prirent même la parole, prononçant des discours qui furent largement commentés par la presse de langue française des deux côtés de la frontière[2]. Ces «Canadiens français des États-Unis», comme on les appelait alors, allaient participer par la suite à d'autres fêtes de la sorte[3]. En 1934, lors du centenaire de cette même Société Saint-Jean-Baptiste, les mutuelles franco-américaines — l'Association canado-américaine et l'Union Saint-Jean-Baptiste — se rendirent en grand nombre aux célébrations[4].

Fidèles en cela à leurs devanciers, un certain nombre de délégués franco-américains répondirent à l'appel d'assister aux Rencontres des peuples francophones d'Amérique qui eurent lieu à la fin des années 70 et au courant des années 80. Dès 1981, «la participation franco à la planification des Rencontres francophones de Québec est institutionnalisée, lors de la création de la Commission consultative de la Corporation des rencontres francophones qui comprend cinq Francos et cinq Canadiens français des Maritimes, de l'Ontario et de l'Ouest[5]». C'est au cours de cette même année qu'eut lieu l'inauguration du Secrétariat permanent des peuples francophones (SPPF) qui cherche à être un lieu de rencontres et un centre d'expositions pour la francophonie nord-américaine.

Avec la venue à Québec, en 1980, de douze «militants» franco-américains, on peut avancer que jamais, depuis les efforts gouvernementaux en faveur du rapatriement un siècle plus tôt, il n'avait existé de rapports aussi officiels ni aussi directs avec le gouvernement de l'ancienne mère patrie[6]. C'est de cette réunion que naîtra l'ActFANE (Action pour les Franco-Américains du Nord-Est), qui englobe l'État de New York et les six États de la Nouvelle-Angleterre, et qui se donne pour but de coordonner les efforts de maintien et de développement culturels ainsi que d'être le porte-parole des droits des Franco-Américains auprès des gouvernements, y compris celui du Québec. Voulant éviter de tomber dans le piège de la survivance vieux jeu, l'ActFANE, forte de ses subsides, a pris résolument le parti de la modernité en insistant surtout pour que la voix du peuple se fasse entendre. Selon l'ActFANE, l'élite traditionnelle avait régné trop longtemps sur la destinée du groupe.

Au cours des années 60, les prêtres avaient laissé tomber la langue en voulant maintenir la nouvelle génération de Franco-Américains dans le giron de l'Église catholique. L'ActFANE allait larguer ses amarres avec les sociétés traditionnelles afin de maintenir les jeunes dans le giron ethnique. C'est l'Act-FANE qui représentait les Franco-Américains au Sommet des chefs d'État des pays francophones à Québec en 1987[7]. Aussi longtemps que durèrent les subsides, et même pendant quelque temps après, l'ActFANE a pu assumer un rôle clé en Franco-Américanie, et la façon dont cet organisme avait été constitué garantissait des relations suivies avec la Délégation du Québec en Nouvelle-Angleterre.

Plus de cent ans auparavant, le Québec avait tâché d'enrayer le flot migratoire, devenu une saignée à blanc. La revanche des berceaux ayant forcé les gonds, le trop-plein de la population avait maintenant besoin de se déverser quelque part. Des centaines de milliers de personnes avaient dû quitter le Québec la mort dans l'âme, parce que le pays ne pouvait plus nourrir toutes les bouches. N'ayant pas les moyens d'acheter des terres pour y établir ses fils, l'habitant avait le choix de devenir défricheur loin des «vieilles paroisses» ou de faire comme Lorenzo Surprenant dans le roman *Maria Chapdelaine* qui vend sa terre et s'en va vers le sud pour devenir ouvrier d'usine. Les lamentations de la mère Chapdelaine en disent long sur le côté pénible de l'isolement de ces familles de «colons». Pour comprendre le débat qui était engagé entre deux modes de pensée — on reste ou on part —, nous n'avons qu'à poursuivre la lecture de ce roman qui décrit si bien le dilemme auquel tant d'habitants d'alors étaient confrontés, dilemme d'une ampleur telle que Félix-Antoine Savard en fit le leitmotiv de *Menaud, maître-draveur*. La famille Chapdelaine est de celles qui sont non seulement restées mais qui sont devenues de véritables colonisateurs sur le sol du Québec. «Samuel a pensé à aller dans l'Ouest, un temps, dit la mère Chapdelaine, mais je n'aurais jamais voulu.» Lorenzo, lui, est le porte-parole de ceux qui sont partis. «Non, ça ne me tente pas de devenir habitant; pas en tout. Je gagne de "bonnes" gages là où je suis [Lowell, Mass.][8].» Le problème, pour lequel il n'existait pas de bonne solution, est ainsi cerné et résumé en quelques lignes.

La province avait tenté de rapatrier les siens en encourageant la colonisation. À la suite des glorieuses fêtes de la Société Saint-Jean-Baptiste à Montréal en 1874, l'Assemblée législative avait mis de côté des terres de la Couronne, proches de la frontière américaine, pour y créer une colonie de rapatriement appelée La Patrie. Le grand journaliste franco-américain Ferdinand Gagnon, de Worcester, avait été nommé comme agent pour les États-Unis. Pour mener à bien ce projet, Gagnon avait à sa disposition sa plume remarquable, son éloquence, reconnue de toutes parts et, bien sûr, son outil hors pair, le journal *Le Travailleur*, fondé par lui en 1874. Les premiers pionniers s'installèrent à La

Patrie dès 1875, encouragés sans doute par le fait que l'industrie américaine subissait, à ce moment-là, une crise économique qui allait durer de 1873 à 1879. En octobre de cette première année, un recensement de la colonie indiquait que plus de mille habitants, dont la moitié seulement venait des États-Unis, s'y étaient installés[9]. Ferdinand Gagnon, pour sa part, y expédia ses parents comme preuve de sa conviction et de sa bonne foi. Toutefois, à la fête de la Société Saint-Jean-Baptise à Montréal en 1884, le Dr Gédéon Archambault, établi à Woonsocket, au Rhode Island, déclarait sans ambages : « le rapatriement est une utopie[10] ». Si le rapatriement des émigrés vers leur province d'origine ne connut pas le succès qu'on espérait, s'il était même voué à l'échec à long terme, il faut tout de même prendre bonne note des multiples efforts mis en marche en sa faveur des deux côtés de la frontière.

C'est *à cause* de la survivance, *pour* la survivance et *par* la survivance, que les Franco-Américains vécurent pendant presque un siècle en symbiose étroite avec le Québec. Comment assurer cette survivance ? Voilà la question qui hantait les chefs, laïques aussi bien que religieux, sur lesquels était dévolue la mission « d'encadrer », de « protéger », de « sauver » cette masse d'émigrés — on parle d'environ 900 000 départs du Québec pour les États-Unis de 1840 à 1930[11]. Ayant quitté massivement le Québec pour s'en aller travailler dans les « facteries » de la Nouvelle-Angleterre, les émigrants d'alors gardaient pour leur « pays » natal une affection telle qu'ils allaient, au nom de la survivance, créer dans leur pays d'adoption leurs propres institutions religieuses, scolaires, hospitalières, etc., dès qu'ils furent en mesure de le faire sur le plan économique. On peut avancer, sans crainte de se tromper, que les Franco-Américains adultes du XIXe siècle et du début du XXe, presque tous nés au Québec, vécurent dans leur esprit et dans leur cœur, sinon dans leur corps, en symbiose directe avec le Québec d'alors. Les chefs franco-américains de l'époque — curés, médecins, avocats, journalistes, « mutualistes » —, tout en tentant un difficile accommodement avec leur nouveau pays, calquaient leurs institutions et leurs sociétés sur celles du Québec : conventions générales et fondations de sociétés locales sur le modèle de la Société Saint-Jean-Baptiste du Québec ; paroisses, dites « nationales », où le français était la langue d'usage ; écoles tenues par des congrégations religieuses venues du Québec et de la France ; orphelinats ; hospices pour les vieillards ; et même des hôpitaux dans quelques centres importants.

Il n'est donc pas exagéré d'affirmer qu'entre 1860 et 1930, pour les Franco-Américains conscients de leurs origines, le Québec fut la « patrie morale »[12], sinon la patrie de résidence. Parmi eux, la plupart avaient fait leurs études dans cette mère patrie. Pour eux, les liens avec le Québec étaient d'ordre intellectuel aussi bien qu'émotionnel. Leur esprit, formé dans les collèges classiques, était imbu de l'idéologie de la survivance qu'ils avaient puisée à sa source. Pendant longtemps aussi, les jeunes de la deuxième génération de Franco-Américains — ceux qu'on destinait à la prêtrise ou aux professions libérales — faisaient leurs études classiques ou leur théologie au Québec, sinon les deux. Ces jeunes sortaient des écoles paroissiales, où des femmes ou des hommes originaires du Québec leur donnaient une demi-journée de français. On peut donc parler de relations par la religion, par l'enseignement, par le journal, par la mutualité — relations qu'on peut qualifier de probantes puisque l'émigré se trouve « formé » du berceau à la tombe par des personnes d'origine québécoise.

Ces remarques d'ordre général ayant été faites, tentons de cerner de plus près ces relations Québec–Franco-Américanie en divisant l'époque en quatre périodes.

Première période

Cette première période fut marquée d'abord par l'indifférence puis par le rejet, du côté canadien, des fils qu'on croyait ingrats parce qu'ils émigraient en si grand nombre : « l'opinion généralement admise en Canada, était que, à bien peu d'exception près, tout ce qui passait aux États, serait perdu pour la nationalité et même pour la religion[13] ». La célèbre phrase prononcée à l'Assemblée législative et attribuée à George-Étienne Cartier — « Laissez-les partir, c'est la canaille qui s'en va » — exprime trop bien l'esprit de mépris qu'on ressentait pour ces personnes qu'on qualifiait de dévoyées parce que, par leur départ en si grand nombre, elles étaient en train d'affaiblir la mère patrie. « L'émigré est présenté comme un faible qui succombe au mirage américain, un lâche qu'effraient les durs travaux de la colonisation et un traître à la terre des aïeux[14]. »

Le Québec leur tourna le dos, les abandonnant à leur sort d'émigrés sans le sou et sans beaucoup de bagage culturel. Ces migrants eurent tout de même des défenseurs. Honoré Beaugrand, dans *Jeanne la fileuse*, et Édouard Hamon, dans *Les Canadiens-Français de la Nouvelle-Angleterre*, firent d'eux un portrait plutôt flatteur. C'est un Breton, l'évêque de Burlington au Vermont, qui, devant cette arrivée massive, se décida à réagir en plaidant auprès de ses confrères de la hiérarchie québécoise pour qu'ils envoient des prêtres en Nouvelle-Angleterre avant qu'on ne perde une deuxième fois ces âmes baptisées. Si la province de Québec ne pouvait pas les retenir à la maison, au moins l'Église allait tenter de les maintenir sous son influence. Ce n'est donc qu'à partir de 1869, date de l'appel de l'évêque de Burlington, qu'on verra la troupe de choc du Québec ecclésiastique venir en Nouvelle-Angleterre pour encadrer et même pour enrégimenter cette masse informe et inculte.

Une lecture attentive du livre de Félix Gatineau sur les Conventions générales, qui eurent lieu de 1865 à 1901, montre à quel point les mêmes tentatives de solution au problème de l'émigration reviennent constamment à cette époque : il faut des prêtres du Québec pour encadrer les émigrés, nous avons besoin des congrégations religieuses du Québec pour éduquer les enfants de ces émigrés en leur apprenant leur langue maternelle ainsi que l'histoire héroïque de leur peuple. Sans ces cordons ombilicaux avec le Québec, il est clair que tout sera vite perdu. Ils le disent, ils le répètent sans cesse dans les nombreux discours prononcés à ces conventions[15].

Deuxième période

L'Église du Québec allait réussir au-delà de toute espérance à maintenir la grande majorité des émigrants dans son orbite. Pour y arriver, elle avait à sa disposition, outre ses prêtres, les membres d'une quarantaine de communautés religieuses de femmes et d'hommes du Québec, convaincus de leur mission et prêts à tous les sacrifices pour assurer le salut de ces centaines de milliers d'«habitants» terriens qui du jour au lendemain furent, par la force des choses, transformés en ouvriers du textile habitant les villes industrielles de la Nouvelle-Angleterre. Ces congrégations réussirent le tour de force de former l'autre génération afin qu'elle ressemblât, autant que faire se peut, au modèle humain de l'idéal canadien-français, c'est-à-dire catholique jusqu'au tréfonds de l'âme et français d'esprit et de cœur[16].

L'Église trouve aussi d'autres manières d'encadrer ses ouailles. Désire-t-on fonder un sanctuaire en Nouvelle-Angleterre, on utilisera celui de Sainte-Anne-de-Beaupré comme modèle du genre en fondant, à Sainte-Anne de Fall River, une réplique de celui du Québec. Les pèlerinages qui y ont lieu attireront des foules qui seront témoins de nombreux miracles. Veut-on promouvoir le mouvement des retraites fermées, c'est encore vers le Québec qu'on se tourne pour y trouver le modèle ainsi que des prêcheurs ayant fait leurs preuves. Les congrégations religieuses d'hommes — oblats, dominicains, jésuites — fourniront les hérauts de ce mouvement.

La symbiose Québec–Franco-Américanie n'est tout de même pas limitée à la religion et à l'enseignement. La mutualité en Nouvelle-Angleterre est sortie des Sociétés Saint-Jean-Baptiste du Québec et, lorsqu'il s'agit de fonder des banques pour encourager l'épargne et accorder plus de facilités de crédit pour aider la petite entreprise ou pour l'achat d'une maison, c'est vers le Québec qu'on se tourne, c'est à Alphonse Desjardins qu'on fait appel. Après la mise en place de la première caisse populaire, celle de Sainte-Marie fondée à Manchester (N.H.) en 1909, chaque paroisse dans les grands centres franco-américains aura bientôt la sienne, portant pour la plupart le nom de la paroisse ou des noms bien français[17].

Troisième période

La troisième période, qui va de 1910 à 1930 environ, en est une d'acculturation — d'assimilation lente mais sûre des mœurs et du mode de vie d'un nouveau pays. C'est aussi l'époque de démêlés majeurs avec une hiérarchie catholique de souche irlandaise qui voyait d'un œil de plus en plus malveillant la fondation de tant de paroisses dites «nationales», autant dire d'inspiration canadienne-française chez les Franco-Américains. La paroisse franco-américaine est calquée sur celle du Québec, mais elle est soumise aux règles d'un pays étranger, règles sur lesquelles elle n'a pas prise. Ces règlements de l'Église américaine avaient été mis en place pour assurer que le pouvoir reste entre les mains d'une hiérarchie qui n'avait concédé à divers groupes ethniques le droit d'avoir leurs propres paroisses que pour une période de transition qu'on espérait être de courte durée avant que l'acculturation soit suivie de l'assimilation.

Deux grands conflits avec la hiérarchie catholique marquent cette période pour les Franco-Américains, désireux de maintenir leurs églises de langue française, c'est-à-dire leur bien culturel aussi bien que religieux — le tout ayant ses souches au Québec — en face d'une Église irlando-américaine qui cherchait l'assimilation la plus rapide et la plus complète et qui n'hésitait pas à sévir durement pour atteindre son but[18]. Dans chaque différend, les Franco-Américains n'hésitaient pas à se tourner vers les canonistes et même les évêques du Québec pour recevoir aide morale et conseils juridiques[19]. Même les chefs et les journalistes du Québec appuyaient ces efforts de revendication[20]. La «Querelle du Maine» (1906-1913) mit aux prises les Franco-Américains de cet État avec leur évêque, Louis Walsh, sur le sujet épineux de la *Corporation Sole*, système de gouvernement ecclésiastique américain selon lequel tous les biens d'un diocèse appartiennent de droit à l'évêque, ce qui enlève toute autorité des mains des paroissiens.

En pleine controverse du Maine, la Société du parler français avait convié à Québec, en juin 1912, au Premier Congrès de la langue française, non seulement les Canadiens français eux-mêmes mais aussi les «Canadiens français ou Acadiens des États-Unis». Ces assises reprenaient en quelque sorte le concept des retrouvailles du XIXe siècle, organisées par les Sociétés Saint-Jean-Baptiste de Montréal et de Québec, qui avaient attiré des milliers de Franco-Américains.

L'autre lutte avec les autorités hiérarchiques se déroula une dizaine d'années plus tard dans le sud de la région, soit dans le Rhode Island dont le diocèse de Providence couvre tout l'État[21]. On peut aller jusqu'à déclarer que le mouvement de *La Sentinelle* (1924-1929), qui mit aux prises des Franco-Américains du Rhode Island avec leur évêque irlando-américain, ainsi que la controverse *Corporation Sole* dans le Maine plongeaient leurs racines dans les paroisses du Québec où les laïcs pouvaient exercer une certaine autorité sur les biens paroissiaux, contrairement aux États-Unis où tout se trouvait soumis à l'autorité de l'évêque. Une soixantaine de Franco-Américains furent excommuniés pendant la querelle qui se déroula dans le Rhode Island. Dans chacune de ces luttes à outrance, l'acharnement de certains prêtres et laïques à maintenir «leur» paroisse, «leur» école, «leur» bien montre à quel point les régiments religieux avaient bien fait leur œuvre. À Woonsocket et à Central Falls, au Rhode Island, dans les années 20, on se faisait excommunier plutôt que de s'assimiler. Pour les Franco-Américains de l'époque, le Québec était bel et bien resté la source d'idées et de comportement.

Quatrième période

Puis vint la crise des années 30. «En raison de la récession économique, les États-Unis ont pratiquement fermé leurs frontières à l'immigration privant ainsi les communautés franco-américaines de l'apport vivifiant de nouvelles recrues[22].» Les Franco-Américains se replièrent sur eux-mêmes dans les Petits Canadas, heureux de pouvoir se nourrir, de vivre tout simplement, en attendant des jours meilleurs. La survivance reçut néanmoins un regain de vie lorsqu'en 1937 les Franco-Américains furent conviés à Québec pour le Deuxième Congrès de la langue française. Ils s'y rendirent, eurent leur mot à dire, firent part à leurs cousins du Québec de la situation en Franco-Américanie sur la paroisse, l'école, la presse, la mutualité, etc., et y firent bonne figure. Leur venue avait été «préparée» en quelque sorte par la diffusion, de 1933 à 1936, au poste radiophonique CKAC de Montréal, de vingt-six «causeries», publiées en 1936 par l'Association canado-américaine[23].

Ni d'un côté ni de l'autre ne pouvait-on prévoir les effets que la Seconde Guerre mondiale allait avoir sur des enclaves ethniques qui vivaient plus ou moins en vase clos avec tout au plus une ouverture matérielle du côté américain pour assurer leurs moyens de subsistance et une ouverture spirituelle et intellectuelle, plus grande celle-là, vers le Québec d'avant-guerre. La génération de Jack Kerouac, celle qui avait fait la guerre, était décidée à profiter enfin du fait que ses membres étaient des citoyens à part entière du pays le plus riche du monde. Ceux-ci voulaient s'asseoir à la table de la majorité et s'attaquer à belles dents aux bienfaits que conférait cette citoyenneté. Ils voulaient vivre enfin, se délester de leur «fardeau» ethnique mais non pas de la pratique religieuse. La langue leur pesait plus lourd que la religion, dont la pratique pouvait se faire en anglais. Ils continuèrent à fréquenter soit leur ancienne église paroissiale, soit une nouvelle église en banlieue où tout se passait en anglais, ce qui les arrangeait puisqu'ils n'enseignaient pas le français à leurs enfants. C'est ainsi que, n'ayant pu «sauver» la langue, les paroisses des Petits Canadas voulurent tout au moins «sauver» l'âme de leur ouailles en se transformant petit à petit, mais de façon inéluctable, en paroisse où l'anglais dominait. Or c'est la langue française qui constituait, et qui constitue toujours, le lien ombilical avec le Québec. Lorsqu'on ne parle plus la même langue, comment se comprendre, comment avoir des relations suivies ?

Mais tout ne se perd pas du jour au lendemain. En 1952, devant la dégringolade, les chefs des deux côtés de la frontière organisèrent le Troisième Congrès de la langue française, présidé par un Franco-Américain, Mgr Adrien Verrette. À cette occasion, l'Université Laval mit un certain nombre de Franco-Américains en vedette en décernant un doctorat honorifique à quelques-uns d'entre eux, dont Mgr Verrette et les présidents des deux grandes sociétés mutuelles — ces piliers de la survivance : Adolphe Robert, de l'Association canado-américaine, et Henri Goguen, de l'Union Saint-Jean-Baptiste. Encore une fois, des Franco-Américains jeunes, aussi bien que moins jeunes, purent prendre contact avec la mère patrie, toucher du doigt leur civilisation ancestrale, se rendre compte que celle-ci valait la peine qu'on maintienne avec elle des relations si on désirait laisser la porte ouverte à toutes sortes de possibilités d'ordre culturel.

Pour que certaines de ces possibilités puissent continuer à porter fruit, il existait en Nouvelle-Angleterre des organismes qui avaient fait leurs preuves et qui, de pair avec la paroisse et l'école, avaient peiné dans les tranchées de la survivance. Des deux plus grandes sociétés mutuelles, l'Association canado-américaine (1896) et l'Union Saint-Jean-Baptiste (1900)[24], c'est la première — les «Canados»— qui maintient depuis sa fondation des liens étroits avec les membres québécois; ceux-ci constituent d'ailleurs aujourd'hui plus de la moitié de leurs effectifs. La presse de langue française, qui avait compté une quinzaine de journaux[25] influents dans son âge d'or et dont le dernier à fermer ses portes, en 1978[26], fut *Le Travailleur* de Wilfrid Beaulieu, comptait des collaborateurs au Québec et véhiculait à longueur de colonnes les idéologies du Québec, sachant bien que cela intéresserait ses lecteurs, surtout ceux qui étaient originaires du Québec ou qui y avaient fait leurs études.

La vénérable Société historique franco-américaine, dont l'année 1999 marque le centenaire, fait régulièrement appel depuis sa fondation à de grands conférenciers du Québec pour fouetter l'enthousiasme à l'égard du «fait français[27]».

Le Comité de vie franco-américaine, fondé en 1947, est calqué sur le Conseil de la vie française mis sur pied après le Congrès de 1937 à la suite de la proposition d'un avocat de Woonsocket, Me Eugène Jalbert. Celui-ci avait fait ses études au Québec ainsi qu'aux États-Unis. Ce comité allait organiser onze congrès de 1949 à 1983, afin d'assurer que la survivance en Nouvelle-Angleterre puisse continuer à être une réalité et non point un beau rêve qui n'avait pu survivre aux décès des premières générations qui avaient le Québec dans leur corps aussi bien que dans leur esprit[28].

On confia aussi la tâche de former une autre génération à la Fédération féminine franco-américaine (1951) qui se donna comme devise «Protégera nos foyers». Il faut entendre par là la consigne de maintenir, au moins au foyer, cette langue maternelle sans laquelle aucune relation autre que généalogique ou touristique ne serait plus possible avec le pays ancestral. Cette fédération eut à cœur de maintenir ses relations avec le Québec en y tenant trois de ses congrès, entre 1953 et 1991, et en maintenant des contacts étroits avec le consulat du Canada et la Délégation du Québec[29].

En 1980, à cette troisième Rencontre des peuples francophones d'Amérique, subventionnée par le Québec et placée sous la direction du dramaturge Marcel Dubé, on m'avait demandé de présenter un texte sur les relations entre le Québec et les Franco-Américains. Cet article[30], après avoir tenté de cerner la situation d'alors, articulait la pensée suivante: sans le Québec, notre culture, dite franco-américaine, est vouée à une mort à brève échéance. Dans la salle se trouvait des Franco-Américains, dont Normand Dubé (1932-1988), alors le directeur du National Materials Development Center. Situé en banlieue de Manchester (N.H.), ce centre, qui recevait ses subsides du gouvernement fédéral américain, avait pour mission de créer des manuels scolaires pour les enfants inscrits dans les programmmes bilingues français-anglais du Nord de la Nouvelle-Angleterre et de la Louisiane. Pour eux, une prise de position comme la mienne «rabaiss[ait] les Francos au niveau de quémandeurs, et, plus encore, ouvr[ait] la Franco-Américanie à la colonisation culturelle par le Québec[31]». Une discussion vive et passionnée s'ensuivit. Pour Normand Dubé, les Franco-Américains ayant atteint leur maturité comme groupe ethnique n'avaient plus du tout besoin du Québec. Ils pouvaient voler de leurs propres ailes du point de vue culturel.

Je n'ai pas gagné la partie ce jour-là. Au contraire, même les Québécois semblaient fascinés par la passion de cet interlocuteur. C'était comme si leur enfant chéri, ayant grandi, partait en claquant la porte. Et tout en déplorant son départ — il était tout de même revenu pour se faire entendre —, on se félicitait tout bas du dynamisme et de l'esprit d'indépendance de cet être qu'on avait nourri de sa sève pendant si longtemps et amené au point où celui-ci pouvait maintenant se déclarer libre de toute ingérence.

Hélas, il faut avouer que, tout comme celui qui gagne une bataille pour ensuite perdre la guerre, les Franco-Américains ne purent maintenir une identité propre comme peuple qu'aussi longtemps qu'ils vécurent en symbiose étroite avec le Québec, symbiose qui put parfois paraître étouffante. Dans les années 30, le chef des Sentinellistes, Elphège-J. Daigneault, déclarait: «Mais, jamais le groupe franco-américain ne survivra, comme entité ethnique, s'il se détache de la province de Québec[32].»

Sorti aguerri du deuxième conflit mondial, le peuple franco-américain voulut tout de même s'affranchir de ses Petits Canadas — devenus pour lui ni plus ni moins que des ghettos ethniques —, de l'école paroissiale bilingue — où le français était la langue d'usage pendant au moins la moitié de la journée scolaire —, de la paroisse dite «nationale» — où tout se passait en français, y compris la confession —, en un mot du carcan des institutions mises en place pour maintenir le peuple catholique et francophone. C'était un milieu où les liens avec le Québec allaient de soi parce qu'on y vivait entouré de personnes nées et éduquées au Québec, parce qu'on avait encore de la parenté au Québec, parce qu'on priait un bon Dieu qui avait l'air du grand-père venu du Québec, parce qu'on déposait sa petite épargne dans une caisse populaire, calquée autant que faire se peut sur le modèle créé par Alphonse Desjardins, enfin parce qu'on achetait son assurance de l'une ou de l'autre des sociétés fraternelles créées en Nouvelle-Angleterre pour encadrer les Franco-Américains et dont les premiers chefs avaient, eux aussi, été formés au Québec. Les Franco-Américains étaient des Canadiens français sans s'en rendre compte. C'est pourquoi ils se sentaient à l'aise au Canada français qui était alors non pas le Québec tout court, mais la Province de Québec.

Les Franco-Américains, comme Normand Dubé, qui se faisaient fort d'émuler le Québec sans avoir à en dépendre, ne firent néanmoins point la fine bouche lorsque le Québec offrit de subventionner un organisme-parapluie à qui on donna le nom d'ActFANE pour veiller à la graine montante. Depuis environ 1995, cet organisme ne se voit plus, hélas, en mesure de jouer ce rôle, faute de fonds et d'effectifs.

L'intérêt des médias du Québec pour leurs cousins franco-américains fait surface de temps à autre comme lors de l'ouverture à Woonsocket, en 1997, d'un Musée du travail et de la culture où les Franco-Américains sont mis en vedette. *Les Tisserands du pouvoir* (1988), un film du cinéaste québécois Claude Fournier, sur cette même ville de Woonsocket, raviva la curiosité des Québécois pour l'émigration et pour *La Sentinelle*, tout comme le documentaire de Daniel Louis, *Bien des mots ont changé*, tourné en 1978, avait rappelé aux Québécois l'existence de leur cousinage de l'autre côté de la frontière.

Les commissions culturelles, constituées dans chaque État de la Nouvelle-Angleterre et approuvées par les législatures respectives de ceux-ci — à partir de celle du Massachusetts en 1968 —, se veulent, comme l'indique d'ailleurs leur nom officiel, des Commissions *d'échanges culturels* avec le Québec. Faute de fonds et, faut-il le dire, d'intérêt, ces commissions ne jouent plus le rôle qu'on avait espéré d'elles. Le dynamisme de leurs premières années ne s'est pas maintenu, ce qui prouve à nouveau que le bénévolat en Nouvelle-Angleterre franco-américaine ne réussit pas à poursuivre une œuvre cohérente et durable au-delà de la première génération des fondateurs de telle ou telle œuvre. Pour le moment, seules les sociétés de généalogie semblent avoir franchi cet obstacle majeur.

Y-a-t-il possibilité de tisser des liens nouveaux avec le Québec et de maintenir ce qui existe déjà? Il faut tout au moins espérer que cela sera possible.

Les Clubs Richelieu maintiennent des relations inter-clubs avec le Québec grâce à leurs congrès annuels et à leurs dirigeants. Des Franco-Américains occupèrent même le poste de président-international de cet organisme. L'Institut français d'Assumption College à Worcester entretient des relations assez suivies avec le milieu universitaire québécois par l'intermédiaire de ses colloques et de ses publications. Le Centre franco-américain de Manchester (N.H.), qui jouit de la protection de l'Association canado-américaine, maintenant connue sous le nom de ACA Assurance, ainsi que l'émission télévisée *Bonjour*, subventionnée par ce même organisme, assurent une visibilité accrue aux Franco-Américains ainsi qu'aux Québécois. Des Franco-Américains siègent encore aujourd'hui au Conseil de la vie française, dont le secrétariat se trouve à Québec.

Dans les années à venir, les généalogistes seront-ils les seuls à vouloir visiter le Québec en grand nombre? Seront-ils les seuls à aller voir tel petit village du Québec, tel rang éloigné, pour se souvenir, pour questionner, pour se demander pourquoi un Québec trop pauvre, trop peu industrialisé, ayant trop d'enfants à nourrir, a dû les laisser partir au XIXe siècle, et même au XXe, vers d'autres cieux si proches du point de vue géographique, mais si loin par la mentalité qui y régnait?

Si l'avenir s'avère sombre pour les relations entre le Québec et les Franco-Américains, on ne peut pas se permettre d'oublier qu'entre 1870 et la

Seconde Guerre mondiale un cordon ombilical culturel reliait la Franco-Américanie et le Canada français. Une véritable symbiose religieuse et intellectuelle existait alors entre le Québec et les États du Nord-Est des États-Unis — surtout ceux de la Nouvelle-Angleterre —, alimentée par un va-et-vient constant de part et d'autre de la frontière. Prêtres, membres des communautés enseignantes, journalistes, conférenciers, aussi bien que les émigrés eux-mêmes, qui traversèrent la frontière avec leur bagage culturel de valeurs centenaires, créèrent puis consolidèrent des liens qui devinrent très étroits entre ces tronçons d'une même souche. Établis de part et d'autre de la frontière, ces deux groupes vécurent pendant longtemps en frères siamois avant d'être séparés par des circonstances centrifuges inéluctables. Ces relations ne se désagrégèrent que petit à petit sous le poids de deux cultures disparates, indépendamment de la volonté des uns et des autres.

NOTES

1. Le thème du congrès était «L'Amérique francophone parle aux Québécois».

2. Voir à ce sujet Robert Rumilly, *Histoire des Franco-Américains*, Montréal, Union Saint-Jean-Baptiste, 1958, p. 68-75. Rumilly porte le chiffre à 18 000 et donne une liste des délégations présentes. Fall River envoie six cents personnes! «[...] les frères des États-Unis sont les héros de ces journées prodigieuses» (p. 70). Ferdinand Gagnon, l'abbé Charles Dauray de Woonsocket, l'abbé J.-B. Primeau de Worcester, et le major Edmond Mallet y prirent la parole et «furent très remarqués». Voir aussi à ce sujet Édouard Hamon, s.j., *Les Canadiens-Français de la Nouvelle-Angleterre*, Québec, N.S. Hardy, 1891, p. 50-51 et H.-J.-J.-B. Chouinard, *Fête nationale des Canadiens-Français*, Québec, Imprimerie A. Côté et Cie, 1881, et Imprimerie Belleau, 1890. On lit à la p. 44 du premier volume: «plus de deux cents cinquante wagons, chargés de passagers étaient arrivés à la gare Bonaventure. Ces passagers étaient des Canadiens français émigrés depuis plusieurs années aux États-Unis».

3. Notamment celles de 1880, 1884, 1889. Voir aussi P. Ph. Charette, *Noces d'or de la Saint-Jean-Baptiste*, Montréal, Typ. du journal *Le Monde*, 1884, pour les discours de M. le curé Dauray, de Ferdinand Gagnon, du Dr Gédéon Archambault et de Moïse Metivier. «La troisième séance du Congrès National était consacrée aux Acadiens et Canadiens émigrés» (p. 347).

4. Adolphe Robert, *Mémorial des actes de l'Association canado-américaine*, Manchester, L'Avenir national, 1946, p. 325-327; Sœur Florence Marie Chevalier, S.S.A. «The Role of French National Societies in the Sociocultural Evolution of the Franco-Americans of New England from 1860 to the Present», The Catholic University of America, Ph.D., 1972, p. 246; Robert Rumilly, *op. cit.*, p. 494-495.

5. Armand Chartier, *Histoire des Franco-Américains de la Nouvelle-Angleterre 1775-1990*, Québec, Septentrion, 1991, p. 368.

6. «En avril 1980, le gouvernement du Québec intervient d'une façon déterminante dans la vie franco-américaine: le ministère des Affaires intergouvernementales invite à Québec douze "militants" pour étudier l'état présent de la Franco-Américanie et pour élaborer avec eux un plan d'action global dans le domaine de la coopération culturelle» (A. Chartier, *op. cit.*, p. 369). Voir aussi les pages intitulées «Présence du Québec», p. 365-373.

7. L'ActFANE organisa aussi les délégations franco-américaines aux Sommets de Dakar (1989), de Paris (1991) et de Maurice (1993).

8. Louis Hémon, *Maria Chapdelaine*, Paris, Bernard Grasset, 1924, p. 78-79.

9. Marcus Lee Hansen et John Bartlet Brebner, *The Mingling of the Canadian and American Peoples*, vol. I *Historical*, New Haven, Yale University Press, 1940, p. 170-171. Ceux-ci parlent aussi de la compétition avec le projet fédéral cherchant à rapatrier les Franco-Américains vers le Manitoba. Le père de Gabrielle Roy fut de ce nombre. Après avoir vécu à Lowell (Mass.), c'est vers l'Ouest qu'il se dirigea. Voir François Ricard, *Une vie*, Montréal, Boréal, 1996, p. 16-17. Voir aussi à ce sujet Ralph D. Vicero, «Immigration of French Canadians to New England, 1840-1900: A Geographical Analysis», University of Wisconsin, Ph.D., 1968, p. 210, 232-236. Sur la colonisation, voir p. 224-227.

10. P. Ph. Charette, *op. cit.*, p. 413.

11. Yves Roby, «Un Québec émigré aux États-Unis. Bilan historiographique», dans Claude Savary (dir.), *Les rapports culturels entre le Québec et les États-Unis*, Québec, IQRC, 1984, p. 105.

12. Selon Y. Roby, p. 110, l'expression est de Ferdinand Gagnon. À la page 118, Roby déclare: «Les biographies de leaders franco-américains illustreraient jusqu'à quel point le Québec demeurait présent dans leur univers mental.» Pour le grand nombre de Franco-Américains inscrits dans les collèges classiques du Québec, voir Claude Galarneau, *Les collèges classiques*, Montréal, Fides, 1978.

13. E. Hamon, *op. cit.*, p. 48.

14. Y. Roby, *op. cit.*, p. 106. Pour l'opinion franco-américaine, voir la Proclamation de la Convention de 1872: «Il est vrai qu'on peut dire sans crainte que les Canadiens du Canada ont toujours eu "la dent sur ceux des États-Unis"» (Félix Gatineau, *Historique des Conventions générales des Canadiens-Français aux États-Unis 1865-1901*, Woonsocket (R.I.), Union Saint-Jean-Baptiste, 1927, p. 27).

15. Ces conventions, qui eurent lieu de 1865 à 1901, surtout dans les villes de la Nouvelle-Angleterre, mais aussi à New York — la première —, à Chicago et à Détroit, attiraient des éminences québécoises qui assistaient aux assises et qui y prononçaient des discours. Voir F. Gatineau pour plus de détails.

16. Voir Gérard-J. Brault, «The Achievement of the Teaching Orders in New England: The Franco-American Parochial Schools», dans Claire Quintal (dir.), *Steeples and Smokestacks*, Worcester, (Mass.), Institut français, 1996, p. 267-291.

17. La Caisse populaire — appelée *Credit Union* en anglais — de Fitchburg (Mass.), porte le nom Immaculée-Conception, récemment raccourci à I.C. Celle de Lowell (Mass.), se nomme Jeanned'Arc. Voir Sr F.M. Chevalier, p. 334, tableau 11, pour des statistiques sur les banques au nombre de 49 en 1960, dont 18 au Massachusetts.

18. C'est ainsi que les Petites Franciscaines de Marie, fondées en 1889, et les Sœurs de Sainte Jeanne-d'Arc, fondées en 1914, toutes deux à Worcester (Mass.), se virent obligées de déménager leur maison-mère au Québec, l'une à Baie Saint-Paul et l'autre à Sillery, faute de l'appui de l'ordinaire de Springfield.

19. Le chef de *La Sentinelle*, Elphège-J. Daignault (1879-1937), qui avait fait ses études au Séminaire Saint-Charles-Borromée de Sherbrooke, puis au collège Sainte-Marie de Montréal, se tourna vers des canonistes chevronnés du Québec pour le guider dans le dédale du Vatican. Voir à ce sujet Y. Roby, *op. cit.*, p. 107 et surtout note 11, p. 122. Il ne faut tout de même pas oublier que les anti-sentinellistes avec à leur tête Elie Vézina de l'Union Saint-Jean-Baptiste et Mᵍʳ Charles Dauray, curé-bâtisseur de la paroisse du Précieux Sang de Woonsocket, eurent pour eux Henri Bourassa, qui, du 15 au 19 janvier 1929, publia dans *Le Devoir* cinq articles «qui sont un éreintement de Daignault et du mouvement sentinelliste» (A. Chartier, *op. cit.*, p. 160-161).

20. «Les leaders franco-américains qui dirigent la résistance se méritent non seulement l'appui mais l'admiration sans équivoque de Québécois influents» (Y. Roby, *op.cit.*, p. 111). Le cas de Jean-Léon-Kemner Laflamme (1872-1944) est intéressant à cet égard. Élevé à Lewiston (Maine), mais ayant fait ses études au Petit Séminaire de Québec, celui-ci allait œuvrer comme journaliste en Nouvelle-Angleterre: au *Messager* de Lewiston, à *L'Indépendant* de Fall River, puis à *La Tribune* de Woonsocket et à *L'Action sociale* de Québec, avant de fonder *La Revue franco-américaine* à Québec en 1908. C'est dans cette revue qu'il se constitua le défenseur des droits des paroissiens franco-américains dans le conflit avec leur évêque de Portland (Maine). Voir aussi R. Rumilly, *op. cit.*, p. 411.

21. Même avant ces deux grands conflits, les Franco-Américains avaient eu maille à partir avec la hiérarchie américaine: Fall River (Mass.) (1884-1886), Danielson (Connecticut) (1894-1896), North Brookfield (Mass.) (1899). «*The Franco-Americans were undoubtedly supported and, perhaps, led in their struggle against assimilation by both lay and clerical leaders in Quebec, which was in a very hotheaded state at this period*» (Mason Wade, «The French Parish, and *Survivance* in Nineteenth Century New England», *The Catholic Historical Review*, vol. XXXVI, nº 2, juillet 1950, p. 184-185).

22. Y. Roby, *op. cit.*, p. 112.

23. Adolphe Robert (dir.), *Les Franco-Américains peints par eux-mêmes*, Montréal, Éditions Albert Lévesque, 1936. Selon Yves Roby, p. 111, ces conférences avaient été «prononcées à CKAC grâce à l'initiative conjointe de la Société Saint-Jean-Baptiste de Montréal et de Daignault». Celui-ci était l'ancien chef de *La Sentinelle*.

24. La Société des artisans, les Forestiers franco-américains, l'Institut Jacques Cartier eurent aussi leurs adhérents. La Société de l'Assomption œuvrait pour sa part parmi les Acadiens.

25. Robert Perreault, «The Franco-American Press: An Historical Overview», dans *Steeples and Smokestacks*, *op. cit.*, p. 315-341. À la page 323, celui-ci écrit que quelque 330 journaux virent le jour en Nouvelle-Angleterre, sans compter la Louisiane et le Mid-West. Voir aussi Alexandre Belisle, *Histoire de la presse franco-américaine et des Canadiens-Français aux États-Unis*, Worcester, L'Opinion publique, 1911.

26. D'autres feuilles virent le jour après 1970: *L'Unité* (1976-1984), à Lewiston (Maine), et *Le Journal* de Lowell (1975-1995), mais ces journaux n'eurent jamais l'envergure de leurs prédécesseurs.

27. Pour son cinquantenaire en 1948-1949, la Société historique franco-américaine fut gratifiée de la visite de Louis Saint-Laurent, alors premier ministre du Canada. Le cardinal Rodrigue Villeneuve, o.m.i., avait adressé la parole à cette société en 1938. De même que N.-E. Dionne (1908), Adjutor Rivard (1909), l'abbé Camille Roy (1912 et 1937), Benjamin Sulte (1914), le chanoine Lionel Groulx (1918, 1922, 1935 et 1967), Ægidius Fauteux (1923), Pierre-Georges Roy (1925 et 1929), Damase Potvin (1932), Daniel Johnson (1968), etc. Au xixᵉ siècle, avant la fondation de la SHFA, des visiteurs de marque vinrent en Nouvelle-Angleterre. Pour sa part, la ville de Worcester accueillit les personnages suivants: Honoré Mercier (1877 et 1898), Benjamin Sulte (1878); Louis Fréchette, qui vint trois fois, etc. Voir, à ce propos, Alexandre Belisle,

Livre d'or des Franco-Américains de Worcester, Massachusetts, Worcester, L'Opinion publique, 1920.

28. Depuis la fondation de l'ActFANE, ce comité ne joue plus son rôle d'organisme-parapluie.

29. Jusque dans les années 80, le Canada nommait toujours un consul bilingue d'origine canadienne-française à Boston. Cela signifait qu'on tenait compte des Franco-Américains. Depuis lors, ce sont des anglophones, surtout des Provinces maritimes, qui occupent ce poste. Peut-on voir là le contrecoup de l'ouverture d'une Déléga-tion du Québec en 1969 ? Connue d'abord sous le nom de Bureau du gouvernement du Québec, la Délégation de Boston ferma ses portes en avril 1996.

30. Claire Quintal, « Le Québec et les Franco-Américains — Les limites d'une certaine présence après une longue absence », dans Maurice Poteet *et al.* (dir.), *Textes de l'exode,* Montréal, Guérin, 1987, p. 467-473. Au lendemain du Troisième Congrès de la langue française, j'avais évoqué le besoin de maintenir la langue maternelle afin de pouvoir assurer le main-tien des relations de longue durée entre le Québec et la Franco-Américanie. Je terminais cet article en déclarant : « Nous n'avons pas le droit de dérober aux générations futures les joies de telles rencontres, de telles amitiés par-delà les frontières, les richesses d'une telle expérience » (« Grande fête de famille à Québec », *Les Carnets viatoriens,* octobre 1952, p. 138-141).

31. A. Chartier, *op. cit.,* p. 367-368.

32. « L'école des brûleurs de ponts », dans *Les Franco-Américains peints par eux-mêmes, op. cit.,* p. 157.

« LE MEILLEUR IMMIGRANT » :
LE *RAPATRIÉ* DES ÉTATS-UNIS COMME CATÉGORIE POUR LES RESPONSABLES POLITIQUES DU CANADA-UNI ET DU QUÉBEC, 1849-1968[1]

Martin Pâquet
Département d'histoire et de géographie
Université de Moncton

Mane, thecel, pharès
[Compté, pesé, divisé]
Livre de Daniel, 5 : 25

Même si je pars, je reviendrai
Tu peux y compter
Kevin Parent, *Nomade sédentaire*

« Peut-on trouver meilleur immigrant que le Canadien de naissance ? » Par cette question, le premier ministre Louis-Alexandre Taschereau traduit à la fois la perplexité et la sympathie des responsables politiques du Canada-Uni et du Québec à l'endroit de l'émigrant canadien-français revenant sur la terre de ses ancêtres, du *rapatrié*[2].

La perplexité s'explique. En soi, la question du rapatriement soulève un problème. À ce titre, elle interpelle les responsables politiques. Afin de répondre aux exigences des transformations économiques issues de la Révolution industrielle, de résorber les déviances néfastes au maintien de l'ordre interne et d'assurer la cohésion de la communauté politique autour de l'idéal organique de la Nation, les États modernes adoptent un train de mesures pour gérer rationnellement les mouvements de population sur leurs territoires respectifs. Ainsi, interviennent-ils en matière d'émigration et d'immigration, mais aussi en ce qui concerne les mouvements de retour. De façon plus intensive à partir des années 1870, l'Empire austro-hongrois, les royaumes de Suède, de Grèce et surtout de l'Italie du *Risorgimento* enquêtent et légifèrent au sujet des *ritornati*, des migrants rapatriés. Nonobstant leurs compétences moins larges, le Canada-Uni puis le Québec poursuivent également ces objectifs de normalisation étatique. Ce faisant, leurs responsables établissent des catégories pertinentes qui leur permettent d'agir efficacement, telles que celle du rapatrié[3].

La sympathie trouve aussi un fondement. De 1849, moment où la Chambre d'assemblée de la Province du Canada-Uni tient sa première enquête sur les causes de l'émigration aux États-Unis, jusqu'en 1968, année où l'État provincial du Québec se dote d'un ministère de l'Immigration, responsable des nouvelles normes d'inclusion, la gestion politique des mouvements de population privilégie tout spécialement un point majeur : le maintien du groupe canadien-français à l'intérieur des frontières provinciales. Cette dimension importe. De 1840 à 1930, près de 900 000 personnes émigrent du Québec vers les industries de la Nouvelle-Angleterre. Cet *exode* massif, qui déstabilise les délicats équilibres internes, inquiète profondément les membres des élites, dont les responsables politiques. Ces derniers énoncent des discours de proscription et de prescription, concoctent nombre de solutions pour endiguer le flux migratoire vers la république voisine, voire pour le faire revenir sur les terres d'origine. Le rapatrié s'avère donc un atout de choix dans la joute politique[4].

De 1849 à 1968, les responsables provinciaux du Canada-Uni et du Québec construisent une représentation très valorisée et souvent condescendante du rapatrié, représentation qui reflète leur conception organique du bien commun de la communauté politique, celle de la *survivance* du fait français et catholique en terre d'Amérique. Cette représentation du rapatrié prend la forme et les attributs d'une catégorie aux fins de classification rationnelle. Ayant un statut privilégié, elle s'articule d'emblée dans une économie de la préférence, dans une planification des interventions provinciales favorables au rapatriement. Devant les obstacles obstruant la voie au retour, les responsables politiques essayent alors de justifier les lacunes de leurs actions. Puisque tous ne peuvent être admis sans risques pour la santé et l'ordre publics, les élus et les *cognoscentis*[5] intègrent finalement le rapatrié à l'intérieur d'un dispositif normatif de sélection sanitaire, établissant une véritable prophylaxie du rapatriement.

Des indices de la catégorie du rapatrié peuvent se retrouver parmi les différentes traces documentaires laissées par les responsables politiques. Leur sens varie selon les sources dont la production confine aux fondements du politique, ceux de la planification et de la polémique. Les premières renvoient à l'élaboration de normes standardisées aux fins de planification étatique. Souvent rédigés par des *cognoscentis*, les textes législatifs, les compilations statistiques, les rapports et la correspondance administrative présentent ainsi une catégorisation du rapatrié qui, sans se soustraire à quelque valorisation que ce soit, se désincarne parfois sous la double volonté d'objectivation et de rationalisation. Échos des luttes de l'espace politique où il importe de marquer le point, les secondes sources, celles des débats parlementaires entre élus, s'imprègnent de la rhétorique de la polémique partisane. Ici, la catégorie du rapatrié acquiert davantage de profondeur, puisque les responsables provinciaux lui octroient nombre d'attributs qu'ils valorisent ou non suivant leur conception organique de la communauté politique.

Une économie de la préférence

Si les responsables politiques veulent exercer le pouvoir en matière de gestion des mouvements de population, il leur importe également d'élargir le plus rationnellement leur champ de savoir. Pour ce faire, ils adoptent une série de catégories jugées rationnelles, ordonnées grâce à leur classification. Ces catégories reflètent des modèles sociaux valorisés, ceux de la famille bourgeoise et patriarcale, structurés autour de la propriété privée. Aussi les élus et les *cognoscentis* ébauchent-ils toute une économie de la préférence dans laquelle ils insèrent la catégorie privilégiée du rapatrié, dans leurs compilations statistiques, leurs classifications formelles et informelles. Ainsi, grâce à ses attributs privilégiés, le rapatrié s'intègre-t-il dans la planification et l'application des politiques étatiques du Canada-Uni puis du Québec.

À l'intérieur des administrations provinciales du Canada-Uni et du Québec, la catégorie du rapatrié ne constitue pas un tout cohérent et unidimensionnel. Avec la complexification croissante de l'appareil étatique, les différents ministères mettent au point leurs propres systèmes statistiques pour couvrir leurs champs d'activités. Au XIXe siècle, les bureaux statistiques prolifèrent et les classifications internes se multiplient, entraînant d'inévitables chevauchements qui disparaissent progressivement au siècle suivant. Sous la présidence de Pierre-Joseph-Olivier Chauveau, les membres du Comité permanent sur l'agriculture, l'immigration et la colonisation de 1867 soumettent leurs témoins défilant à la barre à une batterie de questions suivant le mode inquisitorial. Leur protocole d'enquête prévoit entre autres les interrogations suivantes : « 11. La population de votre localité émigre-t-elle à l'étranger ? Si oui, où se dirige-t-elle ? 12. Quelle est la classe qui émigre ? 13. Parmi ceux qui émigrent, en est-il qui reviennent au pays après un certain temps ? Si oui, rapportent-ils des épargnes ? » Le dénombrement statistique de ces rapatriés donne une assise scientifique à ce savoir. Les responsables politiques y font fréquemment référence comme argument d'autorité dans les débats parlementaires, à l'égard des réponses du ministre de la Colonisation Charles Devlin au député conservateur Arthur Sauvé en 1912, notamment, mais surtout dans les rapports administratifs, tels que ceux déposés en Chambre par le premier ministre P.-J.-O. Chauveau en 1872[6].

La quantification du retour implique l'élaboration de classifications rationnelles pertinentes à cette fin. À l'origine, les premières enquêtes provinciales, menées par P.-J.-O. Chauveau en 1849 et par Joseph Dufresne en 1857, font l'inventaire de huit classes d'émigrants sujets au retour : les ouvriers des villes et des villages, les bûcherons de l'Outaouais, les jeunes hommes issus de bonnes familles de cultivateurs, les familles pauvres des seigneuries, les colons des nouveaux cantons, les agriculteurs se trouvant en situation difficile et les jeunes gens d'éducation supérieure. Leurs rapports offrent néanmoins des données fragmentaires et imprécises, fondées sur des estimations approximatives. Par la suite, les procédés de dénombrement statistique se systématisent. Les rapports des agents de colonisation indiquent, en 1874, les

«Canadiens des États-Unis» au sein de la catégorie des différentes nationalités des immigrants reçus dans les bureaux provinciaux. Dès juillet 1896, J.-B. Lucier, agent provincial de rapatriement et employé de la *Fichburg Railroad Co.* à Worcester au Massachusetts, fait parvenir aux différents ministères de la Colonisation les statistiques mensuelles du rapatriement. Ici, le rapatrié se ramène à la sécheresse d'une donnée comptable, celle du «nombre des passagers auxquels il [Lucier] a procuré des billets de passage», qui expriment «leur intention de demeurer au pays». Lucier indique de surcroît leur lieu de destination, procédure qu'il mène systématiquement jusqu'à la Première Guerre mondiale. Lorsque le gouvernement de L.-A. Taschereau manifeste des velléités de politique de rapatriement en 1922 et 1923, l'agent de colonisation et d'immigration J.-Ed. Robert enregistre le nombre de «sujets rapatriés», ainsi que les familles de «Franco-canadiens rapatriés», qui sont soit «fixées dans les régions de colonisation» ou encore «établies sur des fermes». Puis, de 1925 à 1930, seule la mention «Franco-Américain» apparaît dans les tableaux statistiques des différents ministères de la Colonisation, mention qui s'estompe avec la Grande Dépression. En parallèle avec l'évaluation des mouvements de population, les rapatriés naturalisés américains réapparaissent dans les compilations statistiques des différents services et ministères chargés de la santé publique. Depuis la Loi sur la statistique démographique de 1893, adoptée sous l'impulsion du mouvement hygiéniste québécois, les médecins doivent, au moment du décès, délivrer un certificat sur lequel est mentionnée la nationalité du défunt. De plus, la révision en 1894 de la Loi relative aux asiles oblige les médecins à décliner l'origine et la durée de résidence au Canada d'un patient avant son admission. Les responsables provinciaux établissent ainsi dans leurs statistiques médicales des rubriques relatives aux individus provenant ou originaires des États-Unis[7].

La classification se ramifie suivant les nécessités de la planification et de la bureaucratisation. À partir de 1876, les relevés officiels dénombrent les rapatriés des cantons de Ditton, Chesham et Emberton sous des rubriques comprenant le numéro d'énumération, les nom et prénom du chef de famille, l'origine en fonction de trois sous-catégories (Canadien des États-Unis, habitant de la Province ou Européen), le dernier lieu de résidence, le fait que le rapatrié bénéficie ou non des termes de la loi de rapatriement, l'état matrimonial, le nombre des membres de la cellule familiale, les indications du lot et du rang, les acres défrichés, les bâtisses, ainsi que des observations générales. Quant à lui, l'agent de rapatriement Ferdinand Gagnon catégorise selon le critère d'occupation, «en fixant à 2,000 le nombre d'industriels et de cultivateurs canadiens émigrés qui se sont repatriés [*sic*] depuis le 24 juin 1874». La collecte de l'information aux fins de classification n'est pas réservée aux seuls agents provinciaux, puisque les rapatriés se plient parfois eux-mêmes aux exigences réglementaires des différents ministères de la Colonisation. Dans une déclaration assermentée devant un notaire en 1908, les colons franco-américains du canton d'Escourt dans le Témiscouata doivent décliner leur nom, leur âge, leur domicile précis et les numéros des lots dont ils veulent se porter propriétaires. Pour faire suite à leur estimation des lieux et des ressources, ils doivent ensuite s'engager sur l'honneur à vouloir acquérir ces lots en leur nom propre, afin de «les défricher et cultiver pour [leur] bénéfice personnel» dans le but d'«en faire un établissement sérieux de colon», sans se confiner à la seule exploitation forestière. Ce faisant, Joseph-A. Auger de Woonsocket, Joseph Barnabé de Central Falls et Arthur Provencher de Manchester affirment ainsi être ni les prête-noms de quiconque, ni les propriétaires d'autres lots de colonisation[8].

À ces classifications formelles, officialisées et légitimées, s'adjoint toute une série de catégorisations plus informelles qui sont construites par les responsables politiques, partagées par certains d'entre eux et fondées sur les probabilités de réussite du rapatriement. Sous-ministre de l'Agriculture en 1888, le curé Antoine Labelle dégage trois sous-catégories de «Canadiens fixés aux États-Unis»: «ceux qui sont riches et vivent avec aisance; ceux qui sont nés aux États-Unis et sont accoutumés à la vie des manufactures; ceux qui sont des cultivateurs originaires du Canada, ont vécu au pays, et pleurent la patrie absente». Selon Labelle, «il ne serait pas prudent» de déranger les «deux premières classes» de «leurs occupations lucratives». Seuls «les braves gens» de la troisième sous-catégorie doivent faire l'objet de la sollicitation des agents provinciaux de rapatriement. Considérant «la question même du rapatriement» comme «une cause désespérée», le premier ministre Honoré Mercier argumente, en 1890, à partir de catégorisations sociologiques suivant lesquelles les critères des générations, des contraintes socio-économiques ainsi que des effets de l'environnement familial et social prédominent. D'une part, il estime inutile de «songer au rapatriement des jeunes gens», ces «fils des Canadiens-français [sic]» originaires des États-Unis, qui «sont nés dans les villes, dans des conditions spéciales toutes particulières, ont appris à vivre d'une manière dont ils ne pourraient plus vivre dans la Province de Québec», car «ils ont contracté des habitudes sociales d'abord et de famille ensuite qui ne peuvent être changées facilement». D'autre part, il garde espoir au sujet d'«un certain nombre d'anciens cultivateurs qui n'ont pas encore perdu complètement le goût de la culture, qui ont été forcés de s'absenter pour des raisons particulières parce que la plupart d'entre eux ne pouvaient faire face à leurs obligations». En effet, «pour dégrever leurs terres qui étaient hypothéquées, ils sont allés avec une famille nombreuse gagner un peu d'argent». Ayant réussi pour «la plupart d'entre eux» à «payer leurs dettes», ces candidats au rapatriement demandent à la Province «une terre plus large, plus considérable, plusieurs lots vacants voisins où ils pourront se placer, les parents, les amis, le père et les enfants de manière à jeter les bases d'une organisation importante». Soumettant à Lomer Gouin, ministre de la Colonisation, une étude de faisabilité relative au rapatriement, le conseiller franco-américain Sylva Clapin catégorise en 1901 selon le critère de la propriété privée. Il «établit une distinction entre ceux des nôtres qui ne font que vivre là-bas, c'est-à-dire qui n'ont avec l'Oncle Sam aucunes attaches [sic] bien fortes, et ceux qui ont déjà pris racine aux États-Unis, particulièrement les propriétaires». Si ces derniers s'avèrent «irréconciliables», les autres «ne pourraient guère être pour nous que des oiseaux de passage» et constitue-raient de bons candidats au retour[9].

Les responsables politiques ont du migrant une représentation élitiste, celle d'un individu où s'entremêlent les sentiments irrationnels avec le calcul froid et rationnel. Cette conception paradoxale influe sur les attributs donnés aux rapatriés. Jusqu'aux années 1870, plusieurs élus et *cognoscentis* assimilent ainsi l'émigration vers les États-Unis à un mouvement temporaire, puisque l'attachement des *nôtres* à la terre natale ne saurait se démentir. Après la fête de la Saint-Jean-Baptiste en 1874, conviant à Montréal 10 000 émigrés aux États-Unis, l'assistant-commissaire Siméon LeSage en appelle à une vigou-reuse campagne provinciale: «Quand on songe, constate LeSage, qu'il y a actuellement aux États-Unis au-delà d'un demi-million de nos compatriotes, qui continuent de considérer le Canada comme leur patrie, qui refusent de se faire naturaliser, et qui soupirent après le moment où il leur sera possible de revenir au pays.» Les envolées lyriques sur le thème de l'*exode* n'empêchent pas les responsables politiques de tenter d'expliquer les motifs qui poussent les expatriés à rentrer. Pour eux, la décision de revenir au pays se fonderait sur un calcul rationnel, largement économique, où la somme des pertes excède celle des gains. «Quelques soient pratiques [*sic*] nos Canadiens-Américains», remarque l'agent de rapatriement Joseph-R. Michaud en 1888, «ils ne [manquent] pas de peser le *pour* et le *contre* des deux côtés de la question»[10].

Parmi la somme de leurs attributs, les responsables politiques recon-naissent aux rapatriés la détention d'un important capital, qu'il soit financier ou intellectuel. La possession d'un bon pécule apparaît comme le gage du succès du rapatriement, souligne l'abbé Chartier en 1870, qui pose comme condition aux familles rapatriées de «rapporter trois à quatre cents piastres pour ouvrir des terres», «le manque de moyens» retardant le retour des autres. Selon les élus et les *cognoscentis*, les fils prodigues de la patrie détien-nent aussi un capital intellectuel, celui des connaissances innées favorisant leur implantation. Bien sûr, ils partagent les mêmes attributs de l'organicité, ceux de l'origine canadienne-française et de la foi catholique. Mais il y a plus. Le député libéral Félix-Gabriel Marchand leur attribue l'habitude du «climat rigoureux» ainsi que la connaissance du sol et des «mœurs du pays». S'ils se sont frottés aux rouages de l'industrie et du commerce américains, ils acquiè-rent davantage de valeur aux yeux des responsables politiques. Puisqu'ils apprécient «les bienfaits de l'industrie» et qu'ils ont «développé leurs apti-tudes pour les affaires» au «contact des Américains», les futurs rapatriés savent amasser «des économies considérables», analyse LeSage en 1874. Aussi, il serait mieux pour eux de «placer ces précieuses épargnes sur un fonds de terre au Canada» avec «l'espoir de laisser plus tard aux [leurs] un patrimoine sur le sol natal». Toute connaissance provenant du Sud n'est pas nécessairement la bienvenue, comme en témoignent les polémiques au cours du débat sur la Confédération en 1865. Si le *rouge* Jean-Baptiste-Éric Dorion constate avec satisfaction que les rapatriés reviennent acquis à la supériorité des institutions politiques républicaines, le *bleu* Louis-Charles Boucher de Niverville soulève le spectre de leur assimilation à la langue anglaise[11].

Cette perception largement positive se maintient par la suite, même si les responsables politiques saisissent dès les années 1880 les subtiles distinctions identitaires qui s'établissent de part et d'autre du 45e parallèle. L'agent d'immigration et de colonisation Élisée Noël voit dans les «Canadiens rapatriés [*sic*]», une «classe des immigrants des plus utiles», dotés de «toutes les aptitudes nécessaires», puisqu'«ils ont du capital et [qu']ils sont guéris des manufactures». Joseph-R. Michaud assure que «nos compatriotes des États-Unis sont maintenant plus éclairés, plus intelligents, meilleurs mécaniciens» depuis leur séjour outre-frontières. Mieux, ils y «ont puisé des idées, des connaissances nouvelles et ils ne craignent plus d'essayer les améliorations modernes nécessaires, ou au moins avantageuses, pour la culture de la terre». «En se lançant dans des entreprises commerciales», clame le député libéral James McShane en 1890, les Canadiens français expatriés «réalisent parfois des fortunes et reviennent dans leur pays millionnaires[12]».

La planification des mouvements de population exige la prise en compte du contexte économique. Dans les discours des responsables provinciaux, la fréquence du thème du rapatriement varie ainsi au rythme des cycles de reprise et de dépression économiques dans la république voisine. Sans préciser l'origine britannique ou canadienne-française des rapatriés, le directeur du Service d'immigration du Canada-Uni, Alexander C. Buchanan, note en 1854 que, vu «la misère qui a régné dans la plupart des grandes villes de l'Union américaine», «l'augmentation dans la demande de travail» incite «au retour en ce pays d'un grand nombre de personnes désappointées qui partiront des États-Unis». Dans son rapport au ministre de l'Agriculture et de l'Immigration Thomas d'Arcy McGee douze ans plus tard, Buchanan insiste sur l'inflation qui règne après la guerre de Sécession. Aussi, du nombre d'émigrants «*who left his district to try their fortunes in the States* [...] *the best part of them returned to Canada after very brief sojourn, considerably poorer than when they departed, having found out that although they earned high wages, the advantage was more than counterbalanced by the excessive dearness of living*». En déposant son projet de loi sur le rapatriement en 1875, le commissaire à l'Agriculture Pierre Garneau juge «le moment favorable grâce à la crise que traversent» les États-Unis aux prises avec les séquelles de la Dépression de 1873. Au cours du débat à l'Assemblée législative sur la controverse des «Chinois de l'Est», le député conservateur Narcisse-Henri-Édouard Faucher de Saint-Maurice attribue le léger mouvement conjoncturel de rapatriement en 1883 à deux causes majeures: «la richesse [et] l'avenir de notre pays», ainsi que «la crise du travail qui commence à se faire sentir aux États-Unis». En 1889, soit en pleine période de croissance aux États-Unis, le chef de l'Opposition Louis-Olivier Taillon se fait sceptique sur les chances de succès du rapatriement. «S'il survenait une crise industrielle aux États-Unis, peut-être la misère réconcilierait-elle nos compatriotes avec l'idée de prendre un lot et de se faire cultivateur.»[13]

Outre leur lecture causale des effets répulsifs de l'économie américaine, les promoteurs des politiques de colonisation assimilent leur cause à un puissant facteur attractif. Ils entretiennent à ce sujet un discours aux intonations parfois religieuses mais aussi séculières, dont un lieu commun se détache clairement, celui de la conception moderne du développement. Leur croyance se repaît d'une espérance : celle que les rapatriés relèveront le défi exaltant de l'exploitation du sol de leurs ancêtres. «En même temps que les informations sur la valeur des terres des Cantons de l'Est étaient disséminées dans la Province», note l'abbé J.-B. Chartier, agent de colonisation et d'immigration au cours de la Dépression de 1873, «elles étaient aussi répandues chez nos voisins. Leur effet a été d'établir un mouvement de retour qui devient de plus en plus actif», car «nos compatriotes rapatriés» ont «souffert dans une terre étrangère». Ayant désormais «connu les causes qui les ont forcés à s'éloigner» de la patrie natale, «ils paraissent bien décidés de les éviter à l'avenir»[14].

Reflétant la hantise de l'émigration saisissant les responsables politiques provinciaux, un domaine d'intervention étatique, celui des politiques de colonisation, rassemble la plupart des occurrences de la catégorie du rapatrié exprimées dans les discours des responsables politiques. Dès l'enquête de 1849 qui définit la colonisation comme œuvre de salut public, les élus et les *cognoscentis* intègrent d'emblée les rapatriés dans leur planification d'ensemble. Lors de la session de 1861, le Parlement du Canada-Uni adopte la Loi d'incorporation de *La Société de colonisation du Bas Canada*. En plus de promouvoir la colonisation et de stimuler l'immigration, son préambule stipule explicitement les visées de la Société, soit «*to prevent the emigration of Canadians to foreign lands, [and] to encourage the return to their country of those who have already emigrated*». Arguant que «la colonisation et le rapatriement de nos compatriotes est [*sic*] une question vitale», le député Félix-Gabriel Marchand intervient à trois reprises, soit en 1869, en 1871 et en 1872, afin d'inciter à l'action le gouvernement Chauveau. Annoncé dans le discours du Trône de la session de 1874-1875, l'«Acte pour encourager les Canadiens des États-Unis, les immigrants européens et les habitants de la Province à se fixer sur les terres incultes de la Couronne» constitue la principale mesure législative en faveur du rapatriement. Pour «encourager [le] retour», la loi de 1875 offre «certains avantages particuliers» à l'individu âgé de plus de dix-huit ans, qui n'est pas propriétaire foncier dans la Province et qui possède «les qualifications requises pour réussir comme colon». En effet, l'État provincial octroie des prêts préférentiels à l'achat d'un lot de cent acres, avec une maison et quatre arpents défrichés. Le député ultramontain François-Xavier-Anselme Trudel se félicite de la loi, car «on ne saurait jamais trop donner d'encouragement à l'agriculture et à l'industrie». Puisque «la grande cause de l'expatriation» réside dans l'endettement des migrants, analyse un F.-G. Marchand dorénavant plus mitigé, la loi «ramènera ici» les rapatriés, souvent des «jeunes gens» sans expérience du travail du sol, «pour les constituer en arrivant débiteurs, de sorte qu'[elle] les met dans la même position qu'au départ». Ces réticences exprimées n'empêchent pas les députés de l'Assemblée législative d'approuver à l'unanimité la mesure, ce qui permet ainsi à la Province d'engager des agents à cette fin et de lancer la colonie de La Patrie, destinée à accueillir les rapatriés[15].

En matière de rapatriement, les responsables politiques se donnent un point de repère, celui de l'espace public. En amont, ils justifient leur intérêt par le poids de l'opinion publique, jugée favorable au mouvement de retour. Au dépôt du projet de loi de 1875, Pierre Garneau souligne que «depuis longtemps, le public s'intéresse grandement au rapatriement de ses concitoyens habitant les États-Unis», même si le «gouvernement n'avait pas cru opportun d'étudier cette question, dont le succès était peu probable». En 1889, Honoré Mercier se fait plus explicite. «J'avoue ne pas avoir trop de confiance dans ce mouvement-là», regrette le premier ministre, d'autant plus que les rapports des experts Joseph-R. Michaud et L.-A.-W. Proulx expriment des conclusions «contraires à l'idée du répatriement [*sic*]». «Mais comme il s'agit d'une question qui touche aux sentiments les plus intimes de notre population», ajoute-t-il, «je ne voudrais pas commettre la faute d'avoir repoussé aucun moyen propre à la faire réussir.» En aval, les responsables politiques recourent aux techniques modernes de démarchage systématique pour orienter le mouvement de retour vers les terres neuves. De 1875 à 1878, Ferdinand Gagnon s'active pour susciter de nouvelles vocations au retour par des conférences publiques en Nouvelle-Angleterre, par la correspondance épistolaire ou par l'échange oral d'information. Au cours du deuxième trimestre de 1875, il délivre aux recrues de la colonie de La Patrie 111 certificats de recommandation comme garantie officielle de leur probité personnelle. Les agents provinciaux se servent aussi des canaux de la presse, tels que le journal *Le Travailleur* de Worcester au Massachusetts, et des brochures publicitaires, comme *La colonisation dans les Cantons de l'Est* de l'abbé Chartier et de l'agent d'immigration Jérôme-Adolphe Chicoyne, brochure tirée à 3 000 exemplaires qui est distribuée dans les paroisses québécoises et aux États-Unis[16].

Une justification de l'échec

Avec les aléas puis l'échec du programme de rapatriement de 1875, les responsables politiques provinciaux déchantent. En effet, les nombreux obstacles à la colonisation découragent plusieurs rapatriés. En 1880, le retour de la prospérité aux États-Unis aidant, l'émigration vers le Sud reprend de plus belle et elle se maintient non sans quelques variations conjoncturelles jusqu'à la Crise des années 30, quand les États-Unis interdisent l'entrée au pays à toute personne non admissible à l'obtention d'un visa. Le constat d'échec est amer. À peine 600 familles ont bénéficié du programme de 1875, avoue Ferdinand Gagnon en 1881, «et encore, trois cents d'entre elles sont retournées aux États-Unis peu après». Découragé, Gagnon abandonne alors la cause du rapatriement, obtient la citoyenneté américaine et plaide désormais pour la naturalisation, affirmant que «l'allégeance à un pouvoir ne change pas l'origine du sujet ou du citoyen; elle ne change que sa condition politique». Plus cinglants, les autres *cognoscentis* tentent de justifier l'échec de leurs mesures. Envers les colons de La Patrie, un Chicoyne frustré dans ses espérances échappe en 1876 ces mots pleins de condescendance et de dépit: «On voit qu'ils regrettent un peu les oignons d'Égypte. Bûcher du matin au soir, vivre au lard, à la soupe aux pois, c'est si dur pour des gens habitués à *weaver* et à *spinner* et dont l'estomac ne digère que des *puddings* et des *boston-crackers* depuis des années.» Déplorant les ratés du rapatriement en 1880, l'abbé Chartier identifie des coupables, soit «un élément impropre aux travaux de défrichement». Pour lui, «une foule de gens déclassés», constituée surtout de «malheureuses victimes de la misère», cherche «à saisir comme une proie les avantages» offerts par la Province[17].

Néanmoins, la plupart des responsables politiques ne nourrissent pas le même ressentiment que les personnes impliquées personnellement dans l'aventure du rapatriement. Confrontés à une attitude présumément réservée sinon hostile au rapatriement, certains responsables politiques relèvent leurs manches, à l'instar du publiciste Arthur Buies. «Quant aux Canadiens des États-Unis», note-t-il en 1900, «il faudrait travailler surtout à détruire en eux un reste de défiance au sujet de la position qu'ils occuperont, une fois revenus dans leur ancienne patrie». D'autres s'en lavent les mains. Aux reproches du député conservateur Arthur Plante, qui critique vertement l'incurie ministérielle dans l'échec du rapatriement au canton d'Escourt, Charles Devlin, ministre de la Colonisation en 1909, répond sèchement que «sept personnes seraient retournées aux États-Unis après être venues d'elles-mêmes travailler dans le comté de Témiscouata, et ce pour des causes qui ne dépendent aucunement du gouvernement». Dans une question oratoire fort partisane en 1923, le secrétaire provincial Athanase David se disculpe également en jetant la pierre à ses prédécesseurs. «Sommes-nous à blâmer pour l'émigration de pères de famille qui ont quitté le pays sous le régime des conservateurs et qui maintenant attirent leurs enfants et leurs amis de l'autre côté de la frontière?»[18]

Pour d'autres encore, la faute de l'échec ne peut être inscrite à la décharge des individus rapatriés, elle relève au contraire des lacunes d'un système. «Les Canadiens des États-Unis reviendront ou, plutôt, ceux du Canada resteront sur le sol natal», estime le député libéral Laurent-Olivier David en 1890, lorsque la Province pourra «leur faire des conditions égales à celles qu'ils trouvent là-bas». Pour ce faire, le champ de l'intervention étatique couvre le domaine de la macro-économie. Selon David, il faudrait dépenser de l'argent pour la colonisation mais aussi, pour que «nos manufactures et nos fabriques» puissent atteindre «leur plein développement», il faudrait abattre «les barrières qui nous isolent du monde commercial», puis «lutter avec les industries américaines sur leurs propres marchés et avec les avantages que nous [offrira] une main-d'œuvre exceptionnellement favorable». Le député ajoute que ces transformations structurelles ne peuvent s'opérer sans une réforme de l'enseignement public et un encouragement aux écoles industrielles. Ancien ministre de la Colonisation, le député libéral indépendant Jean-Benoît-Berchmans Prévost cerne en 1909 les déficiences du «système actuel», qui renvoient ici à la micro-économie. À partir de l'exemple fictif de Baptiste, rapatrié franco-américain, Prévost relate les tribulations du simple colon aux prises avec la malhonnêteté des entreprises d'exploitation forestière. «Après bien des pas et démarches», devant son lot «couvert d'une forêt», Baptiste «compte tirer profit du bois tout en se créant un foyer dans la patrie de ses ancêtres», d'autant plus que ses précédentes «pérégrinations lui ont coûté tant et tant qu'il ne lui reste plus un sou». Une fois son lot obtenu, «il constate que le marchand de bois, averti à temps, est passé avant lui et a enlevé tout le bois qui s'y trouvait». Par les effets de ce système, ce «brave Franco-Américain à bout de ressources» se trouve devant un dilemme, celui de «mourir immédiatement avec les siens sur le sol de ses ancêtres» ou de «retourner aux États-Unis». Ironique, Prévost conclut avec cette pointe: Baptiste «retourne aux États-Unis où il se fait agent de colonisation pour le gouvernement[19]».

Selon les responsables politiques, il y a également un autre facteur qui justifie l'échec du rapatriement. L'acculturation modifiant l'identité, la deuxième génération des émigrants n'est plus tout à fait canadienne-française mais désormais franco-américaine. Dès les années 1880, devant la permanence de l'implantation franco-américaine, élus et *cognoscentis* provinciaux prennent conscience de l'écueil identitaire sur lequel s'échoue tout projet de rapatriement. Le constat d'Athanase David en 1923 est typique à cet égard. Au mot d'ordre «Rapatrions-les» du député conservateur Ésioff-Léon Patenaude, le secrétaire provincial oppose son expérience du terrain. «Je suis allé aux États-Unis», affirme-t-il, et «j'ai eu la bonne fortune de parler devant des compatriotes devenus américains de cœur et d'esprit […] Il est difficile de les décider à revenir chez nous», puisque «ils se sont habitués à la vie là-bas, ils sont devenus américains. Leur âme est restée fidèle à la terre ancestrale, mais ils se trouvent heureux sous le drapeau étoilé[20].»

Quoi qu'il en soit, la lassitude gagne la majorité des responsables politiques devant l'inanité des programmes de rapatriement et leur coût financier. «Avant de voter l'argent pour le repatriement [*sic*], il faudrait savoir quel est le résultat de celui que nous avons dépensé», prévient Taillon en 1889, car «il ne nous servirait à rien de faire revenir nos compatriotes, si nous ne pouvons pas les garder chez nous». Dans un même souffle, James McShane juge «beaucoup plus rationnel et plus pratique de dépenser notre argent à encourager l'agriculture» ou à «procurer de l'emploi à nos compatriotes qui vivent avec nous que le gaspiller à la poursuite d'une chimère comme cette question de repatriement [*sic*]». Après tout, il lui semble «tout aussi possible de réussir à repatrier [*sic*] les Canadiens-Français des États-Unis, qu'à empêcher les gens de boire. C'est comme si l'Angleterre, par exemple, essayait d'engager les Irlandais à quitter eux aussi les États-Unis[21].»

Au XXe siècle, l'argent demeure toujours le talon d'Achille des programmes de rapatriement, en dépit des appels à l'aide financière lancés par Prévost. Sous le premier mandat de Taschereau en 1923, malgré des pressions importantes, le regain d'intérêt de la Province se heurte au refus du ministre fédéral Charles Stewart de verser un subside à cette fin. Dépité, le premier ministre se livre à une critique de la politique d'immigration canadienne. «Ottawa emploie des sommes considérables à importer au Canada des races étrangères», accuse Taschereau. «Ramenez donc plutôt les nôtres qui nous ont laissés», jette-t-il au premier ministre canadien William Lyon Mackenzie King, en donnant «à Québec sa juste part des deniers qu'il consacre à l'immigration». L'État fédéral obtempère à cette demande au cours de l'exercice budgétaire 1928-1929. Avec les programmes de colonisation lancés dans le cadre du plan Gordon, les sommes réservées au rapatriement vont s'élever jusqu'à 50 000 $ en 1933-1934. Toutefois, l'appui financier diminue considérablement sous l'effet de la Crise. En 1935-1936, un maigre montant de 1 250 $ est consacré à ce poste budgétaire, «comprenant le salaire du missionnaire qui [s'occupe] tout particulièrement de cette question». Après l'arrivée de Maurice Duplessis à la barre de la Province, le financement du rapatriement se tarit définitivement[22].

Par la suite, l'intérêt des autorités provinciales demeure largement symbolique et les quelques mesures proposées se butent à la méfiance des élites francophones hors Québec, opposées à toute intrusion appréhendée de la Province dans les affaires internes de leurs communautés. Les initiatives du Service du Canada français d'outre-frontières, institué en 1963 au sein du ministère des Affaires culturelles, achoppent à cet écueil. Se donnant la mission de diffuser la culture française, le Service met en place des mesures pour revivifier les échanges entre les francophones d'Amérique et le Québec. Le rapatriement proposé en 1964 n'est que fort limité et temporaire, puisqu'il se circonscrit à l'obtention d'une bourse d'étude pour l'apprentissage de la langue maternelle. Et encore. Chargées de faire connaître le régime de bourses, les associations francophones établies à l'extérieur des frontières provinciales ne veulent coopérer que si les boursiers reviennent dans leur lieu d'origine après leurs études[23].

Une prophylaxie du rapatriement

Au XIXe siècle, les élites demeurent inquiètes des désordres issus de l'industrialisation, en particulier dans le domaine de la santé publique. En effet, les conditions fort insalubres de la vie ouvrière constituent un véritable bouillon de culture d'où peuvent germer les maladies et les troubles sociaux.

Les membres des élites cherchent donc à se prémunir contre ces deux menaces à l'ordre social. Cette prévention s'exprime d'abord dans un discours moralisateur, puis dans différentes pratiques d'exclusion de ceux et celles que l'on juge malsains. Les rapatriés ne font pas exception à la règle. Depuis les débuts des programmes de rapatriement, la santé des candidats constitue l'un des critères de sélection et de recrutement. D'emblée, parmi les pathologies qui dévastent le corps du rapatrié, le mal de l'alcoolisme fait l'objet d'une prohibition certaine. Ferdinand Gagnon sélectionne les sujets à rapatrier en fonction de leur sobriété. Parlant des 50 familles recrutées pour s'établir dans les vallées du lac Saint-Jean et de l'Outaouais, l'agent de rapatriement L.-A.-W. Proulx assure en 1888 qu'« elles possèdent toutes les qualités requises pour en faire une classe d'immigrants très désirable », d'autant plus qu'elles sont « sobres[24] ».

Sous l'effet du mouvement hygiéniste de la fin du XIXe siècle, la prophylaxie du rapatriement se fait de plus en plus systématique. Poursuivant l'idéal d'un corps social doté d'un fonds génétique sain, qu'il importe de préserver contre toute dégénérescence, les hygiénistes proposent donc un dispositif de régulation sociale fondé sur les connaissances scientifiques, sur des organisations médicales locales et sur des mesures de prophylaxie sanitaire. Ils reçoivent une oreille attentive des responsables provinciaux, alarmés par la forte mortalité de l'épidémie de variole en 1885-1886. Avec la création d'un Conseil provincial d'hygiène en 1886, le rapport d'Ambroise Choquet s'inscrit dans cette campagne hygiéniste. Mandaté par le commissaire de l'Agriculture et de la Colonisation, William Rhodes, Choquet enquête en 1889 dans les principaux centres de la Nouvelle-Angleterre afin « d'y recueillir des informations sur le nombre de familles canadiennes-françaises », « leurs dispositions à retourner dans leur pays natal et à quelles conditions elles y retourneraient ». D'après les témoignages des membres des élites médicales franco-américaines, la condition physique de l'éventuel rapatrié « présente une question grave pour l'avenir de notre race », celle de « l'effet du travail dans les fabriques sur la santé ». Le portrait clinique se veut dévastateur, avec ces jeunes ouvrières plongées dans « un état de faiblesse plus ou moins prononcé », atteintes d'« anémie », de « chlorose », voire d'un mal « dont le nom seul fait frémir », celui de « la phthisie [*sic*] ou consomption » [la tuberculose]. Quant aux hommes, « sujets aux maladies des voies respiratoires, à la dyspepsie, aux maladies du foie, etc. », ils « sont loin d'avoir la forme musculaire de leurs cousins du Canada ». Reprenant les pronostics des docteurs Gédéon Archambault, V. St-Germain et Napoléon Jacques, Choquet insiste sur la dégénérescence engendrée par les conditions de vie des ouvriers manufacturiers, sur « l'avenir si sombre et si triste réservé à leurs descendants, qui auront inévitablement pour principal héritage le crétinisme avec toutes ses horreurs ». Informé des données du rapport Choquet, Faucher de Saint-Maurice renchérit à l'Assemblée législative sur les cimetières de Worcester, où le visiteur ne trouve « que des croix de bois indiquant que là gisent de jeunes femmes, des jeunes filles, des adolescents qui tous ont été emportés par la phtisie, cette compagne indispensable des fabriques américaines». L.-O. David paraphrase ainsi les conclusions du rapport, que «bien des gens déplorent», mais qui demeurent «justes»: «il est à peu près inutile de vouloir faire revenir au pays nos compatriotes exilés[25]».

Poursuivant sur cette lancée hygiéniste, les responsables politiques canadiens et québécois se munissent au tournant du siècle d'un dispositif réglementaire de prophylaxie sanitaire plus efficace et plus restrictif. Dès 1906, en s'inspirant largement des procédures américaines, les officiers médicaux fédéraux et provinciaux évaluent la condition de santé des immigrants. Ils peuvent ainsi fermer la porte à tout candidat porteur d'une maladie contagieuse, mais aussi à toute personne atteinte de pathologies, de déviances et de handicaps divers, des troubles cardiaques à la déficience intellectuelle en passant par l'épilepsie, les affections cutanées, la prostitution et l'homosexualité. La refonte de la loi fédérale sur l'immigration en 1919 resserre davantage le contrôle des anormalités médicales. La loi suppose une collaboration étroite entre les deux ordres de gouvernement. Sous l'impulsion de L.-A. Taschereau, le Conseil exécutif de la Province adopte, en 1927, un arrêté en conseil stipulant que tout immigrant au Québec doit se plier à un examen médical obligatoire effectué par des médecins canadiens. Ce faisant, Ottawa avertit Québec chaque fois qu'il admet exceptionnellement un immigrant en dépit de son état de santé. Les instances fédérales tiennent régulièrement au courant les autorités québécoises du Secrétariat provincial et du ministère de la Santé. Ainsi, en 1949, les fonctionnaires québécois se trouvent-ils confrontés au dossier d'H.P. Né à Lévis, admis aux États-Unis à titre de visiteur temporaire en 1925, H.P. décide d'y rester en permanence. Amputé d'une jambe à la suite d'un accident de voiture en 1946, il est sous le coup d'une ordonnance d'extradition par les autorités américaines, puisqu'il n'a jamais obtenu sa naturalisation. En raison de son handicap et son indigence, et du fait que sa famille proche refuse de l'héberger, le ministère de la Santé se voit dans l'obligation d'accepter H.P. et de subvenir à ses frais de pension dans un établissement de santé. Ici, les responsables politiques semblent être mûs par un souci humanitaire qui transcende les strictes consignes réglementaires[26].

La prévention à l'égard de la condition de santé des rapatriés s'alimente aussi de l'expérience de la lutte contre la contagion. Au cours d'une autre épidémie de variole en 1899 et 1900, le docteur Elzéar Pelletier, secrétaire du Conseil provincial d'hygiène, retrace la progression de la contagion frappant 290 malades des comtés de Kamouraska et de Témiscouata, de Saint-Philippe-de-Néri à Amqui, en passant par Mont-Carmel, Saint-Paschal [sic], Saint-Bruno, Saint-Germain, Sainte-Hélène et Saint-André. Pelletier identifie le vecteur de contagion, soit «un jeune homme venu une dizaine de jours auparavant d'un endroit des États-Unis». Le médecin rappelle alors les règlements provinciaux pour juguler la propagation de l'épidémie, soit la désinfection des maisons et des lieux contaminés ainsi que la vaccination obligatoire pour tous, y compris les rapatriés. La thérapeutique ne suffisant pas, la prophylaxie s'impose. La pandémie de grippe espagnole en 1918 permet au Conseil supérieur d'hygiène de peaufiner davantage ses règlements de contrôle sanitaire. Deux règles concernent entre autres les individus revenant de la république voisine. «Tout conseil local d'hygiène peut exiger de toute personne qui arrive dans sa municipalité» la prestation d'un certificat médical établissant qu'elle n'a pas la grippe et qu'elle n'a pas résidé dans un lieu où l'épidémie sévit. De plus, en raison de leur utilisation par des porteurs du bacille de l'influenza, «les salles d'attente des compagnies de transport, les voitures à passagers des chemins de fer, les bateaux et les tramways» doivent être soumis à une rigoureuse désinfection. La «peste blanche des *facteries*» fait l'objet de la même proscription. Dans l'élaboration d'un dispositif réglementaire, le Comité de la lutte antituberculeuse demande en 1921 l'imposition d'un certificat de santé, car «les ouvriers souffrant de tuberculose ouverte qui travaillent dans les usines», dont nombre de rapatriés des industries textiles de Nouvelle-Angleterre, «sont un danger de dissémination de la maladie[27]».

Une pathologie particulière fait l'objet d'une sévère exclusion normative: celle de l'aliénation mentale. Les responsables politiques interviennent vigoureusement en ce sens, soit par refoulement aux frontières, soit par internement en asile. Insinuant une certaine duplicité des États-Unis, le surintendant médical de l'Hôpital Saint-Jean-de-Dieu, le docteur Georges Villeneuve, reprend les récriminations d'A. Bienvenu, inspecteur de la Ville de Montréal, au sujet de l'entente intervenue en 1906 entre les gouvernements canadien et américain. Cette dernière «permet l'entrée dans la province de Québec d'aliénés que l'on soupçonne être originaires de cette province ou avoir été naturalisés ici». Montréal recueillant la plupart des cas, la municipalité refuse «son concours», estimant «que s'il y avait une autorité à intervenir, ce devrait être l'autorité provinciale». L'État provincial se plie à cette injonction, visiblement à contrecœur. Avec la refonte de la loi fédérale sur l'immigration de 1919, les responsables des asiles provinciaux peuvent désormais se prévaloir des dispositions législatives pour déporter les aliénés franco-américains aux États-Unis, ce dont ils ne se privent guère au cours des années 20. Enfin, dans le cas des rapatriés atteints de troubles neurologiques et de déficience intellectuelle, les responsables politiques peuvent déroger à leurs normes d'exclusion sous certaines conditions prévues au chapitre de la législation fédérale. Averti par les autorités canadiennes, le secrétaire provincial Omer Côté prend bonne note en 1950 de l'admission en clinique de C.F., un adolescent épileptique atteint de déficience intellectuelle. Selon le responsable du dossier de C.F., le jeune citoyen américain ne parle que le français et ses parents peuvent assumer les coûts inhérents à son hospitalisation[28].

La promiscuité sexuelle des manufactures et des *tenements* franco-américains inquiète également les membres des élites sur les plans moral et sanitaire. Ici, à l'instar des autres catégories d'immigrants, celle du rapatrié reçoit implicitement un attribut douteux, celui du potentiel vecteur de contagion. Pendant les années 20, les responsables politiques provinciaux mènent une lutte sans relâche contre les maladies transmises sexuellement, étant donné leurs incidences mentales et héréditaires. Le directeur médical des hôpitaux d'aliénés, des écoles de réforme et d'industrie, Antoine-Hector Desloges, lui-même un rapatrié du Vermont, se veut l'un des promoteurs les plus énergiques de mesures efficaces de prophylaxie sanitaire, en dépit de la protection offerte par « les origines nobles et sans tache de la population canadienne-française », « leurs sentiments religieux et la simplicité de leur vie ». Dans sa croisade, cet adepte résolu de l'eugénisme prône un strict contrôle des flux migratoires aux frontières, spécialement celle du 45ᵉ parallèle. Reprenant l'analyse de Frederick Charles Blair, sous-ministre fédéral de l'Immigration en 1924, Desloges s'inquiète des risques du droit au retour, « *regardless of health, character, or period of absence* ». Pis encore, les autorités canadiennes ne peuvent s'opposer à la déportation de toute personne née au Canada, peu importe son état de santé. Il faut impérativement agir, selon le médecin. Proposant une procédure de déportation des immigrants pour raisons de santé, Desloges suggère deux ans plus tard la conclusion d'une entente interprovinciale sur la durée de résidence *bona fide*. Mesure d'autant plus nécessaire que « le Gouvernement Fédéral cherche toujours à retourner dans leur province d'origine des indésirables venant des États-Unis », alors que souvent ces derniers ont perdu leur domicile légal par suite d'un séjour prolongé ailleurs. Sans adhérer à la cause de l'eugénisme, plus incertains à propos de l'origine ethnique des malades, les successeurs de Desloges au ministère de la Santé demeurent toujours soucieux des risques de contagion vénérienne et désirent maintenir le contrôle des flux migratoires. « Si le crime ou la culture ne connaissent pas de frontières », rappelle en 1960 le docteur G. Choquette, « les infections vénériennes, surtout, n'en connaissent pas non plus », qu'elles proviennent « d'une ville importante d'outre 45ᵉ » ou « d'une province-sœur ». Puisque « la ville de Montréal, pas plus que la province de Québec, ne peuvent être considérées comme étant le réservoir des contaminations des syphilitiques », affirme avec présomption en 1966 le docteur Louis-Philippe Desrochers, « le contaminé est souvent allé chercher le germe à l'étranger, surtout les homosexuels qui ont reçu la visite de contaminés d'outre-frontières », en particulier des États-Unis où la fréquence de la maladie serait en hausse[29].

Conclusion

À la suite de la motion du député unioniste Gabriel Loubier, visant la création d'un Service d'immigration au sein du ministère des Affaires culturelles en 1965, la dynamique étatique de sélection et de recrutement se modifie. Un comité interministériel propose, en octobre 1965, la nomination de conseillers en immigration dans les délégations québécoises à l'étranger, dont celle de New York, qui dessert aussi les Franco-Américains. Toutefois, la classification n'adopte plus comme pivot l'origine ethnique, mais bien plutôt les valeurs quantifiables de l'utilité économique et de l'adaptation culturelle, valeurs relevant des droits individuels. Dès la création du ministère québécois de l'Immigration en 1968, les responsables politiques donnent d'ailleurs à celui-ci la mission de définir et d'appliquer les normes d'inclusion à la communauté politique, celles d'un nationalisme territorial, du développement économique et du pluralisme culturel[30].

Malgré l'importance certaine du bassin américain au cours des années 1960-1990, l'État québécois élabore peu d'objectifs spécifiques en matière d'immigration provenant du sud du 45e parallèle. Dans le cadre d'une action étatique québécoise où le critère de l'appartenance ethnique est dorénavant obsolète, le rapatriement des Franco-Américains compte peu ou prou. Seule une note relative à la présence d'un conseiller à l'immigration au sein de la Délégation du Québec à New York y fait une brève mention en 1984. Après avoir longuement insisté sur l'immigration américaine jugée considérable et sur la forte proportion de «non-nationaux» qui déposent leur demande à partir du territoire américain, le fonctionnaire anonyme signale que «dans une moindre mesure, le mouvement en provenance des USA est également constitué par des Franco-Américains qui souhaitent revenir au Québec». Vestige d'une conception désuète de la communauté, la catégorie du rapatrié quitte ici l'espace du politique pour se réfugier désormais aux temps de l'Histoire[31].

NOTES

1. Cet article s'inscrit dans un programme de recherche portant sur «les catégorisations étatiques de l'Étranger au Québec, 1627-1981», qui donnera prochainement lieu à une synthèse historique sur cette question. L'auteur remercie le Conseil de recherches en sciences humaines du Canada pour l'aide financière accordée à cette fin. Il adresse également ses remerciements amicaux à Andrée Courtemanche, Yves Frenette, Jean-Pierre Labadie, Alain Lacombe, Paul-André Linteau, Marcel Martel, Yves Roby et Martine Rodrigue pour leur aide, leurs suggestions et leurs commentaires.

2. L.-A. Taschereau, *Débats de l'Assemblée législative du Québec* [*DALQ*] *1923-1924*, 19 décembre 1923, p. 30.

3. Normalisation étatique: Dino Cinel, *The National Integration of* *Italian Return Migration, 1870-1929*, Cambridge, Cambridge University Press, 1991, p. 70-121; Mark Wyman, *Round-trip to America. The Immigrants Return to Europe, 1880-1930*, Ithaca, Cornell University Press, 1993, p. 92-98, 199-201.

4. Exode: Yolande Lavoie, *L'émigration des Canadiens aux États-Unis avant 1930*, Montréal, PUM, 1972, 87 p.; Yves Roby, *Les Franco-Américains de la Nouvelle-Angleterre, 1776-1930*, Sillery, Septentrion, 1990, p. 31-60; Bruno Ramirez, *Par monts et par vaux. Migrants canadiens-français et italiens dans l'économie nord-atlantique, 1860-1914*, Montréal, Boréal, 1991, p. 25-54; François Weil, *Les Franco-Américains*, Paris, Belin, 1989, p. 13-44. Discours: Marcel Hamelin, *Les premières années du parlementarisme québécois (1867-1878)*, Sainte-Foy, PUL, 1974, p. 73-117; Yves Roby, «Émigrés canadiens-français, Franco-Américains de la Nouvelle-Angleterre et images de la société américaine», dans Gérard Bouchard et Yvan Lamonde (dir.), *Québécois et Américains. La culture québécoise aux XIXe et XXe siècles*, Montréal, Fides, 1995, p. 132-135; du même auteur, «Les Canadiens français des États-Unis (1860-1900): dévoyés ou missionnaires», *Revue d'histoire de l'Amérique française* [*RHAF*], vol. 41, no 1, été 1987, p. 3-22. Solution du retour: Donald Chaput, «Some Repatriement Dilemmas», *Canadian Historical Review*, vol. 49, no 4, déc. 1968, p. 400-412; Y. Roby, *Les Franco-Américains, op. cit.*, p. 54-57; F. Weil, *op. cit.*, p. 106-110.

5. Nimbés du capital symbolique de l'expertise et de la compétence

reconnue, les détenteurs de la connaissance ou *cognoscentis* appartiennent à la fonction publique ou conseillent de l'extérieur le système de gouverne (Martin Pâquet et Érick Duchesne, « Étude de la complexité d'un événement. Les responsables politiques québécois et les immigrants illégaux haïtiens, 1972-1974 », RHAF, vol. 50, n° 2, automne 1996, p. 178).

6. Systèmes statistiques : Jean-Pierre Beaud et Jean-Guy Prévost, « La forme et le fond. La structuration des appareils statistiques nationaux (1800-1945) », *Revue de synthèse*, 4ᵉ série, n° 4, octobre-décembre 1997, p. 427-430. Enquête de 1867 : Québec, *Rapport sur l'agriculture, l'immigration et la colonisation 1867*, p. 7. Sauvé-Devlin : *DALQ 1912*, 27 novembre 1912, p. 179. Chauveau : *DALQ 1872*, 6 décembre 1872, p. 148 ; 20 décembre 1872, p. 251.

7. Enquêtes de 1849 et 1857 : Pierre-Joseph-Olivier Chauveau *et al.*, « Report of the Select Committee of the Legislative Assembly, appointed to inquire into the Causes and Importance of the Emigration, from Lower Canada to the United States », *Journals of Legislative Assembly [JLAPC] 1849*, vol. 8, app. A.A.A.A.A. ; Joseph Dufresne *et al.*, « Rapport du Comité spécial de l'Assemblée législative sur l'origine, les causes et les moyens pour enrayer l'émigration », *JLAPC 1857*, vol. 8, app. 47 ; Y. Lavoie, *op. cit.*, p. 45-52. Nationalité : Jérôme-Adolphe Chicoyne, « Deuxième rapport », *Rapport général du Commissaire de l'Agriculture et des Travaux publics [RCATPQ] 1874*, p. 130. Statistiques : J.-B. Lucier, « Repatriement [*sic*] », *Rapport du Commissaire de la Colonisation et des Mines 1897*, p. 182 ; aussi *Rapport général du Ministère de la Colonisation, des Mines et des Pêcheries [RMCMPQ] 1912*, p. 153. Gouvernement Taschereau : J.-Ed. Robert, « Bureau de colonisation de Montréal », *RMCMPQ 1922*, p. 306 ; *RMCMPQ 1923*, p. 378 ; *RMCMPQ 1925*, p. 330 ; *RMCMPQ 1930*, p. 472. Statistiques médicales et asilaires : *Statuts de Québec 1893*, 56 Vict., c. 29 ; *Statuts de Québec 1894*, 57 Vict., c. 33 ; François Guérard, « L'État, l'Église et la santé au Québec de 1887 à 1939 », *Cahiers d'histoire*, vol. 17, nᵒˢ 1-2, printemps-automne 1997, p. 81-82.

8. Rubriques : Jérôme-Adolphe Chicoyne, « Rapport », *RCATPQ 1875*, p. 370-371 ; aussi Siméon LeSage, « À l'honorable Pierre Garneau », *ibid.*, p. 15. Occupation : « Rapport », *RCATPQ 1875*, p. 364-365. Canton d'Escourt : Québec, Assemblée législative, *Documents de la session 1909*, vol. 4, n° 80, p. 89, 158-159.

9. Labelle : Antoine Labelle, ptre, « Rapport sur l'agriculture, la colonisation, le rapatriement et l'immigration », *Rapport du Commissaire de l'Agriculture et de la Colonisation [RCACQ] 1888*, p. 13 ; aussi dans Gabriel Dussault, *Le curé Labelle. Messianisme, utopie et colonisation au Québec, 1850-1900*, Montréal, Hurtubise HMH, 1983, p. 128. Mercier : *DALQ 1890*, 22 janvier 1890, p. 105-107. Clapin : ANC, MG 27, *Fonds Lomer Gouin*, III, B4, vol. 12 , Sylva Clapin à Lomer Gouin, Montréal, 8 juin 1901.

10. Michaud : Joseph-R. Michaud, « Rapport », *RCACQ 1888*, p. 158. Émigration temporaire : Siméon LeSage, « Rapport », *RCATPQ 1874*, p. vii.

11. Pécule : J.-B. Chartier, ptre, « Appendice n° 10. Rapport », Québec, Assemblée législative, *Documents de la session 1870*, n° 17, p. 82. Mœurs : *DALQ 1872*, 13 novembre 1872, p. 22. Affaires : Siméon LeSage, « Rapport », *RCATPQ 1874*, p. viii. Institutions politiques : Province of Canada, *Parliamentary Debates on the Subject of Confederation*, 9 mars 1865, p. 867-868. Assimilation : *ibid.*, 10 mars 1865, p. 950.

12. Immigrants utiles : Élisée Noël, « Rapport », *RCATPQ 1883*, p. 141. Améliorations modernes : Joseph-R. Michaud, « Rapport », *RCACQ 1888*, p. 158. Millionnaires : *DALQ 1890*, 22 janvier 1890, p. 108.

13. Buchanan : Alexander C. Buchanan, « Bureau de l'Agent principal de Sa Majesté pour la Surintendance de l'Émigration au Canada », Province du Canada, *Documents de la session 1855*, Appendice D.D.D., p. 16-17 ; « Report », Province of Canada, *Sessional Papers*, Session 1866, vol. 2, *Appendix to Report of the Minister of Agriculture and Statistics*, n° 5, p. 11. Garneau : *DALQ 1874-1875*, 2 février 1875, p. 202. Faucher de Saint-Maurice : *DALQ 1883*, 28 mars 1883, p. 1259-1260.

Taillon : *DALQ 1889*, 9 mars 1889, p. 2337.

14. Discours de la colonisation : B. Ramirez, *op. cit.*, p. 94. Chartier : J.-B. Chartier, ptre, « Rapport », *RCATPQ 1873*, p. 268.

15. Hantise de l'émigration : M. Hamelin, *op. cit.*, p. 73-117. Société de colonisation : *Statuts of Canada 1861*, 24 Vict., c. 120. Question vitale : Marchand cité dans F. Weil, *op. cit.*, p. 106-107. Loi de 1875 : *DALQ 1874-1875*, 3 décembre 1874, p. 7 ; *Statuts de Québec*, 38 Vict., c. 3. Trudel et Marchand : *DALQ 1874-1875*, 2 février 1875, p. 204-205. La Patrie : John Irvine Little, *Nationalism, Capitalism and Colonization in Nineteenth-Century Quebec. The Upper St. Francis District*, Montréal et Kingston, McGill-Queen's University Press, 1989, p. 158-173.

16. Garneau : *DALQ 1874-1875*, 2 février 1875, p. 202. Mercier : *DALQ 1889*, 9 mars 1889, p. 2336-2337. Gagnon : Ferdinand Gagnon, « Rapport », *RCATPQ 1875*, p. 364-368. Brochure : J.-B. Chartier, ptre, « Appendice n° 10. Rapport », Québec, Assemblée législative, *Documents de la session 1870*, n° 17, p. 82-83.

17. Gagnon et Chicoyne cités dans Y. Roby, *op. cit.*, p. 9-10. Allégeance selon Gagnon : cité dans Chaput, *op. cit.*, p. 403. Chartier : V. Chartier, ptre, « Colonie de repatriement [*sic*] », *RCATPQ 1880*, p. 406.

18. Buies : Arthur Buies, *La Province de Québec*, Québec, Département de l'Agriculture, 1900, p. 130. Plante-Devlin : *DALQ 1909*, vol. 1, 15 mars 1909, p. 217. David : *DALQ 1923-1924*, 20 décembre 1923, p. 43-44.

19. David : *DALQ 1890*, 12 février 1890, p. 276-277. Prévost : *DALQ 1909*, vol. 1, 5 mars 1909, p. 65.

20. David : *DALQ 1923-1924*, 20 décembre 1923, p. 43-44.

21. Taillon : *DALQ 1889*, 9 mars 1889, p. 2335 et 2337. McShane : *DALQ 1889*, 9 mars 1889, p. 2337-2338.

22. Prévost : *DALQ 1909*, vol. 1, 18 mars 1909, p. 250-251. Taschereau : ANC, MG 27, *Fonds Lomer Gouin*, III, B4, vol. 38, Louis-Alexandre Taschereau à Lomer Gouin, Québec, 6 avril 1923 ; *DALQ 1923-1924*, 19 décembre 1923, p. 29-30 ; Bernard L. Vigod,

Quebec before Duplessis. The Political Career of Louis-Alexandre Taschereau, Montréal et Kingston, McGill-Queen's University Press, 1986, p. 96. Subside fédéral : J.-G. Morel, « Rapport du comptable », *RMCMPQ 1929*, p. 412. Budgets du rapatriement : J.-G. Morel, « Rapport du comptable », *Rapport général du Ministère de la Colonisation, de la Chasse et des Pêcheries 1933*, p. 272 ; Georges Belleau, « Rapport du secrétaire », *Rapport succinct des activités du Ministère de la Colonisation 1936*, p. 4.

23. Bourse d'étude : Marcel Martel, *Le deuil d'un pays imaginé. Rêves, luttes et déroute du Canada français*, Ottawa, Presses de l'Université d'Ottawa/CRCCF, 1997, p. 115-117.

24. Sélection : Ferdinand Gagnon, « Rapport », *RCATPQ 1875*, p. 365. Classe d'immigrants : L.-A.-W. Proulx, « Rapport », *RCACQ 1888*, p. 163.

25. Hygiénistes : Claudine Pierre-Deschênes, « Santé publique et organisation de la profession médicale au Québec », dans Peter Keating et Othmar Keel (dir.), *Santé et société au Québec, XIXᵉ-XXᵉ siècles*, Montréal, Boréal, 1995, p. 124-125. Choquet : Ambroise Choquet, « Rapatriement. Rapport préliminaire », *RCACQ 1890*, Québec, p. 275-283. Faucher de Saint-Maurice : *DALQ 1890*, 22 janvier 1890, p. 102-103. David : *DALQ 1890*, 12 février 1890, p. 276.

26. Dispositif de prophylaxie : Martin Pâquet, « Variations sur un même thème. Représentations de l'immigrant belge chez les responsables provinciaux du Canada-Uni et du Québec, 1853-1968 », dans Serge Jaumain (dir.), *Les immigrants préférés. Les Belges au Canada, XIXᵉ-XXᵉ siècles*, à paraître.

Collaboration fédérale-provinciale : ANQ-Q, E 4, *Fonds du Secrétariat provincial*, art. 561, Dr Alphonse Lessard à C.-J. Simard, Québec, 17 mars 1927, p. 1 ; Québec, « Rapport d'un Comité de l'Honorable Conseil Exécutif concernant l'approbation d'une résolution du "Dominion Council of Health" », Québec, 13 avril 1927, p. 1 ; W. J. Egan à C.-J. Simard, Ottawa, 5 mai 1927, p. 1. Dossier H. P. : ANQ-Q, E 4, *Fonds du Secrétariat provincial*, art. 561, « Immigration et citoyenneté, 1948-1959 », P. T. Baldwin à Omer Côté, Ottawa, 4 juin 1949 ; Dr Jean Grégoire à Jean Bruchési, Québec, 14 juin 1949 ; Jean Bruchési à P. T. Baldwin, Québec, 17 juin 1949.

27. Variole à Kamouraska : Dr Elzéar Pelletier, « Rapport du Secrétaire », *Rapport du Conseil d'hygiène 1900*, p. 7-13. Grippe espagnole : Dr Elzéar Pelletier, « Rapport du Secrétaire-Directeur », *Rapport du Conseil supérieur d'hygiène [RCSHQ] 1919*, p. 10 et 12. Tuberculose : Dr J.-E. Laberge *et al.*, « Rapport du Comité de la lutte antituberculeuse », *RCSHQ 1921*, p. 6.

28. Aliénés : Dr Georges Villeneuve, « Rapport annuel », *Rapport du Secrétaire et Registraire [RSRQ] 1907*, p. 37-38. Déportation : Dr Antoine-Henri Desloges, « Rapport du directeur médical des hôpitaux d'aliénés et d'assistance publique », *RSRQ 1919-1920*, p. 176-183. Adolescent épileptique : ANQ-Q, E4, *Fonds du Secrétariat provincial*, art. 561, « Immigration et citoyenneté, 1948-1959 », P. T. Baldwin à Omer Côté, 21 février 1950.

29. Lutte contre les MTS : Jay Cassel, *The Secret Plague. Venereal Disease in Canada, 1838-1939*, Toronto, U.T.P., 1987, p. 222-224.

Eugénisme de Desloges : Dr Antoine-Hector Desloges, « Rapport du directeur médical des hôpitaux d'aliénés et d'assistance publique », *RSRQ 1919-1920*, p. 170. Flux migratoires : ANQ-Q, E8, *Fonds du ministère des Affaires sociales*, 1960-01-484, art. 200, « Immigration 1931-1961 », Dr Antoine-Hector Desloges au juge Coderre, Montréal, 5 janvier 1924. Entente interprovinciale : ANQ-Q, E4, *Fonds du Secrétariat provincial*, art. 561, « 1905-1926 », Dr Antoine-Hector Desloges à Athanase David, Montréal, 12 janvier 1926. Contagion dans les années 1960 : Dr G. Choquette, « Division des maladies vénériennes », *Rapport du ministère de la Santé [RMSQ] 1960*, p. 178 ; Dr Louis-Philippe Desrochers, « Maladies vénériennes », *RMSQ 1966*, p. 193.

30. Conseillers en immigration : ANQ-Q, E 6, *Fonds du ministère des Affaires culturelles*, art. 5, *Rapport du Comité interministériel sur l'immigration*, Québec, 12 octobre 1965, p. 5 et 15. Ministère de l'Immigration : Martin Pâquet, *Vers un ministère québécois de l'Immigration, 1945-1968*, Ottawa, Société historique du Canada, 1997, p. 20-22.

31. Objectifs d'immigration : Louis Balthazar, « Les relations Québec-États-Unis », dans Louis Balthazar *et al.*, *Trente ans de politique extérieure du Québec, 1960-1990*, Sillery, Septentrion/CQRI, 1993, p. 72-76. Note de 1984 : ANQ-M, E47, *Fonds du ministère des Communautés culturelles et de l'Immigration*, S35, 1998-01-013, art. 3, « Historique-New York », Direction des services à l'étranger, *Note relative à la présence d'un conseiller à l'immigration au sein de la Délégation du Québec à New York*, janvier 1984, p. 1-2.

LES FRANCO-AMÉRICAINS À MONTRÉAL EN 1901 : UN REGARD SUR LE RETOUR AU PAYS[1]

Martine Rodrigue
Université du Québec à Montréal

De nombreux historiens se sont intéressés à l'exode des Canadiens français vers les États-Unis. En effet, il existe plusieurs monographies sur ce mouvement migratoire et sur l'établissement de communautés canadiennes-françaises dans les États de la Nouvelle-Angleterre[2]. On évalue à environ 900 000 le nombre de Canadiens français qui ont quitté leur pays en direction des États-Unis entre 1840 et 1930[3], ce qui suffit à justifier l'importance et l'intérêt du sujet.

Par contre, nous savons qu'il existait également un phénomène de retour de Franco-Américains. Par exemple, la démographe Yolande Lavoie évalue qu'«environ le tiers de l'émigration des années 1900-1930 est compensée par le retour des rapatriés et de leurs descendants[4]». Les historiens n'ont pourtant guère accordé d'attention à ce phénomène. Nous proposons de lever un coin du voile en étudiant la situation des Franco-Américains qui résident dans le quartier Saint-Jacques, à Montréal, en 1901. La source de base est le recensement canadien réalisé cette année-là. Il permet de tracer un portrait démographique des individus et des familles, notamment de leurs migrations dans l'espace nord-américain, et un portrait social de la communauté établie dans un quartier de la métropole.

Un phénomène de retour mal connu

Même si on peut glaner des informations ici et là, il n'existe pas de travaux qui offrent une étude systématique sur les migrants d'origine française qui sont revenus s'établir au Québec après un séjour plus ou moins long aux États-Unis. Nous pouvons cependant nous questionner sur l'importance de ce phénomène mal connu. Par exemple, qui sont ces migrants, où s'établissent-ils et quelles sont leurs principales caractéristiques ? Une chose est certaine : ces retours ne sont pas liés à l'existence de programmes gouvernementaux de rapatriement destinés aux familles canadiennes-françaises alors établies aux États-Unis. Ces programmes visaient l'établissement en zone de colonisation et ils ont connu peu de succès. Cet échec expliquerait peut-être le manque d'intérêt des historiens pour un phénomène que l'on aurait jugé négligeable.

Nous pouvons émettre deux hypothèses quant au retour de ces familles à partir des États-Unis. Premièrement, il est vraisemblable de penser qu'une fraction des rapatriés franco-américains ont profité du capital accumulé aux États-Unis pour relancer leur exploitation agricole au Québec, car l'endettement progressif des ruraux pendant les dernières décennies du XIXᵉ siècle représentait un facteur important d'exode outre-frontière. Comme seconde hypothèse, nous pouvons également avancer que certains rapatriés, forts de leur expérience acquise dans les villes américaines, auraient, en revenant au Québec, préféré s'établir dans un milieu urbain plutôt que rural.

C'est cette deuxième hypothèse que nous avons choisi d'explorer, avec comme point d'observation la ville de Montréal au début du XXᵉ siècle. Les principaux brassages migratoires entre le Canada et les États-Unis ayant eu lieu à la fin du XIXᵉ siècle, nous multiplions ainsi nos chances de répertorier une population franco-américaine à Montréal au tournant du siècle. Soulignons d'ailleurs qu'à cette époque Montréal est en pleine croissance et représente la principale agglomération au Québec[5]. Compte tenu de sa taille en 1901, nous avons limité notre étude à un seul quartier, soit le quartier Saint-Jacques, qui présente alors un caractère francophone et ouvrier et où l'on pouvait s'attendre à trouver bon nombre de Franco-Américains.

Afin de répertorier la population franco-américaine, nous avons travaillé principalement à partir des informations contenues dans les listes nominatives du recensement de 1901, conservées sous forme manuscrite[6]. Il s'agit d'un outil de travail très intéressant dans la mesure où il fournit divers renseignements sur les membres des ménages canadiens. On y trouve, par exemple, en plus de leur nom, leur âge et leur date de naissance, leur religion, leur profession, leur connaissance du français et de l'anglais, etc. On y trouve aussi une information qui ne se trouvait pas dans les recensements antérieurs: l'année d'immigration au Canada pour ceux qui sont nés à l'étranger. D'ailleurs, l'intérêt de cette dernière information dépasse la simple observation des principales périodes migratoires et offre surtout la possibilité d'esquisser un bref portrait des familles migrantes au moment du retour au pays.

Nous avons repéré dans les bobines du recensement tous les individus d'origine canadienne-française nés aux États-Unis et toutes les familles dont au moins un membre possède ces caractéristiques. Furent ainsi retenues 357 familles que nous considérons comme franco-américaines, parce que l'un ou l'autre ou les deux parents, ou encore un ou deux enfants, sont nés aux États-Unis, ainsi que 126 célibataires Franco-Américains de naissance qui ne cohabitent pas avec des membres de leur famille immédiate et qui sont, pour la plupart, en pension.

Il faut reconnaître que les listes nominatives représentent une source partielle qui n'épuise pas la réalité. Elles ne permettent pas de repérer les individus ou les familles qui, partis du Québec, ont séjourné aux États-Unis, s'ils ne présentent aucun indice démographique de leur migration. Par exemple, nous savons qu'Olivar Asselin, journaliste et rédacteur du *Nationaliste* de 1904 à 1910[7], a vécu plusieurs années aux États-Unis et qu'il résidait à Montréal au moment du recensement de 1901. Cependant, puisque M. Asselin n'est pas né aux États-Unis et qu'il n'y a pas fondé de famille, aucun indice, dans les listes nominatives, ne peut porter à croire qu'il ait résidé à l'extérieur du pays. Comme probablement de nombreux autres Canadiens français qui ont eu une expérience américaine, il échappe donc à notre étude. Ainsi, nous n'observons qu'une fraction de la réalité migratoire des résidents du quartier Saint-Jacques, mais cette fraction nous a paru suffisamment intéressante pour l'analyser.

Quand revient-on du Sud?

En connaissant l'année d'immigration des individus nés hors des limites canadiennes, nous disposons ainsi d'une information qui permet de situer les temps forts du retour des Franco-Américains et des familles franco-américaines qui habitent le quartier Saint-Jacques en 1901. Dans 92 % des cas, les familles sont revenues au Canada pendant le dernier tiers du XIXe siècle. Les retours les plus anciens sont ceux des familles dont l'un des époux seulement est né aux États-Unis et qui eurent leurs enfants au Québec. Quant aux couples dont les enfants sont nés aux États-Unis, la moitié étaient déjà revenus s'établir au Canada depuis une dizaine d'années au maximum (1891). Nous observons le même phénomène chez les Franco-Américains et Franco-Américaines de naissance qui habitent seuls ou en pension, puisque 91 % de ceux-ci ont immigré au Canada pendant la dernière décennie de XIXe siècle.

Selon Bruno Ramirez, l'intensification du départ de familles migrantes pendant les dernières décennies du XIXe siècle serait en partie attribuable à des changements dans les politiques industrielles américaines concernant le travail des enfants notamment[8]. Il explique que les manufactures de la Nouvelle-Angleterre étaient économiquement profitables dans la mesure où les enfants étaient aptes à y travailler. Après l'adoption de lois qui élèvent l'âge minimum des ouvriers, le marché du travail de la Nouvelle-Angleterre devenait moins attrayant pour les familles canadiennes-françaises ayant surtout de jeunes enfants. Dans une entrevue effectuée par Jacques Rouillard, un Monsieur Dumontier, qui a vécu aux États-Unis, raconte que des familles songeaient à s'y installer lorsque «les enfants étaient assez grands pour travailler[9]».

L'âge des enfants aurait eu ainsi un rôle à jouer dans le choix des familles qui faisaient demi-tour, et il s'agit d'un phénomène que nous pouvons observer parmi les familles franco-américaines du quartier Saint-Jacques en 1901. Premièrement, il est intéressant de noter que plusieurs enfants nés aux États-Unis ont immigré au Canada alors qu'ils étaient encore bébés. Nous remarquons effectivement qu'un peu plus du tiers des 487 enfants franco-américains du quartier Saint-Jacques, qui habitent toujours chez leurs parents en 1901, ont traversé la frontière alors qu'ils avaient un an ou moins.

Parmi les 96 couples qui fondèrent une famille aux États-Unis et qui sont revenus après 1891, les enfants de 58,3 % d'entre eux avait dix ans et moins au moment du retour. Si nous nous référons plutôt à l'ensemble des 185 couples qui fondèrent une famille aux États-Unis et dont les retours s'étendent sur le dernier tiers du XIXe siècle, on s'aperçoit que c'est plus de la moitié de ceux-ci (56,2 %) qui firent le voyage accompagnés d'un enfant de moins de deux ans, ce qui témoigne du portrait jeune des familles migrantes. D'ailleurs, ces familles sont toujours relativement jeunes en 1901, puisque la plupart sont au pays depuis peu. La différence est que les enfants d'hier forment les adolescents d'aujourd'hui (1901).

En plus du facteur relié à l'âge des enfants, nous pouvons également avancer l'hypothèse d'un autre facteur qui pourrait avoir un rôle à jouer dans la sélection des familles migrantes, soit celui d'un veuvage précoce. Dans la mesure où les familles franco-américaines du quartier sont encore jeunes en 1901, on peut s'attendre à un taux de veuvage peu élevé, et c'est effectivement le cas en ce qui concerne les couples dont l'un des époux seulement est Franco-Américain de naissance et qui, semble-t-il, fondèrent entièrement leur famille au Québec. Cependant, en ce qui concerne les chefs de familles qui eurent leurs enfants aux États-Unis, un peu plus du quart sont sans conjoints en 1901, ce qui paraît énorme.

Nous remarquons premièrement que ces veufs et ces veuves formaient relativement de jeunes couples au moment de leur retour au pays. En moyenne, les hommes avaient 46 ans et les femmes, 34 ans. Chez les trois quarts de ces veufs et de ces veuves en 1901, les derniers enfants vivants sont de naissance américaine : il semble donc que pour plusieurs, la décision de revenir au pays soit une conséquence du décès du conjoint. De plus, parmi ces chefs de famille esseulés en 1901, presque les trois quarts sont des femmes. On peut imaginer que, privées d'un revenu principal dans un pays étranger avec la responsabilité de jeunes enfants, ces femmes ont effectivement préféré revenir sur leurs pas.

Ce phénomène de veuvage précoce s'observe difficilement parmi les Franco-Américains et Franco-Américaines qui habitent seuls ou en pension en 1901, puisqu'il s'agit d'une population de célibataires. Néanmoins, il semble que, dans certains cas, l'attente d'un enfant ait pu jouer un rôle déterminant dans le rapatriement, peut-être temporaire, de certaines Franco-Américaines. Nous avons effectivement répertorié la présence de dix-sept jeunes Franco-Américaines au couvent de la Miséricorde, qui accueillait les filles enceintes et célibataires. Ce couvent abritait, au moment du recensement, 149 jeunes femmes recensées comme étant « internes ». Les dix-sept Franco-Américaines y sont âgées de 16 à 29 ans. Ces jeunes femmes sont toutes au pays depuis peu, soit depuis 1900-1901 pour l'une d'elles — et il est possible d'avancer qu'elles étaient à Montréal, avec ou sans la complicité de leurs proches, dans le but d'y cacher une grossesse.

Ainsi, faute de faire une étude plus complexe sur des aléas économiques de la Nouvelle-Angleterre susceptibles de justifier le rapatriement de familles canadiennes-françaises[10], nous avons épluché les indices fournis par les listes nominatives et nous pouvons émettre l'opinion que la naissance d'enfants ou encore le décès de l'un des conjoints, qui sont en soi des facteurs reliés à l'économie familiale, ont pu jouer un rôle déterminant dans la décision de retour.

De grands voyageurs?

Les listes nominatives, qui nous renseignent sur le pays de naissance, n'indiquent malheureusement pas souvent le lieu précis de naissance des individus recensés. En règle générale, les recenseurs s'en tenaient à la province canadienne de naissance des personnes interrogées ou encore ils inscrivaient simplement le nom du pays étranger, sans même préciser l'État, s'il s'agissait des États-Unis. Nous ne pouvons donc pas vérifier le lieu de naissance des enfants franco-américains et encore moins vérifier si les familles qui allaient et venaient entre les États-Unis et le Canada s'établissaient dans une région différente entre chaque déplacement. Cependant, nous pouvons dire que les lieux de séjour des Canadiens français exilés aux États-Unis pouvaient facilement dépasser le cadre de la Nouvelle-Angleterre. Sur un total de 638 individus nés aux États-Unis, les recenseurs ont en effet spécifié le lieu de naissance aux États-Unis de 34 d'entre eux. Nous y relevons quelques États ou villes de la Nouvelle-Angleterre reconnues pour avoir accueilli de nombreux Canadiens français, telles Providence et Manchester. Cependant, 13 de ces 34 rapatriés ont vu le jour à l'extérieur des limites de la Nouvelle-Angleterre. Par exemple, chez la famille Saint-Laurent, les deux filles aînées sont nées au Colorado, tandis que les onze autres jeunes Franco-Américains sont nés dans l'État de New York ou à Chicago.

L'information sur le pays de naissance des parents et des enfants permet en outre d'observer un mouvement de va-et-vient des deux côtés de la frontière. Par exemple, 20 familles ont la caractéristique commune de comprendre au moins un parent ainsi qu'un enfant nés aux États-Unis. À première vue, on peut penser que des Canadiens français exilés aux États-Unis y ont épousé des Franco-Américaines et que, plus tard, ils sont revenus s'établir au Canada accompagnés de leur famille fondée aux États-Unis. Nous remarquons cependant que sept conjoints appartenant à ces 20 familles franco-américaines ont indiqué au recenseur une année d'immigration nettement antérieure à celle de leurs enfants. Par exemple, le Franco-Américain Charles Perrault s'est marié à Philomène, une Franco-Américaine. Louis, leur fils aîné de quatre ans, est également né aux États-Unis. Philomène et Louis ont déclaré au recenseur l'année 1898 comme étant celle de leur arrivée au pays, tandis que Charles a spécifié avoir également immigré en 1871 (ce qui lui donne environ l'âge de 6 ans à l'époque). Il semble ainsi que le goût de l'aventure américaine ait pu se transmettre sur plus d'une génération.

Dans d'autres cas, cette expérience américaine pouvait être morcelée pour une seule et même génération. Chez 4,2 % des couples canadiens-français ayant fondé une famille aux États-Unis, un ou des enfants canadiens sont nés entre deux enfants américains. Un exemple presque caricatural de ce mouvement de va-et-vient des deux côtés de la frontière, c'est celui de la famille Trudelle. Nous pouvons lire sur les listes nominatives que les deux filles aînées de la famille, Angélina (22 ans) et Carmila (16 ans), sont nées au Québec, suivies de Horace (14 ans) qui est né aux États-Unis. Naissent ensuite deux autres filles au Québec, Albina (12 ans) et Rosilda (9 ans), et une autre fille aux États-Unis, Mathilda (5 ans). Ensuite, il y a Alexis (3 ans) qui est né au Québec en 1897, bien que la famille Trudelle déclare au recenseur l'année 1898 comme étant celle de sa dernière migration vers le Canada. Puis, enfin, il y a le petit dernier Armand (trois mois), qui a vu le jour au Québec.

L'itinéraire de la famille Trudelle, semble néanmoins assez exceptionnel et touche à peine une famille sur 20. Précisons néanmoins qu'il doit s'agir d'un phénomène sous-évalué, puisque nous ne nous basons ici que sur des indices démographiques. En effet, les familles qui ont tenté une aventure américaine mais qui n'ont pas mis au monde des enfants de l'autre côté de la frontière nous échappent; nous échappent également celles dont l'exil est interrompu par des séjours plus ou moins longs au Québec, parce que des enfants n'ont pas vu le jour au terme de chacun de ces déplacements.

Statut et profession

Une fois les Franco-Américains repérés, la question principale est de savoir dans quelle mesure leur trajectoire américaine a influencé leur situation à Montréal. Nous pouvons émettre deux hypothèses à ce sujet : d'une part, comme le souligne Bruno Ramirez dans son étude sur les migrants canadiens-français et italiens dans l'économie nord-atlantique de 1860 à 1914[11], les ouvriers canadiens-français établis aux États-Unis occupaient surtout des emplois qui exigeaient peu de formation et on peut penser qu'il en était de même à Montréal en 1901. D'autre part, nous pouvons également supposer que l'insertion sur le marché du travail ou encore les capitaux accumulés aux États-Unis auraient permis à des chefs de famille franco-américains d'acquérir des qualifications professionnelles qu'ils n'avaient pas au départ et de les mettre à profit à Montréal ou même de s'établir à leur compte.

Il est très difficile de se prononcer sur de telles questions. Les volumes imprimés du recensement de 1901 ne contiennent aucun tableau présentant la répartition professionnelle de l'ensemble des Montréalais. Par conséquent, il n'y a aucune comparaison possible entre notre échantillon de main-d'œuvre franco-américaine et la main-d'œuvre montréalaise en 1901. Il est donc impossible de déterminer si l'expérience acquise aux États-Unis a pu conduire à une appartenance professionnelle distincte. Nous devons donc nous contenter de tracer un portrait économique et socioprofessionnel des Franco-Américains.

En ce qui concerne premièrement la répartition, selon les principales sphères d'activité économique, de la main-d'œuvre franco-américaine du quartier

Saint-Jacques, nous avons estimé qu'environ les trois quarts de cette main-d'œuvre travaillaient, en ordre d'importance, dans les secteurs de la fabrication, des services et du commerce réunis. À lui seul, le secteur de la fabrication rassemble un peu plus du tiers des effectifs. Par exemple, nous y répertorions des femmes qui confectionnent des vêtements ; des chefs de famille qui exécutent des tâches reliées à la fabrication de la chaussure et du cuir ; ou encore de jeunes hommes et jeunes femmes, non mariés et qui habitent toujours chez leurs parents, dans le secteur de l'impression et de l'imprimerie.

Le secteur des services compte pour 20 % de la main-d'œuvre. Les tâches y sont nombreuses et diversifiées. De la finance aux arts, en passant par les services médicaux et éducatifs, aucune branche d'activité ne se distingue nettement des autres par le nombre de Franco-Américains qui y exercent une fonction. Notons toutefois que les femmes effectuent surtout des tâches traditionnelles, comme celles qui sont dévolues aux religieuses et aux domestiques. Quant aux individus rattachés au secteur du commerce, ils ne représentent que 16 % de la main-d'œuvre franco-américaine du quartier. Nous y répertorions majoritairement des commis (surtout chez les jeunes), des agents, quelques marchands et commerçants.

Finalement, sous un angle socioprofessionnel, la main-d'œuvre franco-américaine du quartier Saint-Jacques est composée, à près de 50 %, par des ouvriers majoritairement qualifiés, ce qui s'explique partiellement par la présence des manufactures à Montréal au tournant du siècle. Nous estimons ensuite que 15 % de la main-d'œuvre franco-américaine occupe un poste en tant que patron ou travailleur autonome. Nous y répertorions des marchands ou commerçants d'articles divers, des individus qui offrent des services à leur compte, ou encore des ouvriers qui ont créé leur petite entreprise.

Si le travail des femmes et des enfants canadiens-français était courant dans les manufactures de la Nouvelle-Angleterre, il en est tout autrement à Montréal en 1901. Les filles et garçons de moins de 15 ans ayant un travail rémunéré sont minoritaires, et ceux qui travaillent habitent dans des familles avec de maigres revenus. Précisons que la nette majorité des garçons et filles de cette cohorte d'âge va toujours à l'école en 1901. Quant aux femmes mariées, elles remplissent leurs rôles traditionnels à la maison. Le marché du travail féminin est surtout caractérisé par la présence de veuves et de jeunes femmes célibataires (15-25 ans) et qui, pour la plupart, habitent toujours chez leurs parents. Parmi celles qui habitent en pension, nous relevons surtout des domestiques et des femmes qui habitent leur milieu de travail ; c'est le cas des quatorze religieuses qui travaillent pour la plupart au couvent de la Miséricorde, rue Dorchester.

Peu de traces d'un séjour à l'extérieur

À l'exception des quelques indices démographiques sur les listes nominatives qui témoignent d'un exil plus ou moins long aux États-Unis, nous ne disposons d'aucun autre indice concernant le profil des individus ayant séjourné de l'autre côté de la frontière. Presque à l'unanimité, les Franco-Américains restent à l'image de leurs ancêtres, soit francophones et de confession catholique. Qu'ils aient séjourné deux ans ou vingt ans aux États-Unis, la majorité des Franco-Américains, entre autres les hommes, se disent bilingues en 1901, mais encore faut-il savoir ce qu'on entendait à l'époque par bilinguisme. Un vécu américain ne semble pas garant d'un apprentissage de la langue anglaise, puisqu'on remarque qu'environ le tiers des femmes célibataires, qui sont nées aux États-Unis et qui y ont vraisemblablement vécu au moins leurs quinze premières années, disent ne pas savoir lire, écrire et parler anglais. Nous pouvons d'ailleurs supposer que ces femmes ont pu vivre dans des communautés canadiennes-françaises de la Nouvelle-Angleterre. En fait, à l'exception de quelques prénoms ou diminutifs anglophones donnés aux garçons et aux filles nés aux États-Unis, nous ne répertorions aucune autre trace visible d'influence américaine parmi les rapatriés franco-américains.

Conclusion

Les listes nominatives n'ont pas fourni toutes les réponses à nos questions de départ. Elles permettent néanmoins de constater le caractère jeune des migrants et des familles migrantes, mais, avant tout, qu'il existait bel et bien un mouvement de retour de familles franco-américaines, puisque nous en trouvons des traces significatives à Montréal en 1901. Nous pouvons lire dans les compilations imprimées des volumes du recensement de cette année-là que le district Saint-Jacques (qui englobe les quartiers Est et Saint-Jacques) rassemble 935 individus nés aux États-Unis, ce qui représente 2,2 % de sa population[12]. De ce nombre, 638 (soit les deux tiers) sont en fait d'origine canadienne-française. À ce chiffre il faudrait ajouter les parents, frères et sœurs aînés de ces Franco-Américains qui étaient pour la plupart très jeunes au moment de leur migration, car l'expérience américaine ne concerne pas exclusivement les individus nés aux États-Unis, mais également tous ceux et celles qui y ont vécu. De plus, en sachant qu'échappent à notre étude toutes les familles qui n'ont pas eu d'enfant entre deux déplacements, il semble évident que le phénomène de retour de familles franco-américaines est réel. Il est difficile à comptabiliser, mais sûrement moins marginal qu'on ne l'a déjà pensé.

NOTES

1. Cet article s'appuie sur *Les Franco-Américains à Montréal au début du XXᵉ siècle*, mémoire de maîtrise en histoire de l'auteure, Université du Québec à Montréal, 1997, 120 p. Ce mémoire à été réalisé sous la direction du professeur Paul-André Linteau.

2. Pour une vue d'ensemble du phénomène, voir Yves Roby, *Les Franco-Américains de la Nouvelle-Angleterre (1776-1930)*, Sillery, Septentrion, 1990, 434 p.

3. Yolande Lavoie, *L'émigration des Québécois aux États-Unis de*

1840 à 1930, Québec, Conseil de la langue française, 1981, p. 53.

4.   *Ibid.*, p. 58.

5.   Paul-André Linteau, *Histoire de Montréal depuis la Confédération*, Montréal, Boréal, 1992, 613 p.

6.   Ces listes ont été déposées aux Archives nationales du Canada et sont disponibles sur microfilms dans les bibliothèques de plusieurs universités canadiennes.

7.   Hélène Pelletier-Baillargeon, *Olivar Asselin et son temps*, tome I. *Le militant*, Montréal, Fides, 1996, 780 p.

8.   Bruno Ramirez, *op. cit.*, p. 169.

9.   Jacques Rouillard, *Ah les États! Les travailleurs canadiens-français dans l'industrie du textile de la Nouvelle-Angleterre d'après le témoignage des derniers migrants*, Montréal, Boréal Express, 1985, p. 23.

10.   Consulter à cet égard l'excellent article de Martin Pâquet dans le présent numéro.

11.   Bruno Ramirez, *Par monts et par vaux: Immigrants canadiens-français et italiens dans l'économie nord-atlantique (1860-1914)*, Montréal, Boréal, 1991, p. 133.

12.   *Recensement du Canada 1901*, vol. 1 *Population*, Ottawa, S.E. Dawson, 1902, p. 443.

CONSTRUCTIONS DE LECTURE:
L'INSCRIPTION DU NARRATAIRE
DANS LES RÉCITS FICTIFS D'ANTONINE MAILLET
ET DE GABRIELLE ROY

Estelle Dansereau
Département de français, d'italien et d'espagnol
Université de Calgary

Quels rapports l'écrivain issu d'une communauté francophone minoritaire entretient-il avec le Québec? Comment prépare-t-il la lecture de son œuvre pour tenir compte de sa double appartenance? Par quels moyens la critique peut-elle appréhender la construction de lecture inscrite dans le discours littéraire afin de spéculer sur une éventuelle réception québécoise? Les œuvres de deux écrivaines archi-connues serviront de base à cette enquête. Toutes deux originaires de communautés francophones éloignées du Québec, Antonine Maillet (née en 1929) et Gabrielle Roy (1909-1983) se sont initiées à l'écriture et ont poursuivi leurs activités littéraires à partir du Québec tout en continuant de tirer leur inspiration de leur région, l'Acadie et le Manitoba respectivement[1]. Établies en tant qu'adultes et écrivaines dans un milieu francophone qui les a soutenues émotivement, linguistiquement et professionnellement, elles se sont quelque peu séparées de leur région, celle qui leur conférait une identité unique en tant que francophone minoritaire et des thèmes informés par cette culture.

Maillet et Roy ont chacune commenté cette situation d'interdépendance essentielle à l'œuvre comme à l'auteure. Dans une entrevue avec Martine Jacquot, Maillet affirme: «L'Acadie, ce n'est pas tellement un lieu, c'est une culture, une mémoire, une histoire, un visage. Je peux vivre à Montréal et rester acadienne. [...] J'aime vivre à Montréal parce que c'est actuellement le milieu artistique le plus favorable pour moi [...], c'est quand même la capitale culturelle du Canada» (Jacquot, 1988, p. 256). Si Montréal répond à une nécessité professionnelle d'écrivain d'abord, elle représente pour Roy, en

1939, le siège culturel et linguistique du français si éloigné de son Saint-Boniface natal :

> Ici je n'avais ni soutien, ni certitude d'emploi même le plus modeste [...].
> Mais saurais-je, maintenant que je connaissais mieux, vivre dans cet air français raréfié du Manitoba, dans son air raréfié tout court ? Car si c'était déjà une sorte de malheur d'être né au Québec, de souche française, combien plus ce l'était, je le voyais maintenant, en dehors du Québec, dans nos petites colonies de l'Ouest canadien ! Ici du moins [...], j'avais sans cesse à droite et à gauche recueilli le son de voix parlant français avec un accent qui m'avait peut-être paru un peu lourd après celui de Paris, mais c'étaient paroles, c'étaient expressions des miens, de ma mère, de ma grand-mère, et je m'en sentais réconfortée. (Roy, 1988, p. 502)

Décision à la fois professionnelle et viscérale, vivre au Québec donne à chacune accès à une confrérie littéraire qui les accueille et leur permet par la suite de jouer un rôle primordial dans le dynamisme littéraire de leur province d'adoption. Il est certain que les honneurs découlant des prix Fémina (Roy en 1947) et Goncourt (Maillet en 1979) ont agrandi le lectorat et la réputation[2] de chacune. Si le Québec a alimenté et soutenu ces écrivaines «d'origine régionale», leurs fortunes littéraires n'en dépendent pas dans le sens strict ; leurs lecteurs réels se trouvent partout au Canada (Ricard, 1996, p. 493, et Maillet et Hamel, 1989). Gabrielle Roy est, selon François Ricard, «le seul écrivain véritablement "canadien", au sens fédéral de ce terme», qui est lu et admiré par les anglophones et les francophones de son pays (1996, p. 494). À lui seul, son roman *Bonheur d'occasion* occupe une première place dans la modernité romanesque québécoise. Par contre, l'évolution littéraire et sociale québécoise effectuée avec la Révolution tranquille a en effet permis à l'œuvre de Maillet «d'avoir un retentissement qu'elle n'eût pas eu sans lui» (Paratte, 1992, p. 310). Bien qu'elle ait été la première nord-américaine à décrocher le prix Goncourt, Maillet de son côté n'a jamais connu la popularité de Roy ; son œuvre romanesque, fortement associée à sa région d'Acadie, est considérée comme difficile, voire hermétique, ou encore folklorique. Si elle n'a pas joué un rôle fondateur dans la littérature québécoise, elle a par contre contribué à son effervescence et à sa réputation internationale.

Comment effectuer une étude des œuvres de Maillet et de Roy afin de discerner l'inscription de la lecture dans leurs textes ? La critique s'est fortement intéressée à la notion de l'autre de la lecture, à la fois par la narratologie (Genette, Prince), par la sémiotique narrative (Greimas) et par les études de la réception (Iser). Les études poststructuralistes nous ont montré que l'effet d'un texte sur un lecteur est aussi difficile à imposer, à prédire ou à confirmer que l'intention d'un auteur (Warhol, 1989, p. 26), car un texte ne peut ni prévoir ni imaginer tous les lecteurs possibles[3]. Le texte littéraire reste virtuel dans le sens qu'il invite à répondre, à interpréter, à dialoguer. La grande diversité de lectures possibles nous oblige à chercher une approche à base textuelle qui permet d'examiner comment l'auteur anticipe et espère contrôler l'effet de lecture : « le texte construit une certaine position de lecture [...] et implique par-là un espace de connivence à travers les stratégies de déchiffrement qu'il impose » (Maingueneau, 1990, p. 22). Il s'ensuit alors que le rôle du lecteur est déterminé en partie par le texte. Je ne veux cependant pas parler du « lecteur implicite » proposé par Wolfgang Iser (1985), qui vise l'instance scripteur-lecteur et qui tâche de décrire les facteurs esthétiques qui constituent le sens. Je cherche plutôt à adopter une approche strictement textuelle qui prend comme point de départ le principe d'interaction propre à la communication (dont l'émetteur/narrateur et le récepteur/narrataire font partie) et qui s'inspire de la linguistique et de l'analyse du discours.

En concevant ainsi le texte littéraire comme énonciation, on peut insister sur le pacte implicite, puisqu'elle relève de sa situation communicationnelle, entre narrateur et narrataire. Dans *Figures III*, Genette explique clairement leur rapport : « Comme le narrateur, le narrataire est un des éléments de la situation narrative, et il se place nécessairement au même niveau diégétique ; c'est-à-dire qu'il ne se confond pas plus *a priori* avec le lecteur (même virtuel) que le narrateur ne se confond nécessairement avec l'auteur » (1972, p. 265). Les interlocuteurs laissent inévitablement des traces de leur intention et, par ce fait, de leur identité. Maingueneau explique ce dialogisme : « On insiste ainsi beaucoup sur l'idée que l'énonciateur construit son énoncé en fonction de ce qu'a déjà dit le co-énonciateur, mais aussi en fonction d'hypothèses qu'il échafaude sur les capacités interprétatives de ce dernier. Le travail d'anticipation, le recours à de subtiles stratégies destinées à contrôler, à contraindre le processus interprétatif, ne sont pas une dimension accessoire mais constitutive du discours » (Maingueneau, 1990, p. 16). Cette dimension est repérable dans certaines caractéristiques rhétoriques du texte qui déterminent et organisent le déchiffrement. Genette et Prince nous ont donné de précieux outils toujours pertinents aujourd'hui pour déterminer les stratégies dont se sert le narrateur afin d'influencer son narrataire. Bien sûr, le rôle et les manifestations du narrataire varient selon le texte narratif. Cependant, ils ont ceci en commun : tous les signaux du narrataire relèvent de la situation d'énonciation (Prince, 1973) et ils sont donnés implicitement ou explicitement par le texte.

Gabrielle Roy

Gabrielle Roy a privilégié l'acte de lecture, certes, mais elle en a parlé de sa perspective d'écrivaine. Elle énonce une vision assez romantique quant à l'effet des textes sur les lecteurs : « Plus nous sommes dupes et meilleurs lecteurs nous sommes » ; « Mais le lecteur entendra, saisira la suggestion au vol et, libre d'imaginer comme il veut, comme il peut, lui aussi deviendra une sorte de créateur. Lui aussi créera des images... parfois plus belles que celles entrevues par le romancier » (Roy, 1973, p. 263 et 272). L'idée que le texte propose mais n'impose pas ses modes de lecture sous-tend cet énoncé. La question du narrataire dans les récits de Roy n'a pas été soulevée aussi souvent qu'on ne l'aurait cru, lacune encore plus surprenante étant donné le style réaliste de son œuvre. Les études fouillées qu'offrent Francœur et Wiktorowicz portent uniquement sur l'autobiographie, mais elles proposent des conclusions pertinentes (Francœur, 1996, p. 154) à notre enquête. Ces analyses fournissent le fondement pour notre propre étude autrement constituée car limitée aux récits manitobains où figurent narrateurs intradiégétiques (situés dans la diégèse) ainsi que narrateurs extradiégétiques (situés hors de la diégèse). Il reste à voir comment ces textes construisent leur narrataire et ce qu'ils nous laissent supposer d'une réception québécoise éventuelle.

Partant du principe que toute communication met en situation l'émetteur d'un discours et le récepteur de ce discours, on ne remarque dans les récits fictifs régiens à narrateurs intra et extradiégétiques que de rares signaux explicites d'un narrataire[4]. Essentiels pour préparer la réception du texte, ces signaux deviennent manifestes lorsqu'il y a déviation de ce que Prince appelle le narrataire degré zéro qui possède quatre capacités :

> En premier lieu, le narrataire degré zéro connaît la langue, le(s) langage(s) de celui qui raconte. [...] Outre ces connaissances linguistiques, [il] a certaines facultés de raisonnement [...]. [Il] connaît la grammaire du récit, les règles qui président à l'élaboration de toute histoire. [...] Enfin, [il] possède une mémoire à toute épreuve, du moins en ce qui concerne les événements du récit qu'on lui fait connaître et les conséquences qu'on peut en tirer. (1973, p. 180-181)

Ce narrataire partage le code langagier du narrateur, mais il ne possède aucune connaissance antérieure des événements ou des personnages du récit ; il ne connaît ni le narrateur ni les lieux, et son statut dans le récit reste indéfini tout comme sa position dans l'énonciation.

Selon ces conditions, nous constatons que le narrataire implicite, c'est-à-dire sans marqueurs explicites, domine dans les récits de Roy ; on lui impute une capacité linguistique adéquate et il ne sollicite d'autres renseignements que ceux offerts par le narrateur. Ce sont les caractéristiques des récits intradiégétiques de *Rue Deschambault* tout autant que des récits extradiégétiques d'*Un jardin au bout du monde*. Dans les récits à narrateur extradiégétique, dont la nouvelle « La vallée Houdou », le style journalistique des descriptions suppose un narrataire à qui le narrateur fournit les éléments nécessaires au décodage : « Le groupe des Doukhobors nouvellement arrivés à Verigin, hameau de la Prairie, vivait pour le moment dans des tentes rondes et des wagons désaffectés que l'on avait mis à leur disposition : un campement triste sur une terre étrangère » (Roy, 1981, p. 133). Choisi un peu au hasard, cet extrait montre l'impulsion de décrire, de renseigner, de donner des faits, quand vraisemblablement le récepteur du discours n'est pas en mesure de connaître ces détails. Le narrateur extradiégétique possède des connaissances privilégiées qu'il est prêt à partager, mais il le fait à partir d'une position d'observation antérieure au discours et traduite par le texte. Milieu, société et activités inconnus du narrataire degré zéro sont actualisés et rendus familiers pour lui. Un narrateur qui fournit des renseignements, qui se donne la perspective d'omni-science, établit une distance entre lui-même et son narrataire (Warhol, 1989) et assume peut-être une autorité exagérée sur son récit. L'effet d'échanges verbaux, de dialogisme est perdu.

Dans *Rue Deschambault*, le narrataire n'est jamais nommé ni interpellé par le narrateur intradiégétique, si bien qu'il demeure inconnu. La nouvelle d'ouver-ture «Les deux nègres» introduit ainsi la maison, la rue Deschambault, cer-tains membres de la famille pour renseigner le narrataire, qui ne les connaît pas: «Lorsqu'il fit construire la nôtre, mon père prit comme modèle la seule autre maison qui se trouvait alors dans cette petite rue Deschambault sans trottoir encore, fraîche comme un sentier entre des buissons d'aubépine, et, en avril, toute remplie du chant des grenouilles. Maman était contente de la rue, de la tranquillité, du bon air qu'il y avait là pour les enfants [...]» (Roy, 1980, p. 9). Le narrataire ne fait pas partie de ce monde culturel qui lui est présenté et il en est exclu explicitement par les pronoms inclusifs limités à la narratrice et à son entourage: «la nôtre», «mon père», «maman». Ainsi ce monde, d'une étrangeté et d'une familiarité aussi, lui est présenté comme s'il le voyait pour la première fois: les noms propres, les liens de parenté, les emplacements géographiques sont précisés.

Cependant, même les récits les plus neutres laissent entrevoir la présence et l'identité d'un narrataire par des déviations du degré zéro. Par déviation, Prince entend tout usage qui rend explicite un aspect du narrataire. Dans les récits intradiégétiques de Roy, le lecteur ne reçoit aucun indice de la person-nalité ou du comportement du narrataire; aucune forme directe d'adresse, aucune interpellation «vous» ou «tu». L'identité de la narratrice est beau-coup plus sûre, car elle est marquée non seulement par un «je» qui se montre narrant («Il faut bien que je raconte aussi l'histoire d'Alicia», 1980, p. 166), mais qui dit raconter les événements de sa propre vie, son histoire. Elle les raconte pour la plupart à un narrataire neutre (ou impartial) qui les reçoit tout simplement. Dans l'extrait déjà cité de la nouvelle «Alicia», le verbe «faut» communique une nécessité sans révéler d'où elle émane, l'adverbe «bien» laisse penser qu'un empêchement menace le récit annoncé, et le verbe «raconte» reste sans destinataire. En plus de l'imprécision créée, cet énoncé révèle une narratrice qui cherche à taire son narrataire. Les signaux du narrataire peuvent renvoyer aux codes culturel[5], d'une part, et linguisti-que, d'autre part. Le partage d'un certain code linguistique est surtout non marqué; il en va de même pour les figures: «être sur des charbons ardents» et arriver «tout feu tout flamme» (1980, p. 22). Certains canadianismes se glissent subrepticement dans le discours du narrateur («brunante», «cava-liers»), tandis que d'autres sont marqués («vint la "prendre" pour une petite marche», p. 31), comme le sont les mots étrangers «*tatting*» (p. 10), «*porter*» (p. 15), et «*adobe*» (p. 201). Dans *Rue Deschambault* surtout, les déviations de descriptions qui consisteraient à supprimer des renseignements nécessaires se font rares; quant aux récits d'*Un jardin au bout du monde*, surtout pour ce qui est de l'histoire de la colonisation de l'Ouest canadien, le renseignement laconique n'interrompt pas la suite du récit; il fournit juste le nécessaire: «Verigin, hameau de la Prairie» (1981, p. 133), «Codessa, sorte de petite capitale ukrainienne dans le Nord canadien» (p. 153). Comme on peut s'y attendre d'un recueil de nouvelles conçu comme unité diégétique, les référents intradiégétiques sont très nombreux, si bien que, ayant présenté sa famille et sa rue, la narratrice se fie à la mémoire de son narrataire pour retenir ces détails. Jamais cependant n'intervient-elle pour le lui rappeler.

Lorsqu'il s'agit du narrataire degré zéro, la position spatio-temporelle qu'occupent les interlocuteurs reste conforme à l'intérieur de la situation d'énonciation (Prince, 1973, p. 182) où le narrateur raconte et se remémore les événements du passé. Chez Roy, nous ne trouvons pas de référents directs indiquant la position du narrataire par rapport à la narration; on suppose alors qu'il se situe à l'extérieur. Jamais le narrataire ne compte-t-il parmi les participants du monde de la diégèse, comme l'ont illustré certains extraits déjà cités et comme l'illustre ceux-ci: «l'air même lui faisait tort... sauf quand il était doux et parfumé par l'églantine, comme il arrive au mois de juin...» (1980, p. 183); «des noms qui ne couraient certes pas nos chemins de terre, au Manitoba» (p. 184). Cependant, comme j'en ai discuté ailleurs (Dansereau, 1995, p. 133-134), les déictiques spatio-temporels «ici» et «maintenant» peuvent constituer un signe du narrataire lorsqu'ils marquent un écart (Piwowarczyk, 1976, p. 171). Ceux-ci abondent dans les récits d'*Un jardin au bout du monde*, mais sont rarement employés dans *Rue Deschambault*. Les adverbes «ici», «maintenant» et «aujourd'hui» choquent dans une narration historique, sauf quand ils renvoient à l'instance narrative. Leur présence a aussi pour effet d'exclure le narrataire du site occupé par le narrateur qui, lui, s'approche de son personnage: «Il avait éprouvé l'impression de n'être plus vraiment personne, qu'une parcelle d'être, rien d'autre qu'une pensée errant échouée *ici*, sans soutien de corps ou d'âme. / *À présent*, il se situait un peu dans sa personnalité et sa vie...» (Roy, 1981, p. 65). Les déictiques ont la double fonction de rendre les deux instances perceptibles et de réduire la distance entre elles tout en excluant le narrataire.

Si Roy laisse si peu d'indices d'un narrataire dans ses récits, comment arriver à déterminer le statut des interlocuteurs? Ce statut est souvent créé par les pronoms qui soulignent le rapport et la distance entre le narrateur et le narrataire, et aussi par les interpellations. L'emploi du pronom «nous» est rare dans l'instance narrative; il reste plutôt au niveau de la diégèse et, comme le montre Wiktorowicz, il marque soit la communauté familiale, soit la communauté franco-manitobaine («le vent qui souffle par chez nous», 1980, p. 183). Cependant, cet extrait tiré de «Gagner ma vie» dans lequel le pronom devient polysémique est révélateur:

> Mais nous, ensemble, nous avions chaud. Les deux petits répétèrent les mots de leur leçon. Tout près de nous la tempête [...] pleurait et trépignait à la porte. Et je ne le savais pas tout à fait encore — *nos* joies mettent du temps

parfois à *nous* rattraper — mais j'éprouvais un des bonheurs les plus rares de ma vie. Est-ce que le monde n'était pas un enfant ? Est-ce que *nous* n'étions pas au matin ?... (1980, p. 293 ; c'est moi qui souligne)

Le pronom inclusif « nous » non souligné ne désigne que les personnages de la diégèse, groupe qui inclut la narratrice, mais pas le narrataire. Les pronoms soulignés cependant renvoient à un autre contexte, plus impersonnels, à une vérité de l'existence qui s'étend à tous les humains y compris le narrataire, bien que celui-ci ne soit pas identifié de façon explicite. Devant l'absence d'autres indices pour le préciser, on peut tout de même avancer l'hypothèse que ce pronom a pour fonction la délimitation de deux espaces, l'un du récit et l'autre du discours, et exprimant une perspective de culture. Dans les récits extradiégétiques « La vallée Houdou », « Où iras-tu Sam Lee Wong ? » et de *La rivière sans repos*, la forme pronominale « on » soulève autrement la question de référentialité (Dansereau, 1995, p. 131). Un examen de certaines positions inscrites dans le discours et suggérées par les pronoms personnels renvoyant à la situation d'énonciation peut faciliter la mise en évidence des rapports entre les univers conflictuels des récits régiens.

Selon Prince, les formes impératives et interrogatives signalent également la présence du narrataire : « Parfois aussi, quand les questions ou pseudo-questions émanent du narrateur, elles ne s'adressent pas à lui ou à l'un des personnages, mais plutôt à un narrataire dont certaines résistances, certaines connaissances sont alors dévoilées » (1973, p. 184). Comme il a souvent été remarqué, Roy surdétermine le questionnement dans ses récits intra et extra-diégétiques. Dans les récits de *Rue Deschambault*, l'autoquestionnement fait ressortir l'attitude provisoire de la narratrice comme si elle sollicitait de son narrataire une réponse ou une confirmation : « c'était même toute sa grâce ; *ou bien est-ce* mon souvenir embelli qui me la fait voir aujourd'hui telle une espèce de temple grec en notre petite rue Deschambault ? *Quoi qu'il en soit* [...], je me traînais pour voir... » (1980, p. 83 ; c'est moi qui souligne) ; « La vie devait-elle se gagner ? Ne valait-il pas mieux la donner une seule fois, dans un bel élan ?... Ou même la perdre ? » (p. 282). Comme le remarque Wiktorowicz, ces stratégies « renforcent le ton complice entre les interlocuteurs » (1992, p. 85). La narratrice se montre incertaine, elle s'interroge, cherche des éclaircissements, propose des réponses. Ces stratégies rehaussent l'effet de recherche de soi, une quête à laquelle le narrataire est convoqué. De même, Roy actualise les modalités certitude/incertitude. À titre d'observatrice de son récit, la narratrice adopte très souvent les modalités du doute : par l'emploi fréquent de verbes, d'adverbes (« pourtant », « même »), de locutions verbales ou adverbiales (« sans doute »), du mode conditionnel et même de marques textuelles (points de suspension) pour exprimer des réserves sur ce qu'elle affirme : « mais on a exagéré, je pense » (p. 25) ; « Et il est bon peut-être qu'on ait eu très jeune un atroce chagrin » (p. 43). Ces conjectures sont les plus fréquentes dans les nouvelles mettant en scène des personnages qui se cherchent ou qui cherchent à comprendre un monde qui leur est étranger. Analogues aux structures interrogatives, ces procédés fonctionnent pour soustraire l'autorité univoque des descriptions, et signalent le besoin de comprendre, de rassurer, de gagner une certitude inaccessible. Dans les récits extradiégétiques, l'incertitude du personnage, communiquée par la forme interrogative, crée un discours à double conscience qui sert à augmenter l'importance de l'indécision ressentie par le personnage : « Comment serait donc maintenant le visage de la solitude ? Plus intense encore que dans les foules monstrueuses ? Ou pareil à lui-même toujours ? Sam Lee Wong promenait le regard sur l'inconnu de la carte » (Roy, 1981, p. 64). Le déictique non adéquat « maintenant » réussit à créer l'illusion d'une conscience double et à réduire l'autorité de la voix narrative. Ainsi Roy réussit-elle dans ces récits extradiégétiques à faire entrer plus intimement (et explicitement) le narrataire dans l'expérience de déplacement et d'aliénation des dépossédés.

Selon Prince, les surjustifications sont parmi les indices les plus révélateurs d'une présence du narrataire. Elles sont rares chez Roy, en raison du statut indéfini de son narrataire. Aucun destinataire alors n'oblige la narratrice à s'expliquer ou à se justifier. Ces exemples méritent d'être cités : « mais on a exagéré, je pense » (p. 25) ; « mais je n'oublie pas » (1980, p. 175) ; et le plus évident : « Il faut bien que je raconte aussi l'histoire d'Alicia ; sans doute est-ce celle qui a le plus fortement marqué ma vie ; mais comme il m'en coûte !... » (p. 164). La résistance et l'autojustification font ressortir la nécessité narrative et l'honnêteté ; elles dévoilent l'appréhension et l'élan sincère de la narratrice. C'est dans *Rue Deschambault* surtout que la narratrice se montre pesant les souvenirs. Elle anticipe l'opinion du narrataire sur des événements et sollicite sa complicité : « Néanmoins ma mère se fit à cette idée ; au fond, je le pense [...]. Peu après, je me souviens, c'était une journée éclatante » (p. 15). Il semble qu'elle anticipe la résistance du narrataire et l'invite à explorer l'événement avec elle au lieu de la contredire. Comme la narratrice se montre vulnérable, consciente de ses lacunes, incertaine de ses observations, douteuse de la signification d'événements passés, elle invite son narrataire dans l'autoquestionnement.

Ce parcours abrégé et un peu superficiel des signaux du narrataire dans les récits manitobains de Roy confirme notre conclusion initiale : que dans ses récits intra et extradiégétiques, Gabrielle Roy construit des narrataires implicites, surtout extérieurs à la situation d'énonciation. Par le fait de fournir tous les renseignements nécessaires au décodage du récit, elle ne suppose chez lui aucune participation directe ; elle le conçoit comme une personne pour qui les milieux et les époques représentés — de la rue Deschambault, des immigrants de la Prairie canadienne — sont tout à fait inconnus. Les exceptions à cette règle se regroupent autour de stratégies qui servent à faire entrer le narrataire dans les expériences les plus personnelles de la narratrice (ou parfois des personnages), comme si les limites imposées sur les connaissances du narrataire ne s'appliquaient pas lorsqu'il s'agit des états de l'esprit. Ici le partage est justifié. À l'aide de stratégies discursives judicieusement choisies, Roy parvient à reproduire la quête de soi et à y convoquer le narrataire.

Antonine Maillet

Même si le style épique et postmoderne des romans ressemble peu au réalisme intimiste, quoique fortement poétique, de Roy, Maillet avoue à Donald Smith avoir été influencée par l'œuvre de Gabrielle Roy qu'elle admire pour sa « forme convaincante de réalisme et [son] degré exceptionnel de poésie» (Smith, 1983, p. 247). Le projet de Maillet propose ici un biais de lecture particulier. Certes, l'identité régionale résonne dans toute l'œuvre de Maillet, auteure universellement associée à l'Acadie. C'est elle qui a fait connaître au-delà de leurs « frontières», sa culture, sa géographie, son histoire, sa langue, son peuple et ses traditions orales. Vedette des médias, Maillet discourt souvent sur son pays et son écriture, et c'est surtout de ces observations que nous vient le portrait de ses lecteurs. Ce n'est que d'après ses textes, cependant, que nous pouvons construire l'identité de son narrataire et déterminer les stratégies de lecture invoquées. Je limite mon analyse du narrataire au roman *Pélagie-la-charrette* (1979)[6] et j'exclus entièrement les récits courts construits selon le modèle du conte oral. Le discours du conte oral est surdéterminé dans *L'Île-aux-Puces* (1996): la forme pronominale «vous» par laquelle l'auditeur est convoqué et le parler populaire acadien fidèlement reproduit confient au peuple le rôle de narrataire, sorte d'auditoire légendaire qui partage les traditions et les croyances avec le narrateur et les personnages. Ainsi comprend-on de tels usages: «mais pouvez-vous me dire où c'est qu'elle est rendue, c'te année?» (p. 13); «Mais écoutez pas les grands langues» (p. 14); «Heh! me v'là bien amanchée! Riez pas, ça va toutes vous arriver un jour» (p. 215). Cette structure narrative est constante même lorsque les narrateurs se multiplient. Denis Bourque décrit la structure comme étant typique de Maillet: elle «reprend et réaffirme les schèmes de pensée que véhiculaient les œuvres du passé traitant des Acadiens et on peut dire qu'ainsi elle répond à l'horizon d'attente d'un certain public acadien» (1989, p. 9).

Devant la structure complexe des romans et leurs voix narratives multiples, tracer le portrait des narrataires n'est pas chose simple. Dans *Pélagie-la-charrette*, l'histoire de la dépossession des Acadiens et de leur odyssée de retour est narrée par plusieurs narrateurs, parfois séparés par le temps et l'espace, ce qui rend difficile l'identification du ou des narrateurs. Les niveaux narratifs sont cependant marqués dans le texte, et le lecteur arrive à se rendre compte des emplacements spatio-temporels des narrateurs tels que décrits par René LeBlanc (1984, p. 15-31). Afin de simplifier (pour saisir) la structure fortement entrelacée de ce roman, je limiterai cette discussion à la voix narrative principale, celle de 1979, car c'est elle l'architecte du récit, c'est elle qui exerce la fonction de régie et c'est dans son discours que sont imbriquées en somme les autres voix, celles de 1979, de 1880 et de la diégèse. C'est cette voix qui interrompt le récit des autres, qui insiste, parle à un narrataire, et formule une conscience historique (Brière, 1996, p. 15-16). Comme le montre Brière, le roman lui-même adopte une structure interlocutive: les trois temps de l'histoire sont tissés comme une tapisserie; les discours qui interrompent, complètent et contredisent, traversent le temps (Brière, 1996, p. 16-17). Et ce, afin d'actualiser la structure même de la situation d'énonciation. Pour céder enfin aux dépossédés leur histoire, Maillet entremêle les voix narratives et donc les narrataires d'une telle façon que les déchiffrer met en jeu son récit.

Louis à Bélonie, qui assume le rôle de conteur contemporain, est incarné dans son rôle par un narrateur principal qui avoue son lien de parenté. Par cette attribution des rôles, Maillet semble privilégier le verbal et réduire presque uniquement le textuel à sa manifestation concrète de roman. Les voix du locuteur et du narrateur de 1979 ne sont pas marquées textuellement et nécessitent alors une attention aiguë du lecteur. L'ouverture du prologue offre quelques indices de décodage :

> Au dire du vieux Louis à Bélonie lui-même, ce rejeton de Bélonie né comme moi de la charrette, seuls ont survécu au massacre des saints innocents, les innocents qui ont su se taire. N'éveille pas l'ours qui dort, qu'il dit [...]. C'est pourquoi l'Acadie qui s'arrachait à l'exil, à la fin du XVIIIe siècle, est sortie de ses langes tout bas, sans vagir ni hurler, sans même se taper dans les mains. Elle est entrée au pays par la porte arrière et sur la pointe des pieds. (Maillet, 1979, p. 9)

S'il se situe par rapport à l'odyssée de la charrette et dans la tradition orale du récit épique, le locuteur se sert de l'énigme pour parler des rescapés et de l'Acadie. Il est évident dès le départ qu'il s'attend à trouver un narrataire dégourdi. Il crée l'effet de parler à un concitoyen, quelqu'un bien disposé à apprécier le style oral du conteur, quelqu'un qui possède comme lui de vastes connaissances historiques et géographiques de l'Acadie, comme le montre cet extrait : « son peuple avait déjà payé assez cher une parole donnée au roi d'Angleterre qui, sur une clause controversée d'un serment d'allégeance, l'expédiait à la mer sans plus de cérémonie » (p. 94). L'importance et la signification de tels référents historiques ne sont pas expliquées par le texte, ce qui suppose un narrataire qui arrive au récit connaissant l'Acadie. La priorité donnée au discours ironique de l'extrait suivant rend secondaire les détails historiques du hors-texte : « Car l'Acadie, à force d'être ballotée d'un maître à l'autre, avait fini par se faufiler entre les deux, par les leurrer tous et par mener ses affaires toute seule, juste sous le nez des Louis et des George des vieux pays qui reniflaient encore du côté des épices » (p. 15-16). Ce narrateur demande à son narrataire non seulement de confirmer le regard ironique mais également d'apprécier son jeu ludique. Nombreux sont les signaux qui le confirment.

De l'introduction des personnages par leur lignée (« qui l'avait reçu de père en fils de ce propre Bélonie, fils de Thaddée, fils de Bélonie premier », p. 12), à la litanie de noms acadiens (« les retailles des familles Cormier, Girouard, Bourgeois, Thibodeau, Léger, Basque et Leblanc », p. 81), le narrateur suppose que son narrataire comprend implicitement la valeur de cette tapisserie d'un peuple, qui se joue également dans la structure narrative. Rappelons ce que dit Prince : « Sans le secours du narrateur, sans ses renseignements et ses explications, il ne peut ni interpréter la valeur d'un acte ni en saisir les prolongements» (1973, p. 181). Tout indique dans ce roman que le narrataire partage les valeurs, les traditions et les croyances du narrateur, et que ce dernier peut donc s'épargner les descriptions et les précisions de lieux, de personnes et d'événements. Pourquoi Maillet procéderait-elle ainsi? Peut-être parce que l'objet de son récit n'est pas de dire l'histoire du retour, circonstance du passé, mais de créer une histoire d'appartenance pour l'Acadie actuelle.

Cette histoire est construite d'événements certes, mais aussi d'une expressivité distincte. Comme pour toutes les œuvres de Maillet, le code langagier est spécifique à la région d'Acadie et dans ce sens aussi il appelle le narrataire. Le narrateur suppose un code partagé par le narrataire, à la fois par son parler populaire quoique adouci par la phrase normative (Nadon, 1984, p. 110-111), et par son emploi judicieux d'un vocabulaire acadien qui hausse le réalisme des discours directs et des énonciations des «gicleux de la maçoune». Plus significatives, car révélatrices de suppositions implicites, sont les figures de langage nourries par le paysage acadien, défini par la proximité de la mer: «comme si la mer elle-même craignait d'avaler une race assez hardie pour lui dénouer les racines et les veines d'eau, au fond des fonds» (p. 92); «elle avait déjà des ressorts aux jambes et le vent dans le nez» (p. 9); «et le capitaine en rit de toute sa gorge rauque de sel et de vent du large» (p. 113).

La voix narrative confirme aussi le travail fondateur du récit. Le narrateur assume en grande partie sa responsabilité en tant qu'héritier et propagateur des événements du passé. Ainsi exécute-t-il les transgressions de temps et d'espace, effectuées lorsque deux discours se heurtent et entrent dans une nouvelle situation de communication: «Les charrettes en étouffaient et ne parvenaient pas à s'informer de tout le monde en même temps. Alors on bousculait les Marin et les Martin sur les Mazerolle qui chaviraient dans le lignage Dupuis marié à la famille Lapierre dit Laroche. *Vous viendrez pas me dire...*» (p. 95-96; c'est moi qui souligne). Si la position de chaque énonciateur n'est pas marquée explicitement, elle l'est syntaxiquement par la forme pronominale «vous», rare dans le discours du narrateur. En fait, selon Prince, l'emploi de ces formes pronominales crée une déviation du narrataire degré zéro et éclaire la position du narrataire. Souvenons-nous que rien n'est simple dans ce roman. Les deux exemples qui suivent portent à croire que le narrateur se considère comme le prophète de son peuple, ou du moins le gardien de leur histoire: «Célina en avala sa glotte. Eh bien oui, une déportation se fait comme ça, figurez-vous! on vous fournit les goélettes, s'il fallait! Comme on fournit la corde et la potence aux condamnés» (p. 19). Cet usage est ambigu, car le pronom personnel, tout en semblant être destiné au narrataire, pourrait renvoyer à une autre instance. Un même dédoublement d'effet est reproduit ici: «Si vous pensez! Les Bourgeois n'étaient pas parvenus à camoufler leur coffre dans une cale de goélette anglaise» (p. 49).

En parlant directement à son personnage («pardon, Pélagie», p. 11), le narrateur marie l'instance diégétique et l'instance narrative pour rapprocher les deux temps. Comme il crée par sa narration une histoire d'Acadie, il invoque directement les voix qui en font partie et les insère dans une nouvelle situation de communication. Dans celle-ci, les interlocuteurs occupent des temps et des espaces divers et entrent dans un vrai rapport d'échange, car l'échange est nécessaire pour créer un pays. Par l'emploi de la forme pronominale «nous», le narrateur se confirme en gardien ou prophète: «La vie ne s'arrête pas de respirer simplement parce qu'elle prend le chemin du nord, voyons» (p. 22). Haute incidence du pronom inclusif «on», il semble être réservé à la communauté des déportés dans un premier temps et à la collectivité acadienne dans un second. Ainsi ce pronom permet-il à cette communauté de se rejoindre à travers les siècles: «Depuis cent ans déjà qu'on se passait la charrette»; «on la lui raconterait encore et encore» (p. 11); «un nom, on se passait ça comme un héritage» (p. 161).

Enfin, en tant que gardien et diffuseur de l'histoire, le narrateur révèle qu'il s'attend à des réactions de son narrataire, surtout lorsqu'il emploi les formes affirmatives ou négatives afin d'insister, de confirmer, de corriger: «Elle qui avait connu la prospérité et l'indépendance en terre d'Acadie... oui, l'indépendance» (p. 15); «Pas aux pierres, non, Bélonie, à la vie, la vie qui grouillait autour de la charrette» (p. 22); «Pas caillé, non, choisi» (p. 17). Dans ces deux derniers exemples, le narrateur offre lui-même les réponses, corrige les impressions de ses personnages, et par ces actes se montre toujours gardien et narrateur de son récit. C'est pourquoi il peut fièrement affirmer son pays: «L'espoir, c'était le pays, le retour au pays perdu» (p. 17). Le narrataire reçoit cette leçon du narrateur-pédagogue-conservateur de l'histoire, non comme personne exclue qui a tout à apprendre mais comme membre réel qui a droit à cet héritage, comme tout membre d'une famille.

Contraire au narrataire régien, celui de Maillet est membre de la tribu: il possède les codes linguistique et culturel du narrateur, il entre dans l'activité de remémoration qui mènera à la réappropriation d'une histoire et d'un pays auquel il n'est pas indifférent. Avant tout, il incarne dans son rapport avec le narrateur le pouvoir de l'interlocution, qui elle est nécessaire à la réappropriation d'une terre, d'une histoire et d'une langue. Enfin quels effets de lecture sont annoncés lorsqu'on tient uniquement compte de ce positionnement discursif? La critique a eu raison de dire que le «phénomène Maillet [...] correspond à des mécanismes de lecture étrangers aux préoccupations de la presse internationale ou même québécoise» (de Finney, 1986, p. 17), dans le sens où la réception construite par le texte est d'abord régionale. Notre analyse du rôle consacré au narrataire du roman *Pélagie-la-charrette* confirme cette conclusion, et annonce un mode de lecture qui devra résister (ou entrer en rapport ludique avec) un texte fortement défini par son monde culturel.

Conclusion

Notre étude des narrataires dans certaines œuvres de Maillet et de Roy suggère que chacune, individuellement, en tant qu'écrivaine parle de ses origines. Ces auteures construisent dans les situations interlocutives de leurs œuvres un mode de réception qui signale le rapport qu'elles entretiennent avec leur héritage et avec leurs lecteurs. Pour sa part, Gabrielle Roy n'a pas cessé de feuilleter les mémoires de son enfance au Manitoba et de les exhiber comme des objets inconnus des autres (narrataires et implicitement lecteurs). Elle crée des situations d'énonciation qui accordent au narrateur une autorité jalouse sur son monde, qui assurent la distance entre les interlocuteurs et qui restreignent radicalement toute activité dialogique. Il est sans doute très significatif que seuls les moments d'autoréflexion (de l'instance narrative comme de la diégèse) invitent à pénétrer dans le domaine du narrateur. Seuls les grands mystères de l'existence et de la mémoire incitent le narrateur régien à entrer en dialogue (ou en interrogation) avec son narrataire, rongé lui aussi par ces questions. Il n'est pas négligeable qu'elles restent sans réponse. L'écrivaine Antonine Maillet est nullement décontenancée par ses origines acadiennes qui non seulement alimentent la diégèse et la narration de son roman mais aussi l'acte même d'écrire. Narrateurs et narrataires entrent dans un rapport dialogique créateur, car ils partagent la même histoire et le même projet d'avenir. Leur discours interactif est construit pour entraîner le lecteur/récepteur dans leur projet ludique de réappropriation d'une histoire. Puisque la distance n'est nullement entretenue comme position possible de réception (tout dans le roman milite pour l'effacement des distances spatio-temporelles), l'enjeu est considérable pour la lecture. D'après nos conclusions quant à la construction du narrataire maillettien, celui ou celle à qui est destiné le récit peut soit l'embrasser et se laisser emporter par lui, soit résister et abandonner la lecture. Maillet exige un engagement passionné. De son côté, la lecture chez Roy est plus discrète ; le lecteur, comme le narrataire, est moins fortement appelé à s'engager dans le récit.

À partir de ces conclusions, quelles hypothèses pouvons nous formuler quant au lectorat québécois ? Nous cherchons à comprendre comment, après avoir pris conscience des stratégies de lecture invoquées par les textes, un lecteur pourrait les recevoir[7]. Il est fort possible que le lecteur québécois ait des affinités géographiques et linguistiques avec les auteurs, mais non pas des sympathies idéologiques, ce qui nous permet de privilégier des lectures textuellement constituées. Il faut reconnaître alors que Maillet et Roy sollicitent de façon radicalement différente leur lecteur, ce qui explique la réalité de leur réception au Québec. Gabrielle Roy déploie toute la richesse et la beauté de son pays lointain et défavorisé pour régaler son lecteur et l'inciter à l'autoréflexion. L'activité est marquée par le plaisir et la constatation. Le festin que propose Antonine Maillet est radicalement plus rabelaisien. Conforme au genre postmoderne, son roman interpelle le lecteur mais ne cède pas ses richesses sans réciprocité. Bien que les thèmes du roman, si intimement reliés à l'Acadie, soit captivants et intrinsèquement pertinents, celui-ci désire être vécu et assumé. C'est ainsi qu'il choisit son lecteur.

BIBLIOGRAPHIE

Bourque, Denis, « Horizon d'attente du lecteur acadien des années soixante-dix : dialogue avec le mythe », dans Maillet et Hamel, p. 199-213.

Brière, Eloïse A., « Antonine Maillet and the Construction of Acadian Identity », dans Mary Jean Green *et al.* (dir.), *Postcolonial Subjects : Francophone Women Writers*, Minneapolis et Londres, University of Minnesota Press, 1996, p. 3-21.

Charles, Michel, *Rhétorique de la lecture*, Paris, Seuil, 1977.

Dansereau, Estelle, « Formations discursives pour l'hétérogène dans *La rivière sans repos* et *Un jardin au bout du monde* de Gabrielle Roy », dans Claude Romney et Estelle Dansereau (dir.), *Portes de communications : études discursives et stylistiques de l'œuvre de Gabrielle Roy*, Sainte-Foy, Presses de l'Université Laval, 1995, p. 119-136.

de Finney, James, « Antonine Maillet : un exemple de réception littéraire régionale », *Revue d'histoire littéraire du Québec et du Canada français*, n° 12, 1986, p. 17-33.

_____, « *Le huitième jour* : aspects ludiques et mythiques », dans Maillet et Hamel, p. 249-264.

Demers, Jeanne, « Une entreprise de séduction ou la réception au Québec d'Antonine Maillet », dans Maillet et Hamel, p. 297-312.

Francœur, Marie, « *La détresse et l'enchantement* : autobiographie et biographie d'artiste », dans André Fauchon (dir.), *Colloque « international » Gabrielle Roy*, Winnipeg, Presses universitaires de Saint-Boniface, 1996, p. 151-168.

Genette, Gérard, *Figures III*, Paris, Seuil, 1972.

Iser, Wolfgang, *L'acte de lecture : théorie de l'effet esthétique*, trad.

Evelyne Sznycer, Bruxelles, Madraga, 1976.

Jacquot, Martine L., « « Je suis la charnière" : entretien avec Antonine Maillet », *Studies in Canadian Literature*, 13.2, 1988, p. 250-263.

LeBlanc, René, « L'oralité du style dans les romans d'Antonine Maillet », *Revue d'histoire littéraire du Québec et du Canada français*, n° 12, 1986, p. 35-49.

_____, « Structures et techniques du récit », dans *Derrière la charrette de Pélagie. Lecture analytique du roman d'Antonine Maillet, Pélagie-la-Charrette*, Pointe-de-l'Église (N.-É.), Presses de l'Université Sainte-Anne, 1984, p. 15-31.

Létourneau, Jocelyn *et al.* (dir.), *La question identitaire au Canada francophone : récits, parcours, enjeux, hors-lieux*, Sainte-Foy, Presses de l'Université Laval, 1994.

Maillet, Marguerite et Judith Hamel (dir.), *La réception des œuvres d'Antonine Maillet : actes du colloque international organisé par la Chaire d'études acadienne les 13, 14 et 15 octobre 1988*, Moncton, Chaire d'études acadiennes, Université de Moncton, 1989.

Maingueneau, Dominique, *Pragmatique pour le discours littéraire*, Paris, Bordas, 1990.

Nadon, Jacques, « Langue et style : de la Sagouine à Pélagie », dans *Derrière la charrette de Pélagie. Lecture analytique du roman d'Antonine Maillet, Pélagie-la-Charrette*, Pointe-de-l'Église (N.-É.), Presses de l'Université Sainte-Anne, 1984, p. 109-126.

Paratte, Henri-Dominique, « Antonine Maillet, romancière : foisonnement et unité », dans François Gallays (dir.), *Le roman contemporain au Québec (1960-*

1985), Montréal, Fides, 1992, p. 303-330.

Piwowarczyk, Mary Ann, « The Narratee and the Situation of Enunciation : A Reconsideration of Prince's Theory », *Genre*, 9.2, 1976, p. 161-177.

Prince, Gérald, « Introduction à l'étude du narrataire », *Poétique*, n° 14, 1973, p.178-196.

_____, « Narrative Pragmatics, Message and Point », *Poetics*, n° 12, 1983, p. 527-536.

Ricard, François, *Gabrielle Roy, une vie*, Montréal, Boréal, 1996.

Roy, Gabrielle, *La détresse et l'enchantement. Autobiographie*, Montréal, Boréal, 1988.

_____, *Un jardin au bout du monde*, Montréal, Beauchemin, 1981.

_____, « Jeux du romancier et des lecteurs », dans Marc Gagné, *Visages de Gabrielle Roy*, Montréal, Beauchemin, 1973, p. 263-272.

_____, *La rivière sans repos*, Montréal, Stanké, 1979.

_____, *Rue Deschambault*, Montréal, Stanké, 1980.

Smith, Donald, « Antonine Maillet... l'Acadie pays de la ruse et du conte », dans *L'écrivain devant son œuvre : entrevues*, Montréal, Québec/Amérique, 1983, p. 242-268.

Warhol, Robyn, *Gendered Interventions : Narrative Discourse in the Victorian Novel*, New Brunswick et Londres, Rutgers University Press, 1989.

Wiktorowicz, Cécilia, « Fonctions et signification du narrataire autobiographique chez Gabrielle Roy », dans Madeleine Frédéric (dir.), *Entre l'histoire et le roman : la littérature personnelle*, Bruxelles, Centre d'études canadiennes, Université Libre de Bruxelles, 1992, p. 77-99.

NOTES

1. Rappelons ce qui lie Maillet au Québec: elle a fait des études en lettres à l'Université de Montréal, puis en folklore à l'Université Laval; elle publie dès 1958 chez des éditeurs québécois (faute de maison d'édition en Acadie); elle y habite et y enseigne; elle devient vedette des médias québécois (Paratte, p. 310-311). Quant à Roy, elle s'installe au Québec dès 1939, d'abord à Montréal, puis à Québec, et avec la publication de *Bonheur d'occasion* (1945) elle entre dans l'institution littéraire québécoise avec éclat.

2. Le prix Fémina pour *Bonheur d'occasion* assure à Gabrielle Roy non seulement une renommée assez fabuleuse pour une écrivaine en 1947, mais une distribution en Europe et aux États-Unis.

3. Dominique Maingueneau veut qu'on reconnaisse un lecteur hétérogène, puisque « les interprétations varient selon les contextes de réception » : « Certes, quand ils élaborent leurs textes, les auteurs doivent bien avoir à l'esprit un certain type de public, mais il est de l'essence de la littérature que l'œuvre puisse circuler en des temps et des lieux fort éloignés de ceux de leur production. Cette "décontextualisation" est le corrélat de l'ambiguïté fondamentale de l'œuvre littéraire » (1990, p. 29 et 27).

4. Wiktorowicz fait cette constatation au sujet de *La détresse et l'enchantement*, ce qui surprend, car on s'attend normalement à une surdétermination du narrataire dans l'autobiographie (1992, p. 78).

5. Le référent extratextuel « Sir Wilfrid Laurier » (1980, p. 11) suppose un narrataire connaisseur de l'histoire canadienne, tandis que les référents intratextuels « j'étais la fourmi de la fable, sauf que d'une fois à l'autre je venais au secours de la cigale » (1980, p. 25) et « j'ai pensé au bel Archange jeté dans les ténèbres [...] c'est Lucifer » (1980, p. 257) supposent que les narrataires connaissent la littérature et la Bible.

6. La structure du roman *Le chemin Saint-Jacques* (1996) par laquelle les deux voix narratives, « Radi » et « Radegonde », entrent dans un rapport interlocutif dynamique confirme splendidement notre construction de lecture chez Maillet.

7. Prince suggère le moyen de faire la transition entre le narrataire et le lecteur: « Le rôle le plus évident du narrataire [...] est celui de relais entre narrateur et lecteur(s), ou plutôt entre auteur et lecteur(s). Certaines valeurs doivent-elles être défendues, certaines équivoques dissipées, elles le sont facilement par l'entremise d'interventions auprès du narrataire » (1973, p. 192).

DE COUPS DE SALAUDS ET D'ABANDONS : LA FRANCO-PHONIE ALBERTAINE FACE À LA QUESTION NATIONALE DANS *LE FRANCO*, 1984-1997

Claude Denis
Faculté Saint-Jean
Université de l'Alberta (Edmonton)

Introduction

Les minorités francophones et leurs représentants sont frappés périodiquement d'une maladie qui afflige aussi — mais de façon moindre — la classe politique et la population canadienne en général : l'obsession de « l'unité canadienne ». Comme l'indiquait la présidente de l'Association canadienne-française de l'Alberta (ACFA) au moment de l'échec de l'accord Meech, les Franco-Albertains « sont plus sensibles, plus éveillés et plus à jour sur ces questions que bien d'autres canadiens [*sic*] qui parfois se laissent emporter par les événements » (n° 45)[1].

Au-delà des efforts de réforme du Sénat et des autres velléités de rééquilibrage de la fédération, c'est évidemment le Québec qui est à la source de cette obsession unitaire. Or, étant directement dépendantes du fragile pacte de bilinguisme établi lors des tentatives précédentes d'unifier le Canada, les minorités voient toute perspective de changement comme une menace à leur existence même. Le Québec, duquel les minorités francophones attendraient une solidarité culturelle spontanée, se trouve ainsi à jouer un rôle menaçant. Comme je l'ai souligné ailleurs (Denis, 1993, 1994), cette solidarité est en fait aussi problématique que naturelle, ce qui inscrit les minorités francophones dans un espace paradoxal de l'État canadien.

Après que la Loi sur les langues officielles et la Charte canadienne des droits et libertés eurent affirmé les droits des minorités linguistiques, le risque d'un recul s'est présenté à plusieurs reprises depuis la signature de l'accord Meech en 1986. Face à ce risque, comment réagir ? De plus, comme de tels projets sont portés par toute une variété d'acteurs politiques (dont diverses « sortes » de Québécois), ces porteurs de changement apparaissent tous comme des ennemis potentiels. Devant ces adversaires réels ou appréhendés, quelle(s) attitude(s) adopter ? Comment, en particulier, se positionner face au Québec ? D'une province à l'autre, la tâche de répondre à ces questions au nom des communautés échoit à des organisations, dont certaines sont les seules à représenter les francophones dans leur province et d'autres non. En Alberta, l'Association canadienne-française de l'Alberta détient un tel monopole alors que, par exemple, l'Association canadienne-française de l'Ontario est passablement contestée[2].

C'est à proposer des réponses à ces questions, en ce qui concerne la francophonie albertaine, qu'est consacré cet article. Pour ce faire, nous avons analysé le journal *Le Franco* de façon systématique de 1984 à 1997, c'est-à-dire pour la période allant de l'entrée en vigueur de la Charte canadienne des droits et libertés, soit juste avant les discussions gouvernementales menant à l'accord Meech, jusqu'aux réactions à la «Déclaration de Calgary» de l'automne 1997. *Le Franco* est une source privilégiée pour une telle analyse, non seulement parce qu'il est le seul journal francophone de l'Alberta mais aussi parce qu'il est la propriété de l'ACFA[3]. Ainsi, en plus de la couverture fidèle des déclarations et prises de position de l'Association par l'équipe journalistique du *Franco*, le journal comprend un espace que l'ACFA s'est réservé au cours des années afin de s'adresser directement à son lectorat. L'analyse présentée ici se nourrit tant des textes des journalistes (incluant les éditorialistes) que des textes de l'ACFA elle-même.

Entre 1984 et 1997, les événements les plus marquants sur le plan de l'unité canadienne ont été la proposition de l'accord Meech et son rejet faute de ratification unanime par les assemblées législatives provinciales et le Parlement canadien (1986-1990), l'accord de Charlottetown et son rejet par voie de référendum (1992), le référendum québécois sur la souveraineté (1995) suivi de l'offensive anti-souverainiste du gouvernement fédéral, et la Déclaration de Calgary (1997). À ces événements s'ajoutent la montée du Parti réformiste depuis la fin des années 80; la décision de la Cour suprême du Canada en 1990 dans la cause Mahé[4], décision qui a mené à la lutte en faveur de la gestion scolaire par les minorités francophones, puis à l'obtention de ce droit (en 1994, dans le cas de l'Alberta); la mise à jour de la Loi sur les langues officielles au moyen de la loi C-72 (1988); enfin, l'adoption d'ententes cadres, connues sous le nom d'Ententes Canada-communautés, entre le gouvernement fédéral et les organismes communautaires francophones de chaque province (en 1994, dans le cas de l'Alberta)[5].

La méthode employée pour sélectionner les articles du *Franco* est simple. Premièrement, nous avons retenu tout article dont le titre ou le premier paragraphe faisait référence d'une manière ou d'une autre à l'unité canadienne, au débat constitutionnel, à la place du Québec ou de la francophonie dans la fédération canadienne. Cent seize (116) textes répartis sur quatorze ans ont ainsi été retenus[6]. De ce nombre, 88 articles — 76 % du total — ont paru entre 1987 et 1992, les années chaudes du débat constitutionnel. On pourrait se surprendre du peu de textes parus en 1995, année du référendum sur la souveraineté, mais le caractère plus spécifiquement québécois de cet événement contribue à expliquer ce petit nombre. L'étape suivante de l'analyse a consisté à regrouper les articles en neuf sous-thèmes. Enfin, l'ensemble a été rassemblé de façon à pouvoir présenter un portrait du positionnement de l'ACFA face au Québec, dans le dossier de l'unité canadienne. Ce sont les grandes lignes de ce portrait qui sont présentées ici[7]. Comme l'espace manque dans ces pages pour présenter l'analyse d'une façon un peu détaillée, nous présenterons plutôt un survol de quelques-uns des enjeux principaux : le rapport savoir/pouvoir inhérent au discours de l'ACFA (comme à tout discours dans la vie en société), la structure de la relation de l'ACFA avec le Québec et les termes dans lesquels cette relation a eu tendance à s'exprimer au cours des dernières années dans le dossier constitutionnel.

Le rapport savoir/pouvoir dans le discours de l'ACFA

Dans l'analyse du discours de l'ACFA sur le Québec, deux sortes d'énoncés vont nous intéresser. D'une part, des énoncés principalement descriptifs. Par exemple, à la suite de l'opposition de l'ACFA à l'accord Meech et de la demande faite par l'organisme d'y insérer une reconnaissance plus forte des droits des minorités linguistiques, la présidente de l'ACFA constate, en parlant du gouvernement fédéral, qu' «[o]n nous a demandé d'être patients» (n° 60). Le discours de l'ACFA contient, d'autre part, des énoncés principalement performatifs, du genre : «Les Franco-Albertains ne seront jamais des spectateurs et ne resteront jamais silencieux dans le débat constitutionnel quand leurs droits seront en question» (n° 60). Il ne s'agit pas ici de la simple constatation d'une donnée existante, mais plutôt d'une déclaration d'intention en même temps que de la mise en pratique de cette intention ; par une telle mise en pratique, un énoncé accomplit ou «performe» ce qu'il affirme, d'où l'appellation d'énoncé performatif.

Notons qu'en fait tout énoncé intègre les deux dimensions, de façon plus ou moins évidente — on le verra ci-dessous, par exemple avec la déclaration dans le même article selon laquelle «Les Franco-Albertains sont membres de la famille nationale francophone» (n° 60 ; aussi n° 52). Une telle intégration du descriptif et du performatif définit un complexe savoir/pouvoir, c'est-à-dire un complexe dans lequel tout savoir est constitué en fonction d'un rapport de pouvoir, ce dernier étant porté socialement par sa formulation dans un savoir. Pour les besoins de notre analyse sur le discours constitutionnel de l'ACFA, il demeure possible d'établir une distinction entre les aspects principaux des énoncés[8].

Dans l'ensemble, le discours constitutionnel de l'ACFA s'articule autour de trois arguments. Le premier permet tout d'abord à l'ACFA d'exprimer sa vision de ce qu'est, réellement et fondamentalement, le Canada : un pacte entre deux communautés nationales, linguistiques, impliquant nécessairement la protection des minorités nationales/linguistiques. Le second traite de ce que font les gouvernements (dont celui du Québec) en rapport avec cette réalité fondamentale : selon l'ACFA, ils ne respectent ni le pays ni sa nature profonde, ni la démocratie. Cette dernière entre tout naturellement en jeu ici, puisqu'en démocratie on peut croire que des gouvernements qui négligent la nature fondamentale d'un pays se heurtent tôt ou tard à des problèmes de légitimité. L'électorat, en effet, ne s'attend-il pas à ce que les gouvernements respectent ce qu'est le pays ? Peut-on s'attendre à ce qu'un gouvernement qui ne le fait pas reste longtemps en poste ? C'est ici qu'entre en jeu le troisième argument : l'appel à respecter la réalité fondamentale du Canada que lance l'ACFA aux gouvernements.

Quels sont les ressorts de ce discours de l'ACFA, en d'autres termes, comment le rapport savoir/pouvoir y est-il articulé ? Tout d'abord, de la capacité de définir ce qu'est le pays vient la capacité de dénoncer ce que font les gouvernements et celle de dicter ce qu'ils devraient faire. Ensuite, par l'appel à la démocratie, l'ACFA menace ni plus ni moins les gouvernements : en dénonçant leur manque de volonté de respecter la nature fondamentale du pays, l'Association invite la population à élire quelqu'un d'autre. Cette thématique a été particulièrement évidente à l'égard des souverainistes québécois, mais elle s'exerce par rapport à tous les gouvernements auxquels l'ACFA a affaire d'une manière ou d'une autre. Notons que le grand absent de ce discours, c'est le Canada anglais dans son ensemble : seul un vice-président, Yves Chouinard, s'y est attaqué dans un article rapportant les discussions du Rond-Point 1994 : « si vous étiez capables de comprendre… », disait-il, la francophonie minoritaire n'aurait pas de problème (n° 109).

Les partis politiques canadiens sont — faut-il le dire — profondément sensibles à ce type d'argument électoraliste… pour autant que la personne ou l'organisme d'où provient la menace soit perçu comme ayant la capacité de la mettre à exécution. Or dans le cas de l'ACFA (et des organismes équivalents dans la plupart des autres provinces), cette capacité d'imposer des sanctions aux partis politiques est profondément problématique. C'est pourquoi son discours sur la réalité fondamentale du pays a une vocation performative. Le Canada n'étant manifestement pas ce que l'ACFA voudrait qu'il soit — c'est-à-dire, par exemple, un endroit où les minorités peuvent s'épanouir en « fête » (n° 64) —, l'organisme espère qu'en disant « Le Canada est… », il parviendra à convaincre que le pays est vraiment ainsi et que les gouvernements le trahissent.

Face au Québec : le besoin et la négation

L'ambivalence du rapport au Québec qui se manifeste dans le discours de l'ACFA tient fondamentalement à la façon dont l'Association complète le bout de phrase « Le Canada est… », c'est-à-dire à la façon dont elle imagine le Canada qu'elle voudrait. Dans ce contexte, la thématique québécoise de l'ACFA est double : l'Association affirme sa solidarité avec le Québec, tout en niant l'existence de la nation québécoise. À la place de cette dernière, c'est plutôt une nation francophone à l'échelle du Canada qu'il faudrait envisager, d'après l'ACFA. Ainsi, dans son mémoire sur l'accord Meech, l'ACFA soulignait-elle que « la dualité doit être référable [*sic*] à l'existence de deux grandes communautés culturelles » (n° 16).

La solidarité avec le Québec s'exprime en particulier lorsque les Anglo-Québécois sont mis en cause : ainsi, lorsque l'APEC (Association for the

Preservation of the English Language in Canada) dénoncera la situation sup-
posément faite par le Québec à la minorité anglophone, l'ACFA soulignera
dans plusieurs articles de «sa» page du *Franco* à quel point les Anglo-
Québécois sont «la minorité la plus favorisée du pays». Il s'agit ici d'énoncés
principalement descriptifs, s'appuyant sur des statistiques, des rapports et
des études qui démontrent sans l'ombre d'un doute que la communauté
anglo-québécoise est bien mieux appuyée que les autres. Face aux Anglo-
Canadiens, il s'agit à la fois de défendre le Québec *et* de souligner combien
les Franco-Albertains sont défavorisés (articles n°s 38, 39, 42, 43, 73).

La phrase de la présidente de l'ACFA citée plus haut, selon laquelle «Les
Franco-Albertains sont membres de la famille nationale francophone», nous
amène à l'autre dimension du discours de l'Association sur le Québec. À première vue, il s'agit d'un énoncé descriptif, de la même manière qu'on dirait
que le lion fait partie de la famille des félins. Pourtant, l'existence d'une
«famille nationale francophone» à l'échelle canadienne n'est pas un fait
incontesté, les visions dominantes voulant d'une part que le Canada dans
son ensemble soit une nation et d'autre part que le Québec soit une nation
dans l'espace canadien. Lorsque la présidente de l'ACFA fait cette déclaration, elle donne donc une existence à cette «famille nationale francophone»,
en même temps qu'elle constate que les Franco-Albertains en font partie.

On retrouve cette position de base exprimée à plusieurs reprises dans le
débat constitutionnel. Elle apparaît tout d'abord, lors de la réaction de 1987 à
l'accord Meech, alors que le gouvernement fédéral était critiqué pour la
faiblesse du texte protégeant, «préservant» les minorités linguistiques : si le
gouvernement fédéral avait insisté sur une clause de «promotion» des minorités, «il se serait ainsi doté des outils nécessaires [...] pour empêcher la création de deux Canadas, de deux nations séparées : un Québec francophone qui
pourrait devenir indépendant, et un Canada anglophone» (n° 17). La
réforme du Sénat proposée dans l'entente de Charlottetown, cinq ans plus
tard, suscitait la même réaction, alors que l'ACFA proposait qu'un Sénat
«triple-E» (élu, efficace, avec égale représentation des provinces) inclue au
moins un sénateur francophone dans chaque province. Cette mesure devait
permettre aux «trois communautés nationales, anglophones, francophones
et autochtones» d'être mieux représentées : «la représentation serait nationale, ce qui aiderait à consolider et unir notre pays», l'objectif pour le Canada
étant de «refuser à tout prix d'isoler les francophones dans et autour du
Québec car cet isolement ne ferait qu'encourager les sentiments séparatistes
et contribuer à l'encerclement du Québec» (n° 87).

Qu'une seule personne performe[9] ainsi la nation, c'est sans grande conséquence ; mais si la majorité de la population, ou même une minorité suffisamment influente, s'inscrivait dans ce discours, alors là, le Canada deviendrait
vraiment bi- ou multi-national et, en son sein, les problèmes de reconnaissance de la francophonie minoritaire seraient réglés. Cette composante performative, qui cherche à produire une nation francophone à la place de la

nation québécoise et de la nation canadienne, est donc essentielle au discours de l'ACFA, puisque la légitimité de cette dernière dans les débats sur la définition du Canada dépend de la crédibilité d'une théorie particulière des deux nations : une francophone et l'autre anglophone, et non pas une *Canadian* et une québécoise — sans parler de la vision dominante au Canada anglais, celle d'un pays uni-national.

Voilà donc un positionnement, fondamental, par rapport au Québec : la négation de l'existence d'une nation québécoise. Étant donné la prégnance au Québec de l'idée nationale québécoise, ce positionnement ne peut que susciter des difficultés dans le rapport Québec-minorités francophones — dans la mesure où le discours franco-minoritaire est entendu. Force est de constater, cependant, qu'il est difficile pour la francophonie minoritaire de se faire entendre, phénomène qui tient en grande partie à la marginalité de son discours bi-national[10]. Il s'agit maintenant de voir comment cette dynamique générale a été mise en œuvre au cours de la dernière décennie de débats constitutionnels.

La peur, l'oubli et la trahison

En 1993, l'ACFA a quitté la Fédération des communautés francophones et acadienne du Canada (FCFAC) à cause de désaccords stratégiques sur la question constitutionnelle, et parce qu'elle s'y sentait mal représentée en tant que porte-parole d'une communauté « plus faible » (n° 98). Elle en est redevenue « membre actif » (n° 102), après six mois d'absence (n° 100). En particulier, selon l'ACFA, l'organisation pancanadienne était trop modérée dans sa défense de la francophonie : incapable de s'y faire écouter, l'ACFA s'est sentie obligée de s'en désolidariser. Dans le contexte général du débat constitutionnel, Denis Tardif, alors président de l'association albertaine, déclarait : « Ce qu'on voudrait, c'est que quelqu'un commence à dire que les francophones devraient avoir des choses (dans le dossier constitutionnel) [...] Sans cela, on est voué à la disparition » (n° 81).

Faut-il le dire, l'ACFA ne s'est pas attendue à beaucoup de soutien de la part du gouvernement albertain. Bien qu'on trouve, de la part de l'Association, un grand nombre de critiques du Québec et du gouvernement fédéral dans le dossier constitutionnel, les plaintes qu'elle adresse au gouvernement provincial se situent surtout dans le dossier scolaire, et très peu dans le cadre du débat constitutionnel (voir cependant les n°s 33 et 63, dans lesquels le journal s'inquiète de la possibilité que le gouvernement fédéral accepte l'attitude « anti-francophone » du gouvernement albertain). En rapport avec l'école, cependant, le discours de l'ACFA sur le gouvernement albertain est sans merci : les Franco-Albertains ont été obligés de vivre une situation « pas normal(e) » depuis des décennies (n° 10) ; ils ont eu à mener des luttes sans fin pour « s'arracher le droit de se créer des écoles françaises » (n° 14), ont fait face à des gouvernements qui ont « piétiné » leurs droits et « dérobé leur potentiel de développement », ce qui a provoqué un « gaspillage énorme de notre capital humain» (n° 19); l'ACFA parle «des injustices centenaires», d'un héritage «volé», des «miettes» qui ont «amené nos communautés au bord de l'extinction» (n° 22) — autrement dit, d'un rapport caractérisé par un «coup de salaud» (n° 24) après l'autre, de la part de générations de gouvernements provinciaux. Le lien avec le Québec et le débat constitutionnel tient à la comparaison avec la situation des Anglo-Québécois: tout ce que les Franco-Albertains désirent, c'est «la reconnaissance des mêmes droits que ceux dont jouissent les Anglophones au Québec» (n° 24).

Au cours de ces quatorze années, l'ACFA a eu quelques occasions de se réjouir, mais la liste de ces dernières tient en un seul paragraphe: quelques expressions de satisfaction à la suite de rencontres avec le premier ministre du Nouveau-Brunswick, Frank McKenna, aux premiers jours de la lutte contre l'accord Meech (n° 35), ainsi qu'avec le ministre responsable du Secrétariat d'État (maintenant ministère du Patrimoine canadien) (n° 58) et les centrales syndicales québécoises (n° 71); la signature de l'Entente Canada-communautés (n° 108); l'engagement pris par le premier ministre Ralph Klein, pendant la campagne référendaire de 1995, d'appuyer les francophones minoritaires (n° 111). À cela s'ajoute le soulagement ressenti au moment où, après que le débat constitutionnel eut dérapé et que l'ACFA se fut ralliée à l'accord Meech, ce dernier semblait sur le point d'être ratifié (n° 44); cette joie allait bientôt se dissiper, alors que le compromis difficilement mis en place s'est effondré à la dernière minute, en juin 1990 (n° 45). Enfin, l'ACFA a aussi exprimé une satisfaction certaine, elle aussi vouée à l'amertume, au sujet de l'accord de Charlottetown et du rôle qu'y a joué le gouvernement du Québec (n°s 90, 91, 94, 95). Mis à part cette dizaine d'articles, les sentiments exprimés par l'ACFA en rapport (direct ou indirect) avec le débat constitutionnel ont été presque uniformément négatifs.

Les commentaires récurrents se ramènent à deux enjeux principaux: la peur d'être oubliés et trahis par le Québec, et celui d'être négligés par le gouvernement fédéral dès que le Québec aura oublié la francophonie minoritaire. Dès l'échec final de l'accord Meech, l'ACFA a résumé ce dilemme en disant que les minorités sont «coincées» entre «un Québec qui ne comprend pas les minorités francophones hors Québec et un Canada anglais qui ignore ses réalités et ses besoins» (n° 45). La peur de l'oubli s'exprime d'une manière générale (voir par exemple le n° 47), mais aussi en rapport avec des enjeux spécifiques — le rapport Allaire ayant par exemple commis «un grave oubli» dans son traitement de la francophonie minoritaire (n° 50). Dans le même esprit, le président Paul Denis encourageait le Bloc québécois à y «penser à deux fois» avant de pousser le Québec vers la souveraineté (n° 104). Même une subvention québécoise de 20 000 $ à la francophonie albertaine a été considérée comme décevante, comme «des miettes» offertes peut-être en guise de «punition» pour les positions constitutionnelles de l'ACFA (n° 59), alors que, lors du débat menant à l'accord de Charlottetown, des efforts auprès du gouvernement québécois pour «trouver des compromis honorables [...] semblent encore une fois repoussés du revers de la main» (n° 82).

En ce sens, l'oubli devient facilement trahison, non seulement de la part du gouvernement fédéral et d'un Robert Bourassa qui tenait insuffisamment compte des besoins des minorités dans ses positions constitutionnelles (n° 80)[11], mais aussi et surtout de la part des souverainistes. On ne se surprendra pas de la dureté de l'Association à l'endroit des «séparatistes», le projet souverainiste représentant la trahison ultime aux yeux de l'ACFA. De fait, le langage de l'Association à l'égard des souverainistes québécois est aussi dur, sinon plus, que celui des plus intransigeants des Anglo-Canadiens. En mai 1994, le président Paul Denis s'attaquait au Bloc québécois de Lucien Bouchard en disant que «les séparatistes sont prêts à nous abandonner à la première occasion», que Lucien Bouchard était prêt à «signer notre certificat de décès», qu'il parlait un «double langage», et «aimerait recevoir les francophones à bras ouverts pour mieux les poignarder» (n° 105).

Quant au gouvernement fédéral, il est généralement soupçonné d'être si indifférent envers les minorités qu'il les négligerait si ce n'était d'une pression constante du Québec (n°s 50, 52). Dans une lettre ouverte au premier ministre Bourassa, la présidente France Levasseur-Ouimet écrivait : «Il est évident que seul le Québec par sa force et sa présence peut nous aider à obtenir ce dont nous avons besoin. Le gouvernement fédéral n'insistera que si le Québec nous épaule» (n° 50). L'ACFA a accusé le premier ministre Mulroney, en particulier, d'avoir «vendu» les francophones et «marchandé» leurs droits afin d'obtenir un accord constitutionnel avec le Québec (n°s 15, 16). Il s'agissait de «ne pas servir de monnaie d'échange pour acheter la paix constitutionnelle» (n° 60). En 1991, vingt-deux ans après l'adoption de la Loi sur les langues officielles et neuf ans après la Charte canadienne des droits et libertés, Georges Arès, directeur général de l'ACFA, déclarait : «Nous voulons que le fédéral montre qu'il a le français à cœur, il lui reste à nous en faire la preuve» (n° 57 ; aussi n° 31).

Souffrant d'insécurité chronique, non sans justification, les Franco-Albertains demandent régulièrement des garanties et des preuves concrètes de bonne foi et non pas seulement de «beaux mots» (n° 65 ; aussi n°s 31, 37, 60). Autrement dit, le gouvernement fédéral, c'est un bon ami de la francophonie, «mais...» (n° 52 ; aussi n°s 31, 33). Le président Denis Tardif est allé jusqu'à demander au premier ministre Mulroney, en 1992, s'il voulait «des cadavres encore chauds» (n° 81). Pendant la controverse à propos de l'accord Meech, Georges Arès, ancien président de l'ACFA, a fait une sortie encore plus percutante : étant donné l'attitude «anti-francophone» du gouvernement albertain, «si le gouvernement fédéral nous laisse tomber, c'en est fini de la communauté franco-albertaine» (n° 30).

Conclusion : la foi et le ressentiment

«Y a-t-il encore quelqu'un qui croit en l'existence d'un Canada bilingue ? Les minorités de langues officielles y croient». Cette question/réponse était présentée en août 1987 au Parlement canadien par la Fédération des francophones hors Québec (l'organisme qui a précédé la FCFAC) dans son mémoire sur l'accord Meech, et reproduite dans «Les dossiers de l'ACFA» du *Franco* (n° 16). S'y exprime une foi empreinte du ressentiment d'être les seuls défenseurs de ce que doit être le pays, marquée par un dés/espoir pour l'avenir de la francophonie et du Canada lui-même. Ce dés/espoir, soulignons-le encore une fois, n'est pas faute d'avoir eu un pays fondé sur les bons principes : « L'objectif de la Confédération en 1867 était, comme il l'est aujourd'hui, d'unifier les éléments français et anglais du Canada afin de permettre aux Canadiens d'expression française et anglaise, où (qu') ils demeurent au Canada, de vivre harmonieusement en tant qu'égaux et de se construire ensemble un meilleur pays » (n° 26). Pas faute non plus, de la part de la francophonie en général et de l'ACFA en particulier, d'avoir eu des objectifs bien établis : « Notre vision du bilinguisme au Canada a toujours été claire [...] Il faut qu'il puisse y avoir dans chaque province une communauté francophone forte » (n° 60).

Dans la mesure où l'ACFA considère sa propre vision nationale cruciale pour l'avenir de la francophonie minoritaire, voire du Canada lui-même, sa difficulté à faire entendre son discours — même au sein de la francophonie minoritaire (n°ˢ 98, 100, 102) et même parfois par le Commissaire aux langues officielles (voir n° 30) — ne peut qu'être interprétée sur le mode tragique, c'est-à-dire, comme l'indique le nouveau *Petit Robert*, un mode qui « évoque une situation où l'homme prend douloureusement conscience d'un destin ou d'une fatalité qui pèse sur sa vie, sa nature ou sa condition même » (1996, p. 2285). Plus encore, c'est sur le mode de la trahison de Jésus par Judas que l'on peut lire le discours de l'ACFA sur le débat constitutionnel : comme s'il ne suffisait pas de vivre une condition fragile et d'avoir des ennemis puissants, alors que par son existence même la francophonie canadienne incarne l'idéal de bilinguisme du pays, il faut se soucier de la trahison possible — prévue, attendue même — de ceux qui devraient être ses amis les plus chers.

Que faire lorsqu'on vit un tel calvaire, sinon continuer à se battre, jusqu'à sentir le besoin de « fêter » la lutte elle-même (n° 64). Si l'on n'a pas été entendu jusqu'à maintenant, il faut tout simplement « crier plus fort » (n° 77) et parler, parler toujours : « Évidemment, nous allons encore répéter et répéter ce que nous demandons depuis 150 ans » (n° 63).

RÉFÉRENCES

Cardinal, Linda, «L'Association canadienne-française de l'Ontario : une coquille vide», dans *L'engagement de la pensée. Écrire en milieu minoritaire franco-* *phone au Canada*, Ottawa, Le Nordir, 1997, p. 185-189.

Denis, Claude, «Discours sociologiques et francophonie minoritaire au Canada : réflexions sur un espace paradoxal», *Cahiers franco-canadiens de l'Ouest*, vol. 5, n° 2, 1993, p. 285-300.

Denis, Claude, «Théâtre et création nationale : l'aide étatique aux identités officielles», dans André Fauchon (dir.), *La production culturelle en milieu minoritaire: les actes du treizième colloque du Centre d'études franco-canadiennes de l'Ouest tenu au Collège universitaire de Saint-Boniface les 14, 15 et 16 octobre 1993*, Saint-Boniface, Presses universitaires de Saint-Boniface, 1994, p. 47-63.

Denis, Wilfrid B., «La complétude institutionnelle et la vitalité des communautés fransaskoises en 1992», *Cahiers franco-canadiens de l'Ouest*, vol. 5, n° 2, 1993, p.253-284.

Dubé, Paul, «Du catholique français au bilingue francophone... et après...: essai sur l'identité franco-albertaine», dans Jacques Paquin et Pierre-Yves Mocquais (dir.), *Les discours de l'altérité: les actes du douzième colloque du Centre d'études franco-canadiennes de l'Ouest tenu à l'Institut de formation linguistique, Université de Régina les 22, 23 et 24 octobre 1992*, Régina, Institut de formation linguistique, Université de Régina, 1994, p. 49-65.

Lacombe, Guy, «Le journal des Franco-Albertains», dans Alice Trottier, Kenneth J. Munroe et Gratien Allaire (dir.), *Aspects du passé franco-albertain* (Histoire franco-albertaine, 1), Edmonton, Le Salon d'histoire de la francophonie albertaine, 1980, p. 51-55.

Robert, Paul, *Le nouveau Petit Robert*, Josette Rey-Debove et Alain Rey (dir.), Paris, Dictionnaires Le Robert, 1996.

NOTES

1. Cette référence est au 45ᵉ article du journal *Le Franco* sélectionné dans la présente analyse. Pour une explication du système de notation, voir la note 7 ci-dessous.

2. Pour une critique courte et cinglante de l'ACFO, voir Linda Cardinal (1997).

3. Sur l'histoire du *Franco* et de son prédécesseur, *La survivance*, voir Guy Lacombe (1980).

4. Mahé *et al*. c. Alberta (1990) 1 R.C.S. 342. Le jugement, rédigé par le juge en chef Brian Dickson, a été rendu le 15 mars 1990.

5. C'est la Saskatchewan qui a signé la première entente..., en 1988. À ce sujet, voir Wilfrid Denis (1993).

6. Les articles ont été numérotés de 1 à 116; c'est ainsi qu'ils sont présentés en référence ici. Le tableau ci-dessous indiquera par ailleurs la distribution chronologique des articles au cours des quatorze années répertoriées. On pourra obtenir la liste complète des articles sur demande, en m'écrivant à la Faculté Saint-Jean, Université de l'Alberta, 8406, rue Marie-Anne-Gaboury, Edmonton, Alberta, Canada, T6C 4G9, ou par courrier électronique à claude. denis@ualberta.ca.

Année	Nombre d'articles	Numéros des articles
1984	4	1-4
1985	4	5-8
1986	2	9, 10
1987	8	11-18
1988	10	19-28
1989	8	29-36
1990	10	37-46
1991	22	47-68
1992	30	69-98
1993	5	99-103
1994	6	104-109
1995	3	110-112
1996	3	113-115
1997	1	116

7. Un autre texte, présentant un portrait plus global de l'intervention constitutionnelle de l'ACFA, sera publié dans *Les Franco-Albertains* (voir la note 1, ci-dessus). Les neuf sous-thèmes choisis lors de l'analyse préliminaire sont les suivants: l'éducation française et la gestion scolaire; le bilinguisme et la lutte pour la survie du français en Alberta; le bilinguisme, la dualité et l'unité canadiennes; le bilinguisme, ses coûts et la dualité canadienne; l'unité canadienne et la question constitutionnelle — le Lac Meech; l'unité canadienne et la question constitutionnelle — le rapport Allaire et l'accord de Charlottetown; l'unité canadienne et la question constitutionnelle — le référendum de 1995; la francophonie canadienne et le développement communautaire; les relations entre l'ACFA et les gouvernements. Le présent article se nourrit de la quasi-totalité de ces thèmes, à l'exception du premier et de l'avant-dernier.

8. À un niveau plus poussé d'analyse du discours, les énoncés qui apparaissent ici comme principalement descriptifs se révéleraient tout aussi performatifs que d'autres considérés d'emblée comme tels. Là n'est pas, cependant, l'objet de la présente étude.

9. Ce verbe doit se comprendre dans le cadre de l'analyse du discours. On peut dire qu'il faut que les acteurs sociaux agissent comme si (par exemple) la nation existait, pour que celle-ci existe effectivement. Il y a donc performance de la nation (ou de la classe sociale, etc.) ou il n'y a pas de nation.

10. Pour plus de précisions sur le cercle vicieux reproduisant cette marginalité, voir mon texte dans *Les Franco-Albertains*.

11. Ceci n'a pas empêché l'ACFA, plus tard, d'apprécier «l'ouverture d'esprit» du premier ministre Bourassa lors d'une visite à Edmonton en mai 1992 (n° 75). Pour une critique du positionnement de l'ACFA à l'égard du Québec lors du débat sur l'accord Meech, voir Dubé (1994).

IDENTITÉ CHOISIE, IMPOSÉE, SUGGÉRÉE[1]

Josée Bergeron
Faculté Saint-Jean
Université de l'Alberta (Edmonton)

> « L'espace n'est pas un objet scientifique détourné par
> l'idéologie ou par la politique; il a toujours été politique
> et stratégique. S'il a un air neutre, indifférent par rapport
> au contenu, donc « purement » formel, abstrait d'une
> abstraction rationnelle, cet espace, c'est précisément
> parce qu'il est déjà occupé, aménagé, déjà objet de
> stratégies anciennes, dont on ne retrouve pas toujours les
> traces. »
> HENRI LEFEBVRE[2]

> « *I define who I am by defining where I speak from, in the family*
> *tree, in social space, in the geography of social statuses and*
> *functions, in my intimate relations with the ones I love, and*
> *also crucially within which my most important defining*
> *relations are lived out.* »
> CHARLES TAYLOR[3]

Montréal, Ottawa, Edmonton: trois espaces, un itinéraire marqué par des rencontres et des moments qui ont parfois pris des significations inattendues. Tout simplement parce que je ne m'attendais pas à ce que mon identité de Québécoise francophone soit si souvent dépendante de la façon dont les autres me voient et me nomment. J'en suis maintenant à l'étape de la Québécoise dans l'Ouest (*Go West young girl!*) se demandant comment elle peut se nommer en français, tout en étant nord-américaine. D'une identité choisie par des références culturelles partagées à une identité parfois imposée ou suggérée, comment suis-je nommée par les autres[4]? À l'intérieur d'une même journée, plusieurs identités peuvent se superposer. C'est ainsi que, du va-et-vient constant entre des discours d'institutions publiques et des rencontres individuelles, j'hésite ou je deviens franchement rébarbative face aux grandes explications structurelles et élégantes ou face à celles qui réduisent les processus identitaires à des montées puériles de « Djihad[5] »; ou encore face à certains spécialistes européens de cultures nationales majoritaires. Par exemple, il faut entendre des Français prétendre encore qu'il n'existe aucun problème identitaire en France, que l'idéal républicain a permis cette France une et indivisible. En fait, soit que l'on ignore ce qui se passe au pays Basque, en Corse ou en Bretagne, soit qu'on le ramène à des manifestations marginales, folklore sympathique ou folie meurtrière. J'en ai notamment contre ces discours intellectuels, parce qu'ils considèrent les affirmations identitaires comme un tout indistinct. Qui plus est, les groupes culturels seraient homogènes, c'est-à-dire qu'il n'existerait pas de différenciation sociale à l'intérieur de ceux-ci. Faut-il être d'une identité «minoritaire» pour s'apercevoir que cette question n'est en rien aussi simple ou aussi bêtement manichéenne? Sûrement pas, mais le discours hégémonique actuel de plusieurs institutions tend tout de même à catégoriser en deux camps les visions du monde: «l'inévitable mondialisation» ou le cosmopolitisme bon ton *versus* «les replis identitaires[6]», le premier étant la voie naturelle de l'Histoire, l'autre un relent passéiste. Si tout était si simple, je ne retrouverais pas dans ma vie quotidienne tant de façons de me nommer et de me faire nommer.

J'ai décidé d'aborder le thème de ce numéro au moyen d'un ricochet: celui de ma propre perception de rencontres et de moments qui m'ont envoyée à mon identité. Il s'agit toutefois beaucoup plus que de ma «petite» personne, il s'agit des rapports avec les autres. En d'autres termes, ce texte relate quelques moments d'un itinéraire où mon identité n'est plus seulement une façon que je choisis pour me nommer, mais bien un enjeu des rapports avec les autres. Ce texte porte donc aussi sur les façons dont ce lien est construit par des rapports sociaux en fonction d'histoires et de lieux différents. Il s'agit d'une mouvance identitaire entre différents espaces où cette identité de Québécoise acquiert des significations qui ne sont pas toujours les mêmes et où être Québécoise francophone en Amérique prend différentes significations selon les espaces de cette Amérique.

Pour donner un sens à cet itinéraire, quatre remarques théoriques préliminaires me semblent essentielles. D'abord, nous sommes toujours «l'autre» de quelqu'un, que ce soit individuellement ou par notre appartenance à un groupe. La différenciation est toujours présente, consciemment ou non. Une identité ne se développe pas en vase clos. Si je me considère comme *punk*, je rejette très certainement l'identité bourgeoise. Par contre, si je me considère comme Québécoise, je peux aussi me voir comme Canadienne. Certaines identités sont plus complexes et plus ou moins exclusives selon le rapport construit à «l'autre», selon la façon dont «l'autre» est nommé et celle par laquelle «l'autre» nous nomme. Deuxièmement, les endroits dont on parle ici ne sont pas seulement des lieux géographiques, ce sont des espaces. Ils ont des histoires et ils sont marqués par des relations sociales. Les relations sociales ne sont pas semblables d'une période à une autre ni d'un espace à un autre. Les significations accordées à ces espaces sont le fruit de rapports sociaux. À l'intérieur de ces espaces, chaque personne se nomme et est nommée. Des identités sont créées, prises ou refusées. Et les relations sociales sont trop multiples pour que les processus identitaires soient simples. Selon la façon dont une histoire est construite, un sens est accordé à la place des acteurs de cette histoire. Ces espaces sont marqués et identifiés, ils ont des histoires officielles et officieuses, parfois oubliées ou obnubilées. Néanmoins, ces histoires supposent des référents culturels et un ensemble de significations qui font en sorte que certains individus peuvent s'en revendiquer et d'autres non. Troisièmement, le rôle des institutions dans la construction/reconstruction et la reproduction identitaire est aussi central que les deux premiers éléments. Les rapports sociaux à l'intérieur des institutions favorisent ou non l'éclosion de certains discours publics et, de ce fait, la représentation particulière de certaines identités[7].

Les paragraphes précédents annoncent ce que je vais tenter de faire, c'est-à-dire mettre en parallèle des éléments qui relèvent de rencontres personnelles et d'autres qui appartiennent plus à la sphère des expériences intellectuelles. Toutefois, il est difficile de faire la part des unes et des autres. C'est pourquoi je considère que ce texte est une narration rationalisée après coup d'un parcours identitaire aux étapes capricieuses. Étapes qui obligent la citoyenne et la politologue à reconnaître qu'elle porte et qu'on lui fait porter plusieurs identités à la fois. Ce texte montre comment chacune des étapes — Montréal, Ottawa, Edmonton — a amené la politologue et la citoyenne à constater que les histoires individuelle et collective s'entrecroisent et s'interrogent de manière insistante. Je n'essaie pas de faire une déconstruction narrative[8]. Il s'agit de moments forts qui ont eu une résonance particulière. Ces moments illustrent le fait que pour m'interroger sur le thème de ce numéro, je dois en premier lieu dire d'où je viens. Avant de faire le saut à Edmonton, il y a eu des passages identitaires qui ont soulevé une question qui revient encore sans cesse : comment je me nomme et comment suis-je nommée ? Chacun de ces espaces est constitué par des rencontres qui m'ont amenée à revoir mon identité, celle que je choisis. On m'a imposé des identités dont je ne me croyais pas porteuse, tandis que d'autres ont plutôt été suggérées. S'il y a une constante qui ressort de cette interrogation, c'est celle du lieu. Les réponses dépendent du lieu où l'on se situe et auquel on se réfère. Et ce lieu est à la fois matériel et symbolique[9].

Préitinéraire

Quelques remarques s'imposent avant d'entrer dans le vif du sujet. J'ai écrit ce texte à deux endroits différents : Edmonton et Québec. Je le mentionne parce que, d'une part, le fait d'écrire un texte comme celui-ci à deux endroits différents m'a permis de réfléchir sur ce voyage d'Est en Ouest. D'autre part, lors de mon retour à Québec, le nombre de questions que l'on m'a posées sur mon statut identitaire a favorisé la résurgence de certains souvenirs.

Il faut aussi que j'explique pourquoi j'ai décidé de remonter le courant de certains souvenirs. D'abord, je dois réfléchir sur la question de ma propre identité, celle que je me donne ou la façon dont je me nomme. Sans tomber dans l'histoire de vie, il est tout de même nécessaire de souligner que l'histoire identitaire d'un individu ne se passe pas dans un vide social. Cette histoire est faite autant par les expériences personnelles que par les «autres».

Montréal/Québec

Lorsque je réfléchis sur mon parcours spatial et identitaire, un élément me frappe: je suis la fille d'ailleurs. Je dois préciser d'entrée de jeu que je suis native de Montréal, mais que j'ai passé mon adolescence à Québec. Arrivée à Québec, je suis la fille de Montréal. Celle qui est perçue comme nécessairement bilingue, puisque je viens de Montréal où il y a ces contacts avec les «Anglais». Je retourne à Montréal pour entreprendre mon baccalauréat en science politique, je suis la fille de Québec. Je reviens à Québec pour faire ma maîtrise à l'Université Laval, je suis la fille de Montréal et de l'UQAM. J'ai beau expliquer que je suis des deux villes, rien n'y fait. Je suis de l'une ou de l'autre. Je me frotte parfois à l'impérialisme montréalais — il y a Montréal et les régions, comme si Montréal n'était pas une région — ou je me fais dire qu'à Québec habite du «vrai monde»: je me demande encore ce que cela peut bien vouloir dire. Aux yeux des uns et des autres, je suis d'un endroit ou de l'autre, mais toujours d'ailleurs. Laissons Montréal et Québec pour l'instant, j'y reviendrai. Néanmoins, l'«ailleurs» est déjà une constante, tout comme le fait que je doive, aux yeux de certains, présenter une identité monolithique, même si je me considère montréalo-québécoise ou québéco-montréalaise. Je commence par ce recul dans le temps, parce que même encore aujourd'hui à la question «d'où viens-tu?», je ne sais toujours pas par quel bout de la route 20 commencer.

Ottawa

Je m'inscris au doctorat à l'Université Carleton. Je veux étudier en anglais par désir de me tremper dans une autre tradition intellectuelle, plus nord-américaine, moins franco-française. Choc culturel. J'ai eu un choc face à une ville qui, dans mon esprit, devait être bilingue, et qui en fait est loin des représentations qu'on en fait dans les discours officiels des autorités fédérales. Choc culturel également à l'égard d'une situation nouvelle pour moi, franco-québécoise, celle de minorité[10]. Il est vrai qu'il s'agit d'un état qui ne m'était pas totalement étranger. Comme Québécoise francophone, je me sais d'une minorité au Canada et en Amérique du Nord. Toutefois, cette conception de minorité s'articule en relation avec ce qui est extérieur aux frontières géographiques du Québec. C'est dire qu'à l'intérieur, dans la vie quotidienne et comme enfant de la Révolution tranquille et adolescente de la Loi 101, ce constat de minorité a été relativisé au regard de l'émergence d'institutions québécoises francophones[11]. À Ottawa, cet état prend une tout autre dimension. Enfin, choc culturel parce que je ne croyais pas être confrontée à de telles différences.

À Ottawa, différentes identités vont prendre forme à la faveur des rencontres personnelles, mais aussi beaucoup sous l'effet des réfractions institutionnelles.

D'abord, Radio-Canada est une institution déroutante dans la mesure où son existence rend compte d'un certain bilinguisme national, tout en présentant souvent un contenu québéco-centriste, reflet d'une compréhension problématique de la place centrale du Québec comme support francophone canadien. Par exemple, il est souvent déconcertant de voir jusqu'à quel point les informations nationales de 22 heures peuvent être particulièrement québécoises. J'ajouterais particulièrement montréalaises, car même vus de Québec, certains segments d'information sont d'une pertinence très douteuse[12]. Je ne prétends pas que Radio-Canada doive servir de véhicule à quelque message politique canadien que ce soit. Néanmoins, il est saisissant de constater jusqu'à quel point les institutions produisent et reproduisent des discours qui renforcent une image, dans ce cas-ci celle des francophones au Canada, qui se réduit trop souvent et trop facilement à celle de Québécois.

L'Université Carleton est un espace traversé par une grande diversité de relations sociales d'où l'éclosion d'une pluralité identitaire désarçonnante à souhait. Je dois préciser que j'ai fait partie d'une cohorte internationale. Dans ma cohorte se trouvaient des étudiantes et étudiants du Bangladesh, de l'Inde, de l'Allemagne, de la Turquie, de l'Iran, du Salvador ainsi que de différentes provinces canadiennes. Plusieurs petits ou grands moments vont chacun à leur manière remettre en cause mon autodéfinition. Remettre en cause est probablement trop fort, il s'agit plutôt d'un mélange identitaire où je me trouve confrontée à des identités imposées ou suggérées, qui varient selon que j'entre en contact avec des personnes avec lesquelles je partage ou non un ensemble de références et de codes culturels.

La revue *New Yorker* publie un texte de Mordecai Richler[13]. J'habite à ce moment en résidence avec des étudiants et étudiantes de deuxième et troisième cycles. Pour certaines personnes, je suis «*a French woman*»; d'autres, plus au fait des subtilités historiques, savent qu'être Québécoise francophone ce n'est pas être Française — la sortie de ce texte me range, pour un certain nombre, dans ce que Richler appelle la tribu. Voilà, je me trouve à incarner une identité qu'on s'empresse de réduire à un archaïsme exclusiviste ou à ce que je ne suis pas. D'une part, je dois rétablir certaines choses : Non, il n'est pas interdit de parler anglais au Québec; Oui, les «Anglais» ont le droit d'envoyer leurs enfants à l'école anglophone; la Loi 101 et l'affichage, et les immigrants, et j'en passe. Du coup, je suis en position défensive sans l'avoir choisi. D'autre part, des discussions avec des Québécois francophones me montrent que le malaise est partagé : malaise face à cette identité imposée par un événement et des perceptions qui nous font soudainement porter l'Histoire du Québec sur les épaules, comme si on pouvait être représentatif et représentative de l'Histoire. Et de quelle Histoire? Une et univoque? Racontée et interprétée par qui? À quelles fins?

Se profilent aussi à l'horizon les discussions politiques sur l'avenir constitutionnel du Canada. Charlottetown et le référendum de 1992 se dessinent. On peut croire de prime abord que c'est l'occasion rêvée pour avoir de bonnes discussions entre politologues de différentes provinces. Tout le contraire. Par une espèce d'accord tacite aux sources complexes et multiples, nous avons très peu de discussions entre «francos» et «anglos». Un jour, un étudiant étranger me raconte avoir de nombreuses discussions sur la politique canadienne avec les «Canadiens anglais»! Qu'est-ce qui se passe? Je constate alors qu'il semble plus facile d'aborder cette question avec des étudiants étrangers. En sommes-nous au point où nous avons besoin de médiateurs pour «réconcilier nos solitudes[14]»?

Lors de ma troisième année à Carleton, les étudiants et étudiantes de deuxième et troisième cycles sont très mécontents, car l'Université augmente radicalement les frais de scolarité. Pour les étudiantes et étudiants étrangers, il s'agit d'une augmentation dramatique. On parle de mobilisation, de grève et de stratégies particulières pour les «internationaux». Un étudiant étranger m'arrête dans le corridor à l'étage du Département de science politique. On discute de la situation. Il me dit alors qu'il faut faire quelque chose, me demande ce que je serais prête à faire, la fin de nos études en dépend. Je me rends compte qu'il me prend pour une étudiante étrangère. Je l'interromps pour lui faire remarquer que je suis étudiante canadienne. Il répond, en anglais, quelque chose comme «Ah oui, c'est vrai. C'est à cause de ton accent».

Nous sommes toujours «l'autre», mais parfois la façon dont on est identifié ainsi prend des chemins inattendus. Conférence importante à Carleton: une féministe afro-américaine fait une tournée canadienne. J'y assiste avec quelques copines. Conférence assez intéressante, jusqu'au moment où je l'entends parler des gouvernements du Parti québécois et du nationalisme québécois. Crispations. Ça y est, encore une fois, même s'il est évident qu'on n'y connaît strictement rien. Le nationalisme a mauvaise presse auprès d'une certaine élite, l'auditoire est gagné d'avance. On parle de la perte des droits des femmes dans des régimes nationalistes. Tout cela me rappelle les mésententes entre les groupes de femmes canadiens et québécois lors des discussions constitutionnelles portant sur l'Accord Meech. Ras-le-bol! Car c'est trop souvent la même chose qui se produit encore. Parce que quelqu'un a dit à un copain québécois francophone, lors d'une discussion politique, «*Oh, You French...*» (le bel essentialisme), je me fais donner des identités différentes selon la personne à qui je parle, le sujet dont je parle. Ainsi, dans un cours, le professeur prend-il un vilain plaisir à tout faire pour provoquer les étudiants et étudiantes du Québec. D'une part, cette vieille soupe constitutionnelle canadienne doit être profondément indigeste pour les étudiants étrangers. D'autre part, lorsque c'est fait de manière récurrente, fixer tout le monde dans des rôles d'une mauvaise pièce dont on connaît les rouages, cela devient une forme de blocage dans la façon de se définir et de se redéfinir.

Ce qui ressort le plus de cette période, c'est la perception de la langue. Parce que je suis francophone, je deviens «*a French woman*». Parce que j'ai un accent, je deviens une étudiante étrangère. Parce que je suis Québécoise francophone, je deviens la défenseure des politiques des gouvernements du Québec. La langue devient un élément non seulement de ma propre construction identitaire — comment je me nomme et d'où je viens — mais aussi de la façon dont on me nomme. Ces constructions identitaires varient selon les espaces et les institutions dans lesquelles mes interlocuteurs et moi nous nous trouvons. L'exemple le plus pénible est celui du référendum de 1995 et des propos de Jacques Parizeau sur « l'argent et le vote ethnique ». Le lendemain du référendum, j'avais prévu aller à Carleton (j'habitais de nouveau à Montréal). J'ai changé d'idée, car je n'avais vraiment pas envie de répondre à qui que ce soit après cette bombe qui m'avait atterrée.

Détours

Je fais quelques détours avant mon arrivée à Edmonton. Ces détours ne sont pas chronologiques, mais ils servent à illustrer le rôle des institutions dans les perceptions et les non-dits. D'abord, la perception que quelques individus ont du Canada comme entité bilingue ou non. Ensuite, la perception que l'on a des sociétés comme des entités monolithiques ou non, et les représentations identitaires que cette perception comporte. Enfin, un non-dit qui commence à se faire plus insistant : où sont les autres francophones du Canada ?

D'abord, un détour par Québec illustre jusqu'à quel point les noms renvoient à des conceptions et à des représentations différentes des identités individuelles et collectives. Les représentations deviennent plus compliquées lorsque les noms changent. On retourne dans le passé. Je suis assistante de cours à l'Université Laval. En fait, nous sommes quatre à partager le même cours. Le professeur nous présente au groupe : un tel — nom québécois francophone — de Québec ; un tel — nom maghrébin — de Tunisie ; le dernier — nom grec — ...de Chicoutimi. Tout le monde rigole. Il faut bien comprendre ici que je ne prête aucune intention malveillante à ce professeur. Moi aussi, je trouve la situation amusante. Mais il y a là quelque chose de révélateur. Le nom grec d'un individu né à Chicoutimi dont les références culturelles sont québécoises francophones donne un autre visage à une société. Pourtant, ceux qui ne connaissent que son nom l'abordent souvent en lui disant qu'il parle bien français ! Selon un discours multiculturel gouvernemental, il fait partie d'une deuxième génération d'immigrants. Dans une boutique à Québec, payant avec une carte de crédit, la vendeuse lui sert un « quel drôle de nom ». Moi, dont le nom me catégorise tout de suite comme Québécoise francophone quand je suis au Québec, je n'avais jamais vécu cela. Ainsi, lui et moi partageons une socialisation culturelle semblable, mais nos noms nous placent dans des relations sociales différentes. Jusqu'à quel point cette différence entre lui et moi provient-elle des images identitaires véhiculées par les institutions ?

Je participe à un Institut d'été composé principalement d'États-uniens[15] et d'Allemands. Il y a un certain flou quant à ma catégorisation : « Canadienne, d'accord, mais francophone, hum». Je suis rangée dans la catégorie nord-américaine, mais lorsque je me présente aussi comme Québécoise, tout se complique. On me demande si je vis en français au Canada, c'est-à-dire «pour faire l'épicerie, aller à la pharmacie, à l'école, c'est en français?» On m'interroge aussi — bien entendu! — sur le truc de l'indépendance: pourquoi? pour faire quoi? Ça y est, c'est reparti. Et puis le nationalisme, là c'est très délicat. Les expériences historiques nationales se mettent de la partie. D'une part, certains États-uniens parlent de la guerre de Sécession! D'autre part, certains Allemands sont très mal à l'aise (même s'il s'agit d'une génération née dans les années 60, le poids de l'histoire n'est jamais bien loin), le passé nationaliste version nationale-socialiste suffit à en rendre plusieurs très méfiants face au mouvement nationaliste québécois. Lors de ces discussions, à peu près tout le monde se trouve face à différentes versions du Canada et peu savent que le Canada est officiellement bilingue. Il est alors légitime de se demander comment le Canada est officiellement représenté à l'extérieur et quel est le rôle des institutions dans la représentation de l'identité canadienne.

Nous sommes en juin 1997, je quitte bientôt Montréal et je déménage à Edmonton. J'écoute le bulletin d'information de Radio-Canada: petite couverture du congrès de la Fédération des communautés francophones et acadienne du Canada. Au lendemain du congrès, le 23 juin, je cherche dans les journaux. Il n'y a rien dans le *Globe & Mail*, *The Gazette*, *Le Devoir* ou *La Presse*. Encore une fois, il devient nécessaire de s'interroger sur le rôle des institutions dans la représentation des identités. Il ne s'agit pas uniquement de constater comment les identités sont représentées, c'est-à-dire nommées, mais aussi de s'interroger sur le silence des institutions à l'égard d'autres identités.

Ces détours, c'est-à-dire les étonnements face à un natif de Chicoutimi avec un nom grec, les interrogations sur mon identité canadienne/québécoise ou le peu de couverture médiatique du congrès de la Fédération des communautés francophones et acadienne, illustrent chacun à leur façon la tendance à représenter les sociétés de façon monolithique. Qu'il s'agisse de la société canadienne ou de la société québécoise, chacune est perçue comme un tout homogène, ce qui porte à croire à une identité qui ne rend pas compte de la pluralité identitaire.

Edmonton

Je vis maintenant à Edmonton depuis un an. J'enseigne à la Faculté Saint-Jean de l'Université de l'Alberta. Une très grande partie de ma vie se passe en français. Pour moi, c'est ici que la complexité des liens entre le Québec et les francophones se révèle le plus. Le passage à Ottawa en a fait surgir quelques éléments, mais la proximité du Québec atténuait probablement cette complexité.

D'abord, la question de mon origine est récurrente. On me demande parfois si c'est la première fois que je viens dans l'Ouest: je suis en plus quelqu'un qui vient de l'Est. Mais maintenant, la réponse implique beaucoup de choses. J'aime bien placoter avec les chauffeurs de taxi. Je peux alors faire de la «socio-politique de terrain». Quand j'ai répondu que je venais du Québec, le chauffeur m'a tout de suite parlé de la Loi 101. Si j'avais été une Québécoise anglophone, le chauffeur ne m'aurait pas demandé d'où je venais, il ne m'aurait pas parlé de la Loi 101. En l'absence d'accent, il aurait présumé que j'étais originaire d'ici. Pour qu'il sache mon identité, il aurait fallu que je lui dise. Un autre me parle du sanskrit, en le comparant au français. Encore la même question: m'aurait-il fait une mini-conférence sur le sanskrit si je n'avais pas eu cet accent? Un des moments les plus «posthallucinants[16]» de cette socio-politique de terrain survient lorsqu'un chauffeur d'un certain âge décide de me faire écouter une cassette, que je connais sûrement selon lui, d'autant plus que des francophones de Falher qu'il a récemment eus comme clients la connaissent. La Bolduc! Écouter la Bolduc dans un taxi à Edmonton conduit par un violoneux dont les parents sont d'origine ukrainienne et qui déteste le hockey — dans la ville des exploits de Wayne Gretzky! — relève de la fantaisie. Ce moment révèle aussi simultanément le caractère statique (je suis associée à la Bolduc) et mouvant (la rencontre et l'échange dans un taxi à Edmonton) des identités.

Toutefois, je n'ai pas envie de me faire parler du Québec à chaque fois que j'ouvre la bouche dans des lieux publics. En fait, c'est comme si les francophones étaient seulement du Québec. La prochaine fois, je dirai que je suis d'une autre province, on verra bien ce qu'on me dira.

Dans le titre, j'aurais peut-être dû inclure «identité oubliée». Plusieurs épisodes témoignent que la majorité a oublié qu'il y a de vieilles communautés francophones dans l'Ouest. Maintes fois, je me suis fait prendre pour une touriste. À l'épicerie, la caissière est une Franco-Albertaine, et je me surprends à faire mes courses en français. À chaque fois, des têtes se tournent, certaines discrètement, d'autres moins. Les premiers mois, lorsque j'entendais du français, par exemple au marché public, moi aussi je tournais la tête. Je voulais voir qui parlait. J'ai décidé d'arrêter ou du moins de le faire discrètement: il faut que cela devienne normal d'entendre cette autre langue. Un soir, je suis à l'arrêt d'autobus près de la Faculté. Nous sommes trois à converser en français. Il y a d'autres gens à l'arrêt et, soudainement, un homme dans la jeune vingtaine nous interrompt et s'exclame: «*Oh, you speak French!*» Sans plus, ni moins. On répond un *Yap* un tantinet agressif et il retourne penaud à sa conversation.

Je ne croyais pas partir à l'aventure lorsque j'ai voulu trouver un disque compact francophone, ou du moins autre qu'anglophone, chez «Sam the Recordman» sur la 82e Avenue, la «Main» d'Edmonton. Dans quelle section regarder? «*Canadian Pop Rock*»: pas vraiment, je ne veux pas du Céline Dion ou du Rock Voisine. La section *French Canadian* de cette boutique est minuscule. Je cherche en fait le DC de Lhasa, cette jeune interprète qui s'identifie comme Québécoise tout en transportant avec elle le bagage culturel des rythmes latino-américains. Je la trouve dans les « *World Beat* » ! Je fais un autre essai. Trouver Ched Mami, un des chanteurs raï les plus populaires. Rien. La culture musicale francophone se réduit à ceux et celles qui percent en anglais, comme Céline Dion et Roch Voisine, très présents. Il faut aller à la librairie francophone — qui tient un certain nombre de DC — pour trouver autre chose. J'ai l'impression de vivre dans deux mondes séparés : un francophone et un anglophone.

C'est probablement ce qui est le plus difficile à réconcilier jusqu'à maintenant : l'absence de signes visibles — hors de certaines institutions — du français dans ma vie quotidienne. Le coup le plus symbolique pour moi, c'est de constater que les Canadiens français sont un groupe parmi d'autres lors des journées « *Heritage* ». C'est tellement dissonant, ce statut de minorité ethnique. En fait, cette dissonance provient de deux sources. D'une part, le passage d'une identité majoritaire, celle de Québécoise francophone, à celle de francophone en Alberta indique l'imposition d'un statut de minorité, une minorité parmi tant d'autres. D'autre part, la contradiction entre les discours des institutions politiques étatiques fédérales et albertaines sur la place des communautés linguistiques dans l'identité canadienne prend ici une ampleur qui illustre que les identités ne peuvent faire l'économie de s'insérer dans différentes institutions. Enfin, cet épisode soulève la question de qui ethnicise qui ? Y a-t-il un kiosque canadien-anglais ?

Les moments de différenciation de l'autre prennent souvent toutes sortes de détours. Je vais voir un film belge sous-titré en anglais, contente de pouvoir aller au cinéma voir un film francophone. Nous sommes trois : deux francophones — l'autre est une francophone de l'Ontario — et une copine originaire de Calgary. Bon petit film sympathique, avec des chansons kitsch des années 70. À la sortie du cinéma, les deux « Francos » se mettent à fredonner une des chansons kitsch. Nous partageons les références culturelles de la francophonie internationale. Nous prenons plaisir à accentuer le côté kitsch, parce nous savons de quoi il en retourne. Néanmoins, nous venons aussi de lieux très contrastés de la francophonie canadienne, sources d'interprétations et de comportements différents. Lorsque nous allons dans les bars ou restaurants d'Edmonton, elle dit : « Merci », « Non » ou « Oui », plutôt que « *Thanks* », « *No* » ou « *Yes* ». À ses yeux, il s'agit d'affirmer qu'elle est francophone, comme, m'explique-t-elle, on lui a dit de l'affirmer maintes fois en Ontario. Nous discutons d'Ottawa ensemble, où elle a terminé sa maîtrise à l'Université d'Ottawa. Nous avons deux perceptions différentes de cette ville, perceptions qui viennent bien entendu des institutions universitaires différentes que nous avons fréquentées et du fait qu'elle est née en Ontario et moi, au Québec. Elle ne s'y sentait pas en contexte minoritaire ; moi, oui.

La période passée à Ottawa se résumait, en grande partie, à la langue comme élément identitaire. À Edmonton, cet élément est tout aussi important, mais il prend plusieurs dimensions. Il devient un principe de différenciation de la majorité anglophone. Il sépare deux mondes dans lesquels l'expression de cet univers francophone est peu partagée par la culture de la majorité. La langue devient aussi un principe de partage de références culturelles à l'intérieur de cet univers francophone. Toutefois, il ne s'agit pas d'un espace francophone unidimensionnel. À l'intérieur de celui-ci, différents espaces et différentes histoires se superposent, se recoupent ou se juxtaposent. C'est à travers tous ces espaces que, simultanément, une identité n'est jamais tout à fait statique ni tout à fait mouvante. Ainsi, la langue ne peut être le principe unique et à sens unique des définitions identitaires.

Écrire à Québec

J'écris une partie de ce texte à Québec. Il y a quelque chose de particulier à réfléchir sur les espaces identitaires à partir de deux lieux différents. C'est écrire à chaud, car on me pose à Québec des questions sur ma nouvelle vie edmontonienne. On me demande notamment si cela me fait drôle d'entendre de nouveau parler français. Oui et non. Non, je travaille largement en français. Oui, car tout devient facile. Ce que je remarque le plus, c'est plutôt l'affichage : tout est en français. Il n'y a plus cette étrangeté d'entendre et de voir du français. Ensuite, il y a les rencontres avec des personnes qui sont parties ailleurs, et que je revois à Québec. On se raconte nos expériences. C'est inévitable à chaque fois. Plusieurs ont l'impression de revenir chez eux, lorsqu'ils et elles reviennent au Québec, même si l'autre endroit est au Canada, et peu importe leurs convictions fédéralistes ou indépendantistes. Il s'agit d'un retour chez soi, d'un retour aux impressions de partager un univers culturel commun.

Les questions fusent sans arrêt, les gens veulent savoir. Y a-t-il des journaux francophones ? Et Radio-Canada ? Quelles sont les activités culturelles en français ? Ensuite, ce sont les questions sur le Canada anglais. On me parle aussi beaucoup de Nancy Huston et de Gabrielle Roy. Le plus grand étonnement, et le mien aussi, survient lorsque j'explique que 80 % de ma vie se passe en français. Un soir, parlant avec des copains et des copines, l'une d'entre elles remarque soudainement que la conversation se déroule comme si j'habitais maintenant un pays étranger.

Comme à tous les petits déjeuners, je fais la lecture des grands titres de quelques quotidiens. *La Presse*, 22 juin 1998 : « Les francophones hors Québec à la croisée des chemins ». C'est le titre de l'article de la Presse canadienne sur la réunion de la Fédération des communautés francophones et acadienne. Première impression : il y a un progrès par rapport à l'année précédente. Deuxième impression : est-ce que je me serais arrêtée au titre si je n'arrivais pas d'Edmonton, car le « hors Québec » constitue un exemple des façons de se nommer et de se faire nommer. Choisir de laisser tomber le « hors Québec » dans le nom de la Fédération relève d'une façon de se nommer soi-même. Au pupitre, on a tout de même choisi un autre nom. Cet exemple, parmi tant d'autres, montre aussi la complexité des redéfinitions identitaires et les difficultés des rapports entre les Québécois francophones et les francophones des provinces canadiennes. En faisant le choix du nom Québécois, les Canadiens français ont eu à se redéfinir et à se choisir un nom, mais les Québécois ont aussi eu à se demander où situer les francophones du Canada et comment les nommer. Ces questions sont très loin d'être réglées. Elles redéfinissent aussi les conceptions des espaces francophones à l'intérieur du Canada et, ce faisant, redéfinissent qui parle et qui peut parler au nom de quels francophones.

Les fêtes de la Saint-Jean et du Canada constituent un autre exemple des impacts de ces redéfinitions identitaires et spatiales. À Québec, pour une des rares fois, je suis allée au spectacle de la Saint-Jean sur les plaines d'Abraham. Je ne vais pas très souvent à ces spectacles, ni à ceux de la Fête du Canada d'ailleurs. Je ne me sens pas très à l'aise face à la récupération par différentes organisations, quelles qu'elles soient, de l'idée de la fête, mais, plus profondément, je suis très mal à l'aise devant les manifestations de nationalisme québécois et canadien. Nous avons droit aux discours nationalistes des organisateurs de la soirée. Ensuite, j'apprécie le spectacle (Thérez Montcalm, Nathalie Choquette, Éric Lapointe, Plume Latraverse, Grégory Charles, etc.). Tout en écoutant les chansons, je me demande si je me sens différente maintenant que je vis à Edmonton. Est-ce que ma perception a changé? En fait, deux univers ont commencé à se dessiner ce soir-là. Les gens reprennent ensemble les paroles des chansons. Je fais partie de cet univers-là. Sauf à un moment où une nouvelle pièce est chantée et qu'un copain me dit que toutes les stations de radio la font tourner. Il me demande si la popularité de la pièce est la même là-bas. À ce moment, j'appartiens aussi à un ailleurs. Puis, Thérez Montcalm chante «Les paroles». Être ailleurs. Est-ce qu'on devient une autre lorsqu'on habite ailleurs? Est-ce qu'on change de «nous»?

Les identités ainsi que les façons de se nommer et d'être nommé n'ont rien d'essentialiste. Les statuts identitaires sont imprégnés d'une multiplicité de relations sociales qui changent selon les espaces. Les groupes sociaux et les individus occupent des positions différentes par rapport aux espaces[17]. Edmonton et Québec: deux espaces où je suis francophone, mais où les significations socio-politiques de ce statut sont différentes. Toutefois, parler d'un espace francophone n'est pas suffisant pour relever la complexité des identités et des rapports sociaux. Encore une fois, il faut reconnaître que si les identités peuvent se superposer, les espaces aussi le peuvent. On peut se situer dans plusieurs espaces à la fois.

Postitinéraire

Comment une Québécoise se nomme-t-elle en français en Amérique du Nord? La question que je posais au départ reste entière. J'ai essentiellement voulu souligner la complexité de cette question par un certain nombre d'exemples qui appellent d'autres questions. J'ai aussi voulu faire ressortir que les grandes explications ou les analyses réductionnistes ne peuvent donner un sens aux petits et aux grands moments quotidiens qui font et refont la place des individus et des groupes dans une société.

Cela dit, j'ai tout de même la tentation de revenir sur certains éléments qu'il me semble difficile de contourner, de manière à résumer un peu cet itinéraire. D'abord, ces expériences sont marquées par la représentation des identités. D'un espace à l'autre, je ne porte pas la même identité. Autrement dit, les identités ne sont pas des phénomènes transcendants. Elles se construisent dans le cadre des rapports sociaux et des institutions. Elles changent dans le temps et l'espace.

Ces identités se forment par un principe de différenciation. Je suis d'un groupe ou d'un autre. J'appartiens ou non à ce groupe. Il ne s'agit pas uniquement de mes choix. Bien souvent, il s'agit beaucoup plus d'une distinction qui est établie entre différentes appartenances historiques. Je suis originaire du Québec, j'appartiens à cette histoire. J'ai aussi choisi cette identité. Je suis parfois l'autre, celle qui vient d'ailleurs. À d'autres moments, on m'impose une identité que je ne revendique pas. Parfois, une identité dont je ne me croyais pas porteuse devient mienne, car elle m'est suggérée. Ces «ailleurs» ou ces «ici» sont faits de rapports à l'espace qui donnent à celui-ci des significations particulières. Ainsi, l'espace se transforme sous l'influence des pratiques sociales qui lui donnent un nom, et par le fait même des significations partagées, imaginées et parfois institutionnalisées. Ces significations incarnent des rapports politiques. Dire que je suis Canadienne française ou Québécoise change mon rapport aux autres, aux institutions et mes références historiques. Les constructions identitaires se font et se refont continuellement : francophone, Québécoise, de l'Est. Chacune de ces identités renvoie à différentes communautés politiques et peut m'y inclure ou m'en exclure, tant par mon regard que par le regard des autres. Déjà, après un an, l'«ici» et l'«ailleurs» commencent à se confondre. Mon histoire individuelle commence à provenir des deux espaces. De quel « nous » ferai-je partie demain ? C'est aussi vous qui participez à la réponse.

RÉFÉRENCES

Barber, Benjamin, *Jihad vs. McWorld. How Globalism and Tribalism Are Reshaping the World*, New York, Ballantine Books, 1995, 389 p.

Anderson, Benedict, *Imagined Community*, London, Verso, 1991, 224 p.

Jenson, Jane, « Mapping, Naming and Remembering : Globalization at the End of the Twentieth Century », dans Guy Laforest et Douglas Brown (dir.), *Integration and Fragmentation*, Kingston, Institute of Intergovernmental Relations, 1992, p. 25-51.

Lefebvre, Henri, « Réflexions sur la politique de l'espace », *Espaces et sociétés*, n° 1, 1970.

Massey, Doreen, *Space, Place and Gender*, Minneapolis, University of Minnesota Press, 1994, 280 p.

Richler, Mordecai, *Oh Canada ! Oh Québec ! Requiem pour un pays divisé*, Montréal, Éditions Balzac, 1992, 310 p.

Taylor, Charles, *The Sources of the Self : The Making of the Modern Identity*, Cambridge, Harvard University Press, 1989, 601 p.

Taylor, Charles, *Rapprocher les solitudes. Écrits sur le fédéralisme et le nationalisme canadien*, Sainte-Foy, PUL, 1992, 233 p.

NOTES

1. Je tiens à remercier Dimitrios Karmis pour ses critiques et ses commentaires.

2. Henri Lefebvre, « Réflexions sur la politique de l'espace », *Espaces et sociétés*, n° 1, 1970, p. 4.

3. Charles Taylor, *The Sources of the Self: The Making of the Modern Identity*, Cambridge, Harvard University Press, 1989, p. 35.

4. Les expressions « se nommer » et « être nommé par les autres » s'inspirent de Jenson (1992).

5. Voir l'ouvrage *Jihad vs McWorld* de Benjamin Barber (New York, Times Books, 1995, 381 p.).

6. Au début du mois d'août 1998, sur la liste de discussion électronique — IPE (International Political Economy) — des affirmations sur le nationalisme écossais reprenaient cette dichotomie, celui-ci n'étant qu'une réaction à la mondialisation. Quelques personnes ont tout de même fait remarquer que cette expression identitaire ne date pas d'hier.

7. Jenson (1992) donne un exemple de l'importance du rôle des institutions et de leur portée sur les référents culturels et sur la construction identitaire. La chanson « Maple Leaf for Ever », qui a servi d'hymne national avant le « O Canada », fait référence aux États-Unis et à la Grande-Bretagne, passant sous silence les liens avec la France, si ce n'est que par la glorification des exploits du général Wolfe. Elle ajoute à juste titre que ni le « Maple Leaf Forever », ni le « O Canada » ne mentionnent les Premières Nations.

8. Je ne prends que certains moments qui me semblent plus marquants que d'autres ; cependant, comme dans toute narration rationalisée, je laisse peut-être dans l'ombre des instants qui ne devraient pas l'être.

9. Symbolique est utilisé dans le sens du concept de communauté imaginée, développé par Benedict Anderson (1991).

10. Minorité en relation avec l'entourage immédiat, c'est-à-dire que le français n'est pas la langue de la majorité.

11. En fait, je peux mesurer le changement en me remémorant des souvenirs d'enfance où l'anglais était une présence « étrangère », comme lorsque j'allais chez Eaton au centre-ville de Montréal avec ma mère et qu'elle devait parler anglais aux vendeuses. Je pense aussi à mes jouets dont le mode d'emploi était uniquement en anglais. Ce dernier souvenir a été ravivé lors de mon arrivée à Edmonton. À la radio, j'ai écouté par hasard une entrevue avec une personne en charge d'une joujouthèque qui faisait une collecte de jouets en français...

12. Je ne mentionne que Radio-Canada, il y aurait toutefois plusieurs choses à écrire sur la CBC.

13. Voir l'ouvrage *Oh Canada ! Oh Québec*.

14. Voir le titre de l'ouvrage de Charles Taylor *Rapprocher les solitudes*.

15. J'utilise le terme États-unien pour éviter ce qu'il y a de profondément impérialiste dans l'utilisation du terme Américain pour désigner les seuls citoyens des États-Unis.

16. Cette expression provient d'un des courts métrages du film *Cosmos*. Ce film met en scène différents moments d'une journée de Cosmos, chauffeur de taxi d'origine grecque à Montréal.

17. Voir Doreen Massey (1994) qui explique que l'espace fait partie intégrante de la production et de la reproduction de significations socio-politiques.

DICTIONNAIRE DES ARTISTES ET DES AUTEURS FRANCOPHONES DE L'OUEST CANADIEN

de GAMILA MORCOS (dir.)
collab. Gilles Cadrin, Paul Dubé, Laurent Godbout
(Sainte-Foy/Edmonton, Presses de l'Université Laval/
Faculté Saint-Jean, 1998, 366 p.)

James de Finney
Université de Moncton

Voici enfin, après plus de sept ans de travail d'une équipe placée sous la direction de Gamila Morcos, professeure émérite de l'Université de l'Alberta, le *Dictionnaire des artistes et des auteurs francophones de l'Ouest canadien*. Le DAAFOC présente 431 «auteurs de diverses spécialisations artistiques, littéraires ou scientifiques, et les réunit par un facteur commun, linguistique et géographique». Dès la première page, cependant, l'auteur élargit la portée de l'ouvrage, en ajoutant à l'Ouest canadien le Nord-Ouest (Yukon et Territoires du Nord-Ouest); aux auteurs et artistes, des scientifiques, des médecins, des enseignants, des animateurs culturels, des inventeurs, bref tous ceux qui ont contribué au «progrès du savoir» ou fait la promotion des francophones de l'Ouest, sans parler de «nouveaux qui gagneraient à être connus et appréciés». S'ajoute enfin un important axe diachronique, puisque le DAAFOC couvre la période «depuis l'avance dans l'Ouest jusqu'à nos jours».

Chaque notice comprend les renseignements indispensables : biographie, réalisations (ouvrages, articles, discographie, œuvres d'art, animation culturelle, etc.), ainsi qu'une bibliographie de textes et des citations portant sur la personne et l'œuvre. L'introduction propose un survol de l'histoire politique de la région et un cahier couleur de 24 pages — avec quelques reproductions en noir et blanc — donne un aperçu de la production artistique. Un premier index classe les personnes par «domaines de spécialisations»: 123 artistes visuels, 163 gens de lettres, 38 artistes de la scène, 15 gens de sciences, 242 critiques et essayistes, 90 gens de médias, 103 autres domaines. Un deuxième index, plus révélateur, les répartit par province ou territoire : Alberta : 125 ; Colombie-Britannique : 23 ; Manitoba : 189 ; Saskatchewan : 61 ; Territoires du Nord-Ouest : 13 ; Yukon : 8 ; non-résidents : 24.

Le DAAFOC s'ajoute aux nombreux ouvrages qui redessinent peu à peu les contours géo-culturels de ce que fut le Canada français, une entreprise qui alimente un débat continu depuis quelques décennies. François Paré, dans *Théorie de l'exiguïté*[1] dénonce l'abus des anthologies et dictionnaires dans les

« petites cultures ». René Dionne y voit par contre un nécessaire effort de repositionnement de ce qu'on appelle depuis peu les « communautés francophones » :

> Exposés plus que jamais à l'assimilation, ces francophones ont senti le besoin de se serrer les coudes, de se regrouper et de se reconnaître comme appartenant désormais à des pays différents, tels l'Acadie et l'Ontario français, qui ne sont que des patries linguistiques comme l'était le Canada français. [...] Ils ne renient pas l'appellation de Canadiens français, mais affirment davantage leurs identités régionales dans les divers secteurs de la vie politique et quotidienne. [...] afin de compenser la perte du pays canadien-français traditionnel[2].

Pour ce qui a trait à la délimitation du territoire, l'hésitation du DAAFOC — le Nord-Ouest est éliminé du titre de l'ouvrage « par mesure de simplification » — semble faire écho à celle de Dionne lorsqu'il affirme que « la littérature francophone de l'Ouest [...] *englobe (provisoirement)* les littératures franco-manitobaine, fransaskoise, franco-albertaine, franco-colombienne, franco-yukonaise et franco-ténoise[3] ». Ailleurs au Canada français — le *Dictionnaire des œuvres littéraires du Québec* et deux projets en cours : le « Dictionnaire des œuvres littéraires de l'Acadie des Maritimes » et le « Dictionnaire des écrits de l'Ontario français » — le territoire se délimite autrement : l'appellation *Québec* repose sur une option nationale et territoriale ; *Ontario français* respecte les frontières provinciales (tout comme *L'anthologie de la poésie franco-manitobaine[4]*), alors que l'*Acadie* est perçue souvent comme une entité a-territoriale, dont les racines seraient essentiellement historiques. Ainsi, la cartographie du Canada français semble-t-elle s'ajuster non seulement à la disparition des structures anciennes, mais aussi à la diminution du poids démographique des francophones, aux politiques culturelles/ linguistiques ou encore aux efforts pour établir, ou rétablir, des liens entre les « communautés ». C'est ce manque de contours précis qui entraîne la diversification des stratégies de positionnement. Et le *Dictionnaire des artistes et auteurs francophones de l'Ouest canadien* n'échappe pas à cette règle : la géographie culturelle et politique de l'Ouest et du Nord ne fait l'objet d'aucun discours explicite ; elle est sous-entendue, inscrite sans qu'il n'y paraisse au premier abord, dans la façon dont sont analysés les œuvres, les vies, les personnages et les institutions.

Comme l'indique son titre, le DAAFOC valorise les personnes plutôt que les œuvres. De plus, il construit un champ culturel et linguistique dont les critères d'éligibilité sont très souples : « être francophone d'ascendance ou d'affiliation, avoir vécu dans l'Ouest ou le Nord-Ouest et produit une œuvre originale ou, à défaut, avoir contribué à faire connaître la francophonie de l'Ouest ». D'où un véritable *who's who* régional qui adopte une formule à mi-chemin entre le dictionnaire des œuvres et le dictionnaire biographique. Le lecteur à la recherche de renseignements factuels succincts ne sera pas déçu, compte tenu de la très grande précision des notices, des références et des index. Au lecteur «étranger» qui *parcourt* l'ouvrage au lieu de le *consulter*, le DAAFOC offre plutôt une vue d'ensemble d'une culture. Ce lecteur retiendra moins les détails — la plupart des noms lui seront sans doute inconnus — que les lignes de force de cette culture de l'Ouest, marquée par l'esprit pionnier, le goût des déplacements et de l'aventure, l'espace, les «batailles linguistiques», les contacts interculturels et le va-et-vient constant entre l'Europe, le Québec, l'Ouest, le Nord et les États-Unis. La priorité accordée aux personnes se manifeste d'abord dans les anecdotes et le vécu: on suit, par exemple, l'itinéraire complexe de «Landry, Moïse. Photographe, horloger, musicien, marchand», un oncle de Gabrielle Roy, du Québec au Manitoba, puis en Saskatchewan et enfin en Californie; un parcours motivé tantôt par le goût de l'aventure, tantôt par les aléas de l'économie de l'Ouest, tantôt enfin par des problèmes de santé. Par contre, l'œuvre de Landry mérite à peine une phrase: «Des multiples activités de Moïse Landry, seule la photographie laissera quelques traces, surtout dans les collections privées.» Le DAAFOC a aussi le souci de fournir «un panorama riche et varié» plutôt que de mettre en valeur les grandes figures, ce qui se traduit par la présence de personnages moins connus: la vie de Louis Riel est racontée sommairement (24 lignes) et de façon plutôt neutre, alors que le peintre René-Jean Richard, figurant à la même page, fait l'objet d'un portrait détaillé qui met en relief la psychologie, l'esthétique et la vie aventureuse de ce peintre-coureur des bois qui a inspiré *La Montagne secrète* de Gabrielle Roy. Cette approche donne une idée de la diversité des acteurs de cette communauté, des missionnaires du Yukon aux hommes d'État, en passant par les auteurs-compositeurs, les artisans en tous genres, les artistes métis, les historiens, etc. Sans parler de l'importance que prend le phénomène de l'immigration. Par contre, cette approche est aussi la source d'anomalies surprenantes, comme le fait de n'accorder que 14 lignes d'analyse à Nancy Huston et une page à Gabrielle Roy, alors qu'un Maurice Constantin-Weyer mérite deux pages. Et après avoir résumé la vie de Louis Riel, on mentionne rapidement qu'il «est aussi essayiste et poète». C'est peu. Ailleurs c'est la définition des genres d'écrits ou celle des spécialisations qui en souffre: le géographe André Fauchon est rangé parmi les essayistes, et non parmi les «gens de sciences», sans avoir publié d'essais. Par contre, le DAAFOC donne une idée assez juste des conditions difficiles dans lesquelles évoluent les francophones de la région: on ne cache pas, par exemple, le fait que nombre de natifs de la région produisent aussi dans «l'autre» langue et doivent faire carrière entre l'Amérique anglophone et l'Amérique francophone; c'est le cas de Guy Gauthier, dont les œuvres théâtrales sont mieux connues à New York qu'à Saint Boniface.

Ce dictionnaire suppose des choix, comme le précise le texte de présentation, surtout celui de valoriser les personnes qui ont animé et construit la francophonie de l'Ouest et du Nord depuis ses débuts. Il en résulte un ouvrage qui tient autant de l'outil de reconnaissance de la communauté par elle-même — un miroir en quelque sorte — que du dictionnaire. L'attention est concentrée sur les faits biographiques et bibliographiques, et les commentaires sur les personnes et les œuvres sont souvent ceux de critiques et de témoins, donc de la communauté. L'auteur parle, à juste titre, d'«œuvre de défrichage», ce qui explique le choix de ne pas privilégier les grands noms, voire même d'inclure des personnes qui n'ont pas laissé d'œuvres au sens propre. Ainsi le DAAFOC opte-t-il pour une façon particulière de construire ce nouvel espace francophone au Canada. Une façon qui ne manquera pas de susciter des critiques, mais qui a le mérite de ne pas forcer la note nationaliste, de fournir un outil de travail indispensable et d'épouser la culture qu'il s'agit de refléter.

NOTES

1. François Paré, *Les littératures de l'exiguïté*, Hearst/Ottawa, Le Nordir, 1992.

2. René Dionne, *La littérature régionale aux confins de l'histoire et de la géographie*, Sudbury, Prise de parole, 1993, p. 28-29.

3. *Ibid.* Nous soulignons.

4. J.R. Léveillé, *Anthologie de la poésie franco-manitobaine*, Saint-Boniface, Éditions du Blé, 1990.

UNE SI SIMPLE PASSION : ROMAN PALIMPSESTE
de J.R. LÉVEILLÉ
(Saint-Boniface, Éditions du Blé, 1997, 57 p.)

Bernard Haché
Université de Moncton

La passion du négatif

Il y a de ces œuvres dont la sortie ne va pas sans faire l'événement. Ce fut le cas, il y a quelques années de *Passion simple* d'Annie Ernaux. Plus récemment, J.R. Léveillé nous a offert une œuvre plus discrète, *Une si simple passion*, petit récit tenant ou du jeu ou de l'apéro littéraire, annoncé comme un « roman palimpseste » puisqu'il porte justement l'empreinte du récit d'Ernaux. Mais, à le parcourir, on finit vite par se demander si le terme « palimpseste » n'aurait pas quelque chose d'un peu euphémisant. C'est que le texte ancien, une fois gratté, ne fait pas que ressortir sous le texte récent ; il le pénètre littéralement, de sorte qu'*Une si simple passion* tient en réalité davantage de l'hypertexte que du palimpseste. Confrontons, pour voir, ce « même » passage des deux récits :

> [...] quand je me trouvais au milieu d'autres femmes, à la caisse du supermarché, à la banque, je me demandais si elles avaient comme moi un homme sans arrêt dans la tête, sinon, comment elles faisaient pour vivre ainsi, c'est-à-dire — d'après mon existence d'avant — en n'ayant comme attente que le week-end, une sortie au restaurant, la séance de gym ou les résultats scolaires des enfants : tout ce qui m'était maintenant ou pénible ou indifférent[1].

> Parmi d'autres femmes au supermarché, je me demande si celles qui sont enthousiastes le sont parce qu'elles ont quelqu'un dans leur vie, ou si elles sont heureuses parce qu'elles sont ce qu'elles sont, dynamiques dans leur existence. Sans attente pour le week-end, ou le rendez-vous au restaurant, ou la soirée de spectacle, ou les vacances, ou la session aérobique, toutes ces choses qui me plaisent, dont la préparation est un plaisir, mais dont la réalisation ou non me laisse indifférente[2].

Le texte de Léveillé ne frôle pas toujours celui d'Ernaux d'aussi près, mais généralement lire Léveillé c'est revenir sur Ernaux, et relire Ernaux c'est, bien sûr, jouer le jeu concocté par l'auteur du palimpseste.

Il est vrai par ailleurs que la lecture simultanée des deux récits permet de relever bon nombre de récurrences. Léveillé, comme Ernaux, laisse parler une artiste « passionnée » qui étale sans pudeur sa vie amoureuse et qui se questionne sur l'impact que peut avoir la passion sur sa relation avec la société et son art. Toutes deux se racontent et passent en rafale des occupations similaires: sorties au cinéma, musique, lecture d'horoscope... Elles dépeignent leur amant sous les mêmes coutures: Ernaux constate que A. «aimait les costumes Saint-Laurent, les cravates Cerruti... conduisait vite... appréciait qu'on lui trouve une ressemblance avec Alain Delon» (AE, 32); alors que la femme, chez Léveillé, constate que son petit ami «aime les jeans et les vestons genre chic... conduit vite... ressemble à Mickey Rourke» (JRL, 25-26). Les deux femmes, par leur art, cherchent aussi à recréer l'homme absent: par l'écriture chez Ernaux; par la photo chez Léveillé.

La similarité des situations n'empêche pas les deux narratrices pourtant de s'opposer fondamentalement. La passion n'étant pas «si simple», Ernaux vit péniblement l'absence de son amant: «je recommençais d'attendre un appel, avec de plus en plus de souffrance et d'angoisse au fur et à mesure que s'éloignait la date de la dernière rencontre» (AE, 22). La narratrice, chez Léveillé, tout autant esseulée, n'est nullement tourmentée: «Tous les instants sont heureux en dehors de lui» (JRL, 19). C'est qu'en réalité elle ne l'attend pas. Pas d'attente, donc pas d'anxiété: «(s)'il ne peut venir pour plusieurs jours, je n'ai aucun dégoût de ce qui m'entoure. Mes amis sont magnifiques. Certes, je pense à lui, à l'occasion» (JRL, 15). L'existence hors de l'homme est parfaitement supportable: «Je ne vivais pas vaguement pour le retrouver, dans l'espoir d'une lettre ou d'un appel. Mais je faisais l'expérience d'une absence. Je ne peux pas dire que c'était un bien, mais ce n'était pas un mal. L'expérience au fond me plaisait. Est-ce que j'avais une espèce de nostalgie? Pas tout à fait. J'étais toujours heureuse» (JRL, 41). Que pourrait-elle bien penser de l'attente «à la Ernaux» ? Elle avoue, dans une allusion à peine voilée: «Je termine la lecture d'un livre que j'avais commencé. Une femme attend un homme. Inlassablement. Cela me paraît soudainement insensé, incompréhensible» (JRL, 12).

L'absence de l'amant chez Ernaux créée l'attente, exacerbe la passion, déforme le temps: «je levais les yeux vers la pendule accrochée au-dessus de la porte, "plus que deux heures", "une heure", ou "dans une heure je serai là et il sera reparti". Je me demandais avec stupeur: "Où est le présent?" (AE, 19). Chez Léveillé, nous pouvons observer une femme nullement affectée par la solitude, vivant au contraire un parfait contentement qui se devine par cette extrême légèreté du ton et cette insouciance, souvent badine, qui traverse le récit: «Il part dans dix minutes ou dans une heure? Je pars dans une heure ou dans deux? Je ne me demande jamais: Qu'est-ce que le présent? Il faut sabler le champagne, pas chambrer le sablier» (JRL, 17).

Cette femme ne vit aucune trépidation à la suite du coup de fil de l'amant qui s'annonce et elle se détache de l'attente: «C'est lui. Il dit qu'il est en route, qu'il arrive dans une heure. Possibilité qu'il soit en retard. Pas de soupçon. Pas d'attente. Pas de doute. Ni pensée. Ni désir. Il vient ou il ne vient pas. La jouissance est certaine» (JRL, 15). L'absence — physique — de homme lui donne plutôt l'occasion de jouir par la libre réflexion et la pratique de l'art: «Les projets de ma journée nourrissent maintenant ce grand vide de ma nuit. Sentant son absence, j'ai découvert une vacance que j'occupe par le passage d'une autre nuit, la chambre noire où se compose la trace d'une présence. C'est tout ce que l'on peut demander : sentir le souffle de l'être » (JRL, 43). Elle reste toujours ainsi, cérébrale dans ses réflexions et distante face à la passion qu'elle considère froidement, « positivant » l'émotion plutôt que de se laisser dominer par elle. Elle ne s'effarouche pas dans l'attente, ne s'émeut point devant l'amant. Par contre, les expériences intellectuelles s'avèrent si enivrantes qu'elles donnent souvent dans l'expérience érotique. La sensualité de la photographe éclate dans la pratique de son art. C'est que « Tout ce travail photographique est un grand ébat » (JRL, 42-43).

L'ouvrage de J.R. Léveillé, à l'instar de *Passion simple*, propose une réflexion sur le temps, indéfinissable, que l'esprit humain cherche toujours à saisir. *Une si simple passion* prouverait — une fois de plus — que le temps constitue l'un des matériaux les plus propices à la poésie : « Toute cette vie qu'on dit "la vie" est hors du Temps, perdue, soumise à un abîme perpétuel, à une répétition incessante, illusionnée par l'idée du progrès. Le temps véritable n'est pas chronologique, il est ascendant » (JRL, 52-53). L'amant, écrivain, inspire la photographe qui se souvient aussi :

> Notre temps va dans le même sens, dit-il. On peut toujours dire qu'il vient vers quelque part et qu'il va vers quelque part, mais avant tout, c'est le Temps trouvé. Un présent éternel. S'il y a du passé, c'est le biblique, celui de « En ce temps-là », et on sait qu'il est perpétuel. Il écrit que, dès la première page, nous sommes dans ce présent, non pas le passé, ou l'imparfait, ni le recul ou le retrait ou encore moins le regret ou l'oubli, mais dans un temps qui serait le parfait (JRL, 47).

Une si simple passion va au-delà du jeu. Léveillé, davantage poète que romancier, nous donne de ces phrases que l'on aime et que l'on trouve belles sans toujours savoir pourquoi... « Les Montréalais sont légers dans la rue et Montréal est la capitale du monde » (JRL, 35). Et la richesse du texte se trouve encore rehaussée par toutes ces références culturelles issues du firmament artistique : Watteau, Godard, Apollinaire et autres, qui inspirent nécessairement. Évoquant le zen, Léveillé nous sert une réflexion de son cru : « Tout est facile, simple ; sans effort, dit le zen. Essayons de ne pas faire d'effort ? c'est encore un effort » (JRL, 12). L'auteur ne souhaitant pas se borner à un ludisme facile ne pouvait s'empêcher de tonifier son texte qu'il enrichit et jalonne de jeux d'esprit. Et puis enfin, il y a ce jeu des contraires qui ne devrait pas étonner, car dans le fond, n'est-il pas dans l'ordre des choses que la passion d'une photographe soit avant tout passion du négatif ?

NOTES

1. Annie Ernaux, *Passion simple*, Paris, Gallimard, 1991, p. 24-25. Les références subséquentes à cet ouvrage seront insérées directement dans le texte et désignées par « AE ».

2. J.R. Léveillé, *Une si simple passion*, Saint-Boniface (Manitoba), Les Éditions du Blé, 1997, p. 20-21. Les références subséquentes d'*Une si simple passion* seront incluses dans notre texte et désignées par « JRL ».

FAUT PLACER LE PÈRE : ROMAN
d'ANNETTE SAINT-PIERRE
(Saint-Boniface, Les Éditions des Plaines, 1997, 345 p.)

Georges Bélanger
Université Laurentienne (Sudbury)

Il y a fort à parier que, si ce roman s'adresse à un public en général, il risque d'attirer l'attention d'un groupe particulier de lecteurs — l'auteure l'aurait-elle ciblé ? —, qui gravite entre autres autour d'un réseau très actif, en plein essor depuis quelques années : celui des Universités du troisième âge (UTA). Parce que le sujet de ce roman, sans être exclusif, possède le mérite d'interpeller directement, par exemple, les membres de ce réseau et de leur proposer une réflexion tout à fait digne d'intérêt sur cette question — le drame d'une personne âgée — si fictive soit-elle.

Comme son titre l'indique, il faut « placer le père », et le père, c'est Louis Vanasse, devenu vieux, malade et un peu encombrant. Annette Saint-Pierre construit, en 56 chapitres suivis d'un épilogue, un récit qui raconte la vie de ce personnage et de sa famille à partir de plusieurs fils directeurs qui soustendent l'ensemble du roman. Et, affirmons-le d'entrée de jeu, il s'agit d'un véritable réquisitoire contre le sort réservé aux personnes âgées par la famille et la société.

À l'instar d'Alexandre Sellier, personnage principal de *La Quête d'Alexandre* (premier tome des « Chroniques du Nouvel-Ontario » d'Hélène Brodeur), Louis Vanasse, sans instruction, a quitté lui aussi son Québec natal, la ville de Chicoutimi, suivant sans doute une vague d'émigration — dans la foulée des mouvements de colonisation du début du siècle au Canada. Avec des membres de sa famille, il se dirige non pas vers le Nouvel-Ontario cette fois, mais vers l'Ouest ; il s'enracine ainsi à Sainte-Sophie, au Manitoba, sur une ferme dont il héritera d'ailleurs, et où il passera une grande partie de sa vie.

Le roman s'ouvre au moment où Louis Vanasse, âgé de 80 ans, vit seul dans un petit appartement à Winnipeg, et arpente les rues en « marmonnant des patenôtres ». Au fil du récit et des souvenirs qui le jalonnent, le lecteur découvre en alternance comment il a vécu et comment il vit sa solitude présente. En fait, il connaît la solitude depuis fort longtemps, depuis que sa femme, Lucienne Saint-Clair, a décidé après plusieurs années de mariage, de quitter mari et « pays » et de revenir vers l'Est, à Montréal, accompagnée de tous ses enfants, à l'exception de la huitième et dernière, Josette, qui a choisi de demeurer avec son père. Beaucoup plus tard, un fils, Thomas, après avoir connu plusieurs déboires, sera forcé de revenir à Winnipeg auprès de son père.

Les trois protagonistes étant bien en place — le père, Louis Vanasse, et ses deux enfants, Josette et Thomas —, la narratrice n'a plus qu'à orienter la trame du récit, ce qu'elle fait avec une grande maîtrise. Bien que le roman soit parsemé de plusieurs pistes et péripéties, celles-ci convergent toutes vers un point commun et central : l'existence du père.

Mais qu'arrive-t-il au juste au père Vanasse, quel sort lui est-il réservé ? Si le dénouement se dévoile heureux, ce n'est pas avant d'avoir surmonté maints heurts et difficultés que le personnage y parviendra. Angoissé et terrorisé en effet à l'idée d'être «placé», Louis Vanasse, par tous les moyens, essaie d'afficher, auprès des travailleurs sociaux et des membres de sa famille, une parfaite maîtrise de son autonomie et une santé à toute épreuve. Cependant, la menace pèse toujours, et l'auteure ne manque pas de la faire sentir lourde et harcelante tout au long du roman. Un jour la maladie aura raison de lui, il aura beau résister, sachant bien que l'hospitalisation signifie, à plus ou moins brève échéance, une place quasi assurée dans un foyer d'accueil. Têtu, obstiné et épris de liberté, il refusera pourtant un tel régime de vie et s'enfuira de ce lieu déshumanisé où les personnes âgées sont devenues des matricules, traitées comme des enfants et parquées dans des chambres et des espaces minuscules, antichambres de la mort. Voilà le véritable motif de ce roman : mettre en lumière le sort réservé aux personnes âgées — représentées ici par un personnage —, l'incurie de la société à les traiter avec déférence et les difficultés qu'éprouve la famille, souvent mal préparée à prévoir de telles situations. Au plan familial, deux personnages, Thomas et Josette, en symbolisent les aspects contradictoires.

De retour de Montréal, Thomas, le fils ingrat — adjuvant oblige —, joue d'abord un rôle de messager porteur de mauvaises nouvelles. Non seulement annonce-t-il son échec personnel — sa vie matrimoniale a volé en éclats et il est devenu voleur à la petite semaine —, mais aussi l'échec ou le sort plus ou moins enviable qu'ont connu les autres membres de la famille à Montréal pendant toutes ces années, en particulier la mère : elle est morte, raconte Thomas, misérablement et abandonnée dans un hôpital. Y aurait-il lieu d'y voir une quelconque punition pour l'abandon et l'éclatement de la famille, la trahison en quelque sorte, et l'exil ? Serait-ce «hors du Manitoba, point de salut !», pour reprendre le titre d'un essai de Sheila McLeod Arnopoulos sur le Nouvel-Ontario (*Hors du Québec, point de salut !*) ? Il est en tout cas étonnant de constater que, même si le monde se divise la plupart du temps en deux parties dans *Faut placer le père*, le royaume du bien et celui du mal, vision manichéenne par excellence, l'échec — la punition — semble stigmatiser la vie de ceux qui ont abandonné, «trahi» d'une certaine manière la terre, le territoire d'adoption. Mais le comportement disgracieux et honteux de Thomas à l'égard du père l'associe mieux au rôle de premier plan qui lui est dévolu : par envie et par jalousie, incapable de résister à l'attrait de l'argent, il n'a de cesse de manigancer pour se débarasser du père, le «placer» au plus coupant, de l'*enfirouâper* pour mieux l'exploiter, et d'essayer de le spolier jusqu'à la fin. Il s'interposera à maintes reprises pour contrecarrer tous les plans du père. Bref, l'image parfaite du fils ingrat, du mouton noir de la famille, que l'auteure oppose au père Vanasse.

D'autre part, Josette, la préférée de Vanasse, ne manque pas d'entourer son père, et de lui prodiguer mille soins, malgré des absences sporadiques. C'est d'ailleurs ce personnage, bien involontairement — mais surtout grâce à la présence d'une narratrice très vigilante —, qui fera basculer le cours du récit et changera toute la vie du père. Les souvenirs rappellent que, il y a plus de vingt ans, Josette a subi un véritable coup de foudre et a connu une aventure avec un jeune soldat de passage, Patrice Devaux, de qui elle aura eu un enfant, cédé à la crèche, à l'insu du père biologique et de toute sa famille, à la suite d'un séjour prolongé à Edmonton. Après toutes ces années, Josette décide de partir à la recherche et du fils et de ce père, qu'elle n'a jamais oubliés et qu'elle découvre comme par hasard et après quelques imbroglios, l'un (Howard), dans la région de Winnipeg, où il est infirmier dans un centre hospitalier, l'autre, en France, où la vie a fait de lui un ancien combattant physiquement handicapé. Facile à pressentir, le dénouement ne tarde pas à s'annoncer : ce petit-fils (et ce fils) fera le bonheur de tous, en tout premier lieu du grand-père avec lequel il se liera d'amitié et vivra des moments de grand bonheur, de Josette et Patrice ensuite, parce qu'il permettra de touchantes retrouvailles et le rappel d'un amour perdu.

Les deux derniers chapitres et l'épilogue contiennent une suite d'événements qui confirment le succès de Louis Vanasse au cours de ses quatre années de luttes et d'efforts dans le but d'améliorer son sort malgré les obstacles et les périls, et au détriment de tous, mais surtout de provoquer autour de lui une prise de conscience de la situation faite aux personnes âgées. C'est là une question à laquelle son petit-fils sera le premier sensibilisé, puisqu'il fondera un foyer moderne, reconceptualisé et modèle, que le père Vanasse acceptera avec enthousiasme d'habiter, sans crainte d'y perdre son identité, son autonomie et sa liberté. Il lui faudra pour cela vaincre un ultime obstacle avant d'accéder à ce bonheur : la jalousie, les menaces et les querelles de Thomas et des autres enfants, revenus de Montréal et regroupés à la ferme avec l'intention bien arrêtée d'écarter Howard, ce petit-fils surgi de nulle part, de contester le testament, et de mettre le grappin sur la ferme et l'héritage du vieux.

En conclusion, Annette Saint-Pierre s'identifie beaucoup au récit de son roman, on ne devra pas s'en surprendre, étant donné l'objet même de *Faut placer le père*, qui porte, essentiellement, sur l'illustration du drame personnel d'un personnage, le père Vanasse, pour mettre en relief le portrait et l'itinéraire d'une personne âgée. Drame semé d'émotions et de déchirements que l'auteure décrit aussi avec insistance pour en représenter l'enjeu : le respect et la garantie d'une pleine autonomie, et de la liberté. Il n'y a donc pas lieu de s'étonner si l'auteure cède à l'occasion une place trop marquée à la narratrice qui annonce ou devance pour ainsi dire le fil des événements, devenus trop prévisibles, et se laisse aller à les émailler d'observations et de remarques que d'aucuns jugeront moralisatrices. Peu importe et qu'à cela ne tienne, le lecteur passera outre, se laissera séduire par cette histoire émouvante, s'abandonnera à la candeur du récit — au demeurant très bien écrit —, et acceptera de suivre de bonne grâce et avec intérêt la vie et l'existence de Louis Vanasse.

Annette Saint-Pierre n'en est pas à son premier livre. Ce roman, *Faut placer le père*, connaîtra du succès, et ce, bien au-delà du cercle restreint des Universités du troisième âge, dont nous avons fait mention au début de cette recension, pour solliciter un public élargi et beaucoup plus vaste.

L'ÉGLISE QUÉBÉCOISE ET LES ÉGLISES DE LANGUE FRANÇAISE DU CANADA

Robert Choquette
Département d'études anciennes et de sciences des religions
Université d'Ottawa

Introduction

Après un quart de siècle de régionalismes souvent exacerbés de nombrilisme, certains des universitaires qui étudient et écrivent sur le Canada ou ses composantes pourraient être sur le point de redécouvrir l'ensemble du pays dans ses nombreuses incarnations. Une de ces fenêtres sur le grand Canada est l'histoire de l'Église catholique canadienne[1], un regroupement à la fois national et international d'hommes et de femmes dont le but avoué était de proclamer et de témoigner de l'évangile.

Implantée sur les rives du Saint-Laurent au début du XVIIe siècle et enracinée en permanence en sol canadien et québécois, cette Église dite aujourd'hui québécoise fut le moteur du développement et le lieu d'origine des ressources humaines et financières pour un grand nombre des Églises catholiques du Canada, de l'Atlantique au Pacifique en passant par le Grand Nord. En effet, la majorité des Églises catholiques de l'Acadie, de l'Ouest, du Grand Nord et de l'Ontario lui sont redevables de leur fondation, de leurs premiers missionnaires, de leurs premiers évêques, des fonds d'émergence de leurs diocèses et paroisses, et des nombreuses congrégations religieuses masculines et féminines qui y établirent les premiers hôpitaux, les premières écoles et les premiers collèges et universités.

En effet, on peut même dire que la collectivité du Canada français fut inventée et bâtie par l'Église catholique. Non pas que les coureurs de bois, les voyageurs, les forestiers et les colons du Québec qui s'éparpillèrent à la grandeur du continent nord-américain l'aient fait au nom de l'Église! Cependant, dès qu'une communauté émergeait en un endroit donné, le clergé catholique[2] ne tardait pas à s'y implanter en fondant des missions, des écoles et des hôpitaux. Ces clercs, le plus souvent francophones et d'origine québécoise[3], aidaient les groupes d'Autochtones, de Métis, de voyageurs ou de colons à prendre conscience de leur identité changeante, à l'exprimer, à s'organiser et à agir en conséquence. De là naquirent non seulement les institutions sociales comme les églises, les écoles, les collèges et les hôpitaux, mais aussi des journaux, des postes de radio, certaines entreprises commerciales, des associations ethniques et nationales et des mouvements populaires. C'est la traite des fourrures, l'industrie forestière, le creusage de canaux, la construction des chemins de fer, la disponibilité des terres et les emplois industriels qui amenèrent les Canadiens français à occuper les vastes espaces du Canada ; mais ce furent bel et bien les ressources de l'Église catholique de la vallée du Saint-Laurent qui permirent d'évangéliser, de conscientiser et d'organiser cette population.

En cette fin du XXe siècle, la bourrasque régionaliste récente a laissé peu de traces de cette histoire de l'Église canadienne francophone *a mari usque ad mare*. Les pages qui suivent se veulent une invitation à relire un chapitre de cette grande aventure religieuse et sociale, un chapitre qui fait voir, aussi sommairement soit-il[4], tant l'ampleur de la geste de l'Église québécoise que son engagement ferme dans les mouvements de défense et de promotion de la langue française au Canada.

L'Église québécoise à la conquête d'un continent

En l'an 2004, il y aura 400 années bien comptées que les premiers agents officiels de l'Église catholique mirent pied en terre canadienne[5]. Sur le plan de l'encadrement politique, ces quatre siècles d'histoire se divisent en une première phase de gouvernement français (1604-1760), une deuxième phase de gouvernement anglais (1760-1867) et une troisième phase de gouvernement canadien (depuis 1867).

L'Église de la Nouvelle-France

Dès le début du régime français[6], le clergé catholique imposa sa présence incontournable, le catholicisme étant la religion de l'État en France. Pendant que les congrégations et les ordres religieux[7] masculins, tels les récollets, les jésuites et les sulpiciens, se chargeaient de fonder des missions auprès des Autochtones, des paroisses et des œuvres dans la colonie française, dès 1639, des congrégations féminines donnaient à la petite colonie des services sociaux tels que les écoles, les hôpitaux, les services aux pauvres et aux orphelins et la formation des jeunes filles.

En dépit de leur nombre restreint, ces agents de l'évangile rayonnaient à la grandeur du continent nord-américain. À partir de leur maison centrale à Québec, les récollets envoyèrent leurs évangélisateurs auprès des Autochtones de la rive nord du fleuve Saint-Laurent jusqu'à Tadoussac, ainsi qu'en Huronie sur la baie Georgienne où un des leurs — le père Joseph Le Caron — précéda Samuel de Champlain en 1615; c'est également le frère récollet Gabriel Sagard qui publia une description devenue classique des nations autochtones qu'il rencontra lors d'un *Grand voyage au pays des Hurons* en 1623. Tout en maintenant une présence ténue en Acadie pendant une partie du XVIIᵉ siècle et au-delà, à compter de leur retour au Canada en 1670[8], les mêmes religieux furent souvent des aumôniers de garnisons militaires françaises du lac Ontario au Mississippi, ou compagnons de voyage de divers explorateurs tel Robert Cavelier de La Salle.

Pendant le régime français, les missionnaires les plus illustres furent sans aucun doute les hommes de la Compagnie de Jésus, ou jésuites. Ce grand ordre, fondé par Ignace de Loyola pendant la tourmente des réformes protestantes et catholiques du XVIIᵉ siècle, devint pendant son premier siècle d'histoire l'ordre religieux masculin le plus puissant et le plus influent du monde catholique. Les premiers jésuites, les pères Pierre Biard et Énémond Massé, débarquèrent en Acadie en 1611 ; la destruction de leur poste missionnaire par un corsaire anglais dès 1613 ne fit qu'aiguiser leur appétit missionnaire.

Établis à Québec à compter de 1625, les jésuites eurent tôt fait de s'imposer comme les maîtres de l'Église canadienne de l'époque. Ils furent le seul ordre autorisé à revenir au Canada lorsque la France reprit la colonie des mains de l'Angleterre en 1632[9]. Dès leur retour, les jésuites entreprirent de fonder une importante mission au pays des Hurons, au cœur de l'Ontario d'aujourd'hui. Mettant à profit leurs importantes ressources humaines et financières, les jésuites investirent hommes et argent dans la mission de la Huronie à compter de 1634. Ils y construisirent le poste de Sainte-Marie (1639-1649) afin de servir de mission centrale pour toute la région du centre-sud de l'Ontario. Toutefois, les assauts répétés des Iroquois contre les Hurons allaient s'intensifier après 1640. Il en résulta non seulement la destruction de la nation huronne mais aussi la mise à mort de sept jésuites en plus d'un laïc engagé dans la même mission[10]. Ce sont ces huit hommes qui seront proclamés saints de l'Église par le Pape Pie XI près de 300 ans plus tard[11].

Cette débâcle fut scellée par l'abandon de la Huronie moribonde par les jésuites en 1650 ; elle marqua la fin du plus important effort missionnaire du régime français. Néanmoins, la Compagnie de Jésus continua à évangéliser, quoique à un rythme ralenti. En plus de diriger le collège de Québec (1635), les jésuites fondèrent en 1656 un autre poste missionnaire central, cette fois sur la rivière Oswego au sud du lac Ontario, au cœur du pays des Iroquois. La mission de Sainte-Marie de Gannentaha ne dura que deux années, les Français se voyant forcés d'abandonner la place en toute hâte quand un massacre général les menaça.

En dépit de ces deux échecs majeurs en une décennie, les jésuites ne lâchèrent pas prise. Pendant le reste du régime français, leurs hommes pagayèrent, portagèrent et marchèrent sur tous les points de la boussole de l'Acadie à la baie de James, en passant par l'Ontario, les prairies canadiennes, les États du Michigan et de l'Illinois, et le Mississippi. Le père Jacques Marquette, le fondateur de la mission Saint-Ignace à Michilimackinac (1671), accompagnait l'explorateur Louis Jolliet à la découverte du Mississippi en 1673. À partir des années 1660 jusqu'au tournant du XVIIIe siècle, les pères René Ménard, Claude Allouez, Claude Dablon, Louis André, Gabriel Druillettes, Antoine Silvy, Jacques Marest, Henri Nouvel, Charles Albanel et plusieurs autres se donnèrent à l'évangélisation de la région des Grands Lacs, mais aussi à des voyages missionnaires à la baie James dans le Grand Nord. À la même époque, ils évangélisèrent les Amérindiens de la vallée du Mississippi, rejoignant après le tournant du siècle les nouveaux postes français de la Louisiane. La geste jésuite est constitutive de cet âge des héros et des martyrs.

D'autres religieux s'illustrèrent aussi pendant le régime français, quoique avec moins d'éclat que les jésuites. Ces divers groupes de clercs incluent les capucins, actifs en Acadie après 1630, et les prêtres du Séminaire de Québec qui furent chargés de missions en Acadie et sur la rivière Mississippi à compter de la fin du XVIIe siècle. Un groupe mieux connu fut celui des sulpiciens. Dès leur arrivée au Canada, les Messieurs de Saint-Sulpice firent de leur maison de Montréal le siège social d'une importante entreprise tant religieuse que commerciale. Ces prêtres séculiers qui avaient choisi de vivre en communauté regroupaient des hommes souvent exceptionnellement doués et nantis. Ils faisaient fructifier leurs talents et leur argent en fondant des écoles, en aidant les pauvres, en dirigeant des paroisses ainsi qu'en établissant des missions et en les soutenant. De plus, leur groupe était seigneur, ou propriétaire, de l'île de Montréal, en plus de jouir de la juridiction ecclésiastique exclusive sur le même territoire.

Le rôle missionnaire des sulpiciens est mal connu. Il faut savoir qu'ils fondèrent une mission à Quinte (Kenté), sur les rives du lac Ontario, pour desservir les Iroquois du coin. La mission dura de 1668 à 1680. Les sulpiciens furent aussi engagés, à compter de 1686, dans la desserte des Acadiens. Enfin, ce fut surtout grâce à leur rôle de directeurs du Grand Séminaire de Montréal, à compter de 1840, que les sulpiciens eurent une grande influence sur le clergé du Canada et, par conséquent, sur la direction de l'Église canadienne. En effet, jusqu'au début du XXe siècle et au-delà, bon nombre des prêtres et évêques des divers diocèses du Canada furent formés au Grand Séminaire de Montréal; les liens d'amitié et de fraternité qu'ils y développèrent durèrent souvent toute leur vie. C'est dire que les Messieurs de Saint-Sulpice étaient bien renseignés et souvent consultés sur les affaires de l'Église canadienne d'un océan à l'autre.

Enfin, le rôle fondamental des communautés religieuses féminines en éducation, en soins de santé ainsi qu'en services aux pauvres et aux démunis est bien connu. À compter de l'arrivée des ursulines et des hospitalières de Québec en 1639, cinq congrégations de femmes se donnèrent aux services sociaux dans la colonie canadienne. Les ursulines de Marie de l'Incarnation fondèrent écoles et pensionnats pour jeunes filles; les filles séculières de Marguerite Bourgeois ou dames de la congrégation firent de même; les hospitalières de Québec fondèrent et dirigèrent l'Hôtel-Dieu de Québec (1639) en attendant d'essaimer et de fonder l'Hôpital général de Québec un demi-siècle plus tard. Après que Jeanne Mance eut recruté des religieuses hospitalières pour l'aider à diriger l'Hôtel-Dieu de Montréal (1659), la veuve Marguerite d'Youville, suivie d'une poignée de compagnes, assuma la direction de l'Hôpital général de Montréal en 1747. C'était le début des sœurs de la charité de Montréal, ou sœurs grises.

La plupart de ces cinq congrégations de femmes fondées pendant le régime français jouèrent un rôle important dans l'expansion de l'Église canadienne. Un des premiers gestes posés par les missionnaires qui fondaient des Églises à la grandeur du Canada était d'y inviter des religieuses qui se chargeaient des écoles, des infirmeries et des hôpitaux. À cet égard, les sœurs de la charité de Montréal et les dames de la congrégation occupent la place d'honneur.

À la fin du régime français, l'Église du Canada, dirigée à partir de Québec et de Montréal, était à l'avant-scène des explorateurs et des bâtisseurs de la Nouvelle-France, colonie qui embrassait les deux tiers du continent nord-américain. La conquête anglaise de 1760 et la révolution américaine de 1775 eurent l'effet de restreindre les efforts missionnaires de l'Église canadienne à la partie nord du continent. Néanmoins, ce fut des rives du Saint-Laurent que partirent les missionnaires, hommes et femmes, qui fondèrent églises, écoles et hôpitaux en Ontario, dans l'Ouest et dans le Grand Nord.

L'Église sous le régime anglais

Pendant le siècle qui suivit 1760, l'Église canadienne s'employa dans un premier temps à survivre, dans un deuxième temps à surmonter les obstacles juridiques et politiques qui bloquaient son développement et, dans un troisième temps, à s'épanouir à la grandeur du pays, et ce, à une vitesse vertigineuse[12]. Nous traiterons rapidement de l'histoire des deux premiers temps notés ci-dessus, car ce fut surtout pendant la dernière phase, celle de l'épanouissement, que l'Église s'implanta au cœur des communautés francophones de l'Atlantique au Pacifique. Le coup d'envoi de cet épanouissement fut la reconnaissance officielle par le gouvernement britannique, en 1815, à la fois de l'existence de l'évêque catholique de Québec et du droit de l'Église catholique de subdiviser l'unique diocèse de Québec et de nommer d'autres évêques dans les nouveaux diocèses qui seront créés.

Pendant la deuxième moitié du régime britannique, soit de 1815 à 1867, l'Église catholique fut en pleine expansion. Puisque cette Église était quasiment toute canadienne-française dans ses fidèles, son clergé, son idéologie et son gouvernement, son rayonnement continental fut le reflet fidèle de cette même réalité, même si bon nombre de clercs venus d'Europe, de France en particulier, donnèrent des sons de cloche différents.

L'Église de l'Acadie avait été décimée par la déportation des Acadiens entre 1755 et 1763, un geste barbare posé par le gouvernement britannique, en particulier par le gouverneur Charles Lawrence de la Nouvelle-Écosse. Les prêtres qui desservaient les paroisses acadiennes de la Nouvelle-Écosse furent parmi les premiers arrêtés par les troupes britanniques. C'était en août 1755. Dès lors, il ne restait qu'une poignée de prêtres réfugiés avec les fugitifs acadiens dans les forêts du Nouveau-Brunswick. Eux aussi eurent tôt fait de disparaître.

Le rétablissement de la paix par le traité de Paris de 1763 n'amena que de très modestes consolations aux Acadiens des Maritimes, dont quelques centaines[13] retournèrent dans leur pays après avoir subi la déportation. L'évêque de Québec leur envoya un prêtre ou l'autre à compter de 1767 ; par la suite, les clercs actifs dans la région des Maritimes constituèrent un collage d'individus d'origines nationales diverses. Ils vinrent d'Irlande et d'Écosse surtout, en compagnie de groupes de colons, mais aussi de France[14] et du Canada. En effet, la relance de l'Acadie et de son Église attendit la fin du XIXe siècle.

Lors de la création des colonies du Bas-Canada (Québec) et du Haut-Canada (Ontario) par la subdivision de la Province de Québec en 1791, l'Ontario ne comptait qu'une seule paroisse catholique de langue française, celle de l'Assomption (Windsor)[15]. Il y avait là un prêtre en résidence depuis 1767, nommé par l'évêque de Québec. Dans la foulée de l'immigration croissante vers l'Ontario à compter de la guerre de l'Indépendance américaine (1775-1783), une série de colonies loyalistes, écossaises ou irlandaises surgirent dans le Haut-Canada, amenant par le fait même la fondation de paroisses catholiques. L'évêque de Québec qui eut juridiction sur ce territoire jusqu'en 1826, y nommait les prêtres qu'il avait à sa disposition, lesquels incluaient des Canadiens, des Irlandais, des Écossais et des Français.

L'abbé Alexander Macdonell, immigré d'Écosse en 1804, fut le premier responsable de cette Église du Haut-Canada, d'abord à titre de vicaire général de l'évêque de Québec (1804-1820), ensuite comme évêque auxiliaire (1821-1826), et enfin comme évêque résidentiel (1826-1840) du nouveau diocèse de Kingston, premier diocèse de l'Ontario. Les francophones étaient plutôt rares dans son diocèse, seule la paroisse de l'Assomption s'affichant française, quoique bon nombre de Canadiens français fussent éparpillés dans les divers postes le long du haut Saint-Laurent et des Grands Lacs.

Il en fut tout autrement après le décès de Mgr Macdonell en 1840. C'est alors que les Canadiens français du Québec migrèrent en nombre croissant vers la Nouvelle-Angleterre et l'Ontario. Il en résulta la naissance d'un grand nombre de villages et de colonies canadiennes-françaises dans l'Est de l'Ontario surtout, mais aussi dans le Sud-Ouest, et enfin dans le Nord-Est de la province.

Compte tenu du besoin de prêtres dans ces nouvelles communautés et de la piètre qualité de certains prêtres immigrés d'Europe, les évêques du Canada, et en particulier les évêques de Montréal et de Québec, recommandèrent la nomination d'évêques francophones bilingues dans les nouveaux diocèses qui étaient créés en Ontario, et ce, en dépit du fait que la majorité des fidèles catholiques dans tous ces diocèses était anglophone. Ainsi, le plus ancien diocèse, celui de Kingston (1826), eut comme deuxième évêque Mgr Rémi Gaulin (1840-1857). Le diocèse de Toronto (1841), érigé à même la partie ouest du diocèse de Kingston, eut comme évêque fondateur Mgr Michael Power (1841-1847), d'origine canadienne-irlandaise mais prêtre du diocèse de Montréal où il s'était francisé. Le diocèse de Bytown (Ottawa), érigé en 1847, fut confié au missionnaire oblat français Joseph-Eugène Guigues (1847-1874), tandis que celui de London (1856) reçut Mgr Pierre-Adolphe Pinsonneault (1856-1866) comme évêque fondateur. Des cinq nominations épiscopales faites pendant les décennies 1840 et 1850, seule la nomination de l'évêque fondateur du diocèse de Hamilton (1856) fut celle d'un anglophone irlandais, Mgr John Farrell (1856-1873).

Pendant cette période, les évêques du Canada firent en sorte que la direction de l'Église de l'Ontario fût confiée à des francophones bilingues. Ainsi, à la fin du régime anglais, la direction épiscopale des Églises catholiques de l'Ontario affichait un visage nettement francophone ou francophile. Il en fut de même des communautés religieuses établies en Ontario pendant la même période. À quelques exceptions près, les religieux et religieuses provenaient du Québec ou de la France. Deux des plus importantes congrégations masculines étaient celles des jésuites et des oblats.

Neuf jésuites étaient venus à Montréal en 1842 à la demande de Mgr Ignace Bourget. Leur supérieur, le Français Jean-Pierre Chazelle, choisit de se déplacer vers l'Ontario l'année suivante, unissant ses efforts à ceux de deux collègues jésuites, les Français Pierre Point et Jean-Pierre Choné, qui s'y rendaient pour donner suite à l'invitation que Mgr Michael Power de Toronto avait adressée au supérieur général des jésuites. Ces missionnaires prirent en charge la paroisse de l'Assomption à Windsor et, à partir de là, ils fondèrent diverses missions auprès des Autochtones de l'île Walpole, de l'île Manitoulin et du Centre-Nord de l'Ontario.

Les missionnaires oblats de Marie-Immaculée vécurent une expérience analogue. D'abord venus de France au Canada en 1841 en réponse à l'invitation adressée par Mgr Ignace Bourget de Montréal à leur supérieur général, Mgr de Mazenod, les oblats avaient lancé des missions de prédication dans les Cantons de l'Est du Québec, dans la vallée du Saguenay et dans l'immense vallée de la rivière des Outaouais (1843) où ils évangélisaient Autochtones, forestiers et colons. Quand les évêques du Canada recommandèrent la fondation d'un diocèse dans la vallée de l'Outaouais (1846) avec siège épiscopal à Ottawa, ils élirent le supérieur des oblats au Canada, le père Guigues, comme candidat de premier choix. Pendant ses vingt-six années d'épiscopat, Mgr Guigues veilla à renforcer tant son diocèse que sa congrégation religieuse en amenant plusieurs oblats à Ottawa et en y fondant divers établissements religieux, sociaux et scolaires. La très grande majorité de ces oblats étaient des francophones, qui venaient surtout de France pendant les premières années, mais aussi du Québec par la suite. Même si certaines institutions fondées par ces religieux étaient bilingues, il reste que ces derniers eurent un effet déterminant sur la promotion du français dans l'Église ontarienne où ils œuvraient.

Chez les femmes, trois des cinq congrégations fondées lors du régime français essaimèrent à l'extérieur du Québec pendant les dernières décennies du régime anglais. Les hospitalières de Saint-Joseph qui dirigeaient l'Hôtel-Dieu de Montréal se chargèrent de fonder l'hôpital Hôtel-Dieu de Kingston (Ontario), en 1845, tandis que les filles de Marguerite Bourgeois s'installèrent à Ottawa en 1863, la première d'une série de fondations hors Québec pendant les décennies suivantes. La plus engagée de ces congrégations fut sans aucun doute celle des sœurs de la charité de l'Hôpital général de Montréal. En effet, répondant à l'invitation pressante des évêques Joseph-Norbert Provencher et Alexandre Taché de Saint-Boniface, et de Joseph-Eugène Guigues d'Ottawa, appuyés de Mgr Bourget de Montréal, les filles de madame d'Youville fondèrent des maisons à Ottawa (1845) et aux quatre coins du Nord-Ouest : Saint-Boniface (1844), Lac Sainte-Anne (1859) et Saint-Albert (1863), Île-à-la-Crosse (1860), Lac-la-Biche (1862) et Providence sur le fleuve Mackenzie (1867). Elles y fondèrent pensionnats, écoles, infirmeries et hôpitaux, jetant les bases de systèmes scolaires et de services de santé qui perdurent aujourd'hui.

Néanmoins, les années du Canada-Uni (1841-1867) furent celles de nombreuses nouvelles fondations de congrégations religieuses de femmes au Canada, au Québec en particulier[16]; plusieurs de ces nouvelles équipes d'évangélisatrices fondèrent des maisons à la grandeur du territoire canadien. Par le fait même, ces jeunes femmes[17] s'associaient aux missionnaires, oblats surtout, pour devenir les fondatrices des nombreuses Églises catholiques du Canada.

Les membres de la congrégation des sœurs de la Providence, fondée par la veuve Émilie Tavernier-Gamelin à Montréal en 1843 pour le secours des pauvres, des orphelines et des femmes âgées et infirmes, eurent tôt fait de se faire connaître comme des agents de charité pour tous les nécessiteux, les malades inclus. Ces dames furent présentes en Orégon dès 1856, avant d'entreprendre des œuvres dans l'Ouest et en Ontario par la suite.

La congrégation des Sœurs des saints noms de Jésus et de Marie fut fondée à Longueuil en 1844 par Eulalie Durocher, qui prit le nom religieux de mère Marie-Rose. Ces religieuses étaient vouées à l'éducation de la jeunesse. La congrégation fut présente en Orégon dès 1859, en attendant de fonder une académie à Windsor en 1867 et d'essaimer plus tard vers d'autres centres de la diaspora francophone canadienne, des centres comme Winnipeg (1874), Saint-Boniface (1898) et Pointe-de-l'Église en Nouvelle-Écosse (1891).

Les sœurs de la Miséricorde furent à leur tour fondées à Montréal en 1848 par une autre veuve, Rosalie Cadron-Jetté. La nouvelle congrégation était vouée aux soins des filles-mères — des personnes ostracisées dans la société de l'époque. Dans les décennies qui suivirent, les sœurs de la Miséricorde fondèrent ou assumèrent la direction tant de crèches que d'hôpitaux généraux en divers endroits du Canada, à Ottawa et à Edmonton entre autres.

Les sœurs de Sainte-Anne furent fondées en 1850 à Vaudreuil, près de Montréal, par Esther Sureau, qui prit le nom religieux de mère Marie-Anne. La nouvelle congrégation était vouée à l'enseignement, en particulier à la fondation et à la direction de petites écoles pour les enfants des campagnes. Dès 1858, les filles de Sureau se rendirent à Victoria, sur la côte du Pacifique, où elles inaugurèrent un apostolat par l'enseignement qui dure encore aujourd'hui. En effet, les sœurs de Sainte-Anne eurent tôt fait de s'établir comme la plus importante congrégation enseignante en Colombie-Britannique et en Alaska, où elles travaillèrent en étroite collaboration avec les missionnaires. Par la suite, elles dirigèrent aussi des écoles dans l'Est de l'Ontario.

Même si certaines autres congrégations religieuses s'implantèrent au Canada français hors Québec avant 1867, par exemple les sœurs du Bon Pasteur à Ottawa (1866), les congrégations notées ci-dessus assumèrent le gros du fardeau de l'évangélisation par les œuvres sociales. Ce sont sur ces bases que les évangélisateurs qui suivirent bâtirent une Église canadienne-française remarquable par l'ampleur et la diversité de ses engagements.

L'Église sous le régime canadien (1867-1998)

Lors de l'inauguration du nouveau régime constitutionnel en 1867, l'Église canadienne était implantée partout sur le territoire, de l'Atlantique au Pacifique en passant par le Grand Nord. De plus, le nombre croissant d'immigrants venus d'Europe était accompagné d'une augmentation exceptionnelle du nombre de clercs, de religieux et de religieuses au Québec. Il en résulta la multiplication rapide des missions, paroisses, diocèses et œuvres diverses dirigées par les nombreux instituts religieux d'hommes et de femmes. Cette main-d'œuvre cléricale majoritairement québécoise était renforcée par d'importantes recrues venues d'Europe, de la France en particulier.

Ainsi, pendant le demi-siècle qui suivit 1867, l'Église du Canada français, tant du Québec que d'ailleurs, reçut d'importants renforts cléricaux. Le plus souvent, la majorité de ces hommes et de ces femmes était québécoise, mais le régiment de missionnaires oblats qui œuvrèrent dans le Nord et l'Ouest du Canada avant l'année 1900 fit exception à la règle. En effet, plus de la moitié de ces 273 hommes étaient d'origine européenne, 138 d'entre eux étant d'origine française. Par contre, la grande majorité des femmes religieuses fut toujours d'origine canadienne, c'est-à-dire québécoise.

Or, pendant ces mêmes décennies qui suivirent la Confédération, l'immigration au Canada était presque exclusivement celle d'anglophones ou de gens qui choisirent l'anglais comme langue d'adoption. Les seules régions canadiennes qui accueillirent un nombre important de francophones furent certaines régions de l'Ontario, soit l'Est, le Sud-Ouest et le Nord-Est de la province. Le nombre d'Acadiens augmentait surtout en raison de la revanche des berceaux, et non en raison de l'immigration francophone, tandis que les prairies canadiennes n'héritèrent que de groupes restreints d'immigrants francophones, en dépit d'efforts répétés de la part des agents ecclésiastiques en vue d'y attirer Québécois, Français et Belges.

C'est dire que, exception faite du Québec et des régions de l'Ontario signalées ci-dessus, après 1867 la population des provinces canadiennes devint de plus en plus anglophone. Par contre, pendant ces mêmes années, les diocèses de l'Église catholique au Canada étaient souvent dotés d'un clergé francophone, que ce soit en Colombie-Britannique, dans les prairies canadiennes, dans le Nord, en Ontario ou au Nouveau-Brunswick. Ce contraste linguistique et culturel entre clercs et laïques résulta en une polarisation entre catholiques francophones d'une part, et anglophones d'autre part, tant clercs que laïques, et ce, partout où les deux groupes étaient en présence.

Ainsi, tous les évêques des prairies canadiennes, sans exception, étaient-ils francophones jusqu'à la nomination de John T. McNally au siège de Calgary en 1913, comme l'étaient la grande majorité des clercs de la région. L'augmentation rapide du nombre et du pourcentage de fidèles anglophones et la baisse proportionnelle du pourcentage de fidèles francophones firent en sorte qu'un certain nombre de fidèles anglophones toléraient de moins en moins la présence de clercs francophones, même si ces derniers les desservaient en anglais.

Par conséquent, en divers endroits des prairies canadiennes, on revendiqua de plus en plus souvent un droit de veto ou d'approbation de diverses nominations ecclésiastiques. On demanda la création de diocèses ou de collèges de langue anglaise séparés des diocèses et des collèges bilingues ou de langue française. Lors de la vacance d'un siège épiscopal, on préparait des pétitions et on faisait des représentations auprès des autorités romaines en vue d'obtenir la nomination de successeurs anglophones. Il en était de même en certains diocèses où l'on revendiquait la création de paroisses homogènes anglaises séparées de la paroisse bilingue existante. De tels conflits menèrent à la nomination de John T. McNally au siège de Calgary, en 1913 ; il était le premier évêque anglophone des prairies canadiennes. Des contestations semblables provoquèrent la division du diocèse de Saint-Boniface et la création du diocèse de Winnipeg, en 1915, ainsi que la nomination de successeurs anglophones aux évêques francophones des diocèses de Regina, d'Edmonton et de Prince Albert entre autres[18].

En Ontario, en dépit des nominations d'évêques anglophones dans les diocèses majoritairement de langue anglaise comme Toronto, Kingston, Hamilton et London, le nombre d'évêques de langue française augmenta au tournant du XXᵉ siècle, à mesure qu'on créait de nouveaux diocèses dans les régions nouvellement occupées par les Canadiens français. Ce fut le cas pour le vicariat apostolique du Pontiac (1882) devenu diocèse de Pembroke (1898), pour le vicariat apostolique de Témiscamingue (1908) devenu diocèse de Haileybury (1915) puis de Timmins (1938), et pour le vicariat apostolique de Hearst (1920) promu au rang de diocèse en 1938. Trois nouveaux évêques francophones en Ontario s'ajoutaient donc à l'archevêque d'Ottawa[19]. L'invasion francophone menaçait.

Les tensions ethnolinguistiques allaient éclater en Ontario autour de nominations épiscopales dans les diocèses mixtes au plan ethnolinguistique. En effet, les diocèses d'Ottawa, de London, de Sault Ste-Marie et d'Alexandria (Cornwall) devinrent des pommes de discorde entre catholiques francophones et anglophones qui s'en donnèrent à cœur joie pendant le premier quart du XXe siècle[20].

En Acadie, le clergé anglophone avait établi son hégémonie sur les Églises catholiques de la Nouvelle-Écosse, de Terre-Neuve, et de l'Île-du-Prince-Édouard, mais les Acadiens pesaient de plus en plus lourd au Nouveau-Brunswick où le nombre d'Acadiens francophones augmentait visiblement tout au cours du XIXe siècle. Ces derniers résolurent de se ressaisir dans la décennie 1880 ; ils fondèrent alors une association nationale, ils se donnèrent un drapeau et un hymne national et décidèrent d'occuper toute la place qui leur revenait dans leur société. Or, ces nombreux Acadiens n'avaient pas un seul évêque francophone pour diriger leur vie catholique. De peine et de misère, ils réussirent à en obtenir un en 1912. Ce fut aussi en dépit de la résistance de certains clercs anglophones que les Acadiens furent dotés de collèges et finalement d'une université de langue française[21].

Dans les prairies canadiennes, en Ontario et en Acadie, les années 1880 à 1930 furent une période de prise de conscience d'identités régionales francophones, en raison des dures luttes que ces groupes francophones eurent à mener contre des majorités anglophones et des gouvernements provinciaux qui cherchaient à faire disparaître les communautés canadiennes-françaises et acadiennes. C'est l'Église catholique canadienne-française qui, à partir de ses bases québécoises, donna le leadership, l'encadrement, les ressources financières et institutionnelles ainsi que le personnel qui permirent de contrer cet assaut, tout en jetant les fondations de communautés canadiennes-françaises dynamiques et permanentes dans le Nord-Ouest, en Ontario et en Acadie. Cette Église dirigée par un clergé canadien-français, le plus souvent d'origine québécoise, bâtissait non seulement églises, écoles, collèges, universités et hôpitaux, mais elle possédait parfois des journaux, des postes de radio, et même des chemins de fer, des bateaux à vapeur et des scieries. Elle veillait à la fondation et animait gratuitement les diverses associations nationales vouées à la défense et à la promotion de la langue française, lesquelles furent plus souvent qu'autrement portées à bout de bras par le clergé jusque dans la décennie 1960.

Conclusion

Tout compte fait, le Canada français fut inventé et bâti par l'Église catholique. En d'autres termes, une fois que les francophones furent sur les lieux dans les diverses régions du Canada, c'est l'Église qui fournit les hommes et les femmes qui se chargèrent d'évangéliser ces nouvelles communautés, de les conscientiser sur leurs identités diverses, de les aider à fonder diverses associations pour la défense et la promotion de leurs droits et de leurs intérêts, et de les amener à établir les institutions nécessaires. L'Église assura la fondation et la direction de presque toutes les institutions communautaires au service des francophones hors Québec, et ce, jusqu'à la décennie 1960. À titre d'exemple, un prêtre oblat servit gratuitement de secrétaire général de l'Association canadienne-française de l'Ontario pendant son premier demi-siècle d'existence, pendant qu'un de ses collègues fut longtemps directeur général du journal *Le Droit*, quotidien d'Ottawa qui fut fondé en 1913 et qui était la propriété des oblats.

De plus, l'Église communiqua l'idéologie qui présidait à ces nombreuses fondations et œuvres, une idéologie de résistance, de survivance, de défense et de promotion à la fois de la langue et de la culture canadiennes-françaises et de la foi chrétienne catholique. Aucune autre institution sociale, publique ou privée, n'a joué un rôle aussi important pour la défense et la promotion des francophones du Canada, de l'Atlantique au Pacifique.

Les raisons qui présidèrent à ce profond engagement de l'Église en faveur des communautés canadiennes-françaises et acadiennes furent diverses. Il y avait surtout le souci primordial et perpétuel d'évangéliser, la raison d'être même de l'Église ; or l'évangélisation passe toujours par la solidarité avec les besoins les plus importants du groupe à évangéliser. Le clergé francophone, surtout canadien-français, savait instinctivement que l'engagement en faveur de la langue et de la culture canadiennes-françaises et acadienne était la condition *sine qua non* d'une évangélisation réussie. Il s'y engagea à fond de train ; rares furent les clercs qui s'y refusèrent.

Cet engagement de l'Église catholique en faveur des francophones du Canada fut une histoire de solidarité à l'échelle nationale. Cette histoire fait voir le rayonnement d'une Église québécoise dynamique et tournée vers l'autre ; elle fait voir le rôle central joué par cette Église québécoise dans le développement de l'Église canadienne, la force de celle-ci étant redevable en bonne partie au dynamisme et à la générosité de celle-là. De plus, cette histoire montre à l'évidence qu'on ne peut expliquer l'une de ces Églises que par l'autre, car les congrégations, les diocèses, le clergé, les fidèles, en somme la religion des Canadiens français ne peut se comprendre qu'en passant par celle des Québécois, et vice versa.

NOTES

1. Les pages qui suivent sont fondées en partie sur les recherches et publications de l'auteur au cours de plus de vingt-cinq années. Certains de ces travaux sont signalés ci-dessous.

2. L'auteur utilise le mot « clergé » dans son sens large, lequel inclut les religieuses et les religieux

qui ne font pas partie du clergé au sens restreint du terme.

3. Pendant la deuxième moitié du XIXᵉ siècle, les missions du Nord et l'Ouest du Canada ont fait exception à cette règle, car la majorité des hommes missionnaires de la région provenaient de la France.

4. Des contraintes d'espace empêchent l'auteur de développer le sujet davantage.

5. L'abbé Nicolas Aubry et un compagnon faisaient partie de la première colonie en Acadie fondée par Pierre du Gua de Monts.

6. L'auteur a publié une synthèse de l'histoire religieuse de la Nouvelle-France. Voir Robert Choquette, « French Catholicism Comes to the Americas », dans Charles Lippy *et al.*, *Christianity Comes to the Americas*, New York, Paragon House, 1992, p. 131-242. Les paragraphes qui suivent y renvoient.

7. L'auteur utilise les mots « ordre », « congrégation » et « institut » de façon interchangeable, même s'ils ont une signification distincte au plan canonique. Il y inclut aussi les Messieurs de Saint-Sulpice qui constituent un regroupement de prêtres séculiers et non de religieux.

8. Les récollets étaient absents du Canada depuis 1629 en raison d'une politique du gouvernement français qui interdisait leur retour.

9. La France perdit la colonie lors de la prise de Québec en 1629 par les frères Kirke dont les navires battaient pavillon anglais.

10. Le poste de Sainte-Marie a été reconstruit par le gouvernement de l'Ontario. Aujourd'hui on peut le visiter et y voir une capsule d'histoire ressuscitée.

11. Le 29 juin 1930, Pie XI coiffa du titre de « saints » sept jésuites et un donné, ou engagé laïc. Le donné était Jean de La Lande. Les jésuites étaient les pères Gabriel Lalemant, Jean de Brébeuf, Isaac Jogues, Antoine Daniel, Noël Chabanel, Charles Garnier et le frère René Goupil.

12. Pour une histoire générale des Églises chrétiennes au Canada, voir Terrence Murphy *et al.*, *A Concise History of Christianity in Canada*, Toronto, Oxford University Press, 1996.

13. On estime à un peu plus de 2 000 le nombre d'Acadiens présents en Nouvelle-Écosse et au Nouveau-Brunswick en 1771.

14. Un prêtre français bien connu, l'abbé Sigogne, œuvra à Pointe-de-l'Église, en Nouvelle-Écosse, pendant la première moitié du XIXᵉ siècle. Sur Sigogne, voir les travaux de Gérald Boudreau.

15. La mission de l'Assomption (1742) fut à l'origine une desserte de la paroisse Sainte-Anne du Détroit, sise sur la rive ouest du Détroit qui les séparait.

16. Pas moins de onze nouvelles fondations de congrégations religieuses de femmes eurent lieu au Québec pendant ces années. Voir Guy Laperrière, *Les congrégations religieuses. De la France au Québec 1880-1914*, Sainte-Foy, Les Presses de l'Université Laval, 1996, p. 46-47.

17. Le plus souvent, les religieuses envoyées fonder de nouvelles missions étaient dans la vingtaine.

18. Au sujet de ces conflits ethnolinguistiques dans les diocèses des prairies canadiennes, voir les publications suivantes de l'auteur : « English-French Relations in the Canadian Catholic Community », dans Terrence Murphy (dir.), *Creed and Culture*, Montréal, McGill-Queen's University Press, 1993, p. 3-24; « Adélard Langevin et l'érection de l'archidiocèse de Winnipeg », *Revue d'histoire de l'Amérique française*, vol. 28, nº 2, 1974, p. 187-207; « Olivier-Elzéar Mathieu et l'érection du diocèse de Régina, Saskatchewan », *Revue de l'Université d'Ottawa*, vol. 45, nº 1, 1975, p. 101-116; « Problèmes de mœurs et de discipline ecclésiastique chez les catholiques des prairies canadiennes : 1900-1930 », *Histoire sociale/Social History*, 1975, p. 102-119; « John Thomas McNally et l'érection du diocèse de Calgary », *Revue de l'Université d'Ottawa*, vol. 45, nº 4, 1975, p. 401-416.

19. Le siège d'Ottawa fut toujours doté d'un titulaire francophone, exception faite de la période 1910-1922 alors que Mᵍʳ Charles Hugh Gauthier était archevêque. L'anglais était la langue principale de Gauthier.

20. Voir les ouvrages suivants de l'auteur : *Langue et religion. Histoire des conflits anglo-français en Ontario*, Ottawa, Les Presses de l'Université d'Ottawa, 1977; *L'Église catholique dans l'Ontario français du dix-neuvième siècle*, Ottawa, Les Presses de l'Université d'Ottawa, 1984; *La foi gardienne de la langue en Ontario, 1900 à 1950*, Montréal, Les Éditions Bellarmin, 1987; *De la controverse à la concorde*, Ottawa, Éditions de l'Interligne, 1990.

21. Anselme Chiasson, « Le clergé et le réveil acadien (1864-1960) », *Revue de l'Université de Moncton*, février 1978, p. 29-46; Martin S. Spigelman, « Race et religion : les Acadiens et la hiérarchie catholique irlandaise du Nouveau-Brunswick », *Revue d'histoire de l'Amérique française*, vol. 29, nº 1, 1975, p. 69-85; Léon Thériault, « L'Acadianisation de l'Église catholique en Acadie, 1763-1953 », dans Jean Daigle (dir.), *Les Acadiens des Maritimes : études thématiques*, Moncton, Centre d'études acadiennes, 1980, p. 293-369; Léon Thériault, « Les origines de l'archevêché de Moncton : 1835-1936 », *Les Cahiers*, Société historique acadienne, octobre-décembre 1986, p. 111-132.

DU COMPROMIS À L'ANTAGONISME: L'AXE QUÉBEC-OTTAWA-TORONTO ET L'ONTARIO FRANÇAIS, 1960-1982

Christiane Rabier
Département de science politique
Université Laurentienne (Sudbury)

Dans sa quête pour la reconnaissance de ses droits linguistiques, la communauté franco-ontarienne a connu d'âpres luttes et de multiples revers mais aussi des succès certains. La décennie 1960 a constitué un point tournant pour l'Ontario français. Elle marque, en effet, le début d'un long processus de reconnaissance du statut du français dans différents domaines, processus qui semble pourtant avoir ralenti dans la seconde moitié des années 70.

Comment analyser ce développement? Plusieurs variables, en interaction, peuvent être mises de l'avant. Des variables exogènes — le Québec, le gouvernement fédéral — peuvent contribuer à éclairer la situation. Des variables endogènes — la capacité d'organisation et d'adaptation de l'Ontario français, la conjoncture politique ontarienne — peuvent également expliquer les gains franco-ontariens. Les contraintes imposées dans le cadre de cette recherche nous portent à nous limiter ici à l'étude des variables exogènes.

On a souvent affirmé que les progrès enregistrés par l'Ontario français s'expliquaient notamment par la «force du Québec». Qu'est-ce que la «force du Québec»? Comment la définir? Peut-on faire un lien entre le progrès enregistré par l'Ontario français et cette «force du Québec»? Si ce lien peut être établi, quelle en est la nature? En outre, l'examen de ce lien doit-il inévitablement tenir compte du rôle joué par les gouvernements d'Ottawa et de Toronto? Ce rôle est-il actif, proactif ou réactif? Il ne s'agit pas ici de procéder à une étude exhaustive de la question, mais plutôt d'esquisser quelques éléments de réflexion susceptibles de permettre une meilleure compréhension des rapports entre le Québec et l'Ontario français. L'avènement du Parti québécois au pouvoir en 1976 sert de point central autour duquel nous dégageons deux grandes périodes d'analyse: la première s'étend de 1960 à 1976 et la seconde va de 1976 à 1982.

De 1960 à 1976 : la recherche d'un compromis

À partir de 1960, le Québec considère que son épanouissement passe par le respect des domaines de compétence provinciale, l'affirmation de ses pouvoirs et l'obtention de sources de revenus qui permettront à son gouvernement de satisfaire les nouveaux besoins socio-économiques de la province. Dès lors, la position du Québec s'articule autour des demandes axées sur la «priorité des besoins provinciaux[1]» dans le cadre du respect des champs de compétence provinciale. Ces diverses demandes québécoises entraînent inévitablement des répercussions sur le plan constitutionnel. La Constitution n'est plus, selon le mot du premier ministre libéral Jean Lesage, le «rempart» derrière lequel la province peut s'abriter[2]. Dès lors, le débat constitutionnel est ouvert. Quels que soient les partis politiques qui se succèdent au pouvoir à Québec, la question des pouvoirs du Québec, intimement liée à celle de la nécessité d'un nouveau partage constitutionnel des compétences fédérales et provinciales, demeure toujours à l'ordre du jour dans les relations avec le gouvernement fédéral.

Ces relations se déroulent dans un contexte particulier. En effet, la Révolution tranquille a poussé le Québec à adopter un ton revendicateur auquel ni le gouvernement fédéral ni les autres gouvernements provinciaux n'avaient été habitués. Après tout, le Québec de Duplessis se contentait de «préserver son butin» sans toutefois vraiment réclamer de «nouveaux pouvoirs». Cette question des «nouveaux pouvoirs» suscite de l'inquiétude dans les milieux gouvernementaux fédéraux. Elle est même sujette à diverses interprétations. Pour le Québec, il s'agit de rapatrier au niveau provincial des pouvoirs qui appartenaient aux provinces, mais qui avaient été usurpés, avec le temps, par Ottawa. Pour Ottawa, le Québec tente plutôt d'élargir son domaine de compétence au détriment des pouvoirs fédéraux. Le discours québécois n'est pas toujours compris, d'autant plus que le nouveau vocabulaire politique utilisé tant par les gouvernants que par les intellectuels du Québec met l'accent sur le concept d'«État», un concept qui peut prêter à confusion selon le sens sociologique ou juridique qu'on lui attribue. En outre, certains dirigeants québécois sèment aussi la confusion en mettant l'accent sur des thèmes comme celui d'«égalité ou indépendance», mis de l'avant par le premier ministre Daniel Johnson, ou encore celui de «statut particulier» qui, plus tard, viendra enrichir le vocabulaire politique canadien. De cette incompréhension à l'égard des demandes du Québec naît un sentiment de crainte dans les milieux politiques fédéraux ainsi que dans certains milieux politiques provinciaux qui entrevoient un danger pour l'unité nationale.

Ce danger leur semble de plus en plus réel, car, au moment où les demandes québécoises se font plus pressantes, le courant nationaliste devient, à partir du début des années 60, plus présent, plus actif, plus revendicateur. Inspirés par les écrits de Frantz Fanon ou d'Albert Memmi, certains intellectuels québécois associent la lutte du Québec à celle des peuples colonisés. Des analogies sont notamment tracées, ici et là, entre la situation du Québec au sein du Canada et celle qui a caractérisé l'Algérie colonisée par la France. Pour ces intellectuels nationalistes, la solution passe par la «décolonisation» et donc, par l'indépendance du Québec. C'est par exemple le sens du message que véhicule la revue *Parti pris*. Le début des années 60 est aussi témoin de la montée de divers mouvements ou groupuscules indépendantistes comme l'Action socialiste pour l'indépendance du Québec ou encore le Rassemblement pour l'indépendance nationale (RIN), tous deux créés en 1959; et le Parti républicain du Québec, fondé en 1962. Le Front de libération du Québec, qui n'hésite pas à recourir à la violence pour atteindre son objectif, apparaît également à ce moment. Cette effervescence nationaliste atteint son apogée lorsqu'en 1968 divers mouvements s'entendent pour fusionner et donner ainsi naissance à un parti ouvertement voué à l'indépendance du Québec, le Parti québécois. En 1970, lors des premières élections provinciales auxquelles il participe, ce parti obtient 23,1 % des suffrages exprimés face au Parti libéral provincial qui totalise 44,4 % du vote. Une analyse plus serrée de la situation électorale démontre que l'effondrement éventuel de certains partis comme l'Union nationale aurait permis au PQ de combler le vide politique et de devenir le second parti en importance de la province.

Le gouvernement québécois ne peut ignorer l'existence de ce courant nationaliste indépendantiste. Dans ces conditions, il ne peut que presser à son tour le gouvernement fédéral afin d'obtenir satisfaction à ses demandes. En tout état de cause, il ne peut faire marche arrière. La question linguistique est projetée sur le devant de la scène politique québécoise grâce aux révélations de commissions d'enquête comme la Commission royale sur le bilinguisme et le biculturalisme ou encore la Commission Gendron. En 1969, l'Assemblée nationale adopte une première loi à caractère linguistique: la loi 63. Mais, loin de régler la question, elle constitue l'un des symptômes de la crise linguistique qui s'ouvre au Québec et qui sème l'inquiétude dans la communauté anglophone. Elle mécontente également les francophones qui la trouvent trop timide. En 1974, une autre loi à caractère linguistique, la loi 22, est promulguée. Il est intéressant de noter le changement d'objectif législatif qui se reflète dans le changement d'appellation officielle des lois de 1969 et 1974. D'une certaine façon, celui-ci illustre la pression exercée par les milieux nationalistes. Ainsi, alors que la loi 63 était une *Loi pour promouvoir la langue française*, la loi 22 est la *Loi sur la langue officielle*.

Face à cette situation, les autorités fédérales vont réagir. Trois types de mesures caractérisent globalement la réaction fédérale. Le premier type s'apparente à des décisions à caractère symbolique. C'est le cas, par exemple, sous le gouvernement Diefenbaker, de l'introduction de l'interprétation simultanée à la Chambre des communes et du bilinguisme sur les chèques du gouvernement fédéral, ainsi que de la nomination d'un gouverneur général canadien-français pour la première fois dans l'histoire du pays. C'est aussi le cas, en 1965, sous le gouvernement de Lester B. Pearson, de l'adoption du nouveau drapeau canadien ou encore de la nomination du premier Canadien français au poste de chef d'état-major des forces canadiennes.

Le second type de mesures vise à satisfaire certaines exigences québécoises. Certes, le Québec est sorti bredouille de plusieurs conférences fédérales-provinciales, mais, en 1965, un déblocage se produit. Il conduit à la création d'un régime québécois de pensions, à l'acceptation par Ottawa du retrait du Québec de programmes à frais partagés moyennant compensation financière de la part du gouvernement fédéral, à un accord sur la révision du partage fiscal, à la signature d'un accord-cadre franco-canadien sur les échanges culturels et scientifiques, accord qui permettra au Québec, espère-t-on, de conclure des ententes avec des États étrangers. Sur le plan constitutionnel, les gouvernements entament, à partir de 1968, des négociations qui mènent à la Charte de Victoria en 1971. Cependant, alors que la question des droits fondamentaux constitue un point de départ pour Ottawa, de nombreuses provinces, dont le Québec, craignent de voir le gouvernement fédéral empiéter sur leurs champs de compétence, dans la mesure où de nombreux droits susceptibles d'être constitutionnalisés relèvent de leurs attributions. De plus, Québec y voit une tentative fédérale de retarder l'étude d'une nouvelle répartition des pouvoirs dans la Constitution.

Le troisième type de mesures est à caractère linguistique. Outre les mesures à caractère symbolique dont nous avons fait état, à partir de 1963, le gouvernement fédéral institue une Commission royale d'enquête sur le bilinguisme et le biculturalisme qui se penche sur les relations entre les deux grandes communautés du pays. Il fait également la promotion du bilinguisme dans la fonction publique. En 1969, la Loi sur les langues officielles est promulguée. Le Canada devient alors officiellement bilingue. Pendant le débat constitutionnel qui entoure la question des droits fondamentaux se pose la question des droits linguistiques. Ottawa propose de reconnaître, dans la Constitution, l'égalité des droits entre les communautés francophones et anglophones au Canada. Pour le Québec, cette question n'est pas prioritaire. La province considère que les droits de sa minorité linguistique sont déjà assurés dans la Constitution. Elle maintient toujours la nécessité de procéder plutôt à une nouvelle répartition des compétences législatives laquelle viserait plus particulièrement à assurer la primauté constitutionnelle des provinces dans le domaine de la politique sociale, par exemple. La Charte de Victoria qui résulte de ces négociations constitutionnelles en 1971 comprend plusieurs dispositions parmi lesquelles l'enchâssement des droits linguistiques. Le rejet de la Charte par le Québec a cependant pour effet de relancer le débat constitutionnel.

Le gouvernement fédéral tente donc de répondre aux diverses demandes québécoises dans un contexte où la pression nationaliste est forte. Mais, alors que le Québec pose le problème en termes de pouvoirs pour le gouvernement provincial, Ottawa répond plutôt par la possibilité de vivre en français au Canada. La politique linguistique fédérale est donc loin de satisfaire le Québec. Pour les milieux nationalistes québécois, le bilinguisme officiel constitue «une assurance-séparatisme» proposée par Ottawa aux provinces anglophones[3]. Pour les divers gouvernements québécois qui se sont succédé au pouvoir, le bilinguisme officiel apparaît comme une question secondaire. Pour s'en convaincre, rappelons, par exemple, les propos tenus à cet égard par le premier ministre Daniel Johnson qui, lors de la conférence fédérale-provinciale de février 1968, déclarait : « L'on se fait des illusions si l'on s'imagine que le Québec va être satisfait parce qu'on peut parler français ailleurs. [...] ce n'est pas une aspirine qui va régler le problème[4]. » Cette « aspirine » linguistique met aussi en relief la distance qui existe désormais entre le Québec et les communautés francophones dans les autres provinces canadiennes.

On est en effet bien loin du temps où le Québec montrait sa solidarité avec le reste du Canada français lors des grandes crises linguistiques, comme ce fut le cas en 1912, en Ontario, lors du Règlement XVII. Désormais, les intérêts québécois priment sur cette solidarité franco-canadienne. Après les États généraux de 1967 et 1969, le Canada français a cessé d'exister. Les communautés canadiennes-françaises, désormais situées « hors du Québec », se redéfinissent. Par la même occasion, elles sont aussi transformées en « minorités de langue officielle » par la nouvelle politique linguistique fédérale, au sein de laquelle le Secrétariat d'État est appelé à jouer un rôle important. Les « minorités francophones hors Québec » trouvent ainsi auprès de cet organisme, restructuré pour la circonstance, une source de financement, notamment pour leurs activités socio-culturelles. Certes, elles entrent dans une relation de dépendance à l'égard du gouvernement fédéral. Cependant, la politique des langues officielles constitue alors un certain progrès par rapport au passé. Mais dans la foulée du débat sur l'unité nationale et des revendications de plus en plus nombreuses du Québec, certaines de ces communautés se voient aussi accorder la reconnaissance de certains droits par leur gouvernement provincial dans l'espoir de calmer les appréhensions québécoises. C'est le cas de l'Ontario français.

L'Ontario occupe une place importante au sein de la Confédération. Son rôle, cependant, a toujours été teinté d'une certaine ambiguïté. Bien que cette province ait défendu l'autonomie provinciale, elle ne rejette pas l'idée d'un gouvernement central fort ; de cette façon, elle peut renforcer son pouvoir au sein du système fédéral. En somme, le pouvoir de l'Ontario ne correspond pas toujours à celui du gouvernement de l'Ontario[5]. En un mot, l'Ontario représente une symbiose des forces centrifuges et des forces centripètes qui, ailleurs au Canada, sont en conflit. Cette dimension politique propre à l'Ontario doit être prise en considération dans le cadre des relations entre cette province et le Québec. Les alliances développées entre les deux provinces depuis 1867 ont été surtout des alliances de convenance. Dans ces conditions, il va sans dire que l'affirmation du Québec et la montée du courant nationaliste indépendantiste ne pouvaient que susciter des réactions de la part de l'Ontario.

Ainsi, face aux demandes du Québec, Toronto adopte une attitude dualiste. Par exemple, le premier ministre conservateur ontarien Leslie Frost soutient, lors de la conférence fédérale-provinciale de 1960, la demande québécoise en faveur d'une révision du partage des pouvoirs fiscaux. À cet effet, il demande à Ottawa de céder la moitié des impôts sur le revenu des sociétés et des particuliers et affirme que la province ne fait que «réclamer les droits qui [...] lui appartiennent en vertu de la constitution[6]». Son successeur, John P. Robarts, adopte une attitude similaire, par exemple lors de la conférence fédérale-provinciale d'octobre 1966[7]. L'Ontario appuie le Québec dans le domaine fiscal, car cela va dans le sens de ses intérêts. Il en va autrement quant à la question de l'instauration d'un régime québécois de pensions. La province trouve assurément certains attraits à la proposition québécoise. Mais, afin d'éviter une trop grande dilution des pouvoirs du gouvernement fédéral, elle opte pour le Régime de pensions du Canada sans cependant s'opposer à la volonté québécoise. Ce n'est pas tant le résultat qui semble inquiéter l'Ontario mais beaucoup plus la façon dont on y est arrivé, c'est-à-dire par le biais de négociations bilatérales entre Québec et Ottawa. Toronto craint de voir se répéter une telle situation, ce qui contribuerait en fin de compte à exclure l'Ontario de décisions susceptibles d'avoir une incidence sur l'unité nationale.

Ainsi, dès 1964, l'Ontario entend jouer un rôle de leadership dans le débat sur l'unité nationale. Les relations fédérales-provinciales sont à l'ordre du jour. Un secrétariat est d'ailleurs créé à cet effet en 1966 pour mettre au point la position de la province dans l'éventualité d'un débat constitutionnel. Cette même année, l'Ontario entreprend des négociations avec le Québec en matière de coopération et d'échanges dans les domaines de l'éducation et de la culture. Ces pourparlers mènent à la signature d'un accord en 1969, accord célébré comme «un modèle de relations intergouvernementales[8]». Cette expression est lourde de signification lorsqu'on considère la turbulence des relations entre Ottawa et Québec à la même époque. Mais la province ne peut se poser en défenseur de l'unité nationale et convaincre le Québec des bienfaits de la Confédération si elle ne donne pas des signes de bonne volonté vis-à-vis de sa minorité francophone. Lors d'une conférence, en octobre 1965, précisant la position officielle de l'Ontario à l'égard de la francophonie canadienne, le premier ministre John Robarts déclare: «Nous ne croyons pas que le gouvernement québécois puisse, d'aucune façon, représenter les intérêts des Canadiens français qui habitent une autre province canadienne[9].» Le débat déclenché par le Québec à la faveur de la Révolution tranquille débouche, de façon inévitable, sur la question du traitement des minorités francophones au Canada. D'ailleurs, la question de l'éducation en langue française en Ontario attire de plus en plus l'attention de la presse québécoise[10]. Les audiences de la Commission royale sur le bilinguisme et le biculturalisme mettent aussi en lumière ce que les commissaires qualifieront par la suite, dans leur rapport, de «non-système d'enseignement pour les Franco-Ontariens[11]».

Tout cela ne peut laisser insensibles les dirigeants ontariens soucieux de l'image de leur province dans le débat sur l'unité nationale. De surcroît, la question se pose aussi à un moment où le système d'éducation ontarien est justement balayé par un grand vent de changement. Enfin, le Comité consultatif sur la Confédération, mis en place en janvier 1965 par John Robarts pour élaborer des éléments de solution aux divers problèmes d'ordre constitutionnel, économique et fiscal auquel se heurte le système fédéral canadien, recommande entre autres choses au premier ministre la mise sur pied d'une politique relative aux droits de la minorité franco-ontarienne. «*It will testify that the most populous English-speaking province respects and seeks to preserve within its boundaries the French fact.*» Et le Comité d'ajouter, «*No other province west of the Ottawa River is better able or has more reason to foster a sense of partnership between the two founding peoples[12].*» Dans la foulée de cette recommandation, le gouvernement ontarien décide d'une nouvelle orientation de sa politique en matière d'éducation en langue française car, comme le souligne le premier ministre, «il est absolument essentiel qu'en 1967 les Franco-Ontariens puissent profiter au maximum de notre système d'éducation[13]». Il n'y avait donc plus d'obstacle au leadership que souhaitait assumer l'Ontario au sein de la Confédération. Fort de cette assurance, en novembre 1967, le premier ministre ontarien convoque les provinces à la Conférence sur la Confédération de demain, à la stupéfaction d'Ottawa. À cette occasion, John Robarts affirme qu'«il n'y a pas de problème plus urgent ou plus pressant que celui de reconnaître l'existence historique [...] de deux courants principaux de notre héritage». Et il ajoute: «En Ontario, nous sommes prêts à passer des paroles aux actes[14].»

De fait, un comité est spécialement mis sur pied pour étudier la question de l'éducation en langue française. Le *Rapport du Comité sur les écoles de langue française en Ontario*[15] ou rapport Bériault conduit, en juillet 1968, à l'adoption de plusieurs mesures législatives qui visent à donner au français des garanties statutaires dans ce domaine[16]. Parmi ces mesures, mentionnons la loi 140 portant sur la création d'écoles primaires de langue française ou de classes de langue française dans les écoles primaires dans les secteurs public et séparé, et la loi 141 relative aux classes de langue française et à la mise sur pied d'écoles secondaires publiques et de comités consultatifs de langue française auprès des conseils scolaires.

D'autres domaines font aussi l'objet de changements. C'est le cas en matière culturelle alors qu'est créé, pour la première fois, en 1970, un poste de responsable des affaires franco-ontariennes au Conseil des arts de l'Ontario et que les subventions gouvernementales à la culture augmentent. Profitant de la tribune qui lui était offerte lors de la conférence constitutionnelle de 1968, le chef du gouvernement ontarien annonce également l'intention de la province de reconnaître le bilinguisme officiel à l'assemblée législative et de fournir des services publics bilingues «partout où cela sera faisable», tant au niveau des institutions provinciales que des institutions municipales ou judiciaires[17]. Dans le cadre de cette volonté, l'usage du français est reconnu officiellement à l'assemblée législative, le 22 juillet 1968[18]. Deux ans plus tard, on crée un poste de coordonnateur du bilinguisme au sein de l'administration gouvernementale. Aidé par un comité interministériel de conseillers en bilinguisme, le coordonnateur est chargé d'organiser les services bilingues dans la fonction publique, services mis en place dès 1971 d'ailleurs. La loi sur les municipalités est modifiée de façon à permettre aux municipalités d'offrir des services en anglais et en français. Dans le domaine de la justice, quelques documents sont désormais produits en français pendant que certains membres du personnel des tribunaux inférieures, du ministère de la Justice et du bureau du Procureur général suivent une formation en langue française.

La volonté de changement que démontre le gouvernement ontarien vis-à-vis de l'Ontario français est certes réelle. Elle comporte aussi ses limites. Sur le plan culturel, la minorité franco-ontarienne n'obtient pas l'égalité de traitement avec la majorité anglophone[19]. La province ne devient pas officiellement bilingue. D'ailleurs, lors des négociations constitutionnelles qui mènent à la Charte de Victoria en 1971, l'Ontario n'est pas opposé à l'enchâssement des droits linguistiques dans la Constitution. Mais la province n'accepte dans la Charte que ce qu'elle a déjà entrepris ou s'apprête à établir pour sa minorité sans pour autant adhérer à l'article 133. Alliée à un certain pragmatisme, cette ambiguïté permet à l'Ontario de ménager à la fois sa minorité linguistique et la majorité anglophone au moment où le gouvernement s'apprête à déclencher des élections générales provinciales à l'automne de cette même année. En outre, l'Ontario peut trouver matière à se réjouir du fait que, contrairement au Québec, il ne refuse pas tout à fait, du moins, d'avaler «l'aspirine linguistique».

De 1976 à 1982 : l'antagonisme Québec-Ottawa-Toronto

Dans les années 70, le débat politique au Québec prend de l'ampleur. Loin d'avoir été atténué, le mécontement latent parmi les Franco-Québécois s'est plutôt accru à la faveur de la loi 22 et des négociations menant à la Charte de Victoria. La crise des Gens de l'air qui éclate dans la première moitié de la décennie contribue à cristalliser encore plus les positions des deux communautés linguistiques du Québec. Le mouvement nationaliste et le Parti québécois en particulier tirent avantage de la polarisation linguistique qui s'établit alors dans la province. Dans ces conditions, l'arrivée au pouvoir du PQ, en 1976, avec 41,4 % des votes et 71 sièges ne constitue pas vraiment une surprise.

Mais si, pour nombre d'observateurs politiques, cette victoire électorale du PQ n'est pas vraiment surprenante, dans les milieux anglo-québécois, par contre, elle suscite une vague d'appréhensions, appréhensions renforcées par l'adoption, en août 1977, de la loi 101 ou Charte de la langue française.

La loi 101 reconnaît, dans son préambule, «la volonté des Québécois d'assurer la qualité et le rayonnement de la langue française[20]». À cette fin, le français devient la langue officielle du Québec. C'est la langue de la législation et de la justice. C'est aussi la langue de travail, du commerce et des affaires. Dans le domaine de l'enseignement, l'article 6 stipule que «toute personne admissible à l'enseignement au Québec a droit de recevoir cet enseignement en français». L'article 72 établit quant à lui que «l'enseignement se donne en français dans les classes maternelles, dans les écoles primaires et secondaires [...]». Cependant, en vertu de l'article 73, une dérogation est possible afin de permettre à un enfant de recevoir un enseignement en anglais, à la demande des parents. Cette dérogation n'est accordée qu'à certaines conditions. Peuvent ainsi s'en prévaloir, outre les enfants qui recevaient déjà leur enseignement en anglais avant l'entrée en vigueur de la loi 101, les enfants dont le père ou la mère a reçu au Québec l'enseignement primaire en anglais ou ceux dont les parents, domiciliés au Québec avant l'entrée en vigueur de la loi, ont reçu, hors du Québec, l'enseignement primaire en anglais. En d'autres termes, les enfants des immigrants devront se diriger vers les écoles françaises.

Face à cette tentative de création d'un espace québécois de langue française, les réactions sont vives dans la communauté anglophone. Reposant sur un pouvoir économique fort, cette dernière a, historiquement, joui de garanties et de privilèges qui ont pu faire l'envie des minorités franco-canadiennes[21]. En matière d'éducation, les droits des protestants, majoritairement anglophones, sont protégés par le biais de l'article 93, ce qui leur permet de jouir de leurs propres écoles et commissions scolaires. Les catholiques anglophones dépendent quant à eux de la majorité catholique canadienne-française pour leur éducation. À Montréal, cependant, ils acquièrent leur autonomie au sein de la Commission des écoles catholiques. En outre, toujours dans le domaine de l'éducation, les Anglo-Québécois bénéficient d'un réseau institutionnel complet, du primaire au postsecondaire. Enfin, ils ont pu se doter, au fil des décennies, de diverses institutions — hôpitaux, médias, etc. Dans ces conditions, ils craignent, à tort ou à raison, de perdre ces divers acquis. Selon l'étude d'Uli Locher, 82,6 % des Anglo-Québécois de Montréal sont opposés à la loi 101 en 1978 et 81,3 % le sont encore en 1983[22]. Nombreux sont, en effet, les anglophones qui s'interrogent sur leur devenir collectif dans une province qui restreint de façon radicale, par le biais d'une législation à caractère linguistique, l'apport démographique que constituait l'intégration quasi traditionnelle des immigrants à leur communauté. La crainte de la «disparition» des anglophones est alimentée, notamment à Montréal, par la presse québécoise de langue anglaise dont le message s'articule autour de thèmes tels que la ghettoïsation du Québec, le déclin de l'économie québécoise, l'exode de la main-d'œuvre qualifiée, des capitaux et des sièges sociaux des compagnies[23]. En somme, loin d'apaiser les craintes de la minorité linguistique du Québec, les médias anglophones amplifient l'humeur populaire anglo-québécoise et contribue ainsi «à accroître l'angoisse de la population qu'ils desservent et à cultiver son sentiment d'impuissance et d'isolement[24]». Cette minorité trouve même une certaine justification de ses appréhensions dans le comportement de certaines entreprises. C'est le cas de la Sun Life qui déménage son siège social de Montréal en 1978 à grands renforts de publicité, ce qui accentue l'impression que l'exode des capitaux est enclenché et ce, même si un grand nombre d'entreprises s'adaptent à la loi 101[25].

Fondée ou non, l'inquiétude que manifeste de nombreux Anglo-Québécois est réelle. Elle prend de l'ampleur avec l'éventualité d'un référendum portant sur la souveraineté du Québec. L'impression qui se dégage alors de ce contexte est que la minorité linguistique du Québec, privée de ses droits et privilèges, est en voie d'extinction. Les Anglo-Canadiens, peu habitués à entendre les Anglo-Québécois se plaindre, ne peuvent rester insensibles à une telle situation. Ils représentent, à certains égards, un coussin protecteur sur qui la minorité linguistique du Québec peut compter pour défendre ses droits et privilèges. La loi 101 est alors honnie dans la population canadienne, ce qui contribue à accentuer la pression sur les milieux politiques fédéraux et provinciaux déjà inquiets par suite de l'avènement du gouvernement péquiste au pouvoir et à la perspective du référendum sur la souveraineté du Québec.

Dans ce contexte, les dirigeants provinciaux ne sont guère enthousiasmés par les propositions faites par René Lévesque, lors de la conférence interprovinciale des premiers ministres qui se tient à St. Andrews en août 1977, quelques jours avant l'entrée en vigueur de la loi 101. À cette occasion, se fondant sur les dérogations prévues à l'article 73 de la Charte de la langue française qui ouvrent la porte à un accord politique, le premier ministre québécois tente d'obtenir de ses homologues provinciaux la reconnaissance et l'application des droits linguistiques sur le territoire de leurs provinces respectives. À cet effet, il propose l'aide du Québec, sous forme d'envoi d'enseignants et de matériel éducatif, afin de faciliter la mise en place de tels droits. Le refus poli auquel il se heurte s'explique par le fait que les gouvernements provinciaux ne veulent pas établir de précédent. Les provinces ne sont pas prêtes à faire des concessions en matière linguistique pour leurs minorités francophones. Accepter de signer des ententes de réciprocité sur la base de la loi 101 revient, pour elles, à cautionner, d'une certaine façon, la Charte de la langue française et, par ce geste, à accréditer la vision péquiste du Canada. Dans les circonstances, les dirigeants provinciaux courent au suicide politique dans la mesure où leur opinion publique se sent solidaire des Anglo-Québécois. Dans le cas de l'Ontario, par exemple, le gouvernement de Bill Davis, minoritaire aux élections de septembre 1975, se trouve encore dans la même situation lors des élections de juin 1977. À la tête d'un gouvernement minoritaire, confronté à de nombreux scandales ainsi qu'à une situation économique qui ne cesse de se détériorer, le premier ministre Davis n'ose prendre le risque politique de se commettre avec un gouvernement voué à l'indépendance du Québec et qui s'est heurté aux Anglo-Québécois.

Le gouvernement fédéral, quant à lui, propose dès 1978 une réponse de nature constitutionnelle aux problèmes qui se posent au Québec. Il amorce ainsi des négociations qui s'articulent autour de trois thèmes: rapatriement de la Constitution, formule d'amendement et Charte canadienne des droits et libertés. Cette dernière garantit, entre autres, les droits linguistiques. Les langues officielles y sont protégées. Certaines dispositions de la Charte concernent l'Ontario. Ainsi, des clauses de l'article 133 de la Loi constitutionnelle de 1867 seraient désormais applicables à cette province. D'autres dispositions, plus générales, touchent également l'Ontario. Par exemple, le français et l'anglais seraient des langues officielles au Parlement du Canada et pour l'ensemble des corps législatifs provinciaux. Les débats et procédures pourraient se faire dans l'une ou l'autre des deux langues, tout comme d'ailleurs la communication entre les individus et les administrations provinciales. Enfin, sur le plan de la langue d'enseignement, il serait possible pour des parents anglophones de faire éduquer leurs enfants en anglais au Québec et, inversement, pour des parents francophones de faire éduquer leurs enfants en français hors du Québec.

Tout au long des interminables débats qui entourent ces propositions, une chose reste sûre: le gouvernement fédéral fait preuve de continuité d'esprit et poursuit deux objectifs. Le premier objectif est, bien sûr, de contrer l'option souverainiste en tentant de montrer qu'Ottawa, par ses propositions, essaie de satisfaire aux exigences du Québec. Le second objectif vise à contrer la politique linguistique québécoise en mettant l'accent sur la nécessité de garantir les droits linguistiques de façon uniforme dans l'ensemble du pays. En somme, Ottawa propose les mêmes remèdes pour soigner les mêmes maux. De son côté, le gouvernement péquiste se comporte comme les précédents gouvernements québécois confrontés aux offres constitutionnelles fédérales. Là encore, rien ne change. Le Québec soutient toujours la thèse selon laquelle, s'il n'est pas, *a priori*, opposé au rapatriement de la Constitution, il considère que la négociation de la répartition des pouvoirs est primordiale et doit l'emporter sur le rapatriement. En ce qui concerne la constitutionnalisation des droits linguistiques, cette question lui apparaît relever essentiellement des législatures provinciales qui sont plus aptes à protéger de tels droits. Le Québec a cherché sans succès à obtenir, par le biais de la loi 101, des concessions à ce sujet de la part des autres provinces. Ne les ayant pas obtenues, il n'est pas prêt à sacrifier les intérêts québécois sur l'autel des droits linguistiques de la francophonie canadienne, préférant vouer les minorités francophones aux seules politiques provinciales, politiques qu'il sait pourtant avoir été souvent hostiles au fait français.

Les négociations constitutionnelles s'éternisent. Le gouvernement fédéral piétine. Le Québec rechigne. Les provinces de l'Ouest, trouvant l'occasion de faire affirmer plusieurs pouvoirs, brandissent leur liste de marchandage. La décision du gouvernement québécois de tenir un référendum en 1980 constitue un événement capital, qui contribue à accélérer le dossier constitutionnel. À l'instar du gouvernement fédéral, les acteurs provinciaux sont alors convaincus que le PQ veut passer de la parole aux actes. La défaite du camp du Oui signale tout à la fois l'affaiblissement de l'option souverainiste et du gouvernement qui la porte. Le moment est donc opportun pour accélérer les négociations constitutionnelles, qui débouchent finalement sur l'entente de novembre 1981. La Constitution sera rapatriée. Elle comprendra désormais une Charte des droits et libertés et une formule d'amendement. Ce qui retient notre attention, c'est le fait que, contrairement aux propositions initiales du gouvernement fédéral en matière de droits linguistiques, la version finale de la Charte ne fait plus mention de l'Ontario. Tout comme les autres communautés francophones au Canada, les Franco-Ontariens fondaient beaucoup d'espoir dans les négociations constitutionnelles qui, espéraient-ils, aboutiraient à la reconnaissance du principe de l'égalité entre deux majorités, l'une francophone et l'autre anglophone. Ils réclamaient surtout l'adhésion de l'Ontario à l'article 133 de la Loi constitutionnelle de 1867, ce qui leur aurait permis de jouir de garanties linguistiques identiques à celles dont jouissent les Anglo-Québécois dans les domaines législatif et judiciaire. Aux yeux de l'Ontario français, la reconnaissance de cette disposition constitutionnelle par le gouvernement ontarien aurait symbolisé la volonté ferme des dirigeants de la province de prendre un engagement à l'égard de la minorité de langue officielle. Mais en 1981-1982, la réalité est tout autre. Contrairement au Nouveau-Brunswick, le gouvernement de l'Ontario refuse d'adhérer aux nouvelles dispositions des articles 16 à 20 de la Charte des droits et libertés qui placent le français et l'anglais sur un pied d'égalité. Des considérations d'ordre stratégique permettent d'expliquer l'attitude de l'Ontario.

Alors que dans la période précédente, le gouvernement ontarien se pose en médiateur de l'unité nationale et n'hésite pas à donner des signes tangibles de sa bonne volonté à l'égard du fait français, il se dépouille de ce rôle au début des années 80. Cela se traduit par le rejet des accords de réciprocité avec le Québec et par le refus, en 1978, de considérer en troisième lecture devant l'assemblée législative un projet de loi privé, déposé par un député franco-ontarien, qui vise à garantir certains droits en français au niveau gouvernemental. L'Ontario, pendant cette période, poursuit un double objectif. D'une part, comme nous l'avons souligné déjà, la province ne veut pas donner l'impression de négocier avec un gouvernement voué à la destruction de la fédération canadienne et qui, de surcroît, semble s'attaquer aux droits et privilèges de sa minorité linguistique. Dès lors, tout ce qui pourra s'opposer à un tel gouvernement et favoriser les droits de cette minorité rencontrera l'approbation du gouvernement ontarien. D'autre part, l'Ontario subit les contrecoups de la récession qui s'est abattue sur le Canada dans la foulée de la crise énergétique enclenchée en 1973. Par contre, les provinces de l'Ouest — et l'Alberta en particulier — connaissent un développement sans précédent et attirent les capitaux installés en Ontario. Ce développement s'accompagne de revendications en faveur d'une plus grande décentralisation des pouvoirs. L'Ontario, soucieux d'assurer son approvisionnement en matières énergétiques et menacé par les velléités provincialistes de l'Ouest, se doit de réagir pour protéger ses intérêts. La réalisation de ces deux objectifs passe par un pouvoir central fort et donc par une alliance avec le gouvernement fédéral.

De son côté, Ottawa qui, jusque-là, jouissait uniquement de l'appui du Nouveau-Brunswick, trouve dans le soutien de l'Ontario la force nécessaire pour s'opposer à «la gang des huit», la diviser et imposer l'accord constitutionnel de 1981. Dans ce contexte d'alliance et de négociations constitutionnelles, le gouvernement ontarien est prêt à accepter toutes les dispositions de la Charte des droits, y compris les dispositions relatives aux droits linguistiques en matière d'instruction prévus à l'article 23, qui, à ses yeux, assurent la protection des intérêts anglo-québécois. En revanche, il ne se sent nullement obligé de souscrire aux articles 16 à 20, qui eux, conféreraient certains droits à la minorité franco-ontarienne. Certes, Ottawa a bien cherché à faire pression sur Toronto, mais ces pressions recèlent leurs propres limites : elles ne peuvent en aucune façon remettre en cause l'alliance stratégique avec l'Ontario. Le gouvernement provincial peut donc continuer tranquillement sa politique des très petits pas à l'égard de l'Ontario français. Les Franco-Ontariens devront se satisfaire, pour l'heure, de continuer à demander en anglais un certificat de naissance ou de décès bilingue. Ils devront aussi se satisfaire de l'article 23 de la Charte des droits et libertés. Mais contrairement aux Anglo-Québécois qui possèdent et gèrent déjà leurs écoles, ils seront laissés à la merci des décisions des tribunaux appelés à interpréter inévitablement les dispositions de l'article 23. Dans l'immédiat, ce dernier sert à consacrer les droits en matière d'éducation de la minorité anglophone du Québec qui, dès 1982, conteste la loi 101 sur ce terrain et obtient gain de cause. Mais alors que les Anglo-Québécois préservent le *statu quo* dans le domaine de l'éducation, les Franco-Ontariens devront attendre jusqu'en 1984 pour voir le législateur reconnaître, à la suite d'un renvoi devant la Cour d'appel, le droit de tout élève ontarien à être instruit dans sa langue maternelle. La création de nouvelles écoles de langue française dépendra encore de la bonne volonté de la majorité anglophone au sein des conseils scolaires. La gestion scolaire pour les francophones, reconnue par l'arrêt Mahé en 1990, sera mise en œuvre avec lenteur. Ce n'est qu'en septembre 1998 qu'elle pourra enfin être mise en place. Les Franco-Ontariens ont alors finalement rattrapé leur retard, dans ce domaine seulement, par rapport aux Anglo-Québécois. La route est encore longue vers l'égalité totale.

De ce qui précède, nous pouvons donc tirer les éléments suivants :

- Il existe un lien entre, d'une part, les événements qui se déroulent au Québec et, d'autre part, les gains enregistrés en Ontario français.

- La nature de ce lien est loin d'être statique. Lorsque la « force du Québec » réside dans sa capacité à générer suffisamment de crainte auprès des gouvernements d'Ottawa et de Toronto, ces derniers, soucieux de convaincre le Québec de leur bonne volonté, réagissent positivement à l'égard du fait français. L'Ontario français en tire des gains directs. Lorsque le Québec est en position de faiblesse et n'est plus en mesure de susciter des craintes auprès d'Ottawa et de Toronto, l'axe Ottawa-Toronto passe à l'offensive. La protection des droits linguistiques des

Anglo-Québécois semble primer. L'Ontario français enregistre alors indirectement des gains, gains qu'il doit d'ailleurs faire préciser par les tribunaux.

Le lien susceptible d'exister entre les gains obtenus par l'Ontario français et le Québec est donc complexe et peut être schématisé comme on peut le constater au tableau 1.

Tableau 1

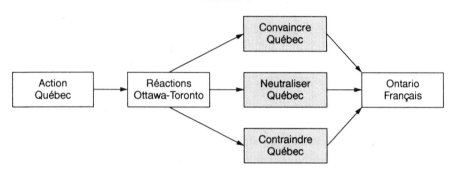

Ce lien fait intervenir la crainte que le Québec peut susciter à l'égard du reste du pays et l'inquiétude ressentie, hors du Québec, vis-à-vis de la minorité anglo-québécoise. Ottawa et Toronto adoptent une stratégie de réaction visant soit à convaincre le Québec, soit à le neutraliser, soit à le contraindre. Les conséquences ne manquent pas de se faire sentir en Ontario français.

NOTES

1. Cette priorité est clairement énoncée par le premier ministre Jean Lesage lors de la conférence fédérale-provinciale de novembre 1963. Voir *Conférence fédérale-provinciale, 1963, Ottawa les 26, 27, 28 et 29 novembre 1963*, Ottawa, Imprimeur de la Reine, 1964, p. 38.

2. Bureau du Conseil privé, *Conférence fédérale-provinciale tenue à Charlottetown, 31 août-2 septembre 1964*, Ottawa, Imprimeur de la Reine, 1968, p. 13.

3. Selon le terme utilisé par Claude Morin, alors membre de la délégation québécoise à Victoria (Claude Morin, *Le pouvoir québécois... en négociation*, Montréal,

Les Éditions du Boréal Express, 1972, p. 136).

4. Conférence constitutionnelle, Première réunion, *Délibérations*, Ottawa, 5-7 février 1968, p. 246.

5. Richard Simeon, « Ontario in Confederation », dans Donald C. MacDonald (dir.), *The Government and Politics of Ontario*, Toronto, Van Nostrand Reinhold Ltd., 1980, p. 182.

6. Conférence fédérale-provinciale, *Compte rendu des délibérations de la conférence fédérale-provinciale, 1960, Ottawa, les 25, 26, 27 juillet 1960*, Ottawa, Imprimeur de la Reine, 1960, p. 20.

7. Voir la Déclaration de l'Honorable John P. Robarts, premier ministre de l'Ontario à la réunion du Comité du régime fiscal, *Conférence fédérale-provinciale, Ottawa, 24-28 octobre 1966*, Ottawa, Imprimeur de la Reine, 1966, p. 73.

8. *Canadian News Facts*, vol. 3, n° 11, 19 juin 1969, p. 276.

9. « Robarts : le Québec ne représente pas les Canadiens français hors du Québec », *Le Devoir*, 9 octobre 1965, p. 1.

10. On trouve, en effet, dans la presse québécoise des articles au titre fort révélateur comme « L'Ontario se doit de régler au plus tôt le problème scolaire de sa

minorité française», *Le Devoir*, 24 août 1967, p. 5.

11. Commission royale d'enquête sur le bilinguisme et le biculturalisme, *Rapport*, Livre II: *L'éducation*, Ottawa, Imprimeur de la Reine, 1968, p. 52.

12. Alexander Brady, «The Modern Federation: Some Trends and Problems», dans Ontario Advisory Committee on Confederation, *Background Papers and Reports*, Volume 1, Toronto, The Queen's Printer of Ontario, 1967, p. 19.

13. *Le Droit*, 24 août 1967, p. 1.

14. La Conférence sur la Confédération de demain, *Procès-verbal*, Toronto, 27-30 novembre 1967, p. 6.

15. *Rapport du Comité sur les écoles de langue française en Ontario*, Toronto, ministère de l'Éducation, 1968.

16. Bill 166, Section 2. (1), *An Act to amend the Department of Education Act*, July 17th, 1968; Bill 172, *An Act to amend the Schools Administration Act*, July 17th, 1968; Bill 167, *An Act to amend the Secondary Schools and Boards of Education Act*, July 17th, 1968; Bill 140, *An Act to amend the Schools Administration Act*, July 3rd, 1968; Bill 141, *An Act*

to amend the Secondary Schools and Boards of Education*, July 3rd, 1968.

17. Déclaration de l'Honorable John Robarts, premier ministre de l'Ontario, *Conférence constitutionnelle, Délibérations, Première réunion*, Ottawa, le 5-7 février 1968, Ottawa, Imprimeur de la Reine, 1968, p. 36-44.

18. Legislature of Ontario, *Debates, First Session of the Twenty Eight Legislature, Monday, July 22, 1968*, n° 160, Toronto, Queen's Printer, 1968, p. 6101-6125.

19. Sur ce point, voir Robert Choquette, *L'Ontario français, historique*, Ottawa, Montréal, Éditions Études vivantes, 1980, p. 212-218.

20. Charte de la langue française, Chapitre C-11, *Lois refondues du Québec, 1977*, Québec, Éditeur officiel du Québec, 1978, p. C-11/1.

21. Il en est ainsi de la création d'une Chambre haute au Québec pour protéger les Anglo-Québécois des abus que pourrait commettre la Chambre basse à leur égard (Edmond Orban, *Le conseil législatif du Québec, 1867-1967*, Montréal, Bellarmin, 1967, p. 40-42).

22. Uli Locher, *Les anglophones de Montréal. Émigration et évolution des attitudes, 1978-1983*, Québec,

Les publications du Québec, «Dossiers du Conseil de la langue française», 1988, p. 83.

23. N. Bredimas-Assimopoulos et Michel Laferrière, *Législation et perceptions ethniques. Une étude de la réaction de la presse anglaise de Montréal au vote de la loi 101*, Québec, Office de la langue française, 1980, p. 88.

24. Dominique Cliff et Sheila McLeod-Arnopoulos, *Le fait anglais au Québec*, Montréal, Éditions Libre Expression, 1979, p. 160. C'est une constatation identique à laquelle arrive David Thomas, «La presse anglophone des années 1970: coupable de complot ou d'incompétence?», dans Gary Caldwell et Eric Waddell (dir.), *Les anglophones du Québec de majoritaires à minoritaires*, Québec, Institut québécois de recherche sur la culture, 1982.

25. Voir, par exemple, à ce sujet, Donald MacFarlane, *La francisation: expérience d'une entreprise multinationale*, Québec, Conseil de la langue française, 1983. Dans cette étude, l'auteur présente le cas de Frito Lay Canada Ltée, filiale de Pepsi Cola Cda Ltée, qui s'est conformée à la loi 101.

LES POLITIQUES GOUVERNEMENTALES FÉDÉRALE ET QUÉBÉCOISE À L'ÉGARD DES MINORITÉS FRANCOPHONES DU CANADA, 1960-1980[1]

Marcel Martel
Département d'histoire
Université York (Toronto)

Le 14 mars 1995, la Fédération des communautés francophones et acadienne du Canada (FCFAC) appelle les Québécois à voter NON lors du prochain référendum. La députée du Bloc québécois, Suzanne Tremblay, dénonce alors vivement cet appel en le présentant comme une ingérence dans les affaires québécoises. Madame Tremblay voit dans les motivations de la FCFAC l'œuvre du gouvernement fédéral et une tentative de sa part d'embrigader la FCFAC dans sa croisade contre la souveraineté grâce à de l'argent. Ainsi, pour la colorée députée de Rimouski, ce que la Fédération reçoit en subventions « nous apparaît une façon d'acheter un peu leur participation[2] ». Suzanne Tremblay faisait alors référence à l'attribution, par le ministère du Patrimoine, d'une subvention de 500 000 $ pour la promotion de la dualité linguistique au Canada.

Cet événement constitue un de ces « événements-fétiches[3] » qui marquent les rapports entre le Québec et la francophonie canadienne. On peut en dégager plusieurs significations quand on vient pour l'interpréter. Certes, il illustre l'état des rapports, parfois acrimonieux, entre les dirigeants des groupes francophones en milieu minoritaire et les porte-parole souverainistes québécois. Mais il indique aussi, comme le souligne Angéline Martel, que « l'origine de [cet événement] est étatique[4] ». Le versement d'une subvention à la FCFAC par l'État fédéral et l'appui de la FCFAC au fédéralisme sont souvent perçus et exploités comme la conséquence logique de l'aide financière massive du gouvernement fédéral au réseau institutionnel francophone en milieu minoritaire. Pour notre part, nous y trouvons un prétexte pour étudier l'émergence des politiques gouvernementales fédérale et québécoise à l'égard des groupes francophones en milieu minoritaire. Cet événement permet de déterminer les objectifs respectifs de ces politiques ainsi que les conséquences pour les bénéficiaires.

Nous verrons d'abord comment les politiques fédérale et québécoise se sont mises en place, de 1960 à 1976. Nous nous intéresserons ensuite à la période de 1976 à 1980, période au cours de laquelle le gouvernement fédéral et celui du Québec modifient leurs politiques dans la foulée de la prise du pouvoir par un parti politique souverainiste au Québec. Quant aux dirigeants des groupes francophones, ils ne sont pas passifs devant ce qui se trame à Ottawa et à Québec, mais ils agissent comme des acteurs sociaux dont le rapport de force varie en fonction de la conjoncture politique et des jeux d'alliance créés entre 1960 et 1980. Commençons par examiner les écrits de quelques analystes des politiques gouvernementales et du rôle des acteurs sociaux.

Les communautés francophones en milieu minoritaire comme acteurs sociaux

Dans les études sur les rapports entre l'État et les groupes francophones en milieu minoritaire, ces derniers sont souvent présentés comme des victimes. L'action de leurs dirigeants est guidée par les intérêts et les stratégies de mobilisation sociale de l'appareil étatique fédéral en raison des «généreuses» subventions versées au réseau institutionnel. Mais la situation de dépendance financière à l'égard du gouvernement fédéral dans laquelle se trouvent les associations francophones en milieu minoritaire limiterait l'autonomie de ces organismes. Voilà l'explication la plus logique des prises de position dans le domaine constitutionnel des dirigeants de ces associations et des conflits qui en résultent avec l'État québécois. Ainsi, pour Hubert Guindon, la francophonie canadienne est tombée «dans la souricière que leur a tendu [sic] le régime de Trudeau, celle des subventions aux "minorités officielles"[5]». Plus récemment, Louis Balthazar fait de l'État fédéral le principal responsable des conflits entre les francophones. Il écrit qu'«en échange des bienfaits fédéraux, on demandait aux communautés minoritaires qu'elles souscrivent ardemment à la promotion de ce nouveau nationalisme canadien négateur des aspirations québécoises[6]».

Ces deux auteurs oublient que les dirigeants francophones constituent des acteurs sociaux dotés d'une capacité d'agir dans l'ordre des micro-politiques[7]. Ces dirigeants ont des objectifs et des besoins; ils agissent et réagissent aux politiques des États, et leur pouvoir d'intervention et d'influence varie en fonction de la conjoncture politique. Bref, les leaders des communautés francophones en milieu minoritaire sont capables d'action politique, puisqu'ils cherchent à intervenir dans les affaires de l'État. Ils établissent des jeux de relations, fondés sur la collaboration, la neutralité ou l'opposition, depuis que les États sont actifs dans le dossier de la francophonie canadienne. Cependant, les acteurs qui prennent part à ces jeux de relations disposent de moyens asymétriques en raison des différences dans l'accès aux ressources, aux paliers d'intervention et à la capacité de mobilisation. Les communautés francophones disposent d'un réseau d'associations aux «aspirations quasi étatiques, quasi gouvernementales[8]» tandis que les deux autres acteurs sont des États dûment constitués et reconnus.

Les politiques gouvernementales à l'égard des groupes francophones en milieu minoritaire n'ont pas été élaborées dans le vide. Les acteurs, qu'il s'agisse de l'État fédéral, de l'État québécois ou des dirigeants du réseau institutionnel francophone en milieu minoritaire, sont interpellés. La conception, l'élaboration et la mise en œuvre des politiques à l'égard de la francophonie canadienne, depuis les années 60, sont beaucoup plus complexes que ce que les quelques études sur le sujet ont affirmé jusqu'à maintenant. Comme l'écrit Vincent Lemieux, « les relations de pouvoir qui s'établissent entre les acteurs par le contrôle des décisions et des enjeux dont sont faites les politiques gouvernementales s'articulent les unes aux autres dans des structurations du pouvoir. Dans ces structurations les affinités, rivalités ou neutralités entre les acteurs tiennent une place importante[9] ». Pour sa part, Wilfrid Denis révèle, dans son analyse de l'entente entre la communauté francophone de la Saskatchewan et l'État fédéral, que les Fransaskois « ne sont pas entièrement des victimes passives de l'intervention gouvernementale, même si souvent ils en font les frais[10] ». Dans son étude des acteurs sociaux et des politiques du Secrétariat d'État, Leslie A. Pal est encore plus catégorique : « *Evidence shows that the co-optation thesis is simplistic in the extreme, both because of the powers that organizations have over the state as a consequence of the programs and because of the role that state-funded groups play in contemporary politics[11].* »

Dans le cadre des politiques relatives à la francophonie canadienne, les associations nationales et provinciales des groupes francophones en milieu minoritaire sont les porte-parole reconnus par l'État fédéral et celui du Québec. Leurs dirigeants bénéficient d'une légitimité et ils présentent les besoins de leurs communautés. Ils ont la possibilité d'influer sur l'élaboration et la mise en œuvre des politiques gouvernementales. Notre analyse se limite donc à l'émergence, à la formulation et à la mise en œuvre des politiques relatives à la francophonie canadienne jusqu'aux années 80. En dépit de la brièveté de la période couverte, notre analyse révèle une complexité qui aide à cerner le jeu d'alliances et d'oppositions dans l'évolution des politiques gouvernementales.

Le politologue Robert Dahl rappelle avec justesse l'importance des termes tels que le pouvoir et l'influence dans l'analyse politique[12]. Si l'acteur agit à partir d'une perception de l'exercice du pouvoir fondé sur sa concentration dans les mains de quelques-uns ou, au contraire, d'après l'idée que les groupes qui bénéficient des politiques gouvernementales perdent leur capacité d'influer sur les acteurs politiques, l'une ou l'autre de ces perceptions a des effets sur l'élaboration des politiques. Dans le cas étudié, ces perceptions nous éclairent sur le développement et la transformation des politiques fédérale et québécoise.

Les groupes francophones en milieu minoritaire, l'État du Québec et l'État fédéral, 1960-1976

L'analyse comparative de l'émergence et de la formulation des politiques fédérale et québécoise révèle des différences. C'est que les acteurs ont des intérêts et des motivations qui leur sont propres, lorsqu'il faut mettre le dossier de la francophonie canadienne «à l'agenda d'une instance gouvernementale[13]».

Avant 1960, les rapports entre le Québec et les communautés francophones en milieu minoritaire sont laissés au réseau institutionnel et à l'Église. Avec la Révolution tranquille, l'État du Québec fait son entrée dans ce domaine. Il se dote d'une politique à l'égard de la francophonie canadienne, à la conception de laquelle les acteurs sociaux des groupes francophones minoritaires n'ont pas été associés. Les espoirs des dirigeants francophones en milieu minoritaire à l'endroit du gouvernement du Québec s'estompent peu à peu, cependant, puisque la volonté politique québécoise diminue tout au long des années 60 au point d'être quasi inexistante sous le gouvernement de Robert Bourassa, de 1970 à 1976. En fait, l'État du Québec laisse le champ libre à Ottawa; pour reprendre les propos tenus en 1975 par le ministre des Affaires culturelles, Denis Hardy, le Québec ne conteste pas «les actions entreprises par Ottawa[14]».

L'adoption de la Loi sur les langues officielles, en 1969, marque l'entrée du gouvernement fédéral dans le domaine des politiques relatives à la francophonie canadienne. L'intervention du gouvernement fédéral est bien accueillie par les dirigeants francophones du réseau institutionnel en milieu minoritaire. Un dialogue entre les fonctionnaires de la Direction de la citoyenneté du Secrétariat d'État et les dirigeants francophones s'établit bien avant l'adoption de la Loi sur les langues officielles. Pour sa part, l'action de l'État du Québec est un geste unilatéral, décidé par le ministre Georges-Émile Lapalme. Ce dernier a une conception précise du rôle du Québec auprès de la francophonie, celui d'une métropole. Très peu de contacts avec le milieu institutionnel canadien-français précèdent l'annonce, en 1961, de la création du Service du Canada français d'outre-frontières (SCFOF), organisme étatique responsable des rapports avec la francophonie canadienne[15].

Le dialogue entre les dirigeants du réseau institutionnel et les fonctionnaires du Secrétariat d'État est facilité par la présence d'anciens militants et dirigeants des communautés francophones dans ce ministère, notamment au sein de la Direction de l'action socioculturelle. Le cas de René Préfontaine est intéressant, puisque les dirigeants du milieu institutionnel francophone connaissent bien ce fonctionnaire. Il en va tout autrement dans l'appareil étatique québécois, le ministre Lapalme et son sous-ministre, Guy Frégault, ayant choisi un Québécois qui n'est pas associé au réseau institutionnel en milieu minoritaire pour diriger le SCFOF[16]. De plus, le SCFOF contribue à la construction de l'État du Québec. Cet État cherche avant tout à assurer la survie du fait français au Québec, point d'appui indispensable pour la vitalité du fait français en Amérique du Nord. Par conséquent, la collaboration est difficile entre les acteurs francophones en milieu minoritaire et l'État du Québec.

Le partage d'objectifs communs favorise aussi la collaboration entre le gouvernement fédéral et les dirigeants des milieux francophones. Ces acteurs deviennent en quelque sorte des alliés, puisqu'ils poursuivent le même but, soit d'assurer la vitalité du fait français hors Québec. Certes, comme l'indique l'étude de Pal, l'action du Secrétariat d'État s'inscrit dans le cadre d'une stratégie de mobilisation collective destinée à favoriser le renforcement d'une identité canadienne définie par les valeurs de la tolérance et de l'égalité entre les individus. La promotion de cette identité se fait par des programmes tels que le multiculturalisme, l'aide aux Amérindiens et aux associations de femmes. Cette stratégie de mobilisation collective a aussi une fin particulière dans le cas du soutien à la francophonie canadienne. L'état de vitalité de la francophonie canadienne devient un élément de preuve dans le procès du fédéralisme qui a été amorcé par les porte-parole indépendantistes québécois à la fin des années 50. Ainsi, pour l'acteur politique fédéral, l'aide à la francophonie constitue un facteur qui justifie la création d'une politique mais aussi un outil de combat idéologique contre une option qui menace la légitimité de l'État fédéral[17]. Ce dernier aspect connaîtra un développement marqué au lendemain de la prise du pouvoir par le Parti québécois en 1976.

Le Secrétariat d'État consacre des sommes importantes à la mise en œuvre de sa politique. Dans ses mémoires, l'ancien Secrétaire d'État, Gérard Pelletier, relate ses efforts pour stimuler « l'appétit » financier des groupes francophones en milieu minoritaire.

> [Des dirigeants du Manitoba] me présentèrent donc un projet soigneusement mis au point. Il s'agissait de créer (ou de consolider, je ne sais plus) un centre culturel dont le fonctionnement, assuré par des bénévoles, devait coûter annuellement... six mille dollars !

> De ce manque d'appétit, on aurait pu conclure à une anémie très grave. Je préférai l'attribuer aux très longues privations que le groupe avait dû s'imposer. Depuis plus d'un demi-siècle, il avait vécu de ses propres ressources, très modestes (le capital, chez eux, n'était pas de la famille) et d'appuis extérieurs non moins limités, en provenance du Québec.

> Je dus leur imposer d'ajuster leur requête à la hausse et de réclamer au moins trente mille dollars, afin que leur démarche parût sérieuse... mais c'est la seule fois que j'eus à le faire ! Non seulement l'appétit vient en mangeant, comme dit le proverbe, mais cette subvention initiale provoqua tout de suite un profond bouleversement dans l'Association franco-manitobaine[18].

Les associations provinciales des communautés francophones sont les principales bénéficiaires de la politique fédérale et de celle du Québec à compter de 1964. Elles obtiennent la reconnaissance politique souhaitée par leurs dirigeants et surtout la sécurité financière, ce que le Secrétariat d'État leur a assuré. Le Secrétariat d'État crée aussi une variété de programmes, dont celui de l'animation socioculturelle qui favorise le virage socioculturel et la vitalité des communautés. Ainsi, il y a manifestement une volonté, de la part du gouvernement fédéral, de structurer la francophonie canadienne.

L'appui du Secrétariat d'État modifie l'organisation des milieux francophones. Dans son étude, Savas fait état de plusieurs effets, dont la professionnalisation de l'association provinciale qu'il a étudiée, la diminution de la participation des bénévoles, l'obtention de la sécurité financière au prix d'une dépendance à l'égard des fonds fédéraux. Nous pouvons affirmer que ces conséquences se font aussi sentir ailleurs dans le milieu institutionnel francophone. Les études de Savas et de Lafontant démontrent que l'aide financière fédérale équivaut respectivement à 85 % et à 94 % des recettes des associations provinciales de la Colombie-Britannique et du Manitoba[19]. Par ailleurs, Pal nuance les effets de dépendance associés à l'aide du Secrétariat d'État. Les objectifs des programmes sont suffisamment flexibles pour permettre aux dirigeants des milieux francophones de les adapter à leurs besoins[20].

Ajustements aux politiques gouvernementales dans le cadre d'une nouvelle conjoncture politique, 1976-1980

L'élection du Parti québécois, en 1976, engendre une nouvelle conjoncture politique qui influe sur le jeu des alliances entre les acteurs et modifie les politiques relatives à la francophonie canadienne. Le gouvernement du Parti québécois fait de la francophonie un enjeu symbolique. Le traitement de celle-ci devient l'une des nombreuses pièces dans le procès du fédéralisme qui entre alors dans une nouvelle étape.

L'interprétation de la situation des groupes francophones en milieu minoritaire donne cependant lieu à un paradoxe dans le discours souverainiste. Les souverainistes voient dans les faiblesses de ces groupes une preuve des limites du fédéralisme et de son incapacité à assurer leur vitalité. Ils affirment qu'un Québec indépendant, dont le rapport de force avec le Canada sera radicalement différent, aidera au contraire au développement des communautés francophones. Or, du même souffle, ils invitent les francophones des autres provinces à émigrer, comme en témoignent les programmes électoraux du Parti québécois de 1973 et de 1976, le Québec étant selon eux le seul véritable milieu d'épanouissement du fait français[21]. La réalité des francophones en milieu minoritaire ne peut donc échapper au miroir déformant de l'engagement partisan et de l'obligation de s'assurer que l'argumentaire souverainiste aura de l'effet.

Ce paradoxe aide à comprendre les éléments clés du discours prononcé le 14 avril 1977 par le ministre des Affaires intergouvernementales, Claude Morin. Déjà le lieu de l'événement est significatif. En effet, le ministre prend la parole à Saint-Boniface, là où Gérard Pelletier annonçait, en 1968, l'inscription de la francophonie canadienne à « l'agenda gouvernemental ». Dans son discours, Claude Morin dénonce la politique des deux poids, deux mesures qui, selon lui, résume l'état de la situation des groupes francophones en milieu minoritaire par comparaison aux anglophones du Québec. L'assimilation des francophones est un fait social. Bien que les communautés francophones soient les premières responsables de leur vitalité, le régime fédéral, rappelle le ministre, n'a toutefois pas empêché l'assimilation. Par ailleurs, Claude Morin assure qu'un Québec souverain utilisera son poids politique pour favoriser l'avancement des droits des francophones hors Québec. «Le Québec et les Québécois, dit-il, ne peuvent être indifférents au sort des minorités francophones des autres provinces[22].»

Le discours du ministre Morin contient un important changement. L'État du Québec abandonne le paternalisme attaché à la notion du Québec mère patrie au profit de l'idée de responsabilité «morale» à l'égard des francophones. D'autre part, le ministre Morin n'hésite pas à dénoncer la situation d'otage dans laquelle se trouvent les minorités. Pour reprendre ses termes, «certains, dans la presse, à Ottawa ou ailleurs, [se servent] des minorités comme d'une monnaie d'échange. On nous dit à peu près ceci: donnez aux anglophones du Québec ce qu'ils réclament comme droits et comme privilèges, sinon les francophones des autres provinces en souffriront[23].» Cette responsabilité morale et cette situation d'otage qui, selon le ministre, correspondrait au poids politique réel de la francophonie justifient les gestes posés par le gouvernement de René Lévesque.

Dès juin 1977, le gouvernement du Québec reconnaît la Fédération des francophones hors Québec (FFHQ), fondée en 1975, comme le porte-parole de la francophonie canadienne. Il crée la direction des Affaires de la francophonie hors Québec au sein du ministère des Affaires intergouvernementales. La FFHQ est associée aux changements apportés à la politique relative à la francophonie canadienne. Les programmes mis sur pied viennent en aide au réseau institutionnel, notamment les programmes de prêts de fonctionnaires et d'aide technique et financière à la FFHQ[24]. Ainsi, les gestes posés par le gouvernement du Québec ressemblent étrangement à ceux du Secrétariat d'État, à l'exception des moyens financiers qui demeurent modestes, malgré l'augmentation du budget de l'aide versée à la francophonie canadienne[25].

Pour sa part, la FFHQ radicalise le ton de ses revendications. Ce radicalisme s'explique par la conjoncture politique. Comme on peut le lire dans *Les héritiers de Lord Durham*, «dans ce contexte où les jeux de la persuasion sont à faire, les communautés francophones hors Québec n'ont pas le choix: comme toutes les parties intéressées, elles doivent participer étroitement au débat collectif et exposer leur version des faits: ce que personne d'autre ne saurait faire à leur place[26]». Dans cet ouvrage, la FFHQ présente un sombre portrait de l'état de la francophonie: «non seulement leur survie culturelle est menacée, mais leur situation socio-économique est dangereusement anémique[27]». Ce portrait obéit à des considérations stratégiques, fruit du désir de renouveler le jeu des alliances et de la collaboration dans le triangle formé par l'État fédéral, l'État du Québec et la FFHQ. Dans ce contexte, l'objectif de la FFHQ consiste à accroître le degré d'autonomie des communautés francophones, notamment par l'obtention de la gestion des établissements scolaires fréquentés par les francophones, la reconnaissance officielle de la langue française dans les provinces et le pouvoir de se développer économiquement, socialement et culturellement[28].

Un dossier nous permet de suivre les stratégies d'alliance et d'opposition au cours de ces années : celui du droit à l'éducation. Pour la FFHQ, la légitimité du droit des francophones à l'enseignement dans leur langue maternelle se fonde sur la notion des deux peuples fondateurs. L'État du Québec y est sensible, comme l'a exprimé le ministre Morin à Saint-Boniface, et il serait un allié pour la FFHQ ; or, dans les faits, il n'en est pas ainsi. L'État du Québec interprète la réalité de la francophonie canadienne en fonction de la notion d'otage. En juillet 1977, le gouvernement du Québec propose aux provinces de s'occuper de leurs minorités de langue officielle au moyen d'accords de réciprocité avec le Québec. Il s'agit de permettre aux minorités francophones de bénéficier des droits dont jouissent les anglophones au Québec. L'État du Québec cherche ainsi à empêcher le fédéral d'intervenir dans un domaine de compétence provinciale et à responsabiliser les provinces à l'égard de leur minorité francophone[29].

Les premiers ministres provinciaux rejettent la proposition québécoise. Pour sa part, le gouvernement fédéral interprète la proposition québécoise comme un marchandage alors que les communautés francophones constituent un des enjeux dans le procès du fédéralisme. Par l'inclusion d'une Charte des droits de la personne dans la constitution canadienne, le gouvernement fédéral veut garantir aux francophones le droit d'envoyer leurs enfants à l'école française, pour peu que le nombre le justifie.

La proposition fédérale du droit individuel à l'enseignement déçoit la FFHQ. Malgré l'augmentation des budgets versés au réseau institutionnel et les modifications aux programmes du Secrétariat d'État qui mènent à la création d'un programme d'aide à la contestation juridique, la FFHQ affiche sa neutralité pendant la campagne référendaire de 1980. Lors des discussions constitutionnelles de 1981 et 1982, elle souhaite la suppression de l'expression « là où le nombre le justifie » dans l'article 23 de la Charte des droits et libertés enchâssée dans la Constitution canadienne[30].

Dans le jeu qui met aux prises l'État fédéral, l'État du Québec et la FFHQ, des oppositions apparaissent entre ces acteurs. Depuis la création de la FFHQ en 1975, les relations entre le Secrétariat d'État et la FFHQ sont parfois tendues. La FFHQ reproche au gouvernement fédéral sa mollesse, notamment dans son appui financier à la francophonie. De son côté, le Secrétariat d'État reproche à la FFHQ son ton agressif et ses dénonciations contenues dans ses documents et ses prises de position. « Il y a un danger, rappelle le sous-secrétaire d'État en 1977, que certaines de vos remarques concernant l'action du Secrétariat d'État et du gouvernement ne laissent croire que tous nos efforts jusqu'ici ont été vains et que les programmes sont inefficaces et servent une cause perdue d'avance[31]. » La possibilité d'un appui circonstanciel de la FFHQ au gouvernement du Québec dans les manœuvres constitutionnelles en indispose plusieurs dans la députation libérale fédérale[32]. Ainsi, la FFHQ mesure son degré d'autonomie dans ses relations avec l'État fédéral et celui du Québec.

Conclusion

Notre étude de l'émergence et de la mise en œuvre des politiques de l'État fédéral et celui du Québec à l'égard de la francophonie fait voir le jeu de complicité et d'opposition qui se manifeste dans les rapports avec les acteurs francophones. La comparaison entre les politiques fédérale et québécoise met en relief les différences touchant leurs objectifs et les circonstances entourant leur émergence. Avant 1976, il y a collaboration entre l'État fédéral et la francophonie canadienne, puisque les solutions aux problèmes du réseau institutionnel francophone s'inscrivent dans le cadre de la stratégie de mobilisation du Secrétariat d'État. Cette collaboration, l'État du Québec l'accepte, comme en témoigne la baisse de son activisme à l'égard des francophones des autres provinces.

À compter de 1976, la question des francophones du Canada devient un enjeu politique. L'État du Québec courtise les minorités francophones, mais les objectifs constitutionnels à long terme du Parti québécois nuisent à une collaboration avec les dirigeants du réseau institutionnel. Pour sa part, la FFHQ fait ses premiers pas comme groupe de pression. Dans le triangle formé par Ottawa, Québec et les groupes francophones, la FFHQ tente de mesurer son espace d'autonomie. En dépit de l'augmentation des subventions qu'elle reçoit et que reçoit le réseau institutionnel francophone hors Québec, la FFHQ revendique une politique globale de développement de la francophonie, tandis que le gouvernement fédéral a ses propres objectifs sur cette question, tout comme le gouvernement du Québec. Le concept de dépendance politique doit donc être fortement nuancé puisqu'il ne traduit pas la complexité des rapports entre les trois acteurs étudiés et les prises de position de la FFHQ.

NOTES

1. Nous remercions André La-Rose et Marie-Josée Therrien de leurs commentaires et leurs observations.

2. Article de Jean Dion, *Le Devoir*, 15 mars 1995, p. A-1.

3. Nous empruntons le terme à Angéline Martel pour décrire ces événements «qui prennent une telle importance pour les gens ordinaires, pour les médias, pour les associations, qu'ils servent constamment à camper les positions respectives de chacun et chacune» («L'étatisation des relations entre le Québec et les communautés acadiennes et francophones: chroniques d'une époque», *Pour un renforcement de la solidarité entre francophones au Canada. Réflexions théoriques et analyses historique, juridique et sociopolitique*, Québec, Le Conseil de la langue française, 1995, p. 27).

4. *Ibid.*

5. Hubert Guindon, «L'État canadien: sa minorité nationale, ses minorités officielles et ses minorités ethniques, une analyse critique», dans Jean Lafontant (dir.), *L'État et les minorités*, Saint-Boniface, Les Éditions du Blé / Presses universitaires de Saint-Boniface, 1993, p. 270.

6. Louis Balthazar, «Le Québec et les minorités francophones du Canada», dans *Pour un renforcement [...], op. cit.*, p. 90.

7. Nous nous inspirons de Vincent Lemieux, *L'étude des politiques publiques. Les acteurs et leur pouvoir*, Sainte-Foy, Les Presses de

l'Université Laval, 1995; et de Leslie A. Pal, *Interests of State. The Politics of Language, Multiculturalism and Feminism in Canada*, Montréal et Kingston, McGill-Queen's University Press, 1993. Raymond Breton a modifié la perception du rapport des communautés ethniques au politique dans son article «La communauté ethnique, communauté politique», *Sociologie et sociétés*, vol. XV, n° 2, octobre 1983, p. 23-37.

8. A. Martel, *loc. cit.*, p. 27.

9. V. Lemieux, *op. cit.*, p. 27.

10. Wilfrid Denis, «L'État et les minorités: de la domination à l'autonomie», *Sociologie et sociétés*, vol. XXVI, n° 1, printemps 1994, p. 136.

11. L. Pal, *op. cit.*, p. 57. *Cooptation thesis*: allusion à une adhésion forcée aux objectifs politiques du gouvernement fédéral.

12. Robert A. Dahl, *L'analyse politique contemporaine*, Paris, Laffont, 1973, traduit de l'anglais par Iain Whyte, p. 48-49.

13. Nous empruntons l'expression à Vincent Lemieux, *op. cit.*, p. 57.

14. Allocution du ministre des Affaires culturelles, Denis Hardy, devant le club Richelieu d'Ottawa, 5 mars 1975, Centre de recherche en civilisation canadienne-française (CRCCF), Fonds Fédération des francophones hors Québec (FFHQ), C84/58/35.

15. Voir à ce sujet Marcel Martel, *Le deuil d'un pays imaginé. Rêves, luttes et déroute du Canada français. Les rapports entre la francophonie canadienne et le Québec, 1867-1975*, Ottawa, Les Presses de l'Université d'Ottawa/CRCCF, «Amérique française», 1997, p. 107-138.

16. *Ibid.*

17. L. Pal, *op. cit.* Daniel Savas, «L'impact des politiques d'aide du Secrétariat d'État sur l'évolution financière de la Fédération des Franco-Colombiens», dans *Les outils de la francophonie*, Vancouver/Winnipeg, Centre d'études franco-canadiennes de l'Ouest, 1988, p. 18-20.

18. Gérard Pelletier, *L'aventure du pouvoir. 1968-1975*, Montréal, Stanké, 1992, p. 85-86.

19. D. Savas, *loc. cit.*, p. 27. Entre 1981 et 1991, 94 % des revenus totaux de la Société franco-manitobaine provenaient du Secrétariat d'État (Jean Lafontant, «L'incidence de l'État canadien dans la formation des groupes de revendication minoritaires: l'exemple de *Réseau* et de *Pluri-elles*», *Cahiers franco-canadiens de l'Ouest*, vol. 5, n° 2, automne 1993, p. 197).

20. L. Pal, *op. cit.*

21. Gilles Sénéchal, «Les communautés francophones et acadiennes du Canada: orientations, prises de position et actions des porte-parole du gouvernement québécois», dans *Pour un renforcement [...]*, *op. cit.*, p. 359-360.

22. «Le Québec et les minorités francophones», allocution de Claude Morin, ministre des Affaires intergouvernementales du Québec, devant la Société franco-manitobaine, Saint-Boniface, 14 avril 1977, CRCCF, Fonds FFHQ, C84/59/1.

23. *Ibid.*

24. Document d'encadrement général de la politique de collaboration entre la Fédération des francophones hors Québec et le gouvernement du Québec, 5 juin 1978, CRCCF, Fonds FFHQ, C84/58/40.

25. De 1978 à 1981, la FFHQ a reçu 461 387 $ dans le cadre du Programme d'aide technique et

financière à la FFHQ (Exposé du ministère des Affaires intergouvernementales à la deuxième session d'évaluation du programme d'aide technique et financière du Québec à la Fédération des francophones hors Québec, 13 mars 1981, CRCCF, Fonds FFHQ, C84/59/1).

26. Fédération des francophones hors Québec, *Les héritiers de Lord Durham*, Ottawa, FFHQ, 1977, volume 1, p. 7.

27. *Ibid.*, p. 43.

28. *Ibid.*, p. 118.

29. Derick McNeil, «*Et la lutte reprendra le 17 avril 1982*». *Québec, Ottawa et la Fédération des francophones hors Québec: leurs luttes pour l'éducation en langue minoritaire, 1976-1982*, Ottawa, Université d'Ottawa, mémoire de maîtrise, 1994, p. 23-24. La proposition des accords de réciprocité est contenue dans le document *La nouvelle entente Québec-Canada. Propositions du gouvernement du Québec pour une entente d'égal à égal: la souveraineté-association*, Québec, Éditeur officiel, 1979. Gilles Bouchard et Lawrence Olivier, «Lévesque, le Québec et l'Acadie: perceptions, accords de réciprocité et minorisation» dans Yves Bélanger et Michel Lévesque, *René Lévesque. L'homme, la nation, la démocratie*, Sillery, Presses de l'Université du Québec, «Leaders politiques du Québec contemporain», 1992, p. 354-371.

30. D. McNeil, *op. cit.*

31. Lettre du sous-secrétaire d'État au directeur général de la FFHQ, 14 janvier 1977, CRCCF, Fonds FFHQ, C84/53/28.

32. Document préparatoire de la réunion avec le premier ministre Trudeau, 31 mai 1977, CRCCF, Fonds FFHQ, C84/52/8.

DEUX GROUPES LINGUISTIQUES :
UNE COMMUNICATION DE MASSE
de SIMON LAFLAMME et ALI REGUIGUI
(Montréal/Sudbury, L'Harmattan/Institut franco-ontarien,
«Logiques sociales», 1997, 205 p.)

Lise Dubois
Université de Moncton

Cet ouvrage de Simon Laflamme et d'Ali Reguigui examine une question
d'actualité pour qui enseigne aujourd'hui en milieu universitaire : la compétence linguistique des étudiantes et étudiants, c'est-à-dire la capacité de produire des textes conformes aux codes de la langue ainsi que de structurer et
d'organiser des idées. S'éloignant des récriminations habituelles sur la compétence linguistique de la nouvelle génération, les auteurs proposent plutôt
un cadre théorique capable de l'expliquer. L'ouvrage est d'autant plus opportun qu'il paraît à un moment où bon nombre d'universités canadiennes, aux
prises avec ce que Laflamme et Reguigui appellent «la crise de l'écriture», se
voient obligées d'adopter diverses mesures de redressement dans le dossier
de la compétence linguistique de leur clientèle.

L'ouvrage se divise en trois grandes parties : d'abord, le chapitre 1 où les
auteurs dressent l'historique des modalités de l'évaluation linguistique à
l'Université Laurentienne. Rares sont les universités qui ne se reconnaîtront
pas dans cet exposé sur les efforts qu'a déployés, et que déploie toujours, la
Laurentienne en matière de formation linguistique. Ce qui distingue toutefois cette dernière, c'est qu'elle accueille une double clientèle, soit francophone et anglophone.

Viennent ensuite les chapitres 2 à 7 dans lesquels les auteurs livrent les
résultats des multiples analyses faites à partir des tests de compétence linguistique auxquels ont été soumis quelque 2 000 étudiants issus des deux
communautés linguistiques. Grâce à une méthodologie complexe, les auteurs
tentent de découvrir les liens entre l'environnement social et la compétence
linguistique : les résultats obtenus aux tests de compétence linguistique, les
écarts de tous ordres aux codes de la langue et divers paramètres relatifs à la

structure du texte produit en vue du test sont, tour à tour, mis en relation avec l'origine socio-économique des sujets, leurs habitudes sociales (exposition aux médias, langue d'usage au sein de la famille, habitudes de lecture, etc.) et la langue de rédaction. Tantôt étonnantes, tantôt discutables, les conclusions des auteurs ne laisseront pas indifférents ceux et celles qui fréquentent le milieu universitaire et, est-il espéré, sauront jeter les fondements d'un débat renouvelé sur la question.

Les auteurs montrent que les facteurs sociolinguistiques habituels influent peu ou prou sur la compétence linguistique. En effet, les habitudes dites langagières, c'est-à-dire la lecture en langue maternelle, le temps d'écoute de la télévision et de la radio, la langue préférée pour la communication quotidienne, n'ont que très peu d'effet sur la réussite au test. De plus, le statut socio-économique familial, l'un des principaux facteurs explicatifs du comportement social, semble n'avoir qu'une faible incidence sur la compétence linguistique. La distribution de la compétence est donc aléatoire, concluent-ils.

Qu'en est-il au juste de cette compétence, selon les auteurs ? Sur le plan de la langue, Laflamme et Reguigui constatent que les résultats des francophones ne sont pas très éloignés de ceux des anglophones quand on tient compte de la spécificité de chacune des langues ou des lieux potentiels d'erreur de chaque langue. En effet, les deux groupes sont de «grands producteurs d'erreurs linguistiques» (p. 81), issus d'un système scolaire incapable d'enseigner à prévenir l'erreur et d'une société qui la tolère, voire l'autorise. Sur le plan de la structure du texte, les auteurs concluent que la très grande majorité des textes produits par les deux groupes sont à l'image des messages que produit une société mass-médiatisée : des constructions simples dont les idées sont juxtaposées, peu nuancées et peu argumentées. Les auteurs postulent, d'une part, que l'influence des communications de masse sur la compétence linguistique dépasse l'influence qu'auraient les déterminants sociolinguistiques et socio-économiques et, d'autre part, que cette influence serait non seulement homogénéisante pour l'ensemble de la société, mais aussi assimilatrice pour les minoritaires.

Enfin, dans la dernière partie de l'ouvrage, c'est-à-dire le chapitre 8 et la conclusion générale, Laflamme et Reguigui s'attardent aux questions théoriques. Ils récusent les cadres théoriques classiques, notamment la théorie de Bourdieu, qui expliquent la réussite scolaire par la classe sociale, soutenant que l'action homogénéisante des communications de masse supplante la logique de la classe sociale puisque la circulation de l'information ne se conforme plus à la division sociale traditionnelle. Aussi, à la lumière des données qu'ils présentent dans cet ouvrage, lancent-ils un appel pour que la sociologie dans son ensemble et celle de l'éducation en particulier, lesquelles recourent à des modèles privilégiant le déterminisme social absolu, en viennent à tenir compte non seulement de l'écheveau complexe des déterminants sociaux, mais aussi du rôle que jouent les moyens de communication dans le façonnage de la pensée et de son expression.

Cet ouvrage novateur et complexe a le mérite de relativiser certains aspects de la question de la compétence linguistique (par exemple, le degré relatif de difficulté des deux langues, l'expression de la pensée en relation avec la correction linguistique), aspects trop souvent négligés dans la conception de programmes scolaires et l'élaboration de solutions. L'approche de Laflamme et de Reguigui, ainsi que les postulats théoriques qui en découlent, ont pour plus grand mérite cependant de situer le débat sur la compétence linguistique du groupe minoritaire dans un contexte qui déborde son état de minoritaire, faisant appel aux réalités qu'il partage avec le groupe dominant. Et l'une de ces réalités est justement la mass-médiatisation de la société.

L'HOMME EFFACÉ : PIÈCE DE THÉÂTRE
de MICHEL OUELLETTE
(Ottawa/Hearst, Le Nordir, « Théâtre », 1997, 94 p.)

Dominique Lafon
Université d'Ottawa

L'Homme effacé, créée le 19 février 1997 par le Théâtre du Nouvel Ontario, le T.N.O, renoue avec le thème qui structurait la première pièce publiée de Michel Ouellette, *Corbeaux en exil*, à savoir la quête d'identité d'un personnage dont l'histoire est racontée par d'autres que lui. Bien qu'elle puisse être perçue comme une métaphore de l'affirmation de toute la culture franco-ontarienne, cette quête est ici celle d'un seul homme. Au pluriel des *Corbeaux*, de la collectivité douloureuse, l'auteur préfère désormais l'individu et l'intimité d'une conscience traversée par les voix d'un passé que ni la solitude ni l'errance dans la grande ville n'ont pu laminer. Il y a là un changement de perspective d'autant plus remarquable que le dramaturge, abandonnant les toiles de fond historiques ou sociologiques qui cautionnaient, non sans facilité, la caractérisation toujours pathétique de ses personnages, choisit de s'en tenir à ce que Racine appelait « un peu de matière », au maëlstrom des sentiments, et s'engage, du même coup, dans le défi dramaturgique qui consiste à placer au cœur de la pièce un personnage muet.

Ce défi est d'emblée soutenu par une mise en situation qui, tout en étant parfaitement plausible, voire banale, n'en est pas moins chargée d'une portée symbolique qui élargit le cas individuel à un topos plus collectif : la police torontoise a arrêté un individu sans papiers qui errait « en plein milieu de Yonge Street, drette sur la ligne jaune » (p. 22), au risque de s'y faire renverser par les voitures ; depuis son arrestation, il se cantonne dans un mutisme radical qui contraint le personnel de l'hôpital psychiatrique où il a été mis en observation à publier sa photo dans les journaux. C'est en réponse à cet appel d'informations que se présente Annie, l'ex-blonde du héros dont le spectateur découvrira peu à peu l'identité et l'histoire.

Cette donnée fictive anodine fait l'objet d'un traitement original qui mêle aux deux personnages réels, trois personnages « fantômes » : Marthe, la mère, Pite, le chambreur, et Annie 2, image de la jeune Annie d'autrefois. Ces trois revenants, tous figures décisives du passé de Thomas, celles qui ont déterminé son départ de Sudbury, son exil de dix années à Toronto, ne relèvent pas seulement du procédé qui consiste à mêler le passé et le présent, procédé que Jean-Marc Dalpé, par exemple, illustra magnifiquement dans *Le Chien*, en la personne du grand-père. Car ces trois personnages incarnent surtout les mots (et les maux) du personnage, les voix confuses de sa mémoire comme de sa conscience, voix qui, paradoxalement, le condamnent au silence puisque «C'est quoi les mots quand tout ce qui te reste dans la tête, c'est trois fantômes qui arrêtent pas de parler pour toi?» (p. 27).

Ainsi que le souligne Monique Borie dans un livre récent[1], le fantôme occupe une place névralgique dans la représentation théâtrale dans la mesure où, à l'instar du théâtre lui-même, il est la «*manifestation* d'une réalité qui n'est pas de l'ordre de la réalité quotidienne ni du corps vivant de chair et de nerfs, mais de l'ordre d'une réalité qui nous conduit au bord de la mort. Dans ces espaces où le corps vivant cède la place à une figure qui conjugue en elle le mouvement et l'inanimé et dont la matérialité est traversée par le jeu des forces invisibles...». Ce sont ces forces invisibles que *L'Homme effacé* va mettre en scène dans une théâtralisation d'autant plus exacerbée qu'un même personnage, celui d'Annie, y est dédoublé, pour mieux exhiber l'irrémédiable travail du temps.

Or ce que Thomas a effacé de sa mémoire, ce sont ses dix années torontoises au cours desquelles il a en vain cherché dans la ville la trace d'une Annie fugitive, espérant une improbable rencontre avec celle qui l'avait abandonné, sans explications, alors qu'elle portait leur enfant. Les voix de sa mémoire réitèrent les circonstances de cette rupture dont le spectateur est ainsi graduellement informé, tandis que le héros reste sourd à celle du présent incarnée par Annie, qui tente en vain de briser le mur du silence par lequel il tente de conjurer le désespoir. Car le passé évoqué par ses démons familiers n'est que cris et souffrances. C'est par là que cette dernière pièce renoue avec la tonalité sombre et misérabiliste des précédentes, même si le traitement qui lui est spécifique tente d'alléger la linéarité de la narration par la diversité des points de vue. L'évocation du passé n'en commence pas moins au moment où Thomas se met en ménage avec Annie, dans la maison de sa mère qui se meurt d'un cancer des poumons. Cette arrivée d'une fille de taverne qui n'a connu jusque là que «des p'tits culs qui voulaient rentrer dans[s]es culottes ou ben des vieux qui [lui] pinçaient les fesses. [...] une manière d'être une fille pis d'avoir l'attention qu'une fille mérite» (p. 36-37), ne se fait pas sans heurts. Pite, le chambreur, personnage légèrement mythomane qui ressasse un passé de bourlingueur des mers, refuse cette intruse qu'il considère comme une «guidoune». Sans être l'amant de Marthe, il s'est investi d'une mission paternelle à l'égard de son fils, un bon p'tit gars straight qui travaille à la mine. Il est vrai qu'Annie est une fille dure et vulgaire qui voudrait se débarrasser de lui comme de Marthe dont elle exige qu'elle aille agoniser ailleurs ou, en tout cas, qu'elle meure au plus sacrant. Ces quelques exemples disent assez la violence des affrontements comme celle du langage. La situation va devenir rapidement intenable, au point que Marthe demandera à Pite de l'aider à mourir, fixant elle-même le jour de son suicide assisté. C'est ce jour-là, alors que Thomas, contraint par Annie qui menace de se faire avorter s'il abandonne sa job pour soigner sa mère est, malgré lui, parti à la mine, que Pite, à son tour, achète le départ d'Annie pour Toronto, en lui offrant cinq cents piastres. Annie s'enfuit au moment même où Pite entre pour la tuer dans la chambre de Marthe ; à son retour Thomas, malgré les objurgations de Pite, se lance à sa recherche. Le drame du passé est ainsi rigoureusement circonscrit dans une unité temporelle qui évoque, là encore, la tragédie classique.

De plus, la structure de la pièce tente, d'une manière symbolique, de fermer la boucle du temps en raccordant, par le biais d'une scène muette, les circonstances du départ des deux personnages principaux pour Toronto à celles de leurs retrouvailles, dix ans plus tard. En préambule, une didascalie décrit la rencontre de Thomas « en guenilles » qui fait la manche dans la rue et d'une fillette, Ève, qui dépose au creux de sa main quelques sous avant de disparaître appelée par une tierce personne qu'il tente en vain d'apercevoir. Ce prologue prépare tout à la fois l'errance folle de Thomas dans Yonge Street comme l'existence de sa fille, l'enfant qu'Annie avait résolu, dix ans auparavant, de garder. C'est pour avoir reconnu dans le regard de la fille celui de sa mère, que le héros s'est résolu à en finir avec le présent en s'abandonnant totalement aux fantômes de son passé.

Même si le procédé est quelque peu artificiel et souligne une volonté excessive de nouer entre eux tous les fils de la fiction, il n'en demeure pas moins parfaitement cohérent dans la composition symbolique de la pièce qui repose sur une dialectique du mort et du vivant, du vécu et de l'effacé. La fillette qu'il croyait morte, effacée du ventre de sa mère ressurgit incarnant, en quelque sorte, le néant des dix dernières années, tout comme les autres personnages incarnent un passé dont le héros ne parvient pas à se libérer. On comprend alors pourquoi la rencontre de la nouvelle Annie, rangée, un peu « dame à sacoche », ne peut être qu'une impasse. Pourquoi Thomas ne peut répondre à ses efforts pour établir avec lui, comme entre sa fille et lui, un semblant de dialogue. La fillette ne dira pas un seul mot à son père, se contentant de lui donner le dessin qui représente sa maison, sa mère et elle-même. Elle n'est, elle aussi, qu'une image, qu'une photo d'école que lui laisse Annie en partant et qu'enfin il nommera, prononçant son prénom, le seul son qu'il proférera, le dernier mot de la pièce que, seul, le spectateur entendra. Il y a là une clôture qui interdit toute extrapolation, toute perspective d'avenir, et donne à la pièce sa véritable dimension dramatique. En choisissant, au dénouement, de ne pas succomber à la tentation d'une ouverture, de ne pas même élucider le sort du personnage secondaire de Pite accusé du meurtre de Marthe, l'auteur inscrit la pièce dans une rigoureuse unité temporelle que, seules, les visites d'Annie à l'hôpital viennent scander.

Malgré ses qualités dramaturgiques, la pièce n'en reste pas moins « convenue », dans la mesure où elle s'insère dans un corpus d'œuvres antérieures avec lesquelles elle présente de patentes analogies. Je veux parler de *L'Homme troué*[2] de Guy Corriveau, créée en 1995 à Shawinigan, de *Rappel*[3] de Patrick Leroux ou encore, sur le mode du monologue, *L'Insomnie*[4] de Robert Marinier. Même si rien n'autorise à voir dans la convergence des procédés, deux des pièces présentent également les fantasmes de deux personnages silencieux que viennent hanter des figures imaginaires, ou dans le parallélisme des deux titres une quelconque filiation, force est de constater que l'originalité de *L'Homme effacé* est relative. Les jeunes dramaturges semblent être confrontés à une double contrainte qui leur fait refuser le traitement réaliste de leurs prédécesseurs, mais sans pouvoir se détacher complètement de l'évocation du passé, de l'anamnèse qui demeure le thème obligé du théâtre de l'intime, selon la formule de Jean-Pierre Sarrazac[5]. L'agonie du personnage de théâtre se perpétue ainsi dans ces essais dramaturgiques que l'éclatement de fictions tout entières construites sur le mode de l'analepse libère pour une part des lois de la vraisemblance, tout en les contraignant au mode onirique. D'où la récurrence de ces confrontations entre des personnages réels frappés de mutisme et des personnages virtuels diserts dont la caractérisation manque parfois de cohérence, tels la vache, la putain et le cardinal de *Rappel* ou, dans *L'Insomnie*, le couple du «buandeur» et de sa sœur, sorte de pythie terrée au fond d'une sécheuse. La pièce de Michel Ouellette, très marquée encore par le substrat sociologique des œuvres précédentes, s'interdit ces libertés échevelées. Les personnages virtuels appartiennent ici à un univers cohérent, celui du passé fictif. Il y a là une forme de compromis qui permet de lire cette dernière pièce comme une œuvre de transition annonçant, on peut l'espérer, une nouvelle manière. Dans le contexte de la production franco-ontarienne, *L'Homme effacé* signale aussi une mutation. La difficile prise de parole ne s'énonce plus seulement dans la violence blasphématoire des sacres, mais dans les représentations métaphoriques et, plus largement, poétiques d'une quête individuelle qui, loin d'«effacer» la problématique identitaire, en souligne la maturation.

La revendication collective est intériorisée dans la figure métonymique d'un personnage dont le mutisme est assumé de l'intérieur plus qu'imposé par l'Histoire. La dramaturgie franco-ontarienne semble s'être libérée de sa vocation idéologique, libérée du réalisme comme de l'engagement et cherche dans la polyphonie de ses voix multiples un mode d'expression, une prise de conscience plus complexe et, partant, plus significative. La prochaine œuvre de Michel Ouellette permettra sans doute de mesurer l'écho qu'il accordera aux voix douloureuses qui traversent l'homme effacé et qui l'ont d'ores et déjà conduit à défier les codes de la mimesis théâtrale.

NOTES

1. Monique Borie, *Le Fantôme ou le théâtre qui doute*, Arles, Actes Sud/Académie expérimentale des théâtres, 1997, p. 11. C'est l'auteur qui souligne.

2. Guy Corriveau, *L'Homme troué*, Shawinigan, Glanures, 1997.

3. Patrick Leroux, *Rappel* dans *Implosion*, Ottawa/Hearst, Le Nordir, 1996.

4. Robert Marinier, *L'Insomnie*, Sudbury, Prise de parole, 1996.

5. Jean-Pierre Sarrazac, *Théâtres intimes: essai*, Arles, Actes Sud, 1989.

LA VIE ROUGE : POÉSIE
d'ANDRÉE LACELLE
(Ottawa, Éditions du Vermillon, «Rameau du ciel», 1998, 86 p.)

Anna Gural-Migdal
Université de l'Alberta (Edmonton)

La Vie rouge, ou le Vide sacré

Chaque recueil de poèmes d'Andrée Lacelle s'achève dans l'intemporel sur un suspens du sens, sur une béance qui dissipe la trame des signes pour attiser le chant à venir : *je suis fidèle à mes bruits / je les entends / je me poursuis*, nous dit l'auteure à la fin de son *opera prima, Au Soleil Du Souffle*. Ce souffle venu de l'immémorial engrange le Passé, mais c'est devant, c'est au loin qu'est la force de l'appel. *La Vie rouge* poursuit l'itinéraire nomade ou *itinérance* qui guide l'ensemble de l'œuvre, afin d'arpenter la page blanche, territoire vierge, paysage du chaos, *no man's land*, où l'écriture matérialise la sensation pour devenir espace-temps d'un ailleurs. Ainsi la parole apparaît-elle comme le contrepoint mélodique des images : *dans le lointain / un pont nos yeux / de face tu trembles / profuse je me délie* (p. 56). Déterritorialisé, hors de soi, le corps en partance s'initie à la béance cosmique et tout ce qui brûle lui appartient : *quand tu fuis de brume en brume / en moi le vide en flammes* (p. 17). La passagère de *La Vie rouge* fait un voyage à rebours, un voyage qui a pour but de retrouver la langue d'avant les mots, d'avant le pays, mais aussi l'origine dans le ruissellement d'une perte infinie.

Le titre même du recueil de poèmes n'est pas sans rappeler celui du film d'Antonioni, *Le Désert rouge*, où l'acte de vie, l'acte d'amour s'inscrit dans le silence comme un cri. Des temps morts de l'existence, l'espace fait surgir l'essentiel, car le désert rouge est ce trou béant en quête de l'âme. Et le vide qui menace l'image devient une ouverture, un fond sur lequel le réel se recharge de mystère. La citation de Victor Segalen qui ouvre le recueil — *Montre ton visage originel, celui que tu avais avant même d'être né* — informe également notre lecture de la démarche de l'écrivaine, qui est celle de convier le surgissement du Germe, préalable à toute création. Et le travail commence qui consiste à construire par-delà le pays, un lieu intérieur, temple ou sanctuaire, site révélé prêt à faire sauter tous les murs : *Buvons à la nuit vive / regagnons le dedans / pas de murs / pas de chaînes* (p. 20). Mais ce temple dont parle Lacelle n'est enraciné nulle part car il est à la fois un commencement et une fin, car la halte porte en elle l'échappée du corps arraisonné : *Pour que le temple voyage / fixe la tente à marée haute* (p. 81). Ainsi de livre en livre, l'écrivaine rejoue-t-elle son rapport au monde, en quête de la puissance du divers dans l'expérience

217

de la mouvance créatrice, dans l'annexion de paysages jamais vus, dans l'étrangeté d'un exil toujours à recommencer.

Dans *Le poème de la rivière*, premier volet de NOS CORPS EN VOYAGE, la phrase apparaît plus chargée que par la suite, comme pour dépeindre en une coulée de substantifs rares le bouillonnement d'une nature changeante, comme pour saisir dans la fusion du végétal et du métal, le rougeoiement d'un instant éphémère : *La rivière affouille son lit / extrait de la sanguine l'or de coupelle / une fin de ciel estompe de garance / un pays / en arrivage* (p. 15). Le paysage se fait dès lors matière éruptive et insaisissable, d'où émerge la création dans un travail continu de transmutation. C'est donc dans le mouvement géologique de la terre qu'il faut chercher les strates d'une avancée vers la révélation de soi : *Voie baladeuse dévoreuse de nos terres / la brunante safrane ta course [...] caravane indigène de nos âmes à venir / tu prévois l'instant* (p. 18). L'écriture projette aussi dans l'espace le transit du cœur sans ancrage, incapable de trouver le repos. Le refuge dans l'amour est illusoire car l'auteure suggère que nous sommes des apatrides du monde intérieur : *tant d'amours fantômes hantent ton lit / nos maisons chancellent / passent nos vies* (p. 17). Dans *L'insolence du vide*, deuxième volet de NOS CORPS EN VOYAGE, Lacelle provoque le rapprochement des contraires par l'oxymoron, afin de combler une vacance propice à l'inspiration amoureuse et créatrice : *tu hantes d'anciennes empreintes / je foule le sable d'un jardin / nous parcourons ces distances qui nous abîment* (p. 34). Volonté de s'annuler et de se reconstruire dans le risque du vide menaçant : *Un gîte accueille nos peurs / les couleurs du vide incendient les neiges / leurs spasmes érodent ce printemps* (p. 32). À la gamme des couleurs froides répond la chaleur des rouges attachés à l'Autre. L'incarnation du désir est un visage sans nom et sans patrie, emprise nomade du cœur comme la figure vivante et authentique du désert. Violence passionnelle du silence, relation charnelle qui brise les frontières et trahit le regret d'une continuité des êtres derrière la séparation des corps : *dans un silence de commencement / déferle l'écume fabuleuse / entre nous fuse l'inouï / nada en ces lieux de vie* (p. 36).

La deuxième partie du recueil, HALTE ET DURANCE, constituée de deux poèmes figure un entre-deux, un état d'apesanteur où le paysage-corps se revitalise : *Sans vivre sans mourir / en soi neuf / le jour respire* (p. 39). L'autodécouverte de soi semble reconnaître la présence d'une autre conscience et fait valoir la quête d'une identité par le truchement de l'altérité comme parti pris de l'essentiel : *je m'égare / entière à ma voix / je marche jusqu'à sa vie* (p. 39). Dans une telle démarche, c'est un mode d'être qui est interrogé. Saisie de soi dans le chevauchement d'un corps qui empiète sur le monde, qui déploie ses entours afin de se métamorphoser sur d'autres rives. L'altérité découle d'une déconstruction de soi entre l'illusoire et le véridique. C'est dans les creux nébuleux de l'espace que la passagère opère une bifurcation de son être : *midi plein de salive m'entaille / avant le vent* (p. 40). L'univers menacé devient ainsi un terrain neuf d'investigation sur la position nouvelle du sujet qui se constitue entre le *je* et le *tu*, dans un double mouvement d'extension et d'expropriation : *Toi qui me déracines / espère-moi ici* (p. 40).

Après la dépossession de soi, CORPS D'ÉQUINOXE consacre la renaissance dans la fusion des contraires, dans l'implosion des amalgames. *Perdre l'heure et la nuit*, premier volet de cette dernière partie du recueil, fait accéder la passagère aux marges incertaines du monde. Cette zone floue, où vacillent le jour et la nuit à la croisée du sensuel et du spirituel, fait se noyer la voyageuse dans l'aventure exotique et érotique : *noue ton âme au mât de mon bras / mon cœur s'ébrase quand tu te noies* (p. 50). L'érotisme dégage une telle charge d'énergie qu'il décloisonne les régions de l'être et amplifie la respiration pour concilier l'ouverture d'une initiation avec l'extase à venir : *dans l'air enclos / nos haleines se répondent cadences d'avalanches / nos cœurs s'escaladent / délire de nos langues sans écho* (p. 50). L'interstice du jour et de la nuit permet de revenir à un temps mythique hanté par la légende aux confins de l'éternité et de la barbarie, en même temps qu'est suscité l'inavoué, ces bribes de paroles en formation : *quand la fable t'habite / en toi déborde l'inavoué / l'axe où tout gravite / attise le delta de nos bras / je perds sentier* (p. 56). Le désert devient ainsi un espace liminaire animé de pulsions et de désirs, chargé de tensions et d'attentes, où s'enclenche une incursion vers l'intériorité : *La porte bâille / une halte dans ta maison chancelante / l'escalier rampe de chêne / déjà tu brigandes la chambre* (p. 49). Et *La vie rouge*, dernier volet du recueil, célèbre en un rituel carnavalesque l'accession au Vide sacré où l'âme brûle comme un pays : *la passagère désire / le carnaval des ventres et ses cris virtuels / une passagère désire / tout ce qui brûle sous le ciel* (p. 67). Le temple permet de retrouver les vestiges de l'antique culture solaire et d'un ésotérisme universel qui s'apparente au taôisme. De la polarité et du jeu du yin et du yang émane l'existence des cinq éléments dont la terre est le centre : *la tête du monde s'enivre de l'écorce / et si près de la Terre / dévore tant de force / et la marche de l'âme nous rappelle qu'il faut aller plus loin* (p. 76). Mouvement de translation qui requiert de la part de l'homme de penser hors de sa personne son appartenance au Dieu et au monde, selon la souplesse d'une unité d'être. La trajectoire de la passagère est vouée au cycle, car c'est dans le passage du réel au virtuel qu'elle trouve son fondement : *la faim lie nos corps / dénonce l'histoire de nos soifs / épuise le pas-encore* (p. 68). Le désert apparaît comme le paysage idéal de la transcendance spirituelle, car il n'est pas loin du mystère divin dans son questionnement des zones du vide qui aspirent à l'infini les formes du monde. S'abolissant sans cesse dans la configuration déplacée de ses seuils, prolongeant en remous ce qui ne fut qu'un rayonnement provisoire, il figure la dangereuse ambivalence du jeu de la naissance et de la mort : *au temps de la cellule en flammes / nulle faim vorace / seul le chant mortel d'un pouls / l'effroi des fonds / le dos brisé sous les remous* (p. 70). À cet égard, le désert est un lieu de médiation, qui happe le corps, l'écriture, pour retrouver l'authenticité première, l'origine du geste et de la parole.

Dans *La Vie rouge*, le vers apparaît plus équilibré, moins haché que dans les autres recueils d'Andrée Lacelle, bien que les syllabes y soient encore martelées et distendues par l'allitération : *une licorne / de sa foulée légère / freine le fer / chasse l'éclipse / soude le signe* (p. 19). Indifférentes aux divisions strophiques des poèmes, les phrases deviennent l'enjeu d'une lutte entre la langue et le mètre, d'où une tension qui correspond à la démarche créatrice de l'auteure. De même, l'inversion syntaxique du sujet dynamise le verbe qui appelle à lui les mots comme les corps de l'espace. L'écriture s'écoule en discontinuité par un principe d'aimance: *comme la vie aimante la vie / poussière d'amarante bue / je crois mon âme / je n'en parle plus* (p. 79). Un effet de dévoilement naît de la fusion-séparation de mots-objets, sans liaison, parés de toute la violence de leur éclatement. Ruptures et enchaînements font frémir l'indicible derrière les blancs du texte, tandis que la parole s'excède en ellipses qui en disent la fugacité: *L'ellipse chemine dans le vide / et la parole est ellipse / désancrée elle s'excède / sans poids / elle fume et rougeoie* (p. 25). La création de mots tels *itinérance*, *payser* ou *durance* suggère le déploiement de la langue comme métamorphose, comme signe d'elle-même, puisqu'elle tente de se refaçonner sans cesse en échappant à l'identifiable. À ce titre, la poésie de Lacelle cherche à rendre présente et sensible l'acte qui fonde le Verbe sur une errance humaine vécue dans l'instabilité de sa mouvance créatrice. Assimilable au travail du corps, l'écriture se déréalise dans sa pluralité éclatée, dans ses fragments d'incréé, pour tenter de recristalliser son énergie vibratoire en opérant sur les marges, en accédant à des zones-limites qui la transfigurent: *Dans le flux de la faille / langue inentamée / lave native des sables flaves / des rumeurs rouissent sous les trombes / je bégaie des fragments d'inexistence / un mot irradie du silence* (p. 65). Les stations et parcours du texte mettent le sujet en péril, lui faisant investir le monde au risque de perdre la mémoire de soi: *le passeur métisse la mémoire / de nos ombres entières / à l'obscur* (p. 35). La dilatation et l'éclatement du corps dans le vide cosmique en appelle aux deux principes complémentaires de l'univers — l'un masculin, l'autre féminin — qui se rejoignent et s'accomplissent hors de toute sensation catégorielle. La division sexuelle est abolie pour pulvériser la parole asexuée de l'inouï: *Nos corps en voyage / tu est né sous la Terre / au repos je bois les nuages / nous brûlons sous le ciel / un pic est aussi un plateau* (p. 27). On peut se demander si l'Esprit absolu n'est pas à la fois l'accomplissement d'une androgynie ultime et le balancement de l'altérité. Peut-être le retournement opéré par le chiasme vient-il révéler l'énigme existentielle: *une lampe s'allume à chaque naissance / à chaque mort se dresse une flamme* (p. 79). Naître toujours pour n'être jamais né, c'est dans l'entre-deux du Ciel et de la Terre que l'écriture rejoue la relation de la vie à la mort, du visible à l'invisible: *Hors-champ malgré la nuit / ivre d'origines / je peins l'air d'un pays / nos visages saillent des ténèbres / un théâtre d'ombres s'éploie* (p. 47). Ici la page blanche se fait écran et la poésie de Lacelle, à l'instar du cinéma, montre la désagrégation du réel à même ses propres signes en même temps qu'elle isole les objets et la matière pour les rendre à leur vie propre. Ainsi toute une substance insensible prend corps et cherche à atteindre la lumière dans le mouvement grisant des images: *une cicatrice respire le nœud des mots / tangue l'astre intime / tu fixes l'écran de chaux* (p. 58).

Pas de style incantatoire mais plutôt un envoûtement de la lecture qui nous amène à l'essentiel. Tout en retenue, *La Vie rouge* bruisse entre opacité et transparence, comme un murmure au cœur des mots. Tout s'entremêle selon

un ordre secret, raffinement et rudesse, volupté et ascétisme, passé et devenir. Mais pourtant, au sein de la mouvance, de la fragilité du monde, se
dresse le temple ramenant vers l'intérieur la passagère qui sait voir. Est-il
d'ailleurs d'autre justification au voyage que cet instant de jubilation quand,
libéré de ses limites, le regard pressent enfin dans l'Ouvert, l'imprenable où
transparaît son identité.

GRAND CIEL BLEU PAR ICI: POÉSIE
de ROBERT DICKSON
(Sudbury, Prise de parole, 1997, 97 p.)

Estelle Dansereau
Université de Calgary

La poésie créée dans un milieu minoritaire est trop facilement lue d'abord dans son contexte socio-culturel. Le recueil de Robert Dickson s'y prêterait bien, comme de nombreux autres, mais à mon avis ce n'est pas là son plus grand intérêt. Franco-Ontarien de Sudbury, Dickson est poète (trois recueils) et traducteur (notamment de *Frog Moon*), depuis longtemps actif dans les milieux artistiques de sa région. Finalement, il se peut qu'on dise de cette écriture qu'elle est le produit d'un imaginaire profondément conscient de sa minorisation. Soit.

Un des aspects les plus intéressants de cette poésie est l'identité du «je» lyrique. Une première stratégie de lecture fructueuse pour y arriver consiste à dissocier «la voix des poèmes et un moi biographique[1]», de créer une identité lyrique à partir de la voix assignée. Le sujet lyrique qui émerge des poèmes de Dickson est non seulement conscient des difficultés de l'existence, il les exploite sur deux plans, simultanément: les relations du sujet lyrique avec son autre et avec l'univers. Le résultat est une superposition de l'intime et du grandiose, rencontre effectuée par des mots et des images réduits à l'essentiel. «Des belles scènes / des paroles claires» (p. 15), élémentaires pour ne pas dire infantiles, sont les composantes de ce monde. L'écriture ici s'apparente à la technique du dessin en couverture du livre (fait par Dickson lui-même) — couleurs primaires, formes rudimentaires, paysages schématisés en gros plan. Les premières lignes du recueil, présentées en épigraphe, annoncent l'analogie du poète comme portraitiste qui opère dans la plupart des poèmes:

> je travaille les mots
> parce que j'ai jamais
> été capable de
> garder les couleurs
> à l'intérieur des lignes (p. 7)

Comme la composition créée par le contraste des formes simples et des couleurs primaires du dessin enfantin, ainsi les relations entre les sujets et entre la voix lyrique et l'univers sont-elles marquées par l'interaction et l'échange, fondements de cette poésie illustrés par le poème «entre nous» (p. 87). L'aventure singulière du sujet lyrique est caractérisée par la

conscience des relations, relations qui servent à préciser l'identité / les identités de la voix lyrique. Malheureusement, lorsqu'on supprime la personnalité du moi autobiographique, le «je» lyrique n'exprime plus une conscience
suffisamment complexe pour être appréhendée comme distincte, singulière.
Il nous reste tout simplement le poète dépossédé et légèrement troublé, portrait devenu assez banal de nos jours.

De par un discours lyrique qui thématise l'interrelation, le poète présente
un destinataire, un «tu» à qui est destinée sa parole et dont l'identité est
construite par le texte. Le monde qui aurait pu être si simple, si transparent,
est bouleversé par la présence de ce «tu» féminin qui incarne aussi pour le
poète le salut:

> le cours des choses
> la courbe de ton dos
> cours courbe virage transition
> un état voire une province loin
> loin en deçà de la poésie
> toute l'incertitude de l'adolescent
> m'envahit me déroute (p. 8)

Présence fondamentale à l'identité du sujet lyrique, coprésence, l'autre
n'est jamais facile à saisir en poésie. Dans les poèmes de Dickson, cet autre
est, sinon une femme, une essence féminine qui possède l'espace; elle habite
son corps et le monde avec toute l'assurance et la grâce qui échappe au poète.
Il l'observe dormir, marcher, danser et lui envie l'audace de ses paroles
«voyageuses» et sa façon d'être dans le monde, d'être le monde:

> quand tes yeux ciel pâle
> virent au vert printemps
> quand les couleurs ne sont que
> tes yeux tes cheveux ta peau
> et ton désir bleu et vert
> d'été urgent (p. 9)

Mariage du singulier et de l'universel, cette relation se traduit surtout par
des actes de communication spirituelle, physique et verbale: «chaleur /
sueurs paroles», «salutations / transitions trottoirs échanges / regards
intenses», «une chambre une conversation» (p. 78). Tracer les mots, c'est
enregistrer le corps: «j'en trace les traces ici en manque» (p. 41). Les ver-
tèbres du corps féminin expriment l'essentiel reproduit par la forme et le
fond des poèmes:

> je ne veux écrire que tout l'
> o de ta bouche
> ton corps arc-bouté
> ta bouche tes vertèbres
> ton dos comme un dinosaure (p. 83)

Le temps n'est pas mythique pour Dickson. Le poète ne cherche pas dans
le passé ou l'ailleurs mais dans le maintenant et l'ici: «l'éternité c'est pour

tout / de suite » (p. 79). Écrire et comprendre sont pour lui des expériences simultanées ; il fouille sa conscience, examine son rapport au monde et aux autres, mais c'est dans l'interrelation qu'il trouve la promesse d'une paix manifestement éphémère :

> et dans la grâce de tes yeux le vif de tes gestes
> cette présence grandiose de simplicité
> le désir s'y lit comme un poème qu'on aime
> depuis longtemps (p. 97)

François Paré considère que Dickson est l'un des écrivains franco-ontariens qui se situent parmi les « tenants de la conscience[2] ». Pour eux, « la poésie est difficile, éprouvante et raréfiée[3] », dit-il. Dans *Grand ciel bleu par ici*, c'est le malaise et non l'angoisse qui caractérise l'expérience du sujet lyrique ; inquiétude, non profonde souffrance. La voix quelque peu naïve qui se dégage des poèmes s'accorde mal avec une âme angoissée en quête de soulagement. Plus souvent la conscience d'un doux malaise se plaît à observer les périples de cette même conscience. C'est pourquoi l'attitude de cynisme exagéré du poème « l'air de rien, ce » est de mauvaise foi : « ce poème ne sera pas payant / mais il sera bon pour ma carrière » (p. 45). Les vers comme « ce poème ne rechigne pas mais / il chiale un peu en passant » (p. 44) captent mieux le trouble visé par Dickson. Comme dans ces exemples, des vers fort réussis, des strophes charmantes composées comme des haïkus, s'agencent à des maladresses et des platitudes qui rendent le recueil très inégal, mais je ne peux m'empêcher de remarquer qu'elles ont leur place dans des poèmes qui visent la thématisation de la minorisation par le discours.

La vision transcanadienne métaphorisée (Dickson évoque Québec et Vancouver ainsi que les villages de l'Ouest) du salut par le paysage, la passion et l'interrelation, n'atteint jamais les hauteurs lyriques typiques de générations antérieures : « ce poème sent parfois / qu'il sait quasiment vivre » (p. 47). L'adverbe « quasiment » traduit l'idée d'occasion manquée, de paroles qui frôlent le sens voulu sans jamais le capter tout à fait. Se situant entre désir et indifférence, le poète conscient de son malaise parle à son allocutaire dans une langue qui ne cherche ni densité ni effet esthétique, une langue qui par son caractère générique nous dit l'appartenance du minoritaire. Pour moi, Dickson ne dit pas son état de minoritaire ; c'est son dire qui le rend matériel.

NOTES

1. Joëlle de Sermet, « L'adresse lyrique », dans Dominique Rabaté (dir.), *Figures du sujet lyrique*, Paris, Presses universitaires de France, 1996, p. 83.

2. François Paré, *Les littératures de l'exiguïté*, Hearst/Ottawa, Le Nordir, 1992, p. 125.

3. *Ibid.*, p. 135.

FLEURS D'HIVER : ENTRE L'ESSAI ET LA NOUVELLE
de MAURICE HENRIE
(Sudbury, Prise de parole, 1998, 312 p.)

Paul Dubé
Université de l'Alberta (Edmonton)

Au cours de ma lecture du livre d'essais de Maurice Henrie, *Fleurs d'hiver*, quelques sages paroles de Roland Barthes de *Mythologies*[1] me revenaient constamment à l'esprit (je vous entends vous réjouir!); il s'agit de paroles à l'intention démystifiante relatives au prêche du fameux prédicateur américain Billy Graham qui avait marqué Paris d'une de ses visites : « Si Dieu parle vraiment par la bouche du Dr Graham, dit Barthes, il faut convenir que Dieu est bien sot : le Message étonne par sa platitude, son infantilisme [...], (il) est constitué par une mitraille d'affirmations discontinues », etc. En quoi ce commentaire de Barthes est-il pertinent par rapport à *Fleurs d'hiver*? Précisons que c'est d'abord la thématique proposée à l'endos du livre — à « ceux [...] qui aiment se faire bousculer dans leur train-train quotidien, qui prennent plaisir à questionner la vie, la littérature, la mort, le charlatanisme spirituel », etc. — qui évoque Barthes ; mais c'est dès l'entrée dans le livre que le lecteur découvre où il faut placer Henrie : du côté du Barthes démystificateur, ou des platitudes de Billy Graham...

Au premier essai portant le titre du livre, notre anticipation favorable s'avère en quelque sorte réalisée par cet éloge de nos hivers trop longs : voici enfin quelqu'un qui se fait le chantre du froid, de la neige, de la sagesse de ce recueillement saisonnier où l'esprit « se laisse aller à sa curiosité naturelle et s'active autour d'idées étranges » (p. 12). Ce premier essai, qui se termine sur des conseils offerts sur le mode impératif à la deuxième personne du pluriel, établit en même temps le rapport dialogique intentionnel que l'auteur souhaite maintenir au fil de l'écriture, rapport énoncé explicitement presque partout dans le texte par l'usage du « vous ».

En fait, pour nous signaler que le dialogue mérite d'avoir lieu parce qu'il émane de l'espace privilégié où circule l'écrivain, Maurice Henrie tisse comme dans une courtepointe le leitmotiv de l'écrivain comme phare, visionnaire et derviche, dans un but évident de légitimation. Il fonde donc ses réflexions sur une sorte de « moi, écrivain, je... », pour vous lecteurs qui saurez apprécier : « [...] à coté des écrivains, dont je suis, il y a les lecteurs, dont vous êtes » (p. 236). Noblesse oblige ; voilà le dialogue enclenché...

Hélas! ce n'est là qu'un trompe-l'œil. Car si le dialogue est voulu en tant qu'il structure le texte au niveau de l'« histoire » (Todorov), qu'il est authentifié, semble-t-il, par l'insistance du «moi-je/vous» qui parcourt les essais, on a vite décelé, au niveau du «discours» (Todorov), la fausseté pour ne pas dire la supercherie de cette volonté qui s'éclipse au profit de la pensée monologique, simulatrice de l'interpellation à l'autre. Maurice Henrie est peut-être bon nouvelliste, mais il est très mauvais philosophe et essayiste. Il est difficile d'imaginer qui, depuis Jules-Paul Tardivel, aurait mieux exhibé la pensée manichéenne, binaire, à l'opposition simple et «efficace», qui permet d'aboutir à des certitudes ronflantes et gonflées de rectitude morale, une pensée profondément imbue d'elle-même, de sa «vérité», de son ascendance et de sa nécessité pour nous pauvres lecteurs! Où commencer dans ce ramassis d'idées et de réflexions mal dégourdies, mais parfaitement assorties dans leur rapport forme/contenu (car on ne peut manquer d'observer que notre «styliste rare» annoncé sur la couverture aime surtout faire de l'épate, et que l'épate et la rigueur de la pensée ne font pas souvent bon ménage!)?

La réponse est simple : n'importe où, et n'ayons pas peur du hors contexte, car notre philosophe lui-même ne respecte pas le contexte ; il semble incapable de structurer une argumentation ou de mener logiquement une réflexion vers une quelconque conclusion. Dans son premier essai, déjà cité plus haut, «Fleurs d'hiver», Henrie dit avec force conviction et envolées lyriques qu'il préfère l'hiver au Nord (Canada) à l'hiver au Sud (en Floride, où beaucoup s'évadent). C'est son droit, et libre à lui de poétiser le froid, d'être pâmé «devant tant de blanc, de pureté et de rigueur» ; mais de là à faire une ontologie «de l'univers supérieur du froid» opposé au «monde inférieur de la chaleur», avec arguments simplistes et manichéens à l'appui, c'est un saut que personne ne ferait. On peut avancer que l'opinion de notre poète/raisonneur reste sans conséquences, que c'est une question banale, et passons. Or, si cet exemple est retenu, c'est qu'il est l'entrée en matière, et qu'il représente une sorte d'incipit annonçant la stratégie discursive qui structure l'ensemble.

Henrie n'aime pas le roman, par exemple : au-delà du «je lis assez peu de romans et n'en écris pas» (p. 27) — motif à le renier, sans doute —, notre ami ne peut le concevoir autrement qu'«épais et viandeux» (p. 27), «verbeux» (p. 30), et «ennuyeux»(p. 28) ; il lui reproche de continuer à être le «véhicule privilégié» d'auteurs et de lecteurs, Henrie «consomme [...] beaucoup d'encre et de papier», il «occupe les plus belles étagères dans les librairies», il est le genre le plus prisé par les jurys littéraires, et il assure la survie des marchés aux puces, etc. Henrie déclare que son «temps est trop précieux pour le gaspiller à lire des romans» (p. 28), qu'il en retire une émotion «négligeable», qu'il «s'impatiente du faible rendement obtenu en regard de l'effort consenti» (p. 28), etc. La tactique saute aux yeux : il suffit de vilipender et de dévaloriser l'autre pour justifier sa préférence ou son préjugé, pour ensuite vouloir l'imposer comme s'il s'agissait d'une vérité universelle. Le dialogue est refusé, parce que cela suppose que l'argument n'est pas fermé d'avance.

Dans un autre essai, «La raison du plus fort» (p. 95-110), où il est question de certains aspects de la relation anglo/franco-canadienne, Henrie nous sert une bouillie indigeste surcuite de stéréotypes et d'élucubrations incompréhensibles au lieu de nous proposer une réflexion intelligente et nuancée sur l'histoire et les enjeux qui créent les rapports complexes et parfois acrimonieux entre les deux groupes. Encore une fois, notre philosophe sert l'ignorance, les stéréotypes, les idées reçues, enfin tout ce qui désamorce le dialogue honnête, porteur de compréhension et de solutions.

Ce serait trop de louanges de l'épingler disciple de la philosophie qu'un narrateur de Voltaire qualifierait de métaphysico-théologico-nigologie. Si vous en avez le courage, voyez comme Maurice Henrie trempe dans tous les sujets avec une égale rigueur et compétence : sur le devenir humain (p. 18) ; sur la gestation de l'écriture (p. 71) ; sur le « miracle » de l'écriture (p. 72) ; sur la raison du pouvoir de séduction des charismatiques (p. 82) ; sur la force d'attraction des immigrants vers la majorité anglaise (p. 95) ; sur le « Mystère » auquel « résistent » les incroyants (p. 106) ; sur le sexe inassouvi (p. 175) ; sur certains fléaux dans l'histoire des hommes (p. 281) ; sur le comportement inacceptable des charismatiques qui « envahissent l'esprit et la conscience des autres » (cela lui « semble plus grave encore que peut l'être le viol sur le plan physique. Car un acte qui a des répercussions néfastes sur l'esprit m'a toujours semblé infiniment plus répréhensible que celui qui a des conséquences désastreuses pour le corps ») (p. 80-81) ; sur les bienfaits des « divertissements électroniques » pour l'auteur qu'il est (p. 32)... Mais passons.

Pour conclure. Sur la couverture du livre, une citation de l'auteur (p. 29 dans le texte) reste très séduisante : « Pour qu'un livre m'intéresse, il faut que j'y découvre rapidement des éléments qui me résistent et me défient, plutôt que des mots, des pensées et des événements insipides et incolores qui se succèdent interminablement. Qui ne présentent aucune différence mesurable, aucune amélioration notable en comparaison du quotidien ». Pour tenir un tel discours, surtout si on l'énonce sur la couverture de son propre livre, un auteur doit être remarquablement sûr de ses trouvailles intellectuelles, stylistiques ou autres, ou d'une remarquable fatuité ! En revoyant la courtepointe mentionnée au début, on retrouve non le leitmotiv de l'écrivain visionnaire, mais le récit spéculaire d'un Narcisse ébahi par l'image de l'homme à la plume qui y apparaît, celui qui devient l'unique objet de son discours, la malheureuse obsession de son récit monologique.

NOTES

1. Roland Barthes, *Mythologies*, Paris, Seuil, 1957.

LE CAFÉ DE LA BONNE-FEMME-SEPT-HEURES : ROMAN
de DANIÈLE VALLÉE
(Ottawa/Hearst, Le Nordir, 1998, 180 p.)

Janine Gallant
Université de Moncton

Auteure d'un recueil de contes (*La Caisse*, 1994), Danièle Vallée signe ici son premier roman. Si sa longueur entre dans les exigences traditionnelles du roman, le présent ouvrage garde tout de même les marques d'un conte (il a d'ailleurs trouvé son point de départ dans un texte de *La Caisse*), plus précisément d'un conte fantastique, oscillant constamment entre réel et irréel, entre vraisemblable et invraisemblable. Ces marques sont habilement posées tant au niveau du traitement de l'intrigue, des personnages, des lieux que du style de l'écriture.

L'intrigue du roman laisse déjà le lecteur dans le doute quant au probable et à l'improbable. Dans la tradition des récits fantastiques, l'entrée en matière est vraisemblable, voire conventionnelle, mais l'action sera par la suite confrontée au surnaturel. Le roman débute donc avec Élise qui contemple une vitrine de café et se remémore des événements qui ont eu lieu au même endroit, trente-sept ans auparavant : Élise et son amoureux, Charles, se rencontrent régulièrement « Au Café ». Tous les jours, vers sept heures, la patronne de ce bistrot dévore les confidences de ses clients qu'elle fixe par écrit dans des cahiers, laissant toutefois une place à son imagination. Cette « Bonne-Femme-Sept-Heures », ainsi rebaptisée par Élise, s'entiche du nouveau couple arrivé dans son café. Élise se sent peu à peu étouffée par l'écrasante patronne qui invente même un futur pour ses tourtereaux, décidant par exemple du nombre et du nom des enfants qu'ils auront. Un soir, à « tout près de sept heures », Élise finit par quitter Charles, lançant dans ses paroles d'adieu : « [j]e reviendrai un jour ». Abandonné, Charles plonge dans un état dépressif qui permet à la patronne de manipuler le jeune homme et, par le fait même, de garder la haute main sur l'histoire en train de s'écrire dans ses cahiers. Elle convainc alors Charles de s'en remettre à elle pour préserver sa jeunesse et ainsi pouvoir accueillir Élise à son retour, sans avoir ajouté une seule ride à son visage. Et c'est là que le surnaturel opère, la patronne usant de divers procédés pour défier les lois naturelles du vieillissement, face à un héros qui n'y croit pourtant pas. S'ensuit une série d'événements qui mèneront à une ultime rencontre entre les trois personnages principaux, cette « indivisible trinité ».

Divisé en huit chapitres, le texte ne suit pas un développement chronologique mais établit plutôt un va-et-vient entre des moments clés : séparation, vingt ans plus tard, puis trente-sept ans plus tard, lorsqu'Élise erre devant le café, ne pouvant se décider à y entrer. Les chapitres tranchent clairement les étapes de l'intrigue et permettent de mieux marquer les déplacements dans le temps.

Plus que dans le développement individuel des personnages, c'est dans la construction des relations entre eux que l'auteure excelle. C'est ainsi que le rapport de force qui s'établit entre la patronne, redoutable «fantôme mystique», et Charles, héros incrédule, est révélé au lecteur avec beaucoup d'adresse. Dans cet affrontement, la parole est l'arme de choix: les phrases de la patronne «lancées depuis le comptoir, rebondirent sur la table de Charles qui sursauta. [...] Charles fit ricocher sa boutade maladroitement. Elle sautilla de table en table avant d'atteindre la patronne, perdant ainsi son effet» (p. 27). Malheureusement, Élise, solitaire, ne bénéficie pas de la présence d'un antagoniste. D'aucuns trouveront sûrement que ceci a pour effet de rendre, par contraste, la lecture des pages consacrées à Élise quelque peu laborieuse. Tout se passe comme si le rôle de ce personnage était au départ réduit à fournir au lecteur des informations sur le passé des deux autres personnages. Toutefois, Élise prendra tout son intérêt dès qu'elle pourra interagir avec les autres personnages, ce qui se produit dans les derniers chapitres du roman.

Mais c'est aussi parce qu'elle entre dans le café, cet endroit envoûtant, qu'Élise réclame alors toute sa densité. En effet, le lieu qui abrite l'essentiel de l'action, tout simplement baptisé «Au Café», comme pour le dépouiller d'un caractère fixe, devient lui-même un véritable personnage, peut-être le personnage central. Le choix du titre du roman en est symptomatique. Lieu de mystère par excellence, le Café semble empreint d'un pouvoir d'ensorcellement qui fait que le personnage qui y pénètre voit difficile la sortie, contre toute pensée rationnelle. Cet effet est bien rendu dans le roman par le rapport que Charles aussi bien qu'Élise entretiennent avec la pancarte Ouvert/Fermé accrochée à la porte du café: «Charles se dit qu'il devrait partir, fuir comme Élise, mais la pancarte au beau milieu de la porte lui disait Fermé et l'empêchait de sortir» (p. 30); et plus loin Élise parle du Café en s'exclamant, dans un soliloque, «[m]ais, attention, il est beaucoup plus difficile d'en ressortir, parce qu'à l'intérieur, la pancarte dit Fermé» (p. 52). Enfin, le milieu entier revêt un caractère d'étrangeté sous ses airs de café typique. En osmose, la plupart des composantes du Café, à y regarder de plus près, sont décrites comme oscillantes entre l'inanimé et l'animé, entre l'artificiel et le naturel: «les lampes qui jouaient au soleil avec les fleurs artificielles» (p. 12), ces lampes qui sont de «faux cristal»; le torchon de la patronne accepte «bien qu'elle lui torde le cou» (p. 15) et est plus tard placé «en sentinelle», comme pour surveiller les gestes de Charles.

Dans le même esprit, *La belle droguiste* de Modigliani qui décore un mur du Café s'anime, ce qui n'est pas sans rappeler, entre autres, les récits fantastiques de Théophile Gautier. Le choix de ce tableau, où un personnage semble relativement stable, gardant une pose naturelle, s'avère judicieux puisqu'il permet de rendre fort surprenants les moindres mouvements de la droguiste en question : elle « lèv[e] les bras au ciel, implorant la divine providence » (p. 46) ou encore « serr[e] les fesses » (p. 102). Ce personnage peint devient tellement vivant que lorsqu'Élise retourne au café, longtemps après son premier départ, elle prend la peine de le saluer d'un hochement de tête. Une phrase vers la fin du texte ne laisse pas de doute sur la vie insufflée au tableau : « *La belle droguiste*, témoin oculaire et impuissant de ce drame de trente-sept ans, rêve d'être pendue haut et court à la corde de son cadre, punition méritée qui étoufferait sa mauvaise conscience » (p. 158).

Au niveau stylistique, toujours pour mieux marquer la fragile frontière entre deux mondes, les comparaisons et les métaphores fusent. Les personnages, une fois passés par l'exercice de la description, semblent hybrides, se métamorphosant provisoirement en une autre espèce, par le biais de métaphores filées. La patronne est constamment apparentée à une poule blanche, pour ne donner que cet exemple. Comble de l'ambiguïté, une analogie en fait, vers la fin du roman, un « charognard déguisé en poule blanche » (p. 167). Mieux encore, seules certaines parties du corps des personnages deviennent autres : « [s]es doigts écartés descendent et remontent sans arrêt sur le coton blanc comme deux tarentules courant sur son tablier » (p. 137) ; sur les boucles de cheveux d'Élise, on lit « [l]es petites chauves-souris grises, suspendues à son chapeau, ballottent, craintives » (p. 162), tandis que le chignon de la patronne « est défait et gigote comme une truite dans son dos » (p. 162). Comme pour souligner davantage l'atmosphère énigmatique, le texte est aussi chargé (presque surchargé) d'une imagerie mystique et de nombreuses allusions bibliques.

En somme, ce roman témoigne d'une très grande richesse qu'un simple compte rendu ne permet que d'effleurer. De multiples procédés sont mis en place pour transmettre avec savoir-faire un vacillement constant entre réel et irréel. Ce mouvement se fait cependant doucement, tant les procédés sont bien maîtrisés par l'auteure. Ainsi, le lecteur, pour autant qu'il accepte les modalités de ce genre de récit, ne sort pas de la lecture du roman étourdi mais plutôt avec l'envie de se replonger dans l'univers si singulier qu'est ce Café de la Bonne-Femme-Sept-Heures.

UNE LANGUE, DEUX CULTURES :
RITES ET SYMBOLES EN FRANCE ET AU QUÉBEC

de Gérard Bouchard et Martine Segalen (dir.)
(Sainte-Foy, Presses de l'Université Laval, 1997, 351 p.)

Anne Malena
Université de l'Alberta (Edmonton)

Le titre de cet ouvrage collectif, publié dans le cadre de la collection « Recherches », invite à réfléchir « aux questions de transferts, de différenciation et de ruptures » entre les cultures de la France et du Québec (p. 1). Le riche matériau ethnographique est d'un grand intérêt malgré une place trop grande accordée à des considérations strictement méthodologiques. L'élément novateur, qui est un des objectifs de la collection, consiste à comparer les données québécoises et françaises, ce qui aide à dégager les limites des transferts entre la France et le Québec. Pourtant, dans l'ensemble, cet effort comparatif ne va pas assez loin et l'ouvrage manque de cohésion.

Le livre, qui s'adresse surtout à des spécialistes — ethnologues, sociologues, folkloristes —, rassemble des textes portant sur les rituels matrimoniaux, les chansons, les pratiques thérapeutiques, la prénomination, les contes, l'investiture du politique dans le folklore, la langue, les débutantes bourgeoises et la symbolique des trousseaux. Réunis sous le grand thème du rite, ces sous-thèmes sont dispersés dans les cinq parties du volume qui traitent de problèmes méthodologiques, de la dynamique des rites et de considérations épistémologiques. Pour les non-spécialistes, la lecture des deux premières parties, consacrées à des comparaisons internationales et interrégionales, se révèle être la plus ardue. Or, aussitôt que le jargon disparaît et que le quantitatif fait place au symbolique, la lecture se poursuit avec plaisir.

Deux études collaboratives sur les rituels matrimoniaux présentent les mérites et les limites de la méthode comparative adoptée par les équipes de recherches québécoise et française regroupées autour de l'IREP (Institut interuniversitaire de recherche sur les populations) à Chicoutimi et du CEF (Centre d'ethnologie française) à Paris (p. 1). En raison du caractère partiel, expérimental et préliminaire des résultats, les chercheurs se limitent à des conclusions prudentes. La première étude, rédigée par Gérard Bouchard, Michelle Salitot et Martine Segalen, explique que la comparaison porte sur six micro-régions du Poitou (Confolens, Montmorillon, Gençay, Niort, Charron, Arvert) et deux sous-régions du Québec (Mauricie, Bois-Francs). Les chercheurs font état de la grande variabilité du rite entre la France et le Québec et des manipulations auxquelles il a fallu soumettre les données afin de retenir les composantes du rituel du mariage pouvant servir de termes de comparaison. Ils laissent aux auteurs des essais individuels le soin de nous fournir plus de renseignements sur le contenu de ces composantes.

La deuxième étude collaborative, rédigée par Gérard Bouchard, René Hardy et Josée Gauthier, a pour but de justifier la méthodologie adoptée pour l'analyse des rituels du mariage au Québec dans la première moitié du XXᵉ siècle. Les auteurs démontrent comment une analyse morphologique servira à expliquer la structure de la ritualité, mais les non-spécialistes regretteront certainement que l'importance accordée au quantitatif vienne cacher le contenu des enquêtes. Quel dommage de ne pas pouvoir en apprendre plus long sur la galette de sel que l'on mange pour conjurer le futur conjoint ou sur la façon dont on jouait à la planche lors d'une veillée de rencontre! Il est regrettable aussi que de nombreuses coquilles (fautes de frappe, disparition de la fin d'une note en bas de page) entravent la lecture.

Les études individuelles sur les rituels matrimoniaux fournissent de façon nécessairement fragmentaire et disparate les éléments qui permettront de poursuivre ces réflexions comparatives dans des travaux futurs. Anne-Marie Desdouits analyse le corpus des chansons entonnées aux noces entre 1920 et 1960 et détermine que les répertoires relevaient plutôt de préférences familiales et individuelles que de préférences régionales et que, plus le milieu était aisé, moins on chantait. Plusieurs essais se penchent sur les changements qu'ont subi les rituels et sur les nouvelles dynamiques sociales qui se dégagent de ces changements. Ainsi, dans «Comment se marier en 1995?», Martine Segalen trace pour le Poitou de nouvelles séquences et étapes rituelles qui montrent qu'il «n'y a pas de rite de mariage, mais des rites» (p. 165). Il appert aussi que les acteurs de la noce ne sont plus les parents des mariés et les voisins mais les époux eux-mêmes et «les amis réunis pour la circonstance» (p. 159). Le mariage se fait ainsi en cours de préparation et ne répond plus à un rituel fixé et répétitif de la cérémonie (p. 165). Laurence Hérault remet en question cette notion même de transmission du rite. Son analyse porte sur la comparaison des mariages de deux générations dans le Haut-Bocage vendéen. En se demandant pourquoi les acteurs de la noce participent eux-mêmes à la construction de la narration du rite, il découvre un lien avec la construction d'une identité familiale. Cette conclusion mène Hérault à se poser une question importante sur la validité de sa méthode: «Supposer un passage, une transmission, n'est-ce pas proposer une réduction discutable de situations complexes?» (p. 175). Hérault aborde ainsi la culture non pas en tant qu'ensemble homogène et harmonieux de pratiques et de croyances mais en tant que production collective animée par les conflits et les négociations. Selon lui, décrire la situation complexe du rite en terme de transmission aboutit nécessairement à « restreindre et affaiblir l'ensemble enchevêtré des oppositions farouches, des désirs affirmés, des négociations et des décisions qui ont effectivement eu lieu » (p. 175). Les questions que pose cette étude sont d'autant plus importantes que cet ouvrage est profondément marqué par l'influence de l'analyse morphologique. Ainsi, Martine Tremblay conclut à un changement de la structure du rite pour expliquer les rites de séparation et d'évitement avant la cérémonie du mariage qui se sont développés dans la vallée du Haut-Richelieu au XXe siècle. Notre enseignement des rituels matrimoniaux au Québec et en France est complété par les essais de Michelle Salitot sur les spécificités culturelles du mariage protestant au Poitou et de Michèle Baussant sur le mariage des Européens catholiques d'Algérie. Le premier présente des pratiques qui apparaissent déviantes par rapport à la norme catholique et qui ont pour objectif de transformer le « caractère public de la cérémonie religieuse en un rituel privé » (p. 239). Le don de la Bible aux époux, par exemple, est investi de nombreuses significations religieuses et sociales : ce « livre de vie » permet à la fois l'accès direct à la révélation de Dieu et sert à consigner les naissances, les mariages et les décès de famille (p. 241). Le deuxième essai décrit les notions de « francité idéale » et de « nostalgérie » que les Français d'Algérie ont construites l'une après l'autre, d'abord pour se distinguer des Algériens qu'ils colonisaient et ensuite pour marquer leur différence par rapport aux Français de France à la suite de leur rapatriement en 1962. Le tout gagnerait à être analysé sous l'angle de la nostalgie impérialiste proposé par Renato Rosaldo[1].

Le sous-thème des pratiques thérapeutiques et de leurs éléments rituels et symboliques au Québec et en France est couvert par deux essais qui, malgré des problèmes méthodologiques à cause de la grande disparité des deux corpus, formulent des conclusions intéressantes. Francine Saillant, signataire de l'étude québécoise, cherche à mettre au point une méthode d'analyse appropriée afin d'étudier « les traces des savoirs et pratiques de soins des familles » dans la première moitié du XXe siècle (p. 37). Un traitement quantitatif du corpus, qui ne l'empêche pas de rendre compte du contenu, la mène à conclure que les pratiques thérapeutiques québécoises trahissent une préoccupation de la nature remontant aux temps des colons à qui il incombait « d'apprivoiser une nature hostile et sauvage, nature qui devait nourrir, vêtir, loger et aussi soigner » (p. 54). Par contre, en France, Françoise Loux relève un recours prononcé au surnaturel malgré certaines similarités avec le Québec, à savoir « l'interaction entre médecine savante, naturaliste et médecine populaire par l'intermédiaire des almanachs, l'importance des produits pharmaceutiques commercialisés, l'hostilité des prêtres et des médecins à l'égard de la médecine populaire » (p. 70).

L'essai de Josée Gauthier présente les premiers résultats obtenus au cours d'une étude sur les modèles de prénomination des garçons au Saguenay. Il reste à espérer que l'analyse de l'anthroponymie féminine se fera et aidera à éclaircir quelques-unes des questions soulevées par cette première étude.

À mon avis, un des meilleurs essais de cet ouvrage est celui de Vivian Labrie sur l'épistémologie du conte canadien-français parce qu'il traite franchement de la subjectivité du chercheur. En considérant le conte à la fois comme savoir et comme méthode, Labrie dépeint le tableau épistémologique du conte en tenant compte du répertoire des conteurs, du réseau des chercheurs et des relais du conte. Elle conclut que les conteurs doivent être considérés « comme des collaborateurs solidaires de ce que devient le conte dans une communauté » (p. 327), parce que c'est grâce à eux autant qu'aux chercheurs et à d'autres acteurs que le conte est « conté, enregistré, transcrit, édité, publié, commenté, lu, su, entendu, illustré, exploré, médité, associé, référé, cité, reproduit, repris,... répété » (p. 330).

Dans un cadre plus large, l'étude dense de Catherine Velay-Vallantin pose aussi des questions importantes pour le chercheur en relatant comment le domaine du folklore n'a pas échappé à l'investiture du politique en France et au Québec (1937-1950). En retraçant l'histoire des Congrès internationaux de folklore dans les deux pays, elle montre comment le folklore a été mis au service des mouvements nationalistes, voire fascistes, et comment les congrès, investis de discours programmatiques, ont été le théâtre de conflits idéologiques.

L'idée qui se forme au cours de la lecture de la société québécoise en tant que « société neuve dans l'espace nord-américain » (p. 105) se précise grâce à la contribution du linguiste Thomas Lavoie. À partir de riches ressources bibliographiques, l'auteur fait remonter les origines du français du Québec à « la grande aventure coloniale des pays européens en Amérique, aux XVIe et XVIIe siècles » (p. 123). Dans son nouveau cadre, la langue conserve ainsi certains éléments du pays d'origne tout en innovant à partir de son nouvel environnement. Après avoir passé en revue les différentes théories portant sur les origines du français québécois, Lavoie illustre à l'aide de cartes géolinguistiques comparatives l'origine de certaines variantes lexicales québécoises. Quiconque aime les chatoiements de la langue prendra plaisir à lire d'où proviennent, à titre d'exemple, les termes acadiens *chalin* « éclair de chaleur » ou *épârer* « étendre, étaler » (p. 135). Cette étude laisse entrevoir la richesse d'un domaine dans lequel il reste beaucoup à explorer et l'importance de questions à approfondir, en particulier celle de la normalisation de la langue.

Finalement, deux essais contribuent de façon intéressante aux études de la femme. Denise Girard écrit sur les débuts dans la bourgeoisie de la jeunesse montréalaise (1920-1940) et Agnès Fine sur le trousseau de la mariée. La première étude analyse comment, en entrant dans le monde, la jeune bourgeoise entre « tant sur la scène sociale que sur le marché matrimonial » (p. 249). La deuxième étude est une analyse structurale lévi-straussienne qui déploie un faisceau multiple de relations signifiantes entre les filles et leur trousseau. Ce travail propose plusieurs hypothèses complexes comme, par exemple, celle du destin ambigu que la société chrétienne réserve aux jeunes filles, en leur demandant à la fois de préserver leur virginité (fil blanc) et de se rendre fécondes (fil rouge).

Malgré les défauts notés, cet ouvrage offre une perspective nouvelle sur les rites et les symboles et provoque une réflexion importante sur le rite en tant que catégorie d'analyse. On se demande en effet si la notion de rite est encore valable dans nos sociétés postmodernes ou si elle ne constitue plus qu'un point de repère rassurant à l'égard de ce que Habermas, cité par une des collaboratrices, nomme «le contenu utopique de la tradition culturelle» (p. 304).

NOTE

1.   Voir Renato Rosaldo, *Culture and Truth*, Boston, Beacon Press, 1989, surtout le chapitre 3.

LE CANADA FRANÇAIS : ENTRE MYTHE ET UTOPIE
de ROGER BERNARD
(Ottawa/Hearst, Le Nordir, 1998, 238 p.)

Jules Tessier
Université d'Ottawa

En choisissant un tel titre, l'auteur de cet essai nous indique tout de go à quel constat il a abouti à la suite de ses recherches, nombreuses et jalonnées de publications de qualité, il convient de le souligner. Blanc bonnet, bonnet blanc, l'alternative se présente sous les dehors d'un faux dilemme, car les perspectives d'avenir pour le Canada français sont tout aussi sombres, qu'on opte pour le mythe ou l'utopie, à une différence près, spécieuse dans les circonstances, les gens de l'extérieur pouvant concourir à l'élaboration du mythe alors que ses utopies, on les fabrique soi-même.

C'est d'ailleurs cette longue pratique de la recherche qui permet à Roger Bernard d'adopter une dialectique particulière, laquelle consiste à amorcer plusieurs chapitres par une salve de questions brèves, une façon de dresser une liste souvent impressionnante d'interrogations pertinentes résultant d'une longue fréquentation de la francophonie canadienne, surtout ontarienne, quitte à tirer sur un fil bien déterminé après avoir vigoureusement tourné et retourné dans tous les sens le tissu social analysé. Tout compte fait, le lecteur ne déplorera pas qu'on lui ait ainsi épargné ces longs préambules frileux, apanage de certains chercheurs qui n'en finissent plus de baliser et d'encadrer leur sujet, hantés par la phobie d'être pris en défaut par la critique.

Ce qui vaut pour les chapitres ne s'applique cependant pas à l'ordonnancement de l'ouvrage. En effet, avant d'aboutir au chapitre premier, il faut franchir une trentaine de pages constituées d'une dédicace, de « Notes au lecteur », de « Remerciements » adressés à trois personnes et à un organisme, de « Prolégomènes » dotés d'une « introduction », d'une autre « Introduction », en bonne et due forme celle-là. Si la seule longueur du préambule était en cause, il n'y aurait pas lieu de s'en formaliser outre mesure. Mais il y a encore que cet interminable vestibule ne correspond pas à l'architecture de la maison...

En effet, ces pages d'introduction sont le lieu d'un réquisitoire sur la faiblesse des études entreprises sur le Canada français depuis une vingtaine d'années, soit que la méthodologie elle-même manque de clarté, soit que la recherche n'arrive pas à se hisser au niveau des standards scientifiques. L'accusation est de taille. Or les chapitres qui suivent se présentent comme un roman, le texte ne comportant pratiquement aucun renvoi ni note explicative. On a l'habitude de ces analyses dont le caractère savant s'impose dès l'abord par de multiples renvois à des notes truffées de références livresques qui envahissent la page au détriment du texte même, refoulé vers le haut, mais l'excès contraire ne vaut guère mieux. Ainsi, le chapitre 6 consacré aux «mariages mixtes francophones» s'inspire de «l'enquête sociale pancanadienne réalisée au début des années 1990» (p. 118), mais pour le non-initié, le mystère demeure total quant à la nature de ladite enquête. Ce genre d'omission, généralisé dans l'ouvrage, n'est pas compensé par la bibliographie générale reproduite à la fin.

De plus, après avoir ainsi sermonné les chercheurs en les invitant à plus de rigueur, l'auteur se place dans sa propre ligne de mire lorsqu'il donne dans des généralités, tel cet aphorisme sur «la naissance d'une nation [qui] exige un long processus de gestation et de mûrissement» (p. 40), ou encore comme cette extrapolation à partir de l'origine modeste des migrants québécois en Ontario : «il n'y a pas lieu de croire que les émigrants québécois des autres provinces proviennent de milieux sensiblement différents» (p. 58). Il faudrait encore parler des redites, écueil particulièrement redoutable dans le cas de textes épars échelonnés dans le temps et rassemblés en un seul volume, comme dans le cas présent, lesquels «ont fait l'objet d'une réécriture» (p. 235), peut-être moins intense qu'il ne l'eût fallu. Voilà autant de détails singulièrement mis en relief par la tirade du début visant à dénoncer la scientificité déficiente.

Cela dit, certains passages sont particulièrement denses, lorsqu'ils sont étoffés, notamment, par des données statistiques tirées des recensements décennaux ou compilées à la suite d'enquêtes particulières. Dans cette veine, le cœur de l'ouvrage est constitué par trois chapitres consacrés à l'exogamie (p. 87 à 129) et solidement documentés. On y trouve des diagnostics sans complaisance sur l'anglicisation galopante des jeunes provoquée par ce phénomène en pleine croissance, institutionnalisé, endogène (p. 117, 128), favorisé notamment par «le bilinguisme, le pluralisme et le multiculturalisme» (p. 99).

On sent l'auteur ambivalent ; or malgré une analyse rigoureuse qui débouche sur une aporie, en fin de piste, il y va d'une série de principes et de suggestions visant à «assurer la vitalité linguistique et culturelles des francophones du Canada» (p. 195). Ces recommandations sont courageuses, sensées, mais dans l'état actuel des mentalités et eu égard au contexte politique qui a littéralement braqué le Canada anglais contre tout ce qui est francophone au pays, elles confinent à... l'utopie ! La conclusion, écrite à la première personne, permet au chercheur de faire le point sur vingt ans de travaux et le recours au «je» confère une exceptionnelle authenticité à ce bilan lucide et implacable.

La thèse de la rigueur de la recherche doit être considérée dans une perspective élargie. On arrivera à faire progresser les travaux sur le Canada français par l'interdisciplinarité plutôt qu'en s'acharnant à piocher toujours plus à fond dans un même filon, nonobstant le caractère scientifique de la démarche.

Ainsi, en faisant intervenir différentes grilles d'analyse proposées par les branches du savoir qui ressortissent aux sciences humaines et sociales, on parviendra à produire un portrait multidimensionnel du Canadien français, présenté, idéalement, dans son entièreté, à la manière de Gérard Bouchard et de son équipe, avec une attention particulière pour le citoyen ordinaire, préoccupation chère à Fernand Dumont, dans ses derniers ouvrages en tout cas, le peuple étant souvent en rupture de ban avec l'idéologie élitiste «officielle» des classes dirigeantes.

Par ailleurs, pour ce qui est du Canada français, tant que nous ne déplaçons pas la lorgnette, nous ne pouvons qu'aboutir aux mêmes constats et diagnostics qui consistent à évaluer les pertes occasionnées par le processus de l'acculturation, au mieux ralenties, jamais enrayées, avec les conséquences qui s'ensuivent, à court et à long terme. Il ne s'agit pas de se bercer d'illusions et d'adapter un filtre rose à l'objectif de la caméra, mais bien de la faire pivoter afin de modifier radicalement la perspective analytique, histoire de vérifier si les résultats seront différents, et ce, afin de renouveler le discours et la réflexion.

C'est avec cet objectif en tête que nous avons choisi et développé le thème de notre prochain colloque dont il est question dans les pages qui suivent.

COLLOQUE 1999
LES FRANCOPHONIES D'AMÉRIQUE:
ALTÉRITÉ ET MÉTISSAGE

Jules Tessier
Université d'Ottawa
et
Paul Dubé
Université de l'Alberta

L'Amérique française offre un champ d'analyse à nul autre pareil, un incomparable laboratoire où se pratiquent le métissage et l'interculturel à tous les degrés imaginables. Le thème du prochain colloque du Centre de recherche en civilisation canadienne-française de l'Université d'Ottawa, organisé conjointement avec notre revue, est le suivant:

Les Francophonies d'Amérique: altérité et métissage

Voici la description du thème dont la première mouture est l'œuvre du notre collègue Paul Dubé (Université de l'Alberta).

On peut invoquer la mondialisation tout comme les progrès technologiques en matière de communication pour tenter d'expliquer la perméabilité des personnes et des lieux en cette fin de siècle et de millénaire qui confine à une révolution. Dans ce contexte, les identités nationales et individuelles sont perpétuellement assaillies par un déferlement en provenance de partout et de nulle part, raz-de-marée anonyme en apparence, mais néanmoins porteur d'une idéologie repérable dans le sillage de la mondialisation.

Il en résulte un éclatement de toutes choses à la fois négatif et positif. Le résultat est négatif dans le domaine économique, par exemple, où on nous prédit des scénarios d'Apocalypse, dont on peut déjà percevoir certains signes avant-coureurs, telles les secousses subies par le droit au travail et au bien-vivre en Occident. En revanche, le bilan est positif, si l'on songe au décloisonnement des territoires et des identités qui situent les humains dans un univers multiple, pluriel, hétérogène, en somme potentiellement enrichissant, à la condition, cependant, de faire éclater la crispation identitaire, tout en évitant de donner contre un des écueils de la mondialisation, soit la dérive vers une sorte de limbes identitaires homogénéisants.

Or à cause de leur histoire, les francophones d'Amérique ont à leur actif une riche expérience concernant ces questions de frontières, d'identités, de rapports à l'autre, qu'ils soient du Québec, de l'Acadie, de l'Ontario, de l'Ouest canadien, de la Nouvelle-Angleterre ou de la Louisiane. Ce monde contemporain bouleversé et bouleversant, ils en ont fait l'expérience depuis des décennies, à l'échelle de leurs microcosmes, et ils y ont acquis une expertise certaine sur la façon de négocier et de définir leur place...

Le colloque « Les Francophonies d'Amérique : altérité et métissage », ainsi que le thème le laisse entendre, propose une perspective susceptible de nous orienter vers une vision autre et renouvelée de la francophonie. Il est possible qu'une telle approche en inquiète quelques-uns qui se verraient ainsi privés de l'appui confortant du discours traditionnel, rendus craintifs par cette opération de décloisonnement. Cette réaction tout à fait prévisible ne doit cependant pas nous faire perdre de vue la notion même de l'Autre, porteuse de visions et de discours alternatifs, apte à enrichir le débat dans le plus large espace discursif possible...

Lors du colloque, on commencera par asseoir les bases théoriques de ce thème binaire — l'altérité et le métissage — en tenant compte du contexte des identités ballottées dans le grand tourbillon des cultures « itinérantes » de la mondialisation, par rapport aux lieux, à l'imaginaire et aux visions prospectives qui nous mobilisent. Ainsi, on pourrait y aborder la problématique de la résistance identitaire dans la mixité culturelle envahissante et paradoxalement hégémonique, ou encore traiter de l'acculturation sous l'angle des valeurs additives puisées chez l'autre pluriel et métissé, pour mieux résister (!), quitte à laisser de côté, pour un temps, l'approche traditionnelle manichéenne qui consiste à n'y voir qu'une valeur soustractive rattachée au paradigme de l'assimilation. Il revient aux théoriciens de préciser et de clarifier ces notions dans leur simplicité heuristique, et dont le contour sémantique le plus simple est ainsi défini :

altérité : « fait d'être un autre ; caractère de ce qui est autre » (*Le Robert*). La figure de l'autre, l'autre en soi-même, *otherness*.

métissage : « croisement, mélange » (*Le Robert*). Hybridité, mixité, composé, hétérogène, polymodal, par opposition à une conception essentialiste, culturaliste de l'identitaire.

Altérité et métissage supposent des perspectives et des imaginaires qui contestent et problématisent toutes les notions hégémoniques, qui refusent toutes les tendances unitaires, totalisantes, essentialistes, historicistes, qui orientent vers le multiple, le pluriel, dans un processus actif et conflictuel, producteur de sens. Le paradigme de la postmodernité est-il utile ? Avec une morale de la modernité ?

Avant de passer, dans un troisième temps, à des visions prospectives relatives à l'avenir des Francophonies en terre d'Amérique, il faudra auparavant jeter un regard d'observateur méticuleux et rigoureux sur l'état actuel de la situation ou des situations, en somme un regard de clinicien au diagnostic impitoyable, qui tienne compte des instances du pouvoir, des idéologies, des lieux d'énonciation, etc.

Ceux et celles qui désireraient obtenir de plus amples renseignements concernant ce colloque, qui aura lieu les 4, 5 et 6 novembre 1999, sont priés de communiquer avec nous :

Adresse postale : CRCCF, Université d'Ottawa
145, rue Jean-Jacques-Lussier
C.P. 450, succ. A
Ottawa (Ontario) K1N 6N5

Téléphone : (613) 562-5877

Télécopieur : (613) 562-5143

Courriel : crccf@uottawa.ca

Au plaisir de vous y accueillir en grand nombre !

PUBLICATIONS RÉCENTES
ET THÈSES SOUTENUES

Lorraine Albert
Université d'Ottawa

La section des livres comprend surtout les titres publiés en 1998 et ceux de 1997 qui n'ont pas été répertoriés dans le numéro 8 de *Francophonies d'Amérique*.

Notre liste inclut des thèses de maîtrise et de doctorat soutenues depuis 1996, car il nous est difficile d'avoir accès aux thèses de l'année courante. Nous serions d'ailleurs reconnaissants aux personnes qui voudraient bien nous faire parvenir les titres des thèses récentes soutenues à leur établissement ou ailleurs, dans les domaines qui intéressent cette revue.

Les titres précédés d'un astérisque font l'objet d'une recension dans les pages qui précèdent.

Nous tenons à remercier d'une façon toute particulière, cette année encore, Gilles Chiasson, bibliothécaire à l'Université de Moncton, de sa précieuse collaboration à la section de l'Acadie.

L'ACADIE (Gilles Chiasson, Université de Moncton)

ALBERT-WEIL, Anne et Annick VANBRUGGHE, *Equinoxe*, Moncton, Éditions d'Acadie, «Cinq saisons», 1998, 52 p.

*ARSENAULT, Georges, *Contes, légendes et chansons de l'Île-du-Prince-Édouard*, Moncton, Éditions d'Acadie, 1998, 190 p.

ARSENAULT, Georges, *Historical Guidebook of the Evangeline Region, Prince Edward Island, Canada*, traduit du français par Sally Ross, Charlottetown, Georges Arsenault, 1998, 49 p.

ARSENAULT, Guy, *Jackpot de la pleine lune*, Moncton, Éditions Perce-Neige, 1997, 83 p.

ARSENEAU, Marc, *L'Éveil de lodela*, Moncton, Éditions Perce-Neige, «Poésie», 1998, 72 p.

BABINEAU, René, *Les exilés de la Louisiane acadienne*, [N.-B.], René Babineau, 1997, 86 p.

BEAULIEU, Gérard (dir.), *Les éditoriaux du quotidien* L'Évangéline *(septembre 1949-septembre 1982): index*, préparé par Gérard Beaulieu, Moncton, Université de Moncton, Département d'histoire et de géographie, 1998, 452 p. en 3 vol.

BIAGI, Susan, *Louisbourg: un guide en couleurs d'histoire vivante*, Halifax, Formac Publishing Company Limited, 1997, 72 p.

BOUCHON, Jean-Paul, Alain QUELLA-VILLÉGER et Dominique-Anne VILLÉGER (dir.), *Québec-Acadie: rêves d'Amérique. Romans et nouvelles*, Paris, Omnibus, 1998, 1052 p.

BOUDREAU, Annette et Lise DUBOIS (dir.), *Le français, langue maternelle dans les collèges et les universités en milieu minoritaire: actes du colloque*, Moncton, Éditions d'Acadie, 1998, 186 p.

BOUDREAU, Daniel, *Chants extraits des Cantiques de Marseille*, [Chéticamp (N.-É), s.n., 1998], 181 p.

BOUDREAU, Daniel, *Chants extraits du Recueil des cantiques*, [Chéticamp (N.-É.), s.n., 1998], 106 p.

BOUDREAU-GIACHINO, Yvonne, *Sous l'aile de l'épervier*, Cap-Saint-Ignace (Québec), La Plume d'oie, 1997, 173 p.

BOURGEOIS, Georges, *L'E muet et autres lettres d'amour*, Moncton, Éditions d'Acadie, 1998, 70 p.

BURKE-VIENNEAU, Gabrielle, *Jean à Isaïe à Jacques Haché et Hélène Boudreau: leur descendance et l'ascendance de Jean jusqu'en France*, Bathurst (N.-B.), Gabrielle Burke-Vienneau, 1998, 368 p.

CHIASSON, Éveline, *Ma mère et moi au cœur de notre famille acadienne*, récit d'Éveline Chiasson, rédigé par Annette Chiasson, Bas-Caraquet (N.-B.), Éditions du Goéland, 1998, 230 p.

CHIASSON, Herménégilde, *Aliénor: théâtre*, Moncton, Éditions d'Acadie, 1998, 104 p.

CHIASSON, Herménégilde, *Conversations: poésie*, Moncton, Éditions d'Acadie, 1998, 154 p.

CHIASSON, Victor, *Dictionnaire généalogique des familles Chiasson*, Tracadie-Sheila (N.-B.), Éditions Victor-Chiasson, 1997, 2 vol.

COMEAU, Fredric Gary, *Routes: poésie*, Trois-Rivières, Écrits des Forges, 1997, 58 p.

CORMIER, Éric, *À vif tel un circoncis*, Moncton, Éditions Perce-Neige, «Poésie», 1997, 131 p.

DAIGLE, France, *1953: Chronicle of a Birth Foretold*, traduit du français par Robert Majzels, Concord (Ontario), Anansi Press, 1997, 164 p.

*DAIGLE, France, *Pas pire: roman*, Moncton, Éditions d'Acadie, 1998, 170 p.

DÉLÉAS, Josette, *Léonard Forest ou le regard pionnier*, Moncton, Centre d'études acadiennes, Université de Moncton, 1998, 117 p.

DIÉREVILLE, N. de, *Relation du voyage du Port-Royal, de l'Acadie ou de la Nouvelle-France, suivie de: Poésies diverses*, édition critique par Normand Doiron, Montréal, Presses de l'Université de Montréal, «Bibliothèque du Nouveau Monde», 1997, 600 p.

DUBOIS, Lise et Annette BOUDREAU (dir.), *Les Acadiens et leur(s) langue(s): quand le français est minoritaire. Actes du colloque (1994)*, 2e éd. rev. et corr., Moncton, Éditions d'Acadie, 1997, 324 p.

DUGUAY, Calixte, *Alentour de l'île et de l'eau: chansons choisies*, vol. 1 (1967-1984), Montréal, Éditions du Kapociré, 1997, 86 p.

DUGUAY, Henri-Eugène, *40 ans au cœur de la nature: Cap-Pelé*, Robichaud (N.-B.), Éditions Ad Hoc, 1997, 112 p.

DUGUAY, Rose-Marie, *Cahier d'activités: l'ours et le petit garçon*, Moncton, Bouton d'or d'Acadie, 1998, 43 p.

DUGUAY, Rose-Marie, *La garde des enfants au Nouveau-Brunswick: aperçu historique*, [N.-B., s.n.], 1997, 131 p.

FAGAN-POIRIER, Thérèse, «*Ce coup icite: j'ai gagné*». *Anecdotes sur un mode de vie des années 1930 et 1940*, Sainte-Marie de Kent (N.-B.), Éditions Les Balises, «Folklore», 1997, 70 p.

FOREST, Léonard, *La jointure du temps: essai*, Moncton, Éditions Perce-Neige, «Essais», 1998, 98 p.

FOUCHER, Pierre, *Droit administratif*, Moncton, Centre international de la common law en français, Université de Moncton, «La common law en poche», v. 8, 1997, 124 p.

GIROUX, Michel et Eugène O'SULLIVAN, *Droit pénal général*, Moncton, Centre international de la common law en français, Université de Moncton, «La common law en poche», v. 7, 1997, 108 p.

GODIN, Pierre et Denis BOUDREAU, *Petit-Rocher: foyer d'Acadie, 1797-1997*, [s.l., s.n.], 1998, 374 p.

GRENON, Aline, *Les fiducies*, Moncton, Centre international de la common law en français, Université de Moncton, «La common law en poche», v. 5, 1997, 82 p.

HAMEL, Judith, *Modo et l'étoile polaire*, Moncton, Bouton d'or d'Acadie, «Améthyste», 1998, 23 p.

HARBEC, Hélène, *L'Orgueilleuse: roman*, Montréal, Éditions de Remue-Ménage, 1998, 134 p.

JEAN, Guy, *Sur le fil tendu des amours*, Ripon (Québec), Écrits des Hautes-Terres, «Cimes», n° 1, 1998, 92 p.

LALIBERTÉ, Évariste, *Biographie de Marcel Choquette: en religion Fernand-Marcel: né le 12 avril 1932. Jubilé d'or de vie religieuse dans la congrégation des Frères de l'Instruction chrétienne, 1948-1998*, [s.l., s.n.], 1998, 60 p.

LALIBERTÉ, Évariste, *Biographie du frère Camille Léger: en religion frère Camille-Guillaume: Acadien des Frères de l'Instruction chrétienne. Jubilé d'or de vie religieuse, 1948-1998*, [s.l., s.n.], 1998, 60 p.

LEBEL SAINT-JACQUES, Pierrette, *Évangéline: une version acadienne*, Dieppe (N.-B.), Pierrette LeBel Saint-Jacques, 1997, 107 p.

LEBLANC, Claire, Catherine PHLIPPONNEAU et Lise DUBOIS (dir.), *Aquaculture: vocabulaire anglais-français, français-anglais*, Moncton, Éditions d'Acadie / Centre de recherche en linguistique appliquée (CRLA) de l'Université de Moncton, 1997, 664 p.

LEBLANC, Gérald, *Moncton mantra: roman*, Moncton, Éditions Perce-Neige, «Prose», 1997, 144 p.

LEBOUTHILLIER, Claude, *Le Borgo de l'Écumeuse: roman*, préface de Calixte Duguay, Montréal, XYZ, 1998, 216 p.

LE GALLANT, David, *Histoire des Acadiens de Mont-Carmel*, [Î.-P.-É., D. Le Gallant], 1998, 109 p.

LE GALLANT, David, *Premier centenaire de l'église Notre-Dame-du-Mont-Carmel: livre-souvenir, 1898-1998*, [Î.-P.-É., s.n.], 1998, 105 p.

LOSIER, Mary Jane et Céline PINET, *Les enfants de Lazare: histoire du lazaret de Tracadie*, traduit par Jacques Picotte, [s.l.], Éditions Faye, 1997, 297 p.

MACDONALD, Anne Louise, *Un caillou-bonheur*, traduit de l'anglais par Danielle Delisle, illustrations de Joanne Ouellet, Moncton, Éditions d'Acadie, 1998, 24 p.

MAILLET, Marguerite, *L'Ours et le Petit Garçon*, adaptation de Marguerite Maillet, Moncton, Bouton d'or d'Acadie, «Chrysalide», 1998, 22 p.

MAILLET, Marguerite, *Les Trois Pommes d'or*, adaptation de Marguerite Maillet, Moncton, Bouton d'or d'Acadie, «Émeraude», 1998, 30 p.

Les maisons de Pubnico-Ouest construites de 1930 à 1995, vol. 2., Pubnico-Ouest (N.-É.), Le Réveil de Pombcoup, 1997, 241 p.

*MORIN-ROSSIGNOL, Rino, *Catastrophe(s): un conte virtuel*. Roman, Moncton, Éditions d'Acadie, 1998, 161 p.

MORIN-ROSSIGNOL, Rino, *Éclat du silence: poésie*, Trois-Rivières, Écrits des Forges, 1998, 82 p.

Notre-Dame-des-Neiges, Campbellton, N.-B., 1910-1930, Église catholique / Our Lady of Snow, Campbellton, N.B., 1910-1930, Catholic Church, Campbellton (N.-B.), Société généalogique du Restigouche, 1997, 328 p.

PÉRONNET, Louise (*et al.*), *Atlas linguistique du vocabulaire maritime acadien*, Sainte-Foy (Québec), Presses de l'Université Laval, 1998, 667 p.

PERRON, René, *Acadie: recherches des promoteurs et recruteurs en France Rouen (Normandie) et Maco (Charolais): connexions généalogiques et inter-régionales des promoteurs et recruteurs (avec l'apport Du Forez), suite n° 5 et annexes*, [s.l.], Les Amitiés acadiennes, 1998, 166 p.

PICHETTE, Robert, *Napoléon III: l'Acadie et le Canada français*, Moncton, Éditions d'Acadie, 1998, 222 p.

POIRIER, Donald, *Les personnes physiques et les incapacités*, Moncton, Centre international de la common law en français, Université de Moncton, «La common law en poche», v. 6, 1997, 116 p.

POIRIER, Pascal, *Les Acadiens à Philadelphie*, suivi de *Accordailles de Gabriel et d'Évangéline*, texte établi et annoté par Judith Perron, Moncton, Éditions d'Acadie, 1998, 130 p.

Profil de femmes acadiennes, [Nouveau-Brunswick], Institut féminin francophone du N.-B., District Richard, 1997, 156 p.

ROSS, Sally, *The Acadians of Nova Scotia Past and Present*, Halifax, Nimbus Publishing Ltd., 1998, c1992.

ROUSSELLE, Serge, *La preuve*, Moncton, Centre international de la common law en français, Université de Moncton, «La common law en poche», v. 4, 1997, 106 p.

ROY, Albert, *Écooole! Maudite école...: poésie*, Saint-Basile (N.-B.), Au Mot Juste Enr., 1998, 92 p.

SANTERRE, Mylène, *Y a-t-il un autre monde?*, Tracadie-Sheila (N.-B.), Éditions La Grande Marée, 1998, 52 p.

SAULNIER-CORMIER, Géraldine, *Puce et puce*, Moncton, Bouton d'or d'Acadie, 1998, 23 p.

SAVOIE, Jacques, *The Blue Circus: A Novel*, traduit du français par Sheila Fischman, Dunvegan (Ontario), Cormorant Books Inc., 1997, 154 p.

SNOW, Claude, *Traiter le résident comme un invité à sa table : manuel de formation à l'intention des employés des foyers de soins spéciaux*, Caraquet (N.-B.), Claude Snow, 1998, 63 p.

SONIER, Livain, *Livain raconte-moi z'en un autre : la sauvegarde à George à Sandy McLaughlin*, Val Comeau (N.-B.), Livain Sonier, 1997 ?, 240 p.

THÉRIAULT, Mario, *Terre sur mer : nouvelles*, Moncton, Éditions Perce-Neige, « Prose », 1998, 138 p.

THIBODEAU, Serge-Patrice, *Nocturnes : poésie*, Trois-Rivières, Écrits des Forges, 1997, 96 p.

VANDERLINDEN, Jacques, *Genèse et jeunesse d'une institution : l'École de droit de l'Université de Moncton*, Moncton, École de droit, Université de Moncton, 1998, 166 p.

VANDERLINDEN, Jacques, *Se marier en Acadie française : XVIIᵉ et XVIIIᵉ siècles*, Moncton, Éditions d'Acadie / Chaire d'études acadiennes, « Mouvange », 1998, 268 p.

*VIAU, Robert, *Les Grands Dérangements : la déportation des Acadiens en littératures acadienne, québécoise et française*, Beauport (Québec), MNH, « Paradigme », nº 1, 1997, 381 p.

L'ONTARIO

ANDERSEN, Marguerite, *Les Crus de l'Esplanade : roman*, Sudbury, Prise de parole, 1998, 222 p.

ANDREW, Caroline (*et al.*), *Les conditions de possibilité des services de santé et des services sociaux en français en Ontario : un enjeu pour les femmes*, pour la Table féministe francophone de concertation provinciale de l'Ontario, Ottawa, Table féministe francophone de concertation provinciale de l'Ontario, 1997, 190 p.

BEAUCHAMP, Estelle, *La Vie empruntée : roman*, Sudbury, Prise de parole, 1998, 160 p.

BOURAOUI, Hédi, *Rose des sables : roman*, Ottawa, Éditions du Vermillon, « Parole vivante », 1998, 118 p.

BOUVIER, Luc, *« Je » et son histoire : l'analyse des personnages dans la poésie de Jacques Brault*, Orléans (Ontario), Éditions David, 1998, 154 p.

BRETON, Yves, *Qui verra vivra — l'initiation à la vie et les fabuleuses découvertes de Martin Talbot en Nouvelle-France (1658-1684)*, Vanier (Ontario), Éditions L'Interligne, « Paysages », 1998, 166 p.

BRUNET, René et Nicolas STEENHOUT, *Le livre du gibier*, Ottawa/Hearst, Le Nordir, 1997, 118 p.

Cahiers Charlevoix 3: Études franco-ontariennes, en collaboration avec la Société Charlevoix, Sudbury, Prise de parole, 1998, 367 p.

CATTA, René-Salvator, *Chelsea Brook: un roman* (d'Isal, nom de plume de René-Salvator Catta), Vanier (Ontario), Éditions L'Interligne, «Vertiges», 1998, 450 p.

CHRISTENSEN, Andrée, *Miroir de la sorcière, tryptique de transformation*, livre 3: *Livre des ombres: poésie*, avec collages d'Andrée et de Michel Christensen, Ottawa/Hearst, Le Nordir, 1998, 150 p.

COLLECTIF, *Mots dévêtus: les corps amoureux dans tous leurs ébats*, Ripon (Québec), Écrits des Hautes-Terres, «Sentiers», 1997, 76 p.

COOK, Margaret Michèle, *La Lenteur du sourire: poésie*, Ottawa/Hearst, Le Nordir, 1997, 87 p.

COULOMBE, Danielle, *Coloniser et enseigner: le rôle du clergé et la contribution des sœurs de Notre-Dame du Perpétuel Secours à Hearst, 1917-1942: essai*, Ottawa/Hearst, Le Nordir, 1998, 253 p.

DALLAIRE, Michel, *Ponts brûlés et appartenances*, Ottawa/Hearst, Le Nordir, 1998, 96 p.

DESJARLAIS, Lionel, *L'histoire de la Faculté d'éducation de l'Université d'Ottawa*, [Ottawa, Faculté d'éducation, Université d'Ottawa], 1998, 100 p.

*DICKSON, Robert, *Grand ciel bleu par ici: poésie*, Sudbury, Prise de parole, 1997, 97 p.

DIONNE, René, *Anthologie de la littérature franco-ontarienne, des origines à nos jours*, tome 1: *Les origines françaises (1610-1760); Les origines franco-ontariennes (1760-1865)*, Sudbury, Prise de parole, «Histoire de la littérature franco-ontarienne», 1997, 592 p.

DIONNE, René, *Histoire de la littérature franco-ontarienne, des origines à nos jours*, tome 1: *Les origines françaises (1610-1760); Les origines franco-ontariennes (1760-1865)*, Sudbury, Prise de parole, «Histoire de la littérature franco-ontarienne»,1997, 360 p.

DUMITRIU VAN SAANEN, Christine, *L'univers est, donc je suis*, Saint-Boniface, Éditions des Plaines, 1998, 75 p.

ESTIGÈNE, Eugène Bénito, *La Mémoire d'Iris: poésie*, Ottawa, Éditions du Vermillon, 1998, «Parole vivante», 84 p.

FAHMY, Jean Mohsen, *Amina et le mamelouk blanc*, Vanier (Ontario), Éditions L'Interligne, «Paysages», 1998, 450 p.

FILION, Sylvie, *Métapholies: poésie*, Sudbury, Prise de parole, 1998, 80 p.

FLAMAND, Jacques (dir.), *À cœur d'ombre: poésie*, Ottawa, Éditions du Vermillon, « Les Inédits de l'école flamande », n° 5, 1998, 92 p.

FLAMAND, Jacques, *Étiennette prend le train: conte*, illustré par Magali, Ottawa, Éditions du Vermillon, 1998, 32 p.

FLAMAND, Jacques (dir.), *Feux et brumes: contes, légendes et récits par dix-neuf auteurs de l'Atelier littéraire des aînés.e.s des Outaouais*, Ottawa, Éditions du Vermillon, « Inédits de l'école flamande », n° 4, 1998, 154 p.

FORAND, Claude, *Le perroquet qui fumait la pipe et autres nouvelles insolites*, Ottawa/Hearst, Le Nordir, 1998, 153 p.

FORTIN, Robbert, *Les nouveaux poètes d'Amérique*, Montréal, Les Intouchables, 1998, 79 p.

FRIGERIO, Vittorio, *La Dernière Ligne droite: roman*, Toronto, Éditions du Gref, « Écrits torontois », n° 11, 1997, 148 p.

GAGNON, Diane, *Défi de l'amour: roman*, Ottawa, Arion, 1998, 280 p.

GAGNON, Marie-Paule, *Quand le soleil se couche les pieds dans l'eau*, Ottawa, Arion, 1998, 194 p.

GAUTHIER-BOUCHER, Luc, *Quelques brins d'herbe sur une tombe: nouvelles*, Ottawa/Hearst, Le Nordir, 1997, 156 p.

GÉRIN, Odile, *D'un obstacle à l'autre: vers le Conseil scolaire de langue française*, Vanier (Ontario), Éditions L'Interligne, 1998, 233 p.

GROSMAIRE, Jean-Louis, *Paris-Hanoi: roman*, Ottawa, Éditions du Vermillon, 1998, 232 p.

GUINDON, Roger, *La dualité linguistique à l'Université d'Ottawa*, vol. 4: *Coexistence équitable*, Ottawa, Presses de l'Université d'Ottawa, 1998, 186 p.

*HENRIE, Maurice, *Fleurs d'hiver: entre l'essai et la nouvelle*, Sudbury, Prise de parole, 1998, 312 p.

KAMBANI, Georgette, *Poèmes, peintures, symboles*, Ottawa, Éditions du Vermillon, « Visages », 1998, 152 p.

KARCH, Pierre, *Le Nombril de Scheherazade: roman*, Sudbury, Prise de parole, 1998, 180 p.

*LACELLE, Andrée, *La Vie rouge: poésie*, Ottawa, Éditions du Vermillon, « Rameau du ciel », 1998, 86 p.

*LAFLAMME, Simon et Ali REGUIGUI, *Deux groupes linguistiques: une communication de masse*, Montréal/Sudbury, L'Harmattan/Institut franco-ontarien, « Logiques sociales », 1997, 205 p.

LEFEBVRE, Paul, *Souffles: poésies*, Ottawa, Beg Ar Pin, 1997, 85 p.

LEMIRE TOSTEVIN, Lola, *Khaki: roman*, traduit de l'anglais par Robert Dickson, Sudbury, Prise de parole, 1998, 247 p.

LEXELLENT O'NEILL, Dominique, *Invocations: poèmes*, Toronto, Éditions du Gref, «Écrits torontois», n° 12, 1998, 114 p.

LIOR, Tsipora, *Semainiers: poèmes et nouvelles*, Toronto, Éditions du Gref, «Écrits torontois», n° 13, 1998, 72 p.

MARCHILDON, Daniel, *Le Prochain Pas: roman jeunesse*, Vanier (Ontario), Centre franco-ontarien de ressources pédagogiques, «À nous deux!», 1997, 94 p.

MARINIER, Robert, *À la gauche de Dieu: pièce de théâtre*, Sudbury, Prise de parole, 1998, 108 p.

MASSON, Jean-Claude, *Le Chantimane: poèmes*, Toronto, Éditions du Gref, «Quatre-routes», n° 2, 1997, 40 p.

MICHAUD, Marie-Andrée, *L'Amour dans l'ombre*, Ottawa/Hearst, Le Nordir, 1998, 58 p.

MINEUR, Jean, *La Lumière crachée: poèmes*, Toronto, Éditions du Gref, «Quatre-routes», n° 4, 1998, 70 p.

MOHTASHAMI-MAALI, Arash, *La Tour du silence*, suivi de *Retours fables: poèmes*, Toronto, Éditions du Gref, «Écrits torontois», n° 10, 1998, 90 p.

*OUELLETTE, Michel, *L'Homme effacé: pièce de théâtre*, Ottawa/Hearst, Le Nordir, «Théâtre», 1997, 94 p.

PELLETIER, Pierre Raphaël, *Il faut crier l'injure: roman*, Ottawa/Hearst, Le Nordir, 1998, 200 p.

PILON-DELORME, Lise-Anne, *Mission étoiles filantes: mini-roman*, illustré en noir et blanc par Gabriel Pelletier, Ottawa, Éditions du Vermillon, 1998, 104 p.

POLIQUIN, Daniel, *L'Homme de paille: roman*, Montréal, Boréal, 1998, 256 p.

POULIN, Gabrielle, *Qu'est-ce qui passe ici si tard?: roman*, Sudbury, Prise de parole, 1998, 128 p.

PSENAK, Stefan, *Les Corps en sursis: roman*, Ottawa/Hearst, Le Nordir, 1998, 108 p.

PSENAK, Stefan, *Du chaos et de l'ordre des choses: poésie*, Ottawa/Hearst, Le Nordir, 1998, 62 p.

QUESNEL, Christian, *La Quête des oubliés: bande dessinée*, Ottawa, Éditions du Vermillon, «Soleil des héros», n° 2, 1998, 56 p.

RENAUD, Rachelle, *L'Amour en personne: nouvelles*, Ottawa/Hearst, Le Nordir, 1998, 173 p.

RIVA, Paul de la, *Mine de rien: les Canadiens français et le travail minier à Sudbury, 1886-1930: étude*, Sudbury, Prise de parole, 1998, 240 p.

ROBIDOUX, Normand, *Le Journal intime de Monique Guérin: roman*, Cornwall, Les Éditions Z, 1998, 352 p.

SIMARD PILOTTE, Cécile, *C'était la mélodie: conte*, Ottawa, Éditions du Vermillon, «Parole vivante», 1998, 148 p.

*VALLÉE, Danièle, *Le Café de la Bonne-Femme-Sept-Heures: roman*, Ottawa/ Hearst, Le Nordir, 1998, 180 p.

VALLIÈRES, Michel, *Le Cahier jaune: récit poétique*, Sudbury, Prise de parole, 1998, 49 p.

VOLDENG, Évelyne, *Madeleine de Roybon d'Alonne, la dame de Katarakoui: une biographie romancée*, Vanier (Ontario), Éditions L'Interligne, «Paysages», 1998, 136 p.

YERGEAU, Robert (dir.), *Le Nordir: dix ans de création et de réflexion en Ontario français, 1988-1998*, Ottawa/Hearst, Le Nordir, 1998, 148 p.

L'OUEST CANADIEN

ALARIE, Richard, *Puulik chasse l'oomingmak: conte*, illustrations de Réal Bérard, Saint-Boniface, Éditions du Blé, 1997, 24 p.

BERGERON, Henri, *Amazone: récit*, Saint-Boniface, Éditions des Plaines, 1998, 200 p.

CARVALHO, Mathias, *Louis Riel: poèmes amériquains*, traduction, avant-propos et postface de Jean Morisset, Trois-Pistoles (Québec), Éditions Trois-Pistoles, «Inédits», 1997, 180 p.

CHAPUT, Simone, *Le Coulonneux: roman*, Saint-Boniface, Éditions du Blé, 1998, 233 p.

DUVAL, Marie-Hélène, *Parole incarnée: quand la parole se fait image, Année liturgique A*, dessins de Mgr Albert Fréchette, Saint-Boniface, Éditions du Blé, 1998, 105 p.

FISET, Louise, *Soul pleureur: poésie*, Saint-Boniface, Éditions du Blé, 1998, 54 p.

HÉBERT, Monique, *D'une génération à l'autre: la transmission du rôle maternel au Manitoba français, de 1916 à 1947*, Ottawa, Canadian Research Institute for the Advancement of Women / Institut canadien de recherches sur les femmes, «Voix féministes / Feminist Voices», n° 5, 1998, 38 p.

HUSTON, Nancy, *L'Empreinte de l'ange: roman*, Arles/Montréal, Actes Sud/ Leméac, 1998, 328 p.

HUSTON, Nancy, *In deo: prose*, illustrations de Jacqueline Salmon, Montréal, Silence, 1997, 32 p.

JACK, Marie, *Tant que le fleuve coule: roman*, Saint-Boniface, Éditions des Plaines, 1998, 108 p.

JEAN, Gérard (*et al.*), *Manifesto*, paroles de Gérard Jean *et al.*, musique de Gérard Jean, Saint-Boniface, Éditions du Blé, 1998, 72 p.

*LÉVEILLÉ, J. Roger, *Une si simple passion: roman palimpseste*, Saint-Boniface, Éditions du Blé, 1997, 57 p.

MALETTE, Yvon, *L'autoportrait mythique de Gabrielle Roy*, Orléans (Ontario), Éditions David, 1998, 292 p.

*MORCOS, Gamila, *Dictionnaire des artistes et des auteurs francophones de l'Ouest canadien*, avec la collaboration de Gilles Cadrin, Paul Dubé et Laurent Godbout, Sainte-Foy/Edmonton, Presses de l'Université Laval/Université de l'Alberta, Faculté Saint-Jean, 1998, 366 p.

NAYET, Bertrand, *La Vie quotidienne et autres champs de mines: nouvelles*, Saint-Boniface, Éditions du Blé, 1998, 128 p.

OUELLETTE, Denise, *Quand j'aurai retrouvé mon fils*, Saint-Boniface, Éditions des Plaines, 1998, 257 p.

ROY, Geneviève, *Gabrielle Roy*, Montréal, Lidec, «Célébrités», 1998, 64 p.

SAINT-MARTIN, Lori, *Lectures contemporaines de Gabrielle Roy: bibliographie analytique des études critiques (1978-1997)*, Montréal, Boréal, «Cahiers Gabrielle Roy», 1998, 192 p.

*SAINT-PIERRE, Annette, *Faut placer le père: roman*, Saint-Boniface, Les Éditions des Plaines, 1997, 345 p.

LES ÉTATS-UNIS

ARCENEAUX, Jean, *Suite de loup*, Moncton, Éditions Perce-Neige, 1998, 105 p.

BULLIARD, Jane G., *The Wall of Names at the Acadian Memorial / Le mur des noms au Monument acadien*, St. Martinville (Louisiane), Acadian Memorial Foundation Inc., 1998, 68 p.

Extracts of Franco-American Marriage Records 1873-1911 from the City of Fitchburg, Ma, Fitchburg (Ma), Acadian Cultural Society, 1997, 307 p.

FONTENOT, Mary A., *Acadia Parish, Louisiana*, vol. 1 & 2: *A History to 1900 and 1920*, réimpression, Lafayette (La), University of Southwestern Louisiana, Center for Louisiana Studies, 1998, 746 p.

PARADIS, Roger, *Papiers de Prudent L. Mercure = Papers of Prudent L. Mercure : histoire de Madawaska*, Madawaska (Ma), Madawaska Historical Society, 1998, 3 tomes en 1.

PEYRAMAURE, Michel, *Louisiana : roman*, Paris, Presses de la Cité, 1996, 831 p.

RICHARD, Zachary, *Faire récolte : poésie*, Moncton, Éditions Perce-Neige, 1997, 129 p.

SCHINDLER, Henri, *Mardi Gras : New Orleans*, Paris, Flammarion, 1997, 192 p.

SÉLIGNY, Michel, *Homme libre de couleur de la Nouvelle-Orléans : nouvelles et récits*, textes réunis par Frans C. Amelinckx, Sainte-Foy, Presses de l'Université Laval, Centre international de documentation et d'échange de la francophonie, « Textes oubliés de la francophonie », 1998, 213 p.

VALDMAN, Albert (dir.), *French and Creole in Louisiana*, New York, Plenum Press, « Topics in Language and Linguistics », 1997, 372 p.

GÉNÉRAL

ALLAIRE, Gratien et Anne GILBERT (dir.), *Francophonies plurielles : communications choisies*, colloques du Regroupement pour la recherche sur la francophonie canadienne organisés dans le cadre du congrès annuel de l'ACFAS (Chicoutimi, 1995, et Montréal, 1996), Sudbury, Institut franco-ontarien, 1998, 316 p.

L'Année francophone internationale, 1998, Sainte-Foy (Québec), Année francophone internationale, Groupe d'études et de recherches sur la francophonie, Université Laval, 1998, 420 p.

*BERNARD, Roger, *Le Canada français : entre mythe et utopie*, Ottawa/Hearst, Le Nordir, 1998, 240 p.

*BOUCHARD, Gérard et Martine SEGALEN, *Une langue, deux cultures : rites et symboles en France et au Québec*, Sainte-Foy, Presses de l'Université Laval, 1997, 351 p.

BOURQUE, Denis et Anne BROWN (dir.), *Littératures d'expression française d'Amérique du Nord et le carnavalesque*, Moncton, Éditions d'Acadie, « Mouvange », 1998, 350 p.

BUDACH, Gabriele et Jürgen ERFURT (dir.), *Identité franco-canadienne et société civile québécoise*, introduction de Klaus Bochmann, Leipzig, Leipziger Universitätsverlag, « Veröffentlichungen des Frankreich-Zentrums », n° 4, 1997, 216 p.

DUQUETTE, Georges, *Vivre et enseigner en milieu minoritaire : théorie, recherches et applications pédagogiques*, Sudbury, Presses de l'Université Laurentienne, 1997, 78 p.

DUQUETTE, Georges et Pierre RIOPEL (dir.), *L'éducation en milieu minoritaire et la formation des maîtres en Acadie et dans les communautés francophones du Canada*, Sudbury, Presses de l'Université Laurentienne, 1998, 230 p.

FRENETTE, Yves, *Brève histoire des Canadiens français*, avec la collaboration de Martin Pâquet, Montréal, Boréal, 1998, 212 p.

GAUVIN, Lise, *L'écrivain francophone à la croisée des langues : entretiens*, Paris, Éditions Karthala, 1997, 182 p.

GINGRAS, François-Pierre (dir.), *Entre l'arbre et l'écorce : la participation politique des minorités canadiennes-françaises*, actes du colloque tenu à l'Université d'Ottawa le 7 mars 1997, Ottawa, Centre de recherche en civilisation canadienne-française, Université d'Ottawa, 1998, 182 p.

GRISÉ, Yolande, *La poésie québécoise avant Nelligan : anthologie*, Montréal, Fides, « Bibliothèque québécoise », 1998, 367 p.

LESTRINGANT, Frank (dir.), *La France-Amérique (XVIᵉ-XVIIIᵉ siècles)*, actes du XXXVᵉ colloque international d'études humanistes, Paris, Éditions Honoré Champion, 1998, 616 p.

MARTEL, Marcel et Robert CHOQUETTE (dir.), *Les États généraux du Canada français, trente ans après*, actes du colloque tenu les 6, 7 et 8 novembre 1997 à l'Université d'Ottawa, Ottawa, Centre de recherche en civilisation canadienne-française, Université d'Ottawa, 1998, 422 p.

MAUGUIÈRE, Bénédicte (dir.), *Cultural Identities in Canadian Literature / Identités culturelles dans la littérature canadienne*, New York, Peter Lang, 1998, 230 p.

MOUGEON, Françoise, *Quel français parler ? Initiation au français parlé au Canada et en France*, 2ᵉ éd. rev. et augm., Toronto, Éditions du Gref, « Tel quel », nᵒ 3, 1998, 213 p.

NEPVEU, Pierre, *Intérieurs du Nouveau-Monde : essais sur les littératures du Québec et des Amériques*, Montréal, Boréal, « Papiers collés », 1998, 376 p.

O'KEEFE, Michael, *Minorités francophones : assimilation et vitalité des communautés / Francophone Minorities : Assimilation and Community Vitality*, Ottawa, Patrimoine canadien, 1998, 67 p. / 63 p.

PELLETIER, Claude, *Les Santons de la crèche de Noël : en Provence, au Québec et en Acadie*, Sillery (Québec), A. Sigier, 1998, 104 p.

Politique du Québec à l'égard des communautés francophones et acadiennes du Canada : l'économie, moteur de la vitalité linguistique, Québec, Gouvernement du Québec, ministère du Conseil exécutif, Secrétariat aux affaires intergouvernementales canadiennes, 1998, 36 f.

Politique du Québec à l'égard des communautés francophones et acadiennes du Canada : partager nos expériences culturelles, Québec, Gouvernement du Québec, ministère du Conseil exécutif, Secrétariat aux affaires intergouvernementales canadiennes, 1998, 65 f.

Politiques du Québec à l'égard des communautés francophones et acadiennes du Canada: pour une éducation en français: échanger nos ressources, créer des réseaux, Québec, Gouvernement du Québec, ministère du Conseil exécutif, Secrétariat aux affaires intergouvernementales canadiennes, 1998, 80 f.

WATTHEE-DELMOTTE, Myriam et Metka ZUPANČIC (dir.), *Le mal dans l'imaginaire littéraire français, 1850-1950: essais,* Orléans (Ontario)/Paris et Montréal, Éditions David/L'Harmattan, 1998, 434 p.

THÈSES

ARSENEAU, Thierry, «L'Acadie littéraire d'Antonine Maillet: représentation permanente de l'Acadie imaginaire et populaire», M.A., Université d'Ottawa, 1996, 199 p.

BEAUDIN, Maurice, «L'adaptation économique des régions de pêche: le cas des communautés du Golfe du Saint-Laurent», Ph.D., Université de Nantes, 1997, 649 p.

BENNANI, Selma, «"Cris sur le bayou", une nouvelle poésie louisianaise: étude sociocritique», M.A., Université Laval, 1996, 127 p.

BOCK, Michel, «Canadiens français ou Canadiens francophones? Une analyse des journaux de langue française de Sudbury, 1960 à 1975», M.A., Université Laurentienne de Sudbury, 1996, 227 p.

BOIVERT, Josée, «L'anglais comme élément esthétique dans l'œuvre de Patrice Desbiens», M.A., Université d'Ottawa, 1998, 145 p.

BROUSSEAU, Julien, «Autour d'une famille de chanteurs au village acadien de Memramcook (N.-B., Canada): la famille LeBlanc», M.A., Université de Moncton / Université de Poitiers, 1997, 155 p.

BURNETT, Wendy Janice Park, «Une comparaison du parler populaire dans l'œuvre de Molière et dans celle de Marivaux, avec le français acadien traditionnel», M.A., Université de Moncton, 1997, 152 p.

CAMUS, Anne, «La métaphore dans *La Route d'Altamont, L'Alouette, La Vallée Houdou* et *De la truite dans l'eau glacée* de Gabrielle Roy», M.A., University of Manitoba, 1996, 79 p.

CARD, Lorin Donald, «Antonine Maillet et la traduction littéraire: analyse critique et mise en pratique», Ph.D., Queen's University, 1997, 290 p.

CHARBONNEAU, Louise, «L'emprunt lexical et le transfert linguistique à l'anglais dans une communauté franco-américaine du Vermont», Ph.D., State University of New York at Albany, 1997, 170 p.

COULOMBE, Danielle J., « L'incidence de l'éducation dans la création d'une communauté franco-ontarienne : le rôle du clergé et la contribution des sœurs de Notre-Dame du Perpétuel Secours à Hearst, 1917-1942 », Ph.D., Université Laval, 1997, 292 p.

ELSA, Guerry, « Stratégies familiales et individuelles d'une famille marchande de Louisbourg au XVIIIᵉ siècle : le cas de la famille Rodrigue », Mémoire de DEA, Université de Poitiers, 1998, 75 p.

GAGNON, Anne C., « "En terre promise" : The Lives of Franco-Albertan Women, 1890-1940 », Ph.D., Université d'Ottawa, 1997, 261 p.

GAUTHIER, Luc, « Le fantastique dans les contes canadiens-français du XIXᵉ siècle », M.A., Université d'Ottawa, 1997, 122 p.

HUNEAULT, Estelle, « Au fil des ans : l'Union catholique des fermières de la province de l'Ontario », M.A., Université d'Ottawa, 1998, 139 p.

LEBLANC, Gino T., « L'aménagement des visions culturaliste et universaliste autour de la loi 88 : lecture d'un discours politique en Acadie du Nouveau-Brunswick », M.A., Université d'Ottawa, 1996, 114 p.

MCGRATH, Anick (TURNER), « Comparaisons des profils d'intelligence verbale et non-verbale au WISC-III et au Stanford-Binet IV chez un échantillon d'enfants francophones du Nouveau-Brunswick », M.A., Université de Moncton, 1997, 123 p.

PIOT, Karen, « Pour une histoire du vêtir dans une ville coloniale française : Louisbourg, 1740-1758 », M.A., Université de Poitiers, 1998, 111 p.

ROBICHAUX, Trinette Marie, « Cajuns and their Curés : Anticlericalism among the Acadians of Louisiana, 1830-1860 », M.A., University of Texas at Arlington, 1997, 109 p.

ROMPILLON, Samantha, « La migration à Beaubassin, village acadien, fruit de la mobilité et de la croissance », M.A., Université de Poitiers, 1998, 159 p.

ROSS, Coleen Mary, « Franco-Manitobans and the Struggle for the Preservation of Religion and Language : Public Schools and the Township of Ste Anne, 1946-1955 », M.E.D., University of Manitoba, 1997, 245 p.

SANDY, Stéphanie Renée, « L'emploi variable de la particule négative dans le parler des Franco-Ontariens adolescents », M.A., Université York, 1997, 100 p.

SLEVINSKY, Richard Allan, « Current Issues in Alberta's Francophone School Jurisdictions : Educational Leaders' Understandings », Ph.D., University of Alberta, 1997, 192 p.

Comment communiquer avec

FRANCOPHONIES
D'AMÉRIQUE

POUR TOUTE QUESTION TOUCHANT AU CONTENU DE LA REVUE
AINSI QUE POUR LES SUGGESTIONS D'ARTICLES :

FRANCOPHONIES D'AMÉRIQUE
UNIVERSITÉ D'OTTAWA
60, rue Université
C.P. 450, succ. A
Ottawa (Ontario) Canada
K1N 6N5
TÉLÉPHONE : (613) 562-5800 poste 1100
ou (613) 562-5797
TÉLÉCOPIEUR : (613) 562-5981

POUR TOUTE QUESTION RELEVANT DU SECRÉTARIAT DE RÉDACTION :

CENTRE DE RECHERCHE EN CIVILISATION
CANADIENNE-FRANÇAISE
UNIVERSITÉ D'OTTAWA
145, rue Jean-Jacques-Lussier
C.P. 450, succ. A
Ottawa (Ontario) Canada
K1N 6N5
TÉLÉPHONE : (613) 562-5800 poste 4001
TÉLÉCOPIEUR : (613) 562-5143
COURRIEL : crccf@uottawa.ca

POUR LES NOUVELLES PUBLICATIONS ET LES THÈSES SOUTENUES :

LORRAINE ALBERT
DÉPARTEMENT DES COLLECTIONS
BIBLIOTHÈQUE MORRISET
UNIVERSITÉ D'OTTAWA
C.P. 450, succ. A
Ottawa (Ontario) Canada
K1N 6N5
TÉLÉPHONE : (613) 562-5800, poste 3657
TÉLÉCOPIEUR : (613) 562-5133

POUR LES QUESTIONS DE DISTRIBUTION OU DE PROMOTION :

LES PRESSES DE L'UNIVERSITÉ D'OTTAWA
UNIVERSITÉ D'OTTAWA
542, rue King Edward
C.P. 450, succ. A
Ottawa (Ontario) Canada
K1N 6N5
TÉLÉPHONE : (613) 562-5246
TÉLÉCOPIEUR : (613) 562-5247

FRANCOPHONIES
D'AMÉRIQUE

Revue annuelle: ISSN 1183-2487

		Canada	**Autres pays**
Abonnement		22,00 $	24,00 $
	TPS 7%	1,54 $	0
	TOTAL	23,54 $	24,00 $
Au numéro		24,00 $	26,00 $
	TPS 7%	1,68 $	0
	TOTAL	25,68 $	26,00 $

Numéros déjà parus

■ *Francophonies d'Amérique*, n° 1 (épuisé)

❏ *Francophonies d'Amérique*, n° 2 .... _____$

❏ *Francophonies d'Amérique*, n° 3 .... _____$

❏ *Francophonies d'Amérique*, n° 4 .... _____$

❏ *Francophonies d'Amérique*, n° 5 ISBN 2-7603-0406-X ...... _____$

❏ *Francophonies d'Amérique*, n° 6 ISBN 2-7603-0429-9 .... _____$

❏ *Francophonies d'Amérique*, n° 7 ISBN 2-7603-0445-0 .... _____$

❏ *Francophonies d'Amérique*, n° 8 ISBN 2-7603-0466-3 .... _____$

❏ *Francophonies d'Amérique*, n° 9 ISBN 2-7603-0498-1 .... _____$

Total (transport inclus) .... _____$

Mode de paiement

❏ Veuillez m'abonner à *Francophonies d'Amérique* (facturation par retour du courrier)

❏ Veuillez m'adresser les titres cochés

❏ Ci-joint un chèque ou un mandat de ...._____ $

❏ Visa   ❏ Mastercard   N₀ _____

Date d'expiration _____ Signature _____

Nom _____

Institution _____

Adresse _____

_____Code postal _____

Service d'abonnement:

PERIODICA

AGENCE INTERNATIONAL
INTERNATIONALE SUBSCRIPTION
D'ABONNEMENT AGENCY
C.P. 444, Outremont, QC
Canada H2V 4R6
Tél.: (514) 274-5468
Téléc.: (514) 274-0201
Tout le Canada:
Tél.: 1-800-361-1431

LES PRESSES
DE L'UNIVERSITÉ
D'OTTAWA

Vente au numéro:
gaëtan morin éditeur
Diffuseur exclusif des Presses de l'Université d'Ottawa
171, boul. de Mortagne, Boucherville, QC
Canada J4B 6G4

Tél.: (450) 449-7886
Téléc.: (450) 449-1096
courrier électronique: presses@gmorin.qc.ca

Diffusion en Europe:
Initiatives Santé
26, avenue de l'Europe
78141 Vélizy, France

Tél.: (01) 34 63 33 01
Téléc.: (01) 34 65 39 70

DANGER
LE PHOTOCOPILLAGE TUE LE LIVRE

AGMV MARQUIS
Québec, Canada
1999